미국 남장로회의
한국 선교 역사

1892~1962

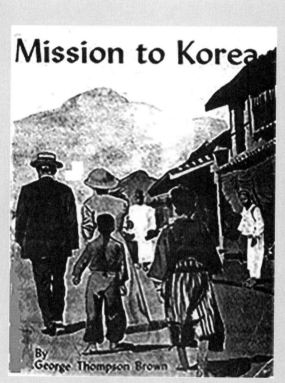

원서 『Mission to Korea』의 표지

미국 남장로회의
한국 선교 역사
1892~1962

조지 톰슨 브라운 저 | 조신광 역주

보고사
BOGOSA

감사의 말씀

이 책을 쓸 수 있도록 도와주신 다음 분들께 진심으로 감사를 드린다.

제임스 베어 박사(Dr. James E. Bear)는 유니온 신학교(버지니아주 리치몬드 소재) 선교학 교수로서 본 연구를 수행할 때에 안내와 지도를 해 주셨다.

헨리 브림 박사와 유니온 신학교 도서관 직원들은 도서관 시설을 사용할 수 있게 해 주셨다.

D. J. 커밍(김아각) 박사와 베티 조 테일러 양, 그리고 해외선교부(테네시주 내슈빌 소재) 교육부서의 그 밖의 직원들은 출간하기 위하여 원고를 준비하는 과정에서 값진 도움을 주셨다.

미리암 던슨(선미령) 양은 남장로교 한국선교회의 서기로서 많은 타이핑을 해 주셨다.

엘리자벳 브라운 양은 나의 고모이신데, 한국 방문 중에 원고의 대부분을 교정해 주셨다.

셀리나 해리슨 양은 자기 부친의 '일기'(日記)를 나에게 빌려주셨다.

W. A. 린턴 부인(인사례)은 원고의 많은 부분을 읽고 선교회의 초창기에 관한 값진 조언을 해 주셨다.

J. F. 프레스턴(변요한) 박사는 자기가 수집하고 편집하였던 역사적 자료를 자유롭게 사용할 수 있게 해 주셨고, 초기에 관한 추억담을 들려 주셨다.

T. H. 스펜스 주니어 박사와 노스캐롤라이나주 몬트리트 소재 역사재

단(the Historical Foundation)의 직원들은 연구에 값진 도움을 주셨다.
　한국선교회(the Korea Mission)의 많은 은퇴 선교사들이 그들의 관
심과 조언과 회고담으로 도와 주셨다.

머리말

어느 역사 책이든 그 목적은 미래로 가는 길을 내기 위하여 과거의 기록을 검토하는 데 있다. 지난 70년간 남장로교 선교회가 한국에서 이룩한 선교 역사의 풍부한 유산이 앞날을 위한 우리의 책무(責務)를 우리가 더 분명히 보게 해 줄 수 있을까? 확실히 그렇다. 그것은 이 선교 현장이 여러 가지 이유로 우리에게 하나의 좋은 사례연구 감이 되기 때문이다.

(1) 그 사업은 처녀지역(處女地域)에서 시작되었다. 우리 선교회의 개척자들은 우리가 알기로는 이 지역에 얼마 동안이라도 거주한 최초의 서양인들이다. 한국의 남서쪽 도(道)들은 하나의 동질적 (同質的) 단일체를 형성하고 있고, 최근에 이르기까지 거류민에 의한 개신교 활동은 우리 선교회에 국한되어 왔다. 그리하여 그 사업의 성공과 실패가 더 쉽게 지적될 수 있다.

(2) 이 사업은 원시적 초기 단계로부터 시작하여 아시아의 큰 자전적 (自傳的), 자급적(自給的), 자치적(自治的) 교회들 가운데 하나가 되도록 발전해 왔다. 그래서 우리는 선교회들의 역사를 그 역사 의 여러 단계 모두를 통하여 추적할 수 있다.

(3) '네비우스 플랜'이라고 하는 하나의 독특하고 명확한 방법이 처 음부터 일관되게 사용되어왔다. 그래서 우리는 '선교 작전' (missionary operation)의 가장 중요한 방법들 가운데 하나를 평가 하고 감정할 기회를 갖게 되었다.

(4) 지난 70년의 정치적 역사는 그것을 배경으로 하여 선교 사업을 볼 수 있는 하나의 매혹적인 배경막(a fascinating backdrop)을 제공한다. 그 이야기는 이씨(李氏) 왕조 최후의 날들에서 시작하여 일제의 강점(強占), 미국의 군정(軍政), 대한민국의 수립, 공산군에 대한 전쟁, 그리고 최근에 일어난 두 정치적 격변의 시기들을 통과한다.

그러나 선교의 역사는 하나의 신적(神的) 사업(a Divine enterprise)과 관련된 인간적 사건들의 과정을 추적할 수 있을 뿐이다. 하나님께서 당신의 능하신 행동으로 낯선 땅에(on a foreign soil) 당신의 교회를 세우신다. 측정되거나 정의되거나 묘사되거나 분석될 수 없는, 바로 하나님의 영(God's Spirit)이 하시는 볼 수 없는 신비로운 활동이 존재한다. 그래서 모든 것이 말해진 때에도 단지 그 이야기의 가장 덜 중요한 부분이 열거된 것일 뿐이다.

인간적으로 말해서, 선교사업은 하나의 불가능한 사업이다. 어떠한 양의 물리적 자원, 훌륭한 계획, 희생적 기부도 그 자체만으로는 한국에서 지난 70년 동안에 일어난 일의 설명이 될 수가 없다. 그것은 다음과 같이 쓰여 있기 때문이다.

'힘으로도 되지 않고, 능력으로도 되지 않고, 나의 영으로(by my Spirit) 될 것이다'라고 만군의 여호와께서 말씀하신다.   (스가랴 4:6)

조지 톰슨 브라운
한국 광주에서
1962년 1월

차례

역자의 일러두기

이 책은 한국에서 봉직한 미국 남장로교 선교사 조지 톰슨 브라운
(George Thompson Brown)이 저술하고, 남장로교 해외선교부가 1962년
에 미국에서 발간한 *Mission to Korea*(Board of World Missions,
Presbyterian Church U.S., 1962)를 번역한 것으로, 남장로교 선교사들이
처음 내한한 1892년 전후로부터 동 교단의 한국 선교가 실질적으로
마감되어 가던 1962년까지의 선교 역사를 서술하고 있다.

1. 본서를 번역함에 있어서 역자는 미국 남장로교 해외선교부의 집행
   부를 가리키는 the Executive Committee (of Foreign Missions)는
   (해외선교부) '실행위원회'로, 한국에 파송된 단일 교단의 선교사들
   을 총칭하는 mission은 '선교회', '선교단' 또는 '선교사들'로 번역
   하였다. 그리고 선교사들이 배치되어 사역한 지역본부들을 가리키
   는 station은 고정적 어감이 있는 '선교부'가 아니라 동적 어감이
   있는 '선교거점'이나 '거점'으로 번역하였다. 남장로교 선교사들이
   사역한 이러한 선교거점들로는 전주, 군산, 목포, 광주, 순천이
   있었고 맨 나중에 대전이 추가되었다. station을 흔히 쓰여온 '선교
   부'가 아니라 '선교거점'이라고 번역한 데에는 mission의 역어인
   '선교회'와의 혼동을 피하기 위한 목적도 있었다.
2. 본 역서의 삽화와 사진 자료는 모두 역자가 추가한 것이고, 선교사
   의 이름에 병기된 한국명도 역자가 추가한 것이다.
3. 인명의 발음은 가급적 영어권에서의 발음에 가깝도록 옮겼다. 예:

Allen[ǽlən]은 앨런으로, McCormick[məkɔ́:mik]은 머코믹으로, McCutchen[məkʌ́tʃən]은 머카천으로, Reynolds[rénəldz]는 레널즈로.

4. 저자는 군사용어를 즐겨 사용하였는데, 역자는 저자의 이러한 취향을 존중하였다. 예: field(현지, 현장, 싸움터), station(주둔지, 기지, 거점), missionary operation(선교작전), advance(전진), evacuation(철수), base of operations(작전 기지), along the line(전선戰線에서) 등.

5. 본서에는 은유, 직유, 과장, 유머 등의 수사학적 장치가 자주 등장한다. 충분한 이해력과 상상력으로 그 속에 함축된 의미를 읽어나갈 필요가 있다.

6. 원서에 나타나는 약간의 연대나 인명 표기상의 오류는 굳이 주석을 달지 않고 역자가 정정하여 번역하였다.

7. 본서는 선교회의 연례보고서, 각종 회의록, 선교잡지, 저서, 일기, 편지 등을 포함하는 공식·비공식 문서들과 은퇴선교사들의 회고담 등 다양한 사료(史料)를 풍부하게 인용하고, 그 출처를 밝혀서 역사 서술의 신뢰성을 높이고 있다. 독자가 이 점에 유의하면서 읽어나가면 이 책이 한층 더 흥미로울 것이다.

• 미국 장로교단의 변천사

남장로교 선교회는 북장로교 선교회와 긴밀한 상호 협력하에 한국 선교를 전개하였기 때문에 미국 장로교단의 변천의 개요를 미리 알아두면 본서를 이해하는 데 도움이 된다.

미국인들이 영국으로부터 독립하여 하나의 연방국가를 이룩한 후에 여러 지역에서 제각기 자라고 있었던 장로교회들과 노회들이 교단의 필요성을 느껴서 1789년에 '미합중국 장로교' PCUSA를 창설하

니, 그것이 미국 최초의 전국적 장로교단이었다. 그런데 남북전쟁
(1861~1865)이 발발하자 남부의 장로교회들이 위 교단으로부터 이탈
하여 '합중국 장로교' PCUS를 구성하니, 전자는 흔히 "북장로교,"
후자는 "남장로교"라고 불리게 되었다. 이 두 장로교단들은 남북전
쟁이 끝난 후에도 100년 가까이 각각 존속하다가 1958년에 북장로교
가 제삼의 교단인 '북미연합장로교'와 결합하여 '미합중국 연합장로
교'(United Presbyterian Church in the U.S.A., UPCUSA)가 되었다.

이 무렵에 남장로교 내에서는 이 '연합장로교'와 통합하자는 운동
이 일어났는데, 그 과정에서 신학적 노선의 차이를 이유로 통합을
원치 않은 일부 보수파가 이탈하여 '아메리카 장로교'(Presbyterian
Church in America, PCA, 1973)를 구성하였고, 또 다른 일부 보수파는
후에 연합장로교에서 이탈한 보수파가 구성한 교단인 '복음장로
교'(Evangelical Presbyterian Church, EPC, 1981)에 합류하였다. 남장로
교의 다수 잔류파는 마침내 1983년에 위의 '미합중국 연합장로교'와
통합하여 '(미합중국) 장로교' PC(USA)가 되었다. 즉 남북전쟁 때에
갈라졌던 남장로교와 북장로교가 각기 다소의 변천 과정을 거친 끝에
122년 만에 재결합하여 오늘날 미국의 주류 장로교단이 되었다.[1]

결론: 미국의 남장로교 PCUS는 1861년에서 1983년까지 (122년간)
미국의 남부와 접경주들[2]에 있었던 장로교 교단이었고, 그 교단이
한국 선교를 시작한 1892년부터 본서가 출간된 1962년까지 70년간
그 교단이 한국에 파송한 선교사들이 이 땅에서 전개한 선교활동의
역사가 본서에서 우리가 읽을 수 있는 내용이다.

---

1 현재 미국에서 둘째로 큰 장로교단은 PCA이다.
2 접경주(Border States): 【美史】 남북전쟁 전 자유주(Free States)에 접하고 있으면
　서도 노예 제도를 채택한 주들(델라웨어, 켄터키, 메릴랜드, 미주리, 버지니아).

제1장

은자 나라
The Hermit Nation Before 1892

1892년 이전

동아시아 미래 역사의 추축(樞軸)은 한국이다. 질투심 많은 경쟁국들인 중국, 일본, 러시아의
패권(supremacy) 문제가 한국의 국토에서 결정될 것이다.

－ Griffis, *The Hermit Kingdom*, p.441.

1866년¹ 8월말 경에 제너럴 셔먼(*General Sherman*)호라고 하는 미국 상선 한 척이 상품을 싣고 북조선의 대동강을 거슬러 올라왔다. 배 안에 있는 사람들 가운데에 **로버트 저메인 토마스 목사**(Rev. Robert Jermain Thomas)라고 하는 웨일즈인 한 명이 있었는데, 그는 중국어 성경을 얼마쯤 가진 선교사였다. 통상을 위한 몇

로버트 J. 토마스
[1840~1866]

차례의 공식 요청이 거부되었지만, 그 배는 계속하여 강을 거슬러 올라왔다. 호우(豪雨)로 인해서 그 배는 평양성 아래에서 멀지 않은 지점까지 이를 수 있었다. 그곳에서 그 배는 강변의 진흙 모래톱에 좌초하였고, 선원들의 모든 노력에도 불구하고 빠져나올 수가 없었다. 선박의 선원들과 강변에 있는 수비병들 사이에 간헐적으로 포화를 주고받는 일이 수일간 이어졌다. 마침내 조선인들이 작은 배 한 척에 불을 붙여 그 불타는 선박을 상류에서 띄워 제너럴 셔먼호에 들이닥치게 하였다. 선원들은 탈출하려고 노력하였지만, 뭍에 올라올 때에 한 사람씩 살해되었다.

한 목격자의 말에 의하면, 토마스가 뭍에 올라왔을 때에 그는 자기를 죽이려는 사람에게 중국어 성경책 한 권을 권하였는데, 거절당했다. 그는 기도하려고 무릎을 꿇은 채 살해되었다.² 그러나 그를 죽인

---

1 조선 제26대 왕 고종 3년(병인년). 흥선대원군의 쇄국정책이 강화되던 시기. (역자)
2 로버트 저메인 토마스는 1840년에 영국 웨일즈에서 회중교회 목사의 아들로 태어났다. 그는 신학 공부를 마치고 목사 안수를 받은 다음 '런던선교회'(London Missionary Society, LMS)의 파송을 받아 중국에 도착하였지만, 선배 선교사들과 마음이 맞지 않아 사임하고, 조선 선교의 꿈을 키워가며 때를 기다렸다. 1865년 9월에 그는 황해도 연안의 창린도(昌麟島)에 상륙하여 두 달 반 동안 가지고 온 한문 성경을 나누어 주면서 그 섬 사람들에게 복음을 전하였다. 북경으로 돌아간

사람[3]은 자기가 의인을 죽였음을 느끼고 그 책을 집으로 가져갔다.

여러 해가 지난 다음 토마스를 죽인 사람의 조카[4]가 **윌리엄 레널즈** 목사와 함께 또 한 권의 성경 책 앞에 앉았고, 그들은 함께 그 책의 번역을 계속하였다. 그리하여 '남장로교 한국선교회'[5] 사업의 시작은 대동강 강변에서 손에 성경을 들고 죽은 웨일즈인 순교자와 연관시켜질 수 있다.

제너럴 셔먼호 사건이 남긴 세 가지 기념물이 있다. 첫째로, 그 비운의 선박의 '닻줄'(anchor chain)이 있는데, 그것은 평양 동문의 망루(望樓) 안에 걸려 있다. 둘째로, 개신교 최초의 순교자가 죽임을 당한 지점에 가까운 곳에 평양 기독교인들에 의하여 1932년에 세워진 '**토마스 기념교회**'가 있다. 셋째로, '**펼쳐진 성경**'(the open Bible)이 있다. 이 세 가지 중에서 '펼쳐진 성경'이 가장 오래 남는 것이 될 것이다.

그는 다시 조선에 선교할 기회를 기다리다가 제너럴 셔먼호가 한국으로 출항한다는 소식을 듣고 1866년 8월에 통역 겸 안내자로 그 배에 승선하였다. 그러나 그때는 천주교에 대한 '병인박해'가 일어난 해였고, 그는 9월 2일에 대동강 변에서 살해되었다. (역자)

3 박춘권(朴春權). 그는 후에 그 성경을 읽고 감명을 받았고, 노후에, 평양에서 선교하고 있던 마펫(Samuel A. Moffett, 마포삼열) 목사에게 죄를 고백하고, 1899년에 세례를 받고 안주(安州)교회의 영수(領袖)가 되었다고 전한다. (역자)

4 박춘권의 조카 이영태(李榮泰)도 성경을 읽고 진실한 신자가 되어 평양숭실전문학교를 졸업한 후 남장로교 선교사 레널즈의 협력자가 되어 한국인 성서번역위원의 한 사람으로 성경 번역에 큰 공헌을 하였다. (역자)

5 '남장로교 한국선교회': 이것은 본 선교회의 한국어 법적 칭호로서 본서 전체에 걸쳐 사용될 것이다. '남장로교'(Southern Presbyterian, SP)라는 용어는 본 선교회의 모교회의 정확한 이름인 '합중국장로교'(the Presbyterian Church in the Unites States, PCUS)의 별칭이다.

고요한 아침의 나라
Land of the morning calm

토마스는 어떠한 나라에 그의 '펼쳐진 성경'을 가져왔던가? 그것
은 선사시대에까지 역사와 문화가 거슬러 올라가는 나라였다. 전설
에 의하면, 전설적 인물 단군(檀君)이 평양을 수도로 하여 B.C. 2333
년에 한국인의 나라를 세웠다.

그다음 천년에 관하여 역사는 침묵한다. 그런 다음 B.C. 1122년에
중국 왕실의 한 관원이었던 기자(箕子)가 그 고대 제국의 풍부한 문화
유산을 가지고 조선으로 이주하였다. 그는 5,000명의 수행인들과
함께 당시에 "고요한 아침"의 나라 조선에 거주하던 유목민 부족들의
문명보다 훨씬 더 우수한 문명을 도입하였다. 기자가 세웠다고 전해
지는 왕조는 천년 동안 지속하였다. 그러나 그의 왕국은 십중팔구
한반도의 한 작은 부분을 포함하였을 뿐일 것이다.[6]

다음 700년 동안 조선은 서로 전쟁을 한 작은 왕국들에 의하여
다스려졌다. 그 왕국들도 또한 중국의 위압 하에 있어서 중국이 이
따금씩 자기네의 종주권을 주장하였다. 이러한 왕국들 가운데 중요
한 나라들은 먼 북쪽의 고구려(高句麗), 남서쪽의 백제(百濟), 그리고
남동쪽의 신라(新羅)였다.

A.D. 685년경에 한국은 신라의 통치 아래 통일되어 최초로 하나
의 동질적인 국가로 통합되었다.[7] 이 고대 영화(榮華)의 멋진 유적들

---

6   기자가 세웠다고 하는 나라는 고려와 조선 시대까지 실체로 인정되었지만, 그 존재
    를 입증할 근거가 없어서 최근 우리나라 학계에서는 이를 부정하는 견해가 지배적
    이다. (역자)

7   신라가 삼국을 통일한 직후, 북쪽에는 고구려의 계승자임을 자처하는 발해(渤海)
    가 698년에 건국되어 926년까지 존속하였다. 우리 역사는 이 시기를 '남북국 시대'
    라 부르고 있다. (역자)

가운데 647년에 세워진 일종의 천문대, 771년에 주조된 19톤의 거대한 종, 그리고 751년에 세워졌고 훌륭한 석조물을 가진 불국사(佛國寺)를 아직도 볼 수 있다.

신라 왕조는 새로운 왕국 고려(高麗)에 의하여 마지막 왕이 폐위된 935년에 끝났다. 고려 왕조의 이름에서 "코리아(Korea)"라는 용어가 유래하였는데, 그 용어로 한반도가 서양에 알려지게 되었다. 이 중세 시대에 도자기 공예(ceramics)가 고도로 발달하였는데, 그 기술은 마침내 일본에 도입되었다. 후에 몽고군(Mongol hordes)이 고려에 침입하여 수도 송도(松都)를 파괴하니, 조정은 강화도라는 섬으로 피난 가지 않을 수 없었다. 고려는 신라와 마찬가지로 외부침략의 결과가 아니라 내부적 쇠퇴와 부패로 인해서 종말을 맞았다.

이성계(李成桂) 장군(태조)은 북에서 쳐들어오는 야만족들을 몰아내고 나라의 질서를 바로잡아 1392년에 이씨왕조(李氏王朝)를 세웠는데, 이 왕조는 1910년 일본에 의한 합병 때까지 존속할 것이었다. 수도는 한양(즉, 서울)으로 옮겨지고 나라는 조선(朝鮮)이라고 개칭되었다. 이 왕조의 위대한 왕 중의 한 분인 세종(世宗, 재위 1419~1450)은 한국 문자를 제정하고 중국 문자 대신 그것을 사용하도록 장려하였다.

1592년에 조선은 남쪽으로부터 일본 장군 도요토미 히데요시(豊臣秀吉)의 침략을 받았다. 일본인들은 부산에 상륙하여 북쪽으로 평양에 이르기까지 한반도를 유린하였다. 파괴가 매우 심해서 조선은 그 후 삼백년 동안 회복될 수 없었다고 한다. 마침내 일본군은 중국 군대의 도움과 조선의 해군 영웅 이순신(李舜臣) 장군의 기술과 창의력으로 인하여 패주했다. 넬슨(Nelson)과 같이 승리의 순간에 목숨을 잃은 이순신 장군은 "거북선(turtle boats)"이라고 불리는 사상 최초의 철갑선을 사용하여 일본 함대를 무찌르고 침략자들의 운명에 종지부

를 찍었다. 이 침입의 잔혹성으로 인해서 조선인들은 모든 외국인들
을 좋지 않게 여기는 마음을 갖게 되었다. 이때로부터 한국은 그
나라의 닫힌 문을 억지로 열려는 외부 세계의 모든 기도에 저항하기
로 단단히 결심한 "은자(隱者) 나라"가 되었다.[8]

한국의 종교들
The Religions of Korea

지난날 그렇게도 문을 걸어 잠근 이 나라에 어떠한 종교가 있었는
가? 초기의 선교사들은 한국인들을 매우 종교적이면서도 종교가 하
나도 없는(most religious, yet without a religion)(!) 사람들이라고 묘사
하였다. 여러가지 점에서 그들의 관찰은 정확하였다. 한 한국인 학
자는 "기독교가 그 나라에 들어왔을 때에 모든 옛 종교는 쇠퇴한 상
태에 있었다. 독특하고 지배력 있는 종교가 없었다"라고 썼다.[9]

전통적으로 세 가지 종교가 백성들의 마음을 끌었었다. 그 가운데
첫째이고 가장 오래된 종교는 샤머니즘(Shamanism), 즉 정령숭배(精
靈崇拜)였다. 이 종교는 두려움(fear)에 입각해 있었고, 신자는 나무
나 산이나 돌이나 개울 등에 살고 있다고 믿는 많은 수의 혼령이나
귀신들을 달래지 않으면 안 되었다. 이 일은 영적 세계와 친밀한
관계를 갖고 있다고 여겨진 주술사(shaman)나 점쟁이(diviner)를 통

8　L. George Paik(백낙준), *The History of Protestant Missions in Korea,
　1832~1910(1929), pp.11~16.
　Allen D. Clark(곽안전), *History of the Korean Church*(1960), pp.16~22.
　Cornelius Osgood, *The Koreans and Their Culture*(1951), pp.167~210.
9　Paik(백낙준), p.33.

하여 행해졌다. 자기최면, 즉 몽환(夢幻)의 상태를 통하여 주술사가
영들과 인간 사이의 중재자가 되었다. 한국의 샤머니즘은 원시 시베
리아 사회에서 발견되는 샤머니즘과 많은 유사점들이 있는데, 최초
의 부족들이 남쪽으로 이주하던 때에 그것이 한반도로 전래되었다고
추정된다. 한국에는 세 가지의 주술사들이 있는데, 악령을 쫓아내는
데 특별한 기술이 있는 여인들인 *무당*, 무당과 같은 기능을 수행한
남자들인 *박수*, 그리고 맹인이기 때문에 영계(靈界) 안에서 특별한
지각능력을 갖고 있다고 여겨진 *판수*가 그들이다.[10] 샤머니즘은 도
덕성(道德性)에는 별 관심이 없었다. 그것은 뚜렷한 형식이나 제도가
없는 종교였지만, 대중의 종교였고, 그것의 미신적 의식은 일반 백성
들에게 거의 보편적 위력(威力)을 갖고 있었다.

불교(Buddhism)는 A.D. 372년에 중국을 통하여 한국에 전래되었다.
그것은 신라와 고려 왕조 때에 번영하였지만, 기독교의 전래 이전
백년 이상 동안 쇠퇴해 오고 있었다. 고려 말에 불교는 큰 정치권력을
달성하였지만 그 과정 중에 타락하고 부패하였다. 조선 왕조가 시작
되면서 불교는 총애를 잃었다. 불교는 갖고 있던 정치권력을 제거당
하였고, 기독교가 전래될 무렵에는 승려들은 수도 서울에 들어오는
것조차 금지되었다.

불교가 쇠퇴하자 유교(Confucianism)가 우세해졌고, 유교가 기독
교의 가장 강력한 경쟁자가 될 것이었다. **클라크 박사(Dr. C. A.
Clark)**는 유교는 그 중국 현인(즉, 공자)이 태어나기 약 오백년 전에
기자에 의하여 한국에 전래되었다고 썼다! 그것은 말하자면, **공자**가
나중에 편집하고 편찬한 도덕적 행위의 격언들, 의식, 그리고 규칙이

---

10 Charles Allen Clark(곽안련), *The Religions of Korea*(1961), pp.173~219.

한국이 중국 문명과 최초로 접촉한 때부터의 한국 문화의 일부였었
다는 것이다. 중국인들조차 그 옛 스승(the old master)에 대한 충절
에 있어서 한국인들이 자기들을 능가하였음을 인정하였다.[11]

그러나 여러 가지 점에서 유교를 종교라고 부르기는 어려웠다.
유교는 군신(君臣), 부자(父子), 부부(夫婦), 친구(親舊) 간의 바른 관계
를 강조하였다. 그러나 유교는 신과 인간 사이의 관계에 관해서는
오히려 말하는 바가 별로 없었다. 유교가 종교적 의식에 가장 가까
이 접근한 것은 조상숭배(ancestor worship)에 관한 가르침과 관행 속
에 있었다. 이 최종 최고의 효도(孝道) 행위는 국민의 문화와 문명
속에 뿌리박히고 자리잡혀 있어서 그것은 기독교로 새로 개종하는
사람에게 여러 해 동안 으뜸가는 장애물이 되었다. 유교의 높은 윤
리적 가르침에도 불구하고,

> 그것은 지난 세기에 한국의 큰 특징이었던 대중에 대한 억압, 총체적 빈곤,
> 관공리의 배임과 부패, 그리고 여성의 지위 하락을 예방하지 않았다. …
> 유교는 이기심을 조장하였고, 효도를 가장 높은 덕성의 지위로 높여서 이
> 것이 여러 가지 좋지 않은 것을 숨기게 하였다. 그것은 추종자 각자에게
> 관직에 대한 열망을 고취해서 그 결과 매관매직(simony)과 한직(閑職,
> sinecure)이 생기게 하였다.[12]

이것은 한 한국인 학자가 숙려한 끝에 내린 판단이다. 한 선교사
학자는 관대한 편이다.

---

11 C. A. Clark(곽안련), *The Religions of Korea*, p.91.
12 Paik(백낙준), p.21. / senecure: 실무에는 종사하지 않으나 보수가 있는 한직, 명
예직.

한국은 공자에게서 큰 은혜를 입고 있다. 불교는 한국에 초자연적 신이나
신들의 관념, 그리고 구세주, 내세, 믿음 등의 개념을 제공하였지만, 그것
의 윤리적 체계는 미약했다. 그러나 공자는 한국에 도덕의 종합적인 안
(案)(an integrated plan of morality)을 주었다.[13]

아무튼, 개신교의 한국 전래는 유교에 두 번의 타격을 가했는데,
유교는 그로부터 결코 회복되지 못했다. 첫 번째 타격은 모든 관직
임명의 표준이었던 고전시험(古典試驗)이 1895년에 폐지된 것이었
다.[14] 두 번째 타격은 그로부터 몇 년 후에 최초의 개신교 개척 선교
사들에 의하여 현대 교육제도가 도입된 것이었다.

보통의 한국인은 이 오래된 세 종교들을 서로 양립할 수 없는
(mutually exclusive) 종교들로 여기지 않았다. 그는 공자의 고전들을
암송하고, 불교의 신들에게 기도하며, 조상들에게 제물을 바치고,
산신령의 제각(祭閣)을 지날 때에는 미신적 두려움으로 부들부들 떨
수 있었다. 상충하는 종교 사상들에 대한 이 용이한 포용력은 제일
계명으로 "나 외에 다른 신들을 네게 두지 말라"라고 가르치는 종교
에 심각한 장애가 될 것이었다.

기독교의 한국 전래와 관련하여 고려할 또 하나의 중요한 요인은
이 나라의 세 종교들이 모두 다 외국에서 도입되었었다는 것이다.
유교는 중국으로부터, 불교는 인도로부터, 그리고 샤머니즘은 시베
리아로부터 도입되었다. 한국은 이 점에 있어서 자기들의 민족주의

---

13 C. A. Clark(곽안련), *The Religions of Korea*, p.124.
14 갑오개혁(甲午改革, 1894~1896) 때 유학과 한학의 고시를 통하여 관료를 뽑던
    과거(科擧) 제도를 폐지하고 근대적 교양과 전문 지식을 가진 관리를 선발하기
    위하여 새로운 관리등용법을 제정한 일. (역자)

적 종교를 가진, 즉 이 나라들 안에서 외래 종교의 도입을 애국적
열광으로 반항하는 종교들을 가진 일본, 중국, 인도 및 무슬림 국가
들과는 달랐던 것이다. 이 이유로 인해서, 기독교가, 일단 처음의
의심(initial suspicion)이 극복된 다음에는, 극동에 있는 몇 이웃 나라
들에보다 한국에 더 빨리 토착화될 수 있을 것으로 기대되었을는지
도 모른다.

　　이상이 최초의 기독교 선교사들이 도착하였을 때의 한국의 종교적
상황이었다.

로마 가톨릭의 순교자들
The Roman Catholic martyrs

　　토마스가 한국의 굳게 닫힌 문이 열리도록 목숨을 바친 최초의
인물은 아니었는데, 그 이유는 히데요시가 1592년에 침입하였을 때
에 한국과 기독교의 최초의 접촉이 이루어졌기 때문이다. 일본 장군
들 가운데 로마 가톨릭교도 고니시(小西)가 있었고, 그는 예수회 사제
(Jesuit priest) 한 사람을 데리고 왔다. 우리가 아는 대로는, 그
사제는 한국의 서민과 접촉이 별로 없었거나 전혀 없었지만, 한국인
포로들이 일본으로 끌려가서 이들의 일부가 기독교인이 되었다. 그
들 가운데 고니시의 집에 배속된 한국인 소년 하나가 있었는데, 그가
"빈센트(Vincent)"라는 이름으로 영세를 받았다. 그는 선교사로 한국
에 돌아가기를 희망하였지만 그의 계획은 결코 실현되지 않았다.
기독교가 일본에 전해진 지 백년이 가까워지자 기독교인들에 대한
무서운 박해가 일어났고, 당시 44세였던 빈센트는 알려져 있는 최초

의 한국인 순교자가 되었다.

1777년에 기독교는 다른 방면으로부터 한국에 도입되었다. 그 해에 중국 황제에게 공물을 바치는 연례 여행을 마치고 북경으로부터 돌아오는 어느 사절이 국내로 가져온 로마 가톨릭 서적 몇 권을 한 그룹의 한국인 궁중 학자들이 입수하였다. 그들은 그 교리들을 힘써 실천하기 시작하여 칠일 중에 하루를 거룩하게 지켰다. 1783년에 그들 가운데 한 사람은 그 사절과 함께 북경에 가서 "이(李) 베드로(Peter Li)"라는 이름으로 영세를 받았다. 그는 돌아와서 그 새로운 신앙을 다른 사람들에게 가르치기 시작하였다.[15] 그러나 그 새로운 운동은 곧 조상숭배와 관련하여 곤경에 처하게 되었다. 그들 중의 한 사람은 그의 조상의 위패를 불태웠다는 죄로 고문을 당하고 추방되었다. 그러나 그 작은 그룹은 위협에 굴하지 않았고, 자기들에게 그 신앙을 가르쳐줄 사람을 보내달라고 북경 궁정에 있는 예수회 회원들에게 호소문을 보냈다.

백 년 동안 로마 가톨릭 사제들은 한국에 들어와서 붙잡혀 죽임을 당할 뿐이었다. 그들은 한 겨울에 얼어붙은 압록강을 건너와서 배수관을 통하여 성벽으로 둘러싸인 도시 안으로 기어들어왔다. 그들은 자신들이 생소한 언어를 쓰는 것을 드러내지 않으려고 상주(喪主)처럼 가장하기도 하였다. 그 중에는 살아남아서 신분을 숨기고 백성들 가운데 살면서 상류 계층의 일부를 개종시키기도 하였다.

원산(元山)이라는 도시를 위협하였던 어떤 러시아 전함들을 외국

---

15 이승훈(李承薰): 그는 북경에서 그라몽(Grammont, 梁棟材) 신부에게서 세례를 받고 1784년에 조선에 돌아오면서 천주교 성물들과 문서들을 가져왔다. 그는 이벽, 정약전, 정약용 등에게 대세(代洗)를 하였고, 이들을 중심으로 초기 천주교회의 포교 활동이 전개되었다. (역자)

사제들이 도왔다고 생각된 1866년에 교회에 대하여 무서운 박해가 일어났다. 사제들 중에 세 사람을 제외하고 모두 다 살해되었고, 이들은 중국으로 도피하였다. 수천 명의 토착 기독교인들이 학살당하였다.[16] 마침내 1882년에 외국인에게 거주권(right of residence)이 주어졌지만, 기독교인이 되거나 어떤 기독교 서적이라도 소유하고 있는 것은 여전히 사형에 해당하는 죄였다. 로마 가톨릭 선교 100년 만에 기록된 개종자 수는 17,577명이었다. 이 기간 동안에 26명의 프랑스 선교사들이 이 땅에 들어왔었는데, 그들 중에 열두 명은 순교하였고, 다섯 명은 한국에서 사망하였고, 네 명은 추방되었으며, 마침내 다섯 명에게 체류가 허가되었다.

자신들의 신앙을 전파하기 위한 초기 로마 가톨릭 선교사들의 영웅적 시도와 그들의 위축되지 않은 열성에도 불구하고 그들이 성공하지 못한 이유를 혹시 얼마쯤이라도 설명해주는 그들의 방법상의 결함들을 다음과 같이 지적해 볼 수 있을 것이다. 첫째로, 그들은 새로운 종교의 외래성(foreign nature)을 강조하였다. 그들의 개종자들에게는 베드로나 빈센트와 같이 이상하게 들리는 이름들이 주어졌고, 특정 외국 교회기관에 대한 충성 강조는 한국 지도자들 가운데 당연한 불안을 야기하였다. 둘째로, 그들은 정치 활동에 관계하기를 주저하지 않았다. 한국을 정복하여 가톨릭 신앙에 안전한 곳으로 만들기 위하여 유럽의 로마 가톨릭 국가들이 무장한 군대를 보낼 것을 제안하는 편지들을 그들은 북경의 주교에게 보냈다. 셋째로, 그리고 어쩌면 가장 중요하게, "1784년에서 1866년에 이르기까지 82년이 지났는데도 단 한권의 복음서나 성경의 어느 부분도 번역하려

---

16 병인박해(丙寅迫害). 병인대교난(丙寅大敎難)이라고도 한다. (역자)

는 시도를 하지 않았다."[17] 우리가 본 바와 같이, 이것은 토마스와 그의 열린 성경과 극명하게 대조되는 일이었다. 그리고 그것은 우리가 보게 될 바와 같이 다른 개신교 개척자들의 방법과 처음부터 명확한 대조를 이룰 것이었다.

성경이 한국에 들어오다
The Bible enters Korea

존 로스(라요한)
[1842~1915]

또 한 사람의 스코틀랜드 출신 선교사 **존 로스** (John Ross)[18] 목사는 1873년 가을에 만주 서부를 답사하였다. 그는 그가 "고려문(The Korean Gate)" 이라고 일컬은 한 국경 도시[19]를 방문하여 교역을 하려고 국경을 넘어온 한국인들을 만났다. 그는 이 사람들에 관심을 갖게 되어 그들의 언어와 풍속에 관한 정보를 얻기 위하여 다음해에 돌아왔다. 그는 **서상륜**(徐相崙)이라고 하는 사람의 도움을 받아서 한국어를 배우고 성경을 번역하는 일에 착수하였다. 로스의 매제요 동역자인 **존 매킨타이어**(John MacIntyre) 목사와 함께 그들은 중국어로 된 누가복음을 한글로 번역하기 시작하였다. 만주 선양(瀋陽)에 인쇄소가 차려

---

17 Paik(백낙준), p.37.

18 존 로스: 스코틀랜드 연합장로교(United Presbyterian Church of Scotland)에서 중국에 파송한 선교사. (역자)

19 변문(邊門, 현 변문진)을 말한다. 평북 의주성(義州城) 밖 만주와의 국경지역에 있던 관문(關門)이다. 예로부터 중국으로 가는 조선 사신은 물론 조선으로 오는 중국 사신들이 꼭 거쳐 가야 하는 유일한 관문으로, 이곳에서 공식 비공식 교역이 이루어지기도 하였다. (역자)

졌고, 한약 판매인 한 사람(a peddler of Korean medicine)이 아마추어 식자공으로 채용되었다. 일은 느리게 진행되었지만 1882년에는 최초의 복음서들이 간행되었고, 1887년까지에는 『신약성서』 전부가 출간되었다.

동시에, 새로 인쇄된 복음서들을 동만주 계곡들에 정착한 한국인들 사이에서 팔도록 기독교로 개종한 그 한약상을 파송하였다. 6개월 후에 그는 돌아와서 많은 사람들이 믿고 세례 받기를 기다리고 있다고 보고하였다. 로스는 1884년의 겨울에 이 계곡들 가운데 네 곳을 방문하여 75명에게 세례를 베풀었다. 이 대단한 수확은 훈련되지 않은 사람들에 의하여 전달될 때에도 나타나는 기록된 말씀의 능력에 대한 증거였다.

역시 새로운 신앙으로 개종하였던 로스의 조사(助事, assistant) 서상륜은 새로 인쇄된 성경의 일부를 압록강 남쪽 한반도에서 전달하기 위하여 1883년에 길고 위험한 여행길을 떠났다. 그는 얼마쯤의 중국어 성경과 새로운 한역 복음서들을 가지고 갔다. 그는 국경에서 수색을 받아 금서를 갖고 있는

서상륜 권서/장로
[1848~1926]

것이 발각되자 어둡고 불결한 감옥에 수감되었고, 이러한 책들을 소지한 데 대한 벌은 죽음이라는 말을 들었다. 서상륜의 믿음은 여전히 확고하였다. 그는 죽을 각오가 되어 있었다. 그러나 마지막에 그는 옥졸들 가운데 두 사람이 자기의 옛 친구인 것을 알게 되었고, 그들은 그가 탈출하는 것을 용인하겠다고 말하였다. 서상륜은 자기의 책들을 놓아두고는 가지 않겠다고 말하였다. 얼마쯤 옥신각신한 끝에 그들은 그가 한국어 복음서 열 권을 가지고 가는 것을 허용하겠다고 말하였다! 그 밖의 책들은 공개적으로 불태워졌다. 서상륜은

밤중에 도망하여 나머지 590여 킬로미터를 걸어서 무사히 수도 서울에 당도하였다. 열 권 밖에 없었기 때문에 그는 자기가 갖고 있던 불충분한 책들을 소중히 여겨서 몇 사람의 구도자들에게 빌려주어 필사하고 숙고하게 하였다. 그의 재고품은 얼마 가지 않아서 동났다. 그러나 새로 개항한 인천 세관을 통해서 또 한 번의 선적량(shipment)이 오고 있었다. 한국의 굳게 닫힌 문이 서서히 열리고 있었다.

외교 협상들
Diplomatic Negotiations

페리 제독(Commodore Perry)[20]에게서 외교 협상술(the art of diplomacy)을 배운 일본은 한국과 우호통상조약을 협상한 최초의 외국이 되었다. 이 때까지 한국을 다스린 통치자는 로마 가톨릭 신자의 박해를 주도하였던 초보수주의자(超保守主義者) 대원군(大院君, 섭정)이었다. 그러나 그가 통치권을 성년에 달한 아들, 왕에게 넘겨주어야 할 때가 왔다. 국왕은 왕성하고, 유능하고, 비교적 진보적인 저명한 민(閔)씨 가문의 젊은 여인과 결혼하였었다. 그녀와 그녀의 가문의 영향력으로 인해서 이전의 정책들은 반대에 부딪치고, 1873년에 대원군은 서울을 떠나지 않을 수 없게 되었다. 조선왕실에서 일어난 이 정치 권력의 변화는 협상에 유리한 분위기를 초래하였고, 1876년에 일본에서 온 외교 사절단과 조약이 체결되었다. 이 조약의 약정에 의하여

---

20 미국의 함대 사령관. 쇄국하고 있던 일본에 7척의 군함을 이끌고 내항하여 에도 막부와 '미일화친조약'(1854)을 체결함으로써 일본을 개국하게 만들었음. (역자)

일본은 조선의 독립을 인정하고 조선은 교역과 거주를 위하여 일본인들에게 세 항구(港口)를 개방하기로 동의하였다.[21]

한편, 일본보다는 중국과의 친밀한 관계를 선호한 국내의 수구파(守舊派)는 가만히 있지 않았다. 1882년에 대원군이 잠시 동안 권좌에 복귀하였는데, 중국은 조선에 대한 종주권(宗主權)을 다시 주장하여 3,000명의 파견군을 보냈다. 청·일간에 긴장이 고조되는 가운데, 중국과 일본에게 조선에 군대를 유지할 권한이 주어지는 선에서, 군사적 충돌을 피하게 되었다.[22]

중국과 일본의 이 세력 다툼은 미국과 조약을 맺기에 좋은 상황을 만들어 냈다. 조선의 통치자들은 하나의 강력한 서방 국가와의 동맹을 통해서 조선이 야심적인 두 이웃 나라들 중의 어느 편에라도 얽히는 것을 피할 수 있을 것으로 생각하였다. 1878년에 슈펠트 제독(Commodore Shufeldt)이 조선에 가서 조약을 맺을 협상을 시도하라는 지시를 받고 미함 티콘데로가(U.S.S. Ticonderoga)호를 타고 왔다. 조선의 조정 및 텐진(天津)의 청나라 지도자들 양편과의 길고 지루한 교섭 끝에 1882년 5월 22일에 조약[23]이 조인되었다. 협정에 의하여 미국 시민들에게 정해진 조약 항구(treaty ports) 안에서 그들이 다양한 생업과 부업에 종사할 권리가 주어졌고, 두 나라 사이에 외교적 대표단의 파견이 규정되었고, 미국인 거류민들에게 치외법권이 부여되었다. 두 나라 중 어느 한 나라의 국적을 가진 학생들에게는

---

21 '병자수호조약'(丙子修好條約, 1876) 또는 '강화도조약.' 이 조약에서 규정한 "조선의 독립"은 조선에 대한 청(淸)의 종주권을 부인하는 의미를 담고 있었다. 개방된 항구는 부산, 원산, 인천. (역자)
22 임오군란(壬午軍亂, 1882)으로 빚어진 일들임. (역자)
23 조미수호통상조약(朝美修好通商條約).

상대방 국가의 언어와 문화를 공부하도록 보호와 도움이 주어질 것
이었다. 교역을 목적으로 관세표와 세관 규정들이 제정되었다. 그
리고 다른 나라들이 한 정부를 부당하게나 압제적으로 다룰 경우에
는 각국은 상대방에게 원조와 도움을 제공하기로 약속하였다.

선교단들(missions)의 입장에서 이 조약의 가장 중요한 특징은 그
것이 기독교 전파에 침묵하고 있다는 점이었다. 그 조약이 외국인들
의 상업적 활동은 일정한 조약 항구들로 명백하게 제한하였지만, 내
륙에서 여행하거나 거주할 권한은 언급되지 않았다. 후에 프랑스인
들이 기독교를 전파할 권리를 한 조약에 써 넣으려고 열심히 노력하
였지만 그것은 허가되지 않았다. 초기에 거류한 선교사들은 그들
자신의 책임으로 그리할 것이었다.[24]

북장로교 선교회의 시작
The opening of the Northern Presbyterian Mission

호러스 앨런(안련)
[재임 1884~1905]

호러스 앨런(Horace N. Allen, 안련) 의사는 이 오래
닫혀진 나라에 주거를 정하는 최초의 개신교 선교사
가 되는 영예를 얻었다. 그는 북장로교 선교부[25]의
파견을 받아 중국에서 짧은 기간 선교사로 활동하고
있었는데, 그 때에 상하이(上海)에 있던 친구들이
서울에 새로 설치된 외교단(diplomatic mission)의 의
사로 임명되고 동시에 개신교 선교단들을 위한 발판

---

24 The first resident missionaries would be on their own.
25 '북장로교'(Northern Presbyterian, NP)라는 용어가 '미합중국장로교'(PCUSA)의
　　사업을 표시하기 위하여 본서 전체에 걸쳐서 사용될 것이다.

을 확보할 수 있을 것이라고 제안하였다. 고국의 선교부가 허가의 전보를 보내왔다. 그래서 앨런은 필요한 교섭을 마친 다음 1884년 9월 20일에 제물포(濟物浦, 인천)에 도착하였다. 그는 즉시 미국 공사관 직원과 그 밖의 외교 사절단의 의사로 임명되었다.

앨런 의사는 더없이 적절한 때에 도착하였다. 그가 도착한 지 얼마 안 되어 1884년 12월 4일에 또 한 번의 쿠데타 시도[26]가 있었다. 이것이 앨런 의사에게 자기의 의술을 입증하고, 조정의 총애를 얻고, 그리함으로써 선교활동이 상서로운 상황 속에서 시작될 수 있게 할 기회를 제공하였다. 당시에 정부에서 우세하였던 민 씨 중심의 수구파[27]에 반대하는 한 과격 집단[28]이 왕의 신하들을, 그들이 최초의 우정국 개설을 축하하는 연회석에서 떠날 때에, 암살할 것을 계획하였다. 그 혁명가들은 그 홀 밖에서 숨어 있었고, 화재 경보가 울려졌고, 그 관리들이 건물을 떠날 때에 많은 사람들이 암살되었다. 국왕이 머뭇거리는 동안에 일본인들이 그 혁명분자들과 공모하여 궁정을 빼앗았다. 그러나 새 정부는 단지 이틀 버텼다. 일본 군대는 수적으로 중국 주둔군보다 형편없이 열세였고, 인천항으로 철수하지 않을 수 없었다. 혁명분자들은 붙잡혀서 다수가 처형되었고 민 씨 파벌이 정권을 되찾았다.

왕비의 조카 민영익(閔泳翊) 공이 자객들한테서 받은 상처를 치료하도록 앨런 의사가 궁중에 불려갔을 때에 그는 기회를 얻었다. 한국

---

26 갑신정변(甲申政變, 1884). (역자)
27 왕실 및 민씨 세력의 대표적 인물인 민영익, 민승호 등과 정계 요인이었던 김홍집, 김윤식, 김만식, 어윤중 등의 보수 "사대당(事大黨)". (역자)
28 김옥균, 박영효, 홍영식, 서재필, 서광범 등의 소장(少壯) 급진 "개화파(開化派)". (역자)

인 궁중 의원들은 아물지 않은 상처에 뜨거운 수지(樹脂)를 붓도록 계획했었지만, 그렇게 하지 않도록 그들을 설득하기에 너무 늦지 않은 시간에 앨런 의사가 도착하였다. 한국 의사들로부터 상당한 반대가 있은 후에 그 의료 선교사가 그 환자를 맡아서 서서히 그러나 성공적으로 그 공(公)의 건강과 체력을 회복시켰다. 그 무렵의 소동과 유혈 기간에 앨런 의사의 치료에 대한 수요가 매우 컸다. 그가 치료할 장소가 없어서 큰 어려움을 겪었기 때문에 국왕의 후원 하에 병원을 세울 생각이 떠올랐다. 미국 대리대사 **조지 포크**(George C. Foulk)와 앨런이 생명을 구해주었던 젊은 민영익 공의 영향력에 힘입어 1885년 봄에 이러한 윤허가 내려졌다. 운 좋은 협정이 이루어졌는데, 그에 의하여 조선 정부가 건물을 제공하고 매년 보조금을 지급하며, 장로교 선교부(Presbyterian board)가 이를 관리하였다. 앨런 의사가 "북경, 천진, 상해, 관동과 그 밖의 중국 도시들에 있는 병원들을 후원하는 미국 자선협회"의 대리인으로서 그 병원의 관리를 이어받았다.[29]

호러스 언더우드
(원두우)
[재임 1885~1916]

장로교 선교부에서 임명된 최초의 안수받은 목사(ordained minister) **언더우드**(H. G. Underwood)는 1885년 4월 5일 부활절 주일에 서울에 도착하였다. 직접적인 전도 사역은 매우 신중하게 시작되었다. 최초의 교회 예배는 작은 외국인 사회에 국한되었고, 예배가 거행될 때에는 정부에 정식으로 신고되었다. 한국 땅에서 세례 받은 최초의 개신교도 한국인은 앨런 의사의 통역자로 그의 종교서적 몇 권을 빌렸던 **노도사**[30]였다.

---

29 Paik(백낙준), p.98.

언더우드 박사는 1886년 7월 11일에 있은 이 뜻깊은 사건을 아래와 같이 묘사하였다.

> 지난 주일에 그[노도사]가 찾아와서 자기가 주일에 그 모임에 와도 좋은지를 물었다. 나는 물론 와도 좋다고 말하였고, 다음 날이 우리의 정규 성찬 주일이었기 때문에 나는 그가 마태복음에 기록된 대로 성찬 예식의 말씀을 읽으라고 권했다. … 그런 다음에 그는 세례를 받고 싶다고 나에게 말하였다. 나는 이 일에 관하여 그에게 아무 것도 말한 바가 없었다. 그래서 그것은 그가 자발적으로 도달한 결론이다. 나는 그에게 가급적 신랄하게 만든 여러 가지 질문을 했고, 그는 올바르게 대답하였다. … 나는 그에게 아직은 그가 국법에 거스르는 길을 가고 있는 것이고, 그가 이 단계를 거치면 되돌아갈 방법이 없다는 사실을 말해 주었다. … [31]

개종자들은 더 먼 곳에서도 생겨났다. 매서인(colporteur, 賣書人) **서상륜**이 보급용으로 한국어 복음서들을 가지고 1883년에 서울에 도착했다는 것을 여러분은 기억할 것이다. 후에 서 씨는 황해도의 서쪽 해안에 있는 자기의 연고지 소래(Sorai)[32] 마을로 돌아가서 한국인 개신교도들로 이루어진 최초의 기독교인 공동체[33]를 조직하였다. 1887년 봄에 서 씨는 이들 기독교인들 가운데 한 무리를 서울로 데리고 왔는데, 그들 가운데 세 사람이 관련된 위험에 관하여 경고를 받

---

30 본명은 노춘경(盧春京). (역자)
31 Paik(백낙준), p.129.
32 서상륜의 고향은 평북 의주(義州)였지만, 관리들의 추적을 피하여 그의 친척들이 살던 황해도 장연군 솔내(松川)로 이주한 것이다. (역자)
33 한국 최초의 자생적 개신교 교회인 '소래교회', 1883년 설립. (역자)

1895년의 소래교회(황해도 장연군)

은 다음에 언더우드한테서 세례를 받았다. 그 해 가을에 언더우드는 북쪽 지방을 최초로 여행하여 송도, 소래, 평양, 의주에 있는 신자들의 작은 그룹들을 방문하였다. 이들은 모두 다 압록강을 건너서 만주로부터 성서를 가져온 성서 보급인들을 통하여 기독교의 초보를 알게 된 사람들이었다. 이번의 여행 중에 일곱 사람의 기독교인이 소래에서 세례를 받았는데, 이곳은 "한국 개신교의 요람(搖籃)"[34]이라는 영광스런 이름으로 불려 왔다.

1887년 9월에 서대문(새문안) 장로교회가 14명의 설립회원(charter members)과 두 명의 장로로 조직되었다.[35] 적절하게도, 그 최초의 수확을 위하여 토양을 준비하는 일에 큰 공헌을 한 만주의 존 로스(라

34 the "Cradle of Protestant Christianity in Korea."/ Paik(백낙준), p.131.

35 새문안교회는 1887년 9월 27일 화요일 저녁에 서울 정동에 있던 호러스 언더우드 목사 자택에서 그의 주재하에 서상륜 등 세례교인 14명과 존 로스 목사가 참석한 가운데 첫 예배를 드리고 장로 두 사람(백홍준, 서상륜)을 선출함으로써 조직 교회로 설립되었다. 교회의 처음 이름은 '정동(貞洞)교회.' (역자)

요한) 목사가 이 역사적 행사에 참석하여 우리에게 한 편의 생생한
묘사를 남겼다.

> 모든 동양 도시의 거리가 그렇듯이 가로등이 없는 넓은 중심가들을 가로질
> 러서 우리는 작은 호롱등을 가진 한 한국인에 의하여 좁은 골목들 가운데
> 로 인도되었다. 마침내 우리는 작은 공개된 안뜰 속으로 안내되어 들어갔
> 는데, 그 뜰의 문은 우리가 노크하자 열렸다. 창호지 문을 가볍게 치자
> 방 안으로 안내되었는데, 거기에 열 네 명의 옷맵시가 단정하고 총명하게
> 보이는 남자들이 모여 있었다. 그들 중의 한 사람이 그날 밤에 세례를 받았
> 지만, 모임의 주요 의사일정은 그 밖의 사람들이 그들의 장로가 될 두 사람
> 을 뽑는 것이었다.[36]

다른 나라 선교지에서 어떠한 결과라도 경험되기까지 기다려야
하는 기나긴 기다림의 세월을 고려할 때에 한국에서 하는 전도사역
의 이 급격한 성장은 더욱 더 놀라웠다.

그러나 정부는 1888년에 금령(禁令)을 내려 그 새 종교의 모든 전파
를 금지하였다. 그 해 5월에서 9월까지 모든 종교 의식이 중지되고
기독교인들의 작은 무리들 가운데 박해에 대한 큰 두려움이 있었다.
어떤 사람들은 자기들의 기독교 서적을 불태웠고, 자기들의 신앙을
실천하기를 멈추었다. 그 금령은 또한 수도 안에서 반외세(反外勢)
정서의 물결이 시작됨을 알리는 조짐이 되었다. 선교사들이 어린아
이들의 눈을 약으로 쓰기 위하여 그들을 유괴한다는 풍문이 나돌았고,
분노한 무리들이 거리를 돌아다녔다. "갓난아이 소동(baby riots)"이

---

36 Paik(백낙준), p.132.

라고 불려진 그 에피소드가 걷잡을 수 없게 될 경우에 대비하여 미국
해병대원들이 제물포로부터 소환되었다.

그러나 얼마 안 가서 그 폭풍은 지나가고 선교사들에 대한 신뢰가
회복되었다. 소문들은 물론 거짓임이 드러나고 선교사들이 그 금령에
따른 것이 관리들에게 좋은 인상을 주었다. 기독교의 포교를 금지하는
법은 수년간 법령집에 남아 있었지만 시행되지는 않았다. 1890년까지
에는 개신교 선교단들이 한국에 머물 수 있을 것이 확실해졌다.

헨리 아펜젤러
(아편설라)
[재임 1885~1902]

아펜젤러(H. G. Appenzeller) 목사 부부는 1885년
에 언더우드 목사와 같은 배를 타고 도착하여, 감
리교 선교 사업을 개시하였다. 감리교 선교사들
은 처음부터 선교 사업의 교육적 면을 강조하여
소년들을 위한 '배재(培材)학당'과 소녀들을 위한
'이화(梨花)학당'의 설립을 선도하였는데, 두 학교
다 국왕의 인정을 받아서 오늘에 이르기까지 성장
하고 번영해 왔다.[37]

네비우스 원리
The Nevius Principles

1885년에 일련의 기사들이 '차이니즈 리코더'(*Chinese Recorder*)지에
발표되었는데, 그것들이 한국에서 막 시작되고 있던 선교 사업에 심대
하고 지속적인 영향을 끼쳤다. 저자는 존 네비우스(John L. Nevius)였는
데, 그는 북장로교 선교사로 중국 산둥성에서 여러 해 동안 수고하였었

---

37 Paik(백낙준), p.150.

다. 이 기사들 속에서 네비우스 박사는 그의 다년간
의 봉사의 결과였던 선교사업의 방법을 간략하게
서술하였다. 그는 자기의 운영 방식을 중국에서
한 번도 실행하지 못했었는데, 그것은 그 방식이
일정한 지역 내에서 사역하는 전 선교단의 단합된
지지 여하에 달려있는 것이었고, 처음부터 그의
계획이 그의 중국 동료들에 의하여 썩 잘 받아들여

존 리빙스톤 네비우스
[1829~1893]

지지는 않았기 때문이었다. 그가 제안한 변화들은 더 전통적인 선교
방식에 익숙한 사람들에게는 너무 과격하고 혁명적이었다.

그러나 네비우스 박사의 기사들은 한국에 있는 젊은 개척 선교사들
의 눈을 끌었다. 그들은 막 시작하고 있었고, 자기 자신들의 플랜을
세우지 않았었고, 과거의 어떤 선례나 정책에도 매어있지 않았다.
서울에 있던 작은 무리의 장로교 선교사들은 건너 와서 일련의 집회를
해 달라고 네비우스 박사를 초청하였다. 네비우스 박사는 1890년에
한국을 방문하여 단지 두 주일 동안 머물렀다. 그 기간은 아마도 한국에
있던 장로교 선교단들의 역사상 가장 중요한 두 주일이었을 것인데,
그 이유는 그 새로운 선교단이 이 원리들의 유효성을 매우 확신하여
그것들을 규칙과 세칙에 기입하고 엄격히 시행하였기 때문이다.

네비우스 플랜은 다른 나라들에서 발생하였던 과잉 집중화(over-
centralization)나 과잉 제도화(institutionalism)의 위험을 피하기 위하
여 전도 선교사가 처음부터 가능한 한 가장 넓은 순회를 할 것을
요구하였다. 신자들이 작은 그룹들로 조직될 때에 그 그룹들은 교회
들의 한 순회구역을 담당한 조사(助事)[38]에 의하여 훈련되고 가르쳐져

---

38 a helper who was responsible for a circuit of churches.

1887년에 여러 선교회들이 예양협정을 맺어 작성한 선교지 분할 지도. 1909년 9월에 당시의 형편에 맞게 다시 조정되어 교파별 선교 활동에 적용되었다.

야 했다. 초기에는 선교회가 조사를 부양할 것이었지만, 세월이 감에 따라 그가 담당한 각 교회가 그의 부양비에 기여하도록 요청을 받을 것이었다. 지역 교회의 지도자는 그 교회가 자체의 전임 사역자를 부양할 수 있을 때까지 무보수 평신도로서 봉사할 것이었다. 세례의 성례가 베풀어지기 전에 새 신자는 중간급의, 즉 학습교인(catechumen)의 단계를 거치고, 그 기간 동안에 그는 주의 깊게 훈육될 것이었다. 안식일 준수와 조상숭배와 축첩과 관련하여 엄격한 기율이 요구되고 가혹하게 시행될 것이었다. 선교회는 불필요한 경쟁과 노력의 낭비를 피하기 위하여 다른 교단과 맺은 예양협정(禮讓協定, Comity agreements)에 의하여 설정된, 잘 규정된 구역 안에서 일할 것이었다.[39]

그 플랜 전체가 자급과 성경반 제도라고 하는 두 가지 큰 원리에 달려 있었다. 두 가지 중에 자급의 원리가 더 독창적이었고 논쟁의 대상이었다. 모든 선교 현장에서 궁극적 자급(eventual self-support)의 원리가 말로만의 동의(lip-service)를 받아왔지만, 네비우스 박사는 자급의 원리가 맨 처음 단계에서부터 실행되어야 하고, 그것이

---

39 C. A. Clark(곽안련), *The Nevius Plan for Mission Work*, pp.23~62.

매우 가난에 찌든 지역들에서도 적용될 수 있다고 주장하였다. 선교사역의 이 자급적 특징은 다음 세 가지 항목들에서 표현되었다. (1) 지교회의 안수목사가 선교 자금에서 사례비를 받는 일은 없을 것이다. 교회가 목사를 청빙할 준비가 될 때에는 그를 부양할 준비가 되어 있어야 한다. (2) 교회 건물이 선교 자금으로 지어져서는 안 된다. 기독교 신자들의 소그룹은 개인의 집이나 공공 집회장 안에서 이 시설들이 매우 비좁아질 때까지 모임으로써 시작되어야 한다. 그런 때가 되면, 그들은 그들 자신의 시간, 노력, 십일조, 그리고 헌금으로 그들 자신의 건물을 짓도록 가르쳐져야 한다. (3) 성경은 팔아야 하고 거저 주어서는 안 된다.

자급이라는 이 원리의 성공은 이미 언급된 둘째 주요 원리, 즉 고도로 발달된 성경반 제도에 달려 있었다. 지역 회중(local congregation)의 자발적인 무급 지도자들이 훈련된 것은 이러한 반들에서였다. 훈련된 평신도 지도층을 발육시킴으로써만 선교회가 지역 교회 목사들의 임금을 지불하는 함정을 피할 수 있을 것이었다.

자급의 원리와 함께 자전(自傳, self-propagation)과 자치(自治, self-government)가 강조되었다. 교회들은 딸기 줄기처럼 싹이 터서 뻗어 나가도록 장려되어야 한다. 개종하여 신자가 되는 사람이 생길 때마다, 그는 어떤 다른 사람에게 손을 뻗쳐서 닿기 위한 능동적 행위자(an active agent)가 되어야 한다. 자치에 관해서는, 각 회중을 위하여 선교사에 의하여 임시 직원들이 임명될 것이지만, 가능한 한 빨리 그 교회가 자체의 집사들과 장로들을 선출하여야 한다. 유아기 교회(infant church) 위에 고도로 복잡한 교회 정치 체제를 겹쳐 놓지 않고, 그 교회가 관리하고 지원할 수 있는 정도 내에서 교회 조직이 발달하도록 장려하는 것이 가장 좋다고 느껴졌다.

최초의 남장로교 선교사들이 도착하였을 때에 이 플랜이 막 개발되고 실행에 옮겨지고 있었다. 그래서 그들은 그 플랜을 채택하였고, 그것은 다음 50년 동안 한국에서 장로교회가 발전하는 데 사용된 방법이 되었다.

남장로교 선교사들이 도착하였을 때에 한국의 선교 사업은 얼마나 진척되고 있었는가? 25 내지 30명의 선교사들이 그 나라에 살고 있었다. 선교거점들(mission stations)이, 비록 내륙에는 아직 개설되지 않았지만, 서울과 부산과 원산에 개설되어 있었다. 기독교는 아직도 공적으로 금지되어 있었고, 직접적인 선교활동은 매우 조심스럽게 진행되고 있었다. 약 200명의 한국인이 북쪽에서 세례를 받았지만, 수도의 남쪽에서는 기독교인들이 보고된 바가 없었다. 남쪽에서는 선교 사업이 처음부터 북쪽에서보다 더 어려웠다. 남장로교 선교사들이 일하도록 정해진 서남 한국의 전라도들은 개신교회에는 아직 전혀 미답(未踏)의 땅이었다.

제2장

선교회의 설립
The Founding of the Mission

1891~1895

내키지 않았고 자금도 없었던 (남장로교 해외선교부) 실행위원회가, 널리 흩어져 있었고
대체로 서로 면식도 없었고 서로 다른 세 곳을 선호하였던 일곱 사람으로 이루어진 선교단을
어떻게 해서 한국에 보내게 되었는가 하는 이야기 ….

– W. D. Reynolds(이눌서), "How the Mission was Begun."

더 놀랄만하게, 또는 하나님의 인도하심의 더 많은 증거로 우리 교단의 선교회(mission)가
개설된 적은 일찍이 없었다.

– *The Missionary*, February, 1892, p.8.

최초의 휴가차 한국에서 귀국한 **호러스 언더우드** 목사는 1891년 10월 중에 테네시주 내슈빌(Nashville, Tennessee)에서 열린 '해외선교를 위한 신학교연맹'[1]의 한 집회에서 일장의 감동적인 연설을 하였다. 그 집회에 참석하여 그 연설에 깊은 감동을 받은 사람들 가운데 세 명의 남장로교 졸업반 신학생들이 있었는데, 그들은 시카고 소재 머코믹 (McCormick) 신학교의 **루이스 보이드 테이트**(Lewis Boyd Tate)와 리치몬드 소재 유니온 신학교의 **카메론 존슨**(Cameron Johnson)과 **윌리엄 데이비스 레널즈**(William Davis Reynolds)였다.

테이트가 남장로교의 해외선교부 실행위원회에 특히 한국으로 가겠다고 맨 먼저 지원하였다. 그는 정중하게 거절당하였고, 실행위원회에는 "한국과 같은 미지의 나라에 새로운 선교회를 개설할 인력도 자금도 마음도 없으니" 다른 나라로 지원하라는 요청을 받았다.[2]

존슨과 레널즈는 유니온 신학교에 돌아와서 곧 동급생이고 절친한 친구인 **윌리엄 머클리어리 전킨**(William McCleery Junkin)에게 한국에 갈 것을 자기들과 함께 지원하자고 설득하였다. 이 세 사람은 전에는 중국에 관심이 있었었다. 그때에 그들은 테이트나 그의 지원에 관해서 알지 못했다. 그러나 그들은 그 위원회로부터 동일한 대답을 받았다.

거절을 당하고도 그들의 열심은 줄어들지 않았고, 그들은 그 "은자나라"에 있는 선교사업의 호기(好機)에 관하여 교단과 실행위원회를 일깨우기 위하여 3인 캠페인을 시작하기로 결심하였다. 그들은 언더우드 목사가 버지니아주와 노스캐롤라이나주와 테네시주에 있는 주요 교회들을 순회하여 한국에 선교해야 하는 이유를 말하도록 주선하

---

1 Inter-Seminary Alliance for Foreign Missions.
2 W. D. Reynolds(이눌서), "How the Mission was Begun."

였다. 그들은 교회 신문들에 기사를 써서 이러한 선교회를 개설하는 데 찬성하는 강력한 기운을 일으켰다. '미셔너리'(The Missionary)지 1892년 2월호에 실린 "우리가 한국에 가기를 원하는 이유(Why We Wish to Go to Korea)"라는 기사 속에서 전킨과 레널즈는 그들이 지원하려는 이유 몇 가지를 언급하였다. 왕실(royal court)이 그 새로운 신앙에 대하여 호의적이고, 기독교를 반대할 강력하게 조직된 종교가 없으며, 현재의 선교 스태프(missionary staff)는 이루어지고 있는 급격한 진전을 이용하기에 불충분하고, 그 사업은 협력이 용이한 장로교인들에 의하여 개시되었다는 것 등이었다. 이 신학생들은 그들의 뜻(cause)을 교회와 실행위원회 뿐만 아니라 더 높으신 분께도 제시하였다. 전킨과 레널즈는 습관적으로 날마다 모여 함께 기도하였다.

한국을 위한 이 캠페인은 뚜렷한 효과를 거두고 있었으니, 실행위원회의 생각이 흔들리기 시작하였기 때문이다. 1891년 12월에 그 일은 재고되었고, 진짜 장로교다운 방식으로(in good Presbyterian fashion) "서기들에게 예상 비용을 알아보고 다음 모임에서 보고할 것을 요청하기로 가결되었다."[3] 동시에 일어난 두 가지 다른 일들이 실행위원회를 한층 더 움직여서 그 젊은이들의 요청을 재고하게 하였다. 첫째로, 그 위원회는 그리스 선교를 중단할 수밖에 없게 되었는데, 그 사업이 정부에 의하여 심각하게 훼방되고 있었기 때문이었다. 이와 같은 때에 그 위원회는 한국에서 활동하는 개척 선교사의 형인 언더우드 타자기 회사의 존 언더우드(John Underwood)로부터 $2,000의 기부금을 받았다. 북장로교에 속한 **호러스 언더우드** 목사와 그 밖의 친구들이 남장로교가 한국 선교를 개시하는 일을 위하여

---

3   "Seeing Both Sides," *The Missionary*, February, 1891, pp.49~52.

그 금액을 $3,000로 올렸다. 1892년 초의 모임에서 그 위원회가 내린 최종 결정은 "그 젊은이들의 요구에 응하기로 한다"였다.[4] 선교문제에 있어서의 협력과 관련하여 북장로교의 기구와 상응하도록 한 위원회가 임명되었다. 그리고 테이트와 전킨과 레널즈가 임명된 것은 이 위원회의 한 모임에서 된 일이었다.[5] 그들에게 곧 "선교에 큰 관심을 가진 네 사람의 선정된 - 그중의 두 사람은 자신들에 의하여 선정된 선교사들에게 특별히 관심을 가진 - 숙녀들"[6]이 곧 합류하였다. 이 네 사람은 L. B. 테이트의 누이 미주리주 풀턴 출신 매티 테이트(Mattie Tate) 양, 버지니아주 애빙든 출신 리니 데이비스(Linnie Davis) 양, 리치몬드 출신 팻시 볼링(Patsy Bolling) 양, 그리고 버지니아주 렉싱턴 출신 메어리 레이번(Mary Leyburn) 양이었다. 데이비스 양은 아프리카에 임명되기를 지원하였었고, 볼링 양과 레이번 양은 각기 레널즈 씨와 전킨 씨에게 "당신이 가시는 곳에 제가 가겠습니다(Where thou goest, I will go)"라고 말했었다. 그 네 숙녀들은 그들의 임명 전에는 서로 만난 적이 전혀 없었다.[7]

두 쌍의 신혼부부를 포함하는 일곱 사람의 그 개척자단은 1892년 9월 7일에 미주리주 세인트루이스에 모였다. 모국 교회가 그들에게 작별을 고하고 안전을 기원하는 가운데 송별예배가 '센트럴 장로교회'와 '그랜드 애비뉴 장로교회'에서 드려졌다. 세인트루이스에서

4　Annual Report of the Executive Committee for the year ending April 1, 1892.
5　카메론 존슨 씨는 그 위원회에서 임명되지는 않았지만, 독자적으로 극동에 여행하여 사실상 한국에 맨 먼저 상륙하였다. 그곳에서 그는 짧은 기간 머물렀다. 그는 자기의 입체환등기(stereopticon)와 건필(健筆, facile pen)을 사용하여 남장로교 선교사들의 활동을 모국 교회 앞에 홍보함으로써 그들의 사역에 크게 기여하였다.
6　Reynolds, "How the Mission was Begun."
7　Reynolds, 위와 같음.

1885년의 제물포항

그 일행에 워싱턴 D.C. 조선 공사관의 서기관 **이채연**(李采淵) 씨의 부인[8]이 합류하였는데, 그녀는 고국으로 돌아가는 길이었다. 데이비스 양과 그 외교관의 부인은 변함없는 친구들이 되었다. 그때에 그녀는 워싱턴에 있는 장로교회의 교인이 된 새 신자였다. 그들의 우정은 여러 해 계속되었다.

그 일행은 건강에 문제가 생겨서 다 함께 오지 못했고, 이씨의 부인이 동반한 데이비스 양이 1892년 10월 17일에 한국에 맨 먼저 도착하였다. 제물포라는 항구도시에서 그 일행은 '스튜어즈 톱사이드 보딩 하우스'[9]에 머물렀는데, 그 건물은 중국인 상인이 운영하고 거류외국인들이 단골로 찾는 이층이 객실인 잡화점이었다. 다음 날 아침에 그들은 한양에서 몇 킬로미터 떨어진 지점까지 대형 보트(launch)를 타고 강을 거슬러 올라갔다. 그렇게 한 다음에 여자들은 가마를 타고 남은 길을 갔는데, 도착해서 보니 도성의 문들이 닫혀있었다. 사도

---

8   성주 배씨(星州 裵氏) 배선(裵善). (역자)
9   Steward's Topside Boarding House.

바울의 다메섹 탈출(행 9:25)이 거꾸로 연출되었다. 로프들이 내려뜨려졌고 숙녀들이 12미터 되는 돌 벽의 꼭대기로 끌어올려졌다. 도성 안으로 안전하게 들어가서 데이비스 양은 앨런 의사의 집에서 따뜻한 환영을 받았는데, 그는 그때에 미국 공사관의 서기관이었다.

사무엘 마펫
(마포삼열)
[재임 1890~1934]

　일행의 나머지 사람들은 11월 3일에 제물포에 도착하였는데, 그곳에서 일본 천황의 생일을 축하하는 축제가 열리고 있었다. 그들은 작은 배 한 척을 확보하여 강을 거슬러 수도에 이르기까지 밤샘 여행을 하였다. 여자들은 공동선실의 바닥에서 잤고, 남자들은 지붕 없는 갑판 위에서 얼어 죽지 않으려고 애썼다. 그러나 아침에 강의 부두에서 **사무엘 마펫**(Samuel A. Moffett) 목사와 그 밖의 북장로교 선교사들이 베풀어준 따뜻한 환영에 모두들 녹았다. 이렇게 해서 남장로교 선교사들이 서울에 왔다.

> … 여호와를 그분의 놀랄만한 선하심과 구출을 인하여 찬양하고, 우리를 한국에 인도해 주심으로 그분께서 우리에게 주신 높은 영예로 인하여 감사 드리며 …. [10]

서울 거점
Seoul station

　새 선교사들이 해야 할 첫 임무는 이 낯설고, 어리둥절하게 하고,

---

10 Cameron Johnson, "Korea," *The Missionary*, January, 1893, p.30.

새로운 땅에서 셋집을 구하는 것과 집을 짓는 것과 살림 꾸려나가기
였다. 처음에 그들은 북장로교 선교회 친구들과 함께 머물렀다. 그
후 두 기혼 커플들과 데이비스 양을 수용하기 위하여 서대문 안에
있는 전 독일 대사관저가 $1,500에 구입되고 개조되었다. L. B. 테이
트와 그의 누이는 그 큰 저택의 안뜰에 작은 집 한 채가 지어질 때까
지 다른 선교사들과 함께 머물렀다. 외국인 공동체는 이 저택을 그
남부의 신인들을 축하하여 "딕시(Dixie)"[11]라고 불렀는데, 이곳은 처
음 두 해 동안 그 선교단의 본부(home base)가 되었다.

루이스 테이트	윌리엄 레널즈	윌리엄 전킨
(최의덕)	(이눌서)	(전위렴)
[재임 1892~1925]	[재임 1892~1937]	[재임 1892~1908]

몇 달 안 된 신부들에게 살림살이는 큰 문제였다. 언어장벽만도
충분히 어려웠을 텐데, 원시적 요리시설, 길모퉁이 식품점의 결핍,
그리고 아마도 "어머니의 요리 솜씨"에 익숙해서 공감능력이 모자란
남편들의 존재 또한 한몫을 했다. 레널즈 박사는 추억을 더듬어 "처음
저녁상의 그 총알 같았던 비스킷이 내 기억을 관통한다"고 썼다. 그는
또 한 사건을 생각해 냈다. 레널즈 부부가 **마펫** 씨를 대접하고 있었고,

---

11 딕시(Dixie): 미국 남부 주들의 속칭(~Land)인데, 외국인들은 서울에 있었던 남장
로교 선교사들의 초기 숙소를 이렇게 불렀다. (역자)

새 주부는 맛있는 남부 요리를 내놓으려고 매우 열심히 노력했었다.
메뉴는 "샐리 런(Sally Lunn)"[12]을 불러내었는데, 그러나 아아 샐리가
일어나지 않았다![13] 그 젊은 남편은 실망한 나머지 그의 어깨에 기대어
울고 있는 아내를 위로하기 위하여 필사적으로 노력하였다.

　유머 감각이 그 초기의 날들을 견디어내는 데 도움이 되었다.　첫
번째 겨울은 매우 추웠고 전킨 씨는 발이 시려서 잠을 이룰 수가 없었
다.　어느 날 밤에 그가 일어나 보니 방이 불길에 싸여 있었다.　그의
불면증 덕분에 그 불은 신속히 꺼졌고, 그 후에 그들의 구출에 감사하
는 한밤중 기도회(a midnight prayer meeting)가 열렸다.　그들이 기도
한 후에,

　　전킨 씨와 레널즈 씨는 그때에 그들 각자의 아내에게 숙연히 키스하였고,
　　그런 다음에 부인들도 남편에게 그렇게 하였다. 그리고 모두 다시 물러가
　　잠들었다. 그 이야기가 주는 교훈은 분명하니, 선교사는 집에 불이 나려고
　　할 때가 아니면 결코 "발이 시려서는(즉, 겁을 먹어서는)" 안 된다는 것이다.[14]

　'선교회'(the mission)의 공식 조직은 그들이 도착한 후 곧[15] 이루어
졌다.　레널즈(이눌서) 목사가 회장으로, 테이트(최의덕) 목사가 회계

12　sally lunn 또는 Sally Lunn: (굽는 즉시 먹는 달고 가벼운) 과자의 일종. (역자)

13　The menu called for "Sally Lunn," but, alas, Sally didn't rise!에서 rise는 일어
　　나다, 부풀다의 뜻을 다 가지고 있음. (역자)

14　Reynolds(이눌서), "How the Mission was Begun."/ A missionary should never
　　"get cold feet," except when the house is going to catch fire. get cold feet라는
　　문구의 사전적 의미는 '겁을 먹다'이지만, 그것의 문자적 의미는 '발이 시려지다'이
　　다. (역자)

15　1892년 11월 23일. (역자)

로, **전킨**(전위렴[16]) 목사가 서기로 선출되었다. 즉시 그들은 언어에 대한 공략을 개시하였는데, 그들 중의 한 사람이 그것을 "목이 곧고, 히드라(hydra)의 머리를 가진 괴물"이라고 묘사하였다.[17] 약 1년간 공부한 끝에 그들은 짧은 설교를 시작할 수 있을 만한 언어 실력을 갖추게 되었다.

전도 사역(evangelistic work)은 주로 언어나 사람들과 친숙해지기 위하여 행해진 순회여행(itinerating trips)과 관련해서 시작되었다. 1893년 중에 레널즈는 소책자(tracts)를 나누어주고 처음으로 설교를 해보기 위해서 자기의 언어 선생과 함께 강화도를 방문하였다. 같은 해 봄에 **테이트**는 **사무엘 마펫**과 함께 북쪽으로 평양까지 여행하였다. 서울 자체 안에서는 그 도성의 여인들과 아이들 가운데서 하는 사역이 두 독신 숙녀들에 의하여 시작되었다. 베테랑 중국 선교사 **스튜어트**(J. L. Stuart) 박사가 실행위원회의 요청을 받아 1893년에 초기 단계의 한국 선교단을 방문하고 다음과 같은 글을 남겼다.

인근의 아이들과 접촉하는 데 있어서 데이비스 양에 의하여 이루어진 사역의 초기 단계도 보게 되어 나는 크게 기뻤다. 매일 점심 후 곧 흙투성이의 작은 장난꾸러기들이 바깥대문 주위에서 안마당을 들여다보며 문지기에게 들여보내달라고 조르는 것이 보였다. 세 시에 데이비스 양이 그들이 자기 방에 와도 좋다는 신호를 하였다. 그때에 그들은 앞으로 돌진하여 그 방에 이르는 몇 개의 계단을 기어 올라갔다. 그러나 방에 들어가기 전에 각기 멈추어서 신발을 벗었다. … 데이비스 양 자신이 잠시 이야기 하고,

---

16 '위렴'은 '윌리엄'(William)의 한글 음역임. (역자)
17 히드라(hydra): 그리스 신화에서 헤르쿨레스(Hercules)가 퇴치한 머리가 아홉인 뱀; 머리 하나를 자르면 머리 둘이 돋아남. (역자)

자기 선생에게 그림을 설명하면서 이야기를 하도록 요청하였다. … [그런
다음 그들은 노래하였다.] "예수 사랑하심을(Jesus Loves Me)" …, 그리고
머리 숙여 기도하고 … 이렇게 모임이 끝났다.[18]

1893년 1월에 '장로교 공의회'(Presbyterian Council)[19]가 한국에 있던
북장로교 선교회와 남장로교 선교회의 회원들에 의하여 조직되었다.
그 공의회의 처음 모임에서 W. D. 레널즈(이눌서) 목사가 의장(moderator)
으로 선출되었다. 그 공의회의 목적은 "개혁신앙과 장로제 정치형태
를 가진 단 하나의 토착교회를 한국에 단일하게 조직하는 것"[20]이라고
진술되었다.[21] 그 공의회는 여러 선교회들의 사역에 관해서는 자문하
는 권한(advisory powers)만을 갖고 있었지만, 노회가 조직될 수 있을
때까지 완전한 '교회적 권위'(ecclesiastical authority)가 그 기관에 부여
되어 있었다. 이렇게 해서 한국에 두 개의 장로교회 - 하나는 남장로
교, 그리고 또 하나는 북장로교 - 가 세워지는 부끄러움(scandal)은
처음부터 피하게 되었다.

그 공의회의 처음 모임에서 남장로교 선교회는 남서쪽에 있는 전

18 J. L. Stuart, "Korea," *The Missionary*, August, 1893, pp.314~315.

19 이 공의회의 처음 이름은 'The Council of Missions Holding the Presbyterian
Form of Government,' 즉 '장로교 정치 형태를 가진 선교회들의 공의회'였고,
흔히 줄여서 '(장로교) 선교사 공의회'라고 번역되어 왔다. 이 기관은 1901년에
'Presbyterian Council'(장로교 공의회)로 개칭되었고, 이때부터는 한국 교인들도
참석하는 합동공의회(the Joint Council)가 되었다. (역자)

20 the uniform organization in Korea of but one native Church holding the
Reformed Faith and the Presbyterian Form of Government.

21 C. A. Clark(곽안련), *Digest of the Presbyterian Church of Korea*, p.7. 부산에
서 사역을 시작했던 호주 장로교 선교사들이 그 후 곧 그 공의회에 합류하였다.
1898년에 캐나다 장로교 선교회가 한국에서 사역을 시작하고, 그 장로교 공의회에
합류하여 먼 북동쪽 지역에서의 사역을 배정받았다.

라도와 충청도를 배정받았다. 그 새로 온 선교사들이 남부 출신들이
었기 때문에 그들을 한국의 미답(未踏)의 '딕시'에 배정하는 것은 당
연한 일로 보였다. 그때에 충청도의 추정 인구는 1,220,400명이었
고 전라도의 인구는 1,452,750명이었다. 일곱 명의 새로운 선교사
들에게 배당된 그렇게 많은 사람들에 대한 책임! 이 광대한 지역에
알려진 개신교 교인은 한 명도 없었고, 전라도 지역을 가보기라도
한 개신교 선교사도 없었다.[22]

초기의 전라도 탐사
Early exploration of the Chullas

사역할 특정 지역이 주어지자, 새로 온 선교사들은 그들의 담당
지역을 탐사하고 싶은 마음이 더욱 더 생겼다. 1892년 12월에 **레널즈**
와 **마펫**이 처음으로 충청도 지역을 여행하였다. 한국의 조랑말로
여행하여 그들은 공주(公州)와 전주(全州)라는 도시들을 방문하였다.
그것은 새 선교사 레널즈에게는 눈을 뜨게 하는 경험[23]이었고, 그는
다음과 같은 말로 자기가 겪은 호된 시련을 묘사하였다.

나는 짐 나르는 조랑말의 등에 산처럼 높이 쌓아 놓은 침구와 수하물 위에
앉혀져서 내 발뒤꿈치들이 그 조랑말의 귀 주위에 흔들거렸다. 그래서 나
는 내 위치를 그 말의 꼬리 쪽으로 바꾸었는데, 균형을 잃어서 뒤로 재주넘
었고, 마침 그레이엄 리(Graham Lee)가 내 말 바로 뒤에 있어서 그의 팔로

---

22 그 후 곧 이 도들은 각기 충청북도와 충청남도, 전라북도와 전라남도로 분할되었다.
23 an enlightening experience.

나를 붙잡는 다행한 일이 없었더라면, 나는 살아서 그
이야기를 하지 못했을는지도 모른다![24]

그레이엄 리(이길함)
[재임 1892~1916]

이 여행 중에 두 선교사는 최근에 산적(山賊)들
에 의하여 황폐화된 지역들을 통과하였고, 불타
서 재로 변한 마을들을 보았다. 그 시절에 순회전
도를 하는 데에 따르는 어려운 일들 중의 하나는 금융시설과 고액
지폐가 없어서 화폐를 구리 "현금(cash)"으로 운반해야 했고, 그래
서 여행에 필요한 물품을 나르는 데 한두 마리의 말이 필요했다는
것이다. 한 정류장에서 수상쩍게 보이는 많은 내객(來客)들이 캠프
주변에 어슬렁거리며 무거운 현금 박스에 탄성을 발하였다. 그날
오후에 레널즈와 마펫은 자기들과 자기들이 산적이라고 생각한 사
람들 사이에 가급적 먼 거리를 유지하기 위하여 얼마쯤의 "뛰어난
역주(力走)(fine sprinting)"를 하였다.

1893년 초에 선교회는 믿을 만한 한국 기독교인 정해원(鄭海元)을
전라북도의 수도 전주로 가는 긴 육상 여행을 하도록 특파하였다.
그의 임무는 토지 매입 형편을 알아보는 것이었다. 그 해 가을에
전킨과 테이트는 교섭이 어떻게 진행되었는지 알아보기 위하여 남쪽으
로 같은 여행을 하였다. 늦은 우기로 인하여 모든 강물이 불었고
가기가 힘들었다. 전킨은 개울물을 걸어서 건너다가 휩쓸려서 발을
제대로 딛지 못하였는데, 한국인에 의하여 구조되었다. 그러나 그들
은 더 이상의 어려움은 없이 전주에 도착하였고, 정씨가 바로 성벽
밖의 언덕 위에 예쁘게 자리 잡은 초가집 한 채를 구입할 수 있었음을

24 W. D. Reynolds(이눌서), "Reminiscences of Pioneer Days."

선교사들의 전도여행에 쓰인 말, 당나귀, 가마, 지게
아내(잉골드 의사)와 함께 순회선교 중인 테이트 목사

알고 기뻐하였다. 그 주택은 $26 상당액을 주고 구입한, 지붕을 짚으
로 인 오두막(a straw-thatched hut)이었다.[25] 전킨과 테이트는 약 두
주일 동안 전주에 머물렀는데, 그들은 그들이 거리를 거닐 때마다
그들을 따라오며 야유하고 고함치고 돌을 던지는 작은 소년들이 있었
음에도 불구하고 친절한 영접을 받았다. 프랑스 가톨릭 사제 한 사람
이 그곳에 살고 있었던 만큼, 그들은 비록 아직 내륙에 거주하는 허가
가 주어지지는 않았지만 시 직원들과 아무런 어려움이 없을 것으로
믿었다. 1860년대의 무서운 박해 이전에는 전라도가 천주교의 본거
지였지만, 로마 가톨릭교 사역의 흔적은 별로 남아있지 않았다.
전주를 작전기지(a base of operations)로 택한 것은 잘한 것으로 보였
다. 그리고 그 방문자들은 성벽으로 둘러싸인 그 도시를 하나의 산
계곡에 아름답게 자리 잡은 인구 약 50,000명의 도시로 묘사하였다.
　1894년 2월에 열린 선교회의 제2차 연례 회의에서 L. B. 테이트(최의

_____

25 현 전주서문교회의 처음 터전. (역자)

덕) 목사와 그의 누이를 봄철 동안 전주에 보내기로, 그리고 만약
일이 잘 되면, 그들이 가을에 돌아가서 영구적인 선교거점(a permanent
station)을 개설하기로 투표로 결정되었다. 그리하여 3월 19일에 그
두 사람이, **테이트** 씨는 조랑말을 타고 **테이트**(최마티) 양은 한국 가마
(Korean chair)를 타고, 서울을 출발하였다. 후자의 장비에 관해서는
아마 설명이 필요할 것이다. 다음 글은 또 한 사람의 개척 선교사가
직접 경험한 바를 기록한 것이다.

> (한국의 가마는) 가로 세로 약 90cm의 정방형 바닥에 높이 1.2m의 네 기둥
> 으로 받쳐진 자그마한 닫집(canopy, 天蓋)으로 두 장대 위에 올려져 운반
> 된다. 승객은 상자 같은 의자의 바닥에 앉고, 그를 보이지 않게 가려주고
> 바깥 공기를 차단하는 커튼들이 있다. 네 운반자들은 각기 어깨에 한 쌍의
> 멜빵을 걸치는데, 그의 몸의 한 편에 있는 고리에 장대들의 끝이 꿰어진다.
> 그대가 튀르크인과 같이 책상다리를 하고 앉아있을[26] 수 있고, 상쾌한 공
> 기가 없이 견딜 수 있으며, 5km를 갈 때마다 그대의 일꾼들이 한 잔 마시
> 고 한 대 피우러 가는 동안 길 한가운데다 그대를 내려놓는 것에 반대하지
> 않는다면, 그것은 불유쾌한 여행 방법이 아닐 뿐 아니라, (그것을 타고)
> 하루에 56km를 갈 수 있다.[27]

대략 320km를 가는 그 여행은 6일이 걸렸다. 이 경험 후에 테이
트 양이 자기가 자기 몸의 모든 관절과 뼈와 근육의 위치를 가리킬
수 있다고 말한 것은 놀라운 일이 아니다.

---

26 sit cross-legged like a Turk.
27 Anabel Major Nisbet(유애나), *Day in and Day out in Korea*, pp.21~23.

그들은 그 전에 구입되었던 집을 사용하면서 전주에 약 6주간 머물렀다. 그 도에 거주한 첫 번째 외국인 여성인 테이트 양은 큰 호기심의 대상이었다. 금발벽안(金髮碧眼)의 이 이상한 여자를 보기 위하여 사오백 명의 여자들이 왔다. 그녀의 방에는 쉽게 구멍 뚫릴 수 있는 종이 창문이 다섯 개나 있었기 때문에 프라이버시는 불가능한 것이었다. 밤이나 낮이나 그녀에게 고정된 눈이 하나도 없는 시간은 없었다. 이 두 달 동안에 테이트 양은 공공의 도로에 한 번도 나가 보지 않았다. 그러나 많은 여자들이 그녀의 방에 왔고, 이렇게 해서 그녀는 개인적 접촉을 하고 책자들을 나누어 주었다.

테이트 씨와 그의 한국어 선생은 전도도 하고 사람들과 이야기도 하면서 돌아다녔다. 처음부터 다섯 내지 여덟 명의 남자가 주일예배에 참석하였고, 이들 중에서 여섯 명은 성경의 진리를 확신한다고 고백하였다. 이들은 세례를 요청하였지만, 테이트는 그들이 조금 더 기다려야 한다고 생각하고 다시 돌아올 때에 그 성례를 베풀기로 작정하였다.

그 방문은 그 도에서 일어난 동학란[28]으로 인해서 갑자기 끝났다. "동학(東學)"교도들은 지배층의 압제에 반항하였었고, 남쪽 도(道)들에서 그 세가 크게 확장되고 있던 준(準)종교적 종파(a semi-religious sect)였다. 여러 곳에서 그 종파는 반외세적(反外勢的)이라고 알려져 있었지만, 테이트는 그곳을 떠나서 이미 얻어진 발판을 잃기를 꺼렸다. 하루는 야유하는 무리가 테이트의 집이 내려다보이는 언덕 위에 모였다. 그들은 그 집에 불을 지르고 외국 악당을 몰아내겠다고 말하는 것으로 들렸다. 그리고 한 도망자(a runner)가 동학교도들이

---

28 Tong Hak rebellion, 동학농민항쟁.

15km 밖에 안 되는 곳에 있다고 말하면서 시내로
들어왔을 때에, 테이트의 즉각적인 귀환을 권유
하는 전보가 서울에 있는 미국 공사관으로부터 도
착하였다. 두려움을 모르는 테이트 씨도 굴복하
고, 그들은 군산(群山)을 거쳐서 서울로 돌아왔다.

데이머 드루(유대모)
[재임 1893~1904]

　동학란 이전에 **레널즈** 씨와 그 선교단의 맨 처음
의료선교사로 1894년 3월에 도착하였던 **드루**(A.
D. Drew) 의사가 그때까지 행해졌던 중 가장 광범위한 전라도 탐사여
행을 시작하였다. 이 6주간의 여행 중에 그 두 선교사는 후에 그
선교회가 선교거점들을 세우게 될 다섯 도시 중의 네 도시를 방문하
였다.

　그 일행은 일본 기선을 타고 인천으로부터 항해해서 약 24시간
후에 금강(錦江) 하구에 도착하였다. 레널즈가 장래의 거점을 위한
좋은 유망지로 생각한 군산(群山)이라는 마을에서 상륙하여 그들은
전주까지의 긴 육로여행을 위하여 일꾼들과 보급품을 구했다. 전주
에 도착해서 그들은 테이트 씨 가족과 함께 며칠 쉬었다. 그들은
말들과 마부들을 구하였고, 그런 다음 남쪽으로 내려가는 미지의 길
을 떠났다. 이 긴 육상 여행 중에 그들은 낮에는 폭우로, 그리고
밤에는 "초라하고(wretched)" 흔히 견딜 수 없는 여관방들로 인해서
많은 고생을 하였다. 그들의 길은 대부분 해안을 따라서 산들과 진
흙 저습지(mud flats) 사이에 나 있었다. 그들은 마침내 목포(木浦)에
도착하였는데, 그곳은 "큰 강가의 암석 기슭에 붙어있는 화려하고
그림 같은 마을"이라고 묘사되었다. 목포로부터 그 일행은 동쪽으로
돌아서 우수영(右水營)이 있던 마을에 도착하였는데, 그곳에서 그들
은 주일을 보냈다. 레널즈는 "상당히 길게, 죄(罪, sin)와 속죄(贖罪,

redemption)라고 하는 두 가지 주제에 역점을 두어 그들의 영혼에
대한 책임을 일깨우려고 노력하면서" 설교하였다. 그들은 이곳으로
부터 그들을 부산(釜山)으로 태워다 주기로 계약된 작은 범선(sailing
ship)을 탔다. 그러나 바람이 없어서 여러 날 동안 멈춰 있은 다음에
레널즈는 뭍에 올라가서 남은 거리를 육지로 여행하기로 결심한 반면
에, 드루는 그의 두 발이 상당히 불편한 상태였기 때문에 배와 함께
머무는 쪽을 택하였다. 레널즈는 동쪽으로 계속 가서 순천(順天)을
지나갔는데, 그는 그곳을 "기름지고 미소 짓는 계곡의 들머리에 아름
답게 위치한 읍(邑)"이라고 묘사하였다. 부산까지 가는 도중에 그는
술 취한 나룻배 선장, 역풍, 그리고 해충이 들끓는 여관 등 헤아릴
수 없는 난관들을 겪었다. 마침내 그는 5월 7일에 부산에 도착하였
다. 이곳에서 그는 "엄청나게 융숭한 일본식 식사"를 하고, 면도를
하고, "유쾌한 일본식 목욕"을 하고, 북장로교 선교사 베어드(배위량)
부부의 집에서(at the Bairds') 식사를 하고 차를 마셨고, 인천과 집으
로 가는 다음 번의 연안 증기선을 탔다.[29]

이번 여행 중에 드루 의사의 발들에는 물집이 심하게 잡혀서 "속창
으로 끼워 넣어진 소책자의 형태로(!) '평안의 복음이 준비된 것'(엡
6:15)"이 문자 그대로 신겨져 있었다. 그 결과, 다음의 선교거점은
군산에 열도록 그가 선교회를 설득하였는데, 그곳에는 도로가 없었
고 좋은 길도 적었지만, 그곳에서는 순회설교를 걸어서보다는 배를
타고 할 수 있었다.[30]

이제 그 선교회는 남쪽으로 이동해서 그 자체에게 배당된 활동무

29 W. D. Reynolds(이눌서), "Diary."
30 J. F. Preston(변요한), "Historical Sketch of Evangelistic Work of the Southern
    Presbyterian Mission."

대를 차지할 준비가 되었다. 그러나 국제무대에서 일어나고 있던
사건들이 수도 밖에서의 모든 선교활동을 정지시켰다.

청일전쟁
The Sino-Japanese War

청일간의 충돌은 1894년 5월에 테이트 남매로 하여금 전주에서
철수하게 한 동학란에 의하여 유발되었다. 이 운동은 한 한국인 학
자[31] **최제우(崔濟愚)**에 의하여 시작되었는데, 그는 로마 가톨릭교의
어떤 특징들을 한국의 토속종교들과 결합시키려고 시도하였다. 그
운동은 1865년에 최제우가 천주교도라는 혐의를 받고 사형되기까지
남부지방에서 널리 퍼졌다.

중국의 태평천국(太平天國) 운동과 많은 유사점을 갖고 있던 그 종
파는 1894년에 다시 나타났다. 그 종파는 서민들을 무자비하게 억압
하고 있던 관료들의 부패에 항거하는 정치적 개혁운동으로서 상당한
세력을 규합하였다. 테이트 남매가 떠난 후 곧 전라도의 수도 전주
는 초자연적 힘을 주장하며 열광적으로 싸운 반군(叛軍)에 함락되었
다. 마침내, 반군 가운데 500명이 살해된 결정적 전투 후에 정부군
이 그 도시에 다시 진입하였다. 점차로 그 반란의 세력은 저지되었
지만, 남부 전역이 평정되기까지는 여러 달이 더 걸렸다.[32]

반란의 절정에서 한국 조정이 중국의 원조를 요청하였을 때에 국

---

31 종교사상가(宗教思想家)라고 함이 더 타당할 것임. (역자)
32 전주성을 점령한 동학군은 그 해 6월 6일에 관군과 화평조약인 '전주화약'(全州和
    約)을 맺고 해산하였는데, 그 조약문에는 정부가 부패 관리 숙청, 노비문서 소각,
    신분 타파 등을 추진하기로 하는 내용이 담겨 있었다. (역자)

제적 분규(紛糾)가 동학란으로부터 발생하였다. 중국은 자국의 영향
력을 다시 주장하기 위하여 원군 제공하기를 무척 열망하고 있었다.
병력이 급파되었다. 그런데 몇 사람의 일본 상인들을 살해하였던
반도들의 반일감정에 자극받아 일본도 군대를 급파하였다. 중국 군
대가 반란 진압을 돕기 위하여 남부지방에 있는 동안에 1894년 7월
23일에 서울에 있던 일본 군대가 궁궐을 탈취하고 국왕을 포로로
붙잡았다. 그 다음 날 국왕은 중국과 이전에 맺은 조약들을 폐기
통고하고 일본이 와서 자기를 돕도록 요청하는 조약을 일본과 맺도
록 강요받았다. 적대행위(hostilities)가 시작된 지 6일 만에 일본이
선전포고를 하였다.

전쟁은 곧 끝났다. 머리끝에서 발끝까지 부패 투성이였던 중국
군대는 어찌할 수 없이 패하고 말았다. 일본 해군이 바다를 지배하
여 중국군의 증원을 막았다. 한 번의 큰 육상 전투가 평양(平壤)에서
있었는데, 그곳에서 중국인들이 결정적으로 패배하였다. 그 후 곧
L. B. 테이트가 몇 사람의 북장로교 선교사들과 함께 평양에 와서 한
국인 서민들을 위한 구호 활동을 하였다. 그들은 두 강력한 이웃나
라들 사이의 이 싸움에서 붙잡힌 불운한 인질들(hapless pawns)이었
다. 평양사람들이 기독교를 호의적으로 받아들인 것은 이때에 시작
된 일이었다.

1895년 4월 17일의 시모노세키(下關) 조약으로 그 싸움이 공식적으
로 끝났다. 중국은 한국의 완전한 독립을 인정하고, 막대한 배상금
을 지불하고, 타이완과 펑후(澎湖) 열도(Pescadores)[33]를 일본에 할양
하였다. 그러나 한국은 중국과 관련해서만 독립국가로 간주되었다.

---

33 대만 서쪽에 있는 군도(群島).

일본은 곧 한국 정부의 모든 부문에서 개혁을 부추기기 시작하였다. 많은 개혁들은 기본적으로 건전하였고, 조세제도, 교육분야, 사법체계, 우체국, 경찰력과 군대 등 정치생활의 전 영역에 걸쳤다. 그러나 그 개혁의 일부는 우스꽝스러우면서도 그 시행은 엄격하였다. 유교적 "상투"가 금지되었고, 담뱃대의 길이, 옷의 색깔, 머리단장 방식이 모두 통제되었다. 이런 법은 국민 가운데 보수파를 격분하게 하는 구실을 했을 뿐이었다.

반일 감정은 1895년 10월 8일에 그동안 일본 세력의 침해(侵害)에 저항해 왔었던 민비(閔妃)가 암살되자 최고조에 달하였다. 일본 공사가 연루되었다는 결정적 증거가 있었다. 국민은 분노하였고, 서울에 있던 서양 외교관들은 충격을 받았다. 이때까지 눈에 띄게 친일적이었던 세계의 여론이 거꾸로 급선회하였다. 생명의 위협을 느낀 왕은 그에게 기꺼이 은신처를 제공한 러시아 공사관에 피난하였다. 일본은 한국 상황을 그르쳤었고 러시아가 그 잘못을 재빨리 이용하였다. 러시아의 영향력은 오르고 일본의 세력은 적어도 10년은 후퇴하였다.[34]

"독립협회"
The Independence Club

일본과 러시아가 경쟁하던 이 시기 동안에 어느 쪽도 대결(showdown)을 강요할 만큼 강하지는 않았기 때문에 정세는 여전히 긴박하였다.

---

34 이때부터 1904년에 러일전쟁에서 일본이 승리할 때까지 10년 동안 일본은 동아시아를 둘러싼 국제 관계에서 러시아보다 열세였다. (역자)

다양한 양보안들이 제안되었고, 한때는 미래에 대한 불길한 예언이라도 하는 듯이, 한국을 38선에서 두 세력권으로 분할하자는 제안이 나오기까지 하였다! 일본과 러시아의 이해관계가 교착 상태에 빠져 있을 때에, 하나의 새로운 세력이 한국의 정계 안에서 출현하기 시작하였다. 이것은 "독립협회(獨立協會)"를 조직한 한 무리의 개화된 정치가들이었다. 그 협회의 회장은 미국에서 교육받고 기독교인이 된 서재필(徐載弼) 박사였다. 이 협회에서 활동한 사람들은 또 한 사람의 유명한 기독교인 교육자 윤치호(尹致昊), 그리고 한성판윤(漢城判尹) 이채연이었는데, 그의 아내는 남장로교 선교사들이 미국에서 올 때에 그들과 함께 왔다.

얼마 동안 국왕은 독립협회의 목표와 그 협회의 지도자들에게 상당히 공감하고 있었다. 그는 자기가 생명의 위협을 느꼈을 때에 의지하였던 선교사들의 영향을 받았었다. 왕비의 암살 후에 일본인 측이 범하는 어떠한 반칙(foul play)이라도 지켜보도록 세 선교사들이 궁궐로 불려가서 그곳에서 잠자기를 요청받았다. 국왕은 궁궐에서 준비된 음식을 그것에 독이 들어 있을까 두려워서 먹으려 하지 않았고, 외국 공사관들과 선교사 가정들이 그를 위하여 준비된 음식을 들여보냈다.

그러나 조정의 견고한 낡은 세력이 이러한 진보 세력의 영향력에 놀랐다. 혹시라도 그들의 기득권을 제거할 개혁이 이들의 부추김을 받아 이루어질 경우 너무 많은 사람들이 너무 많은 것을 잃을 것이었다. 그래서 반동(反動)이 시작되었다. 독립협회가 너무 많은 독직(瀆職)과 부패를 폭로하였었기 때문에 그 협회의 활동을 금지하도록 조정 관료들이 국왕에게 요청하였다. 국왕은 마침내 이 압력에 굴하였고, 그 협회의 윤허(允許)가 취소되었다. 개혁운동은 끝났다.

1900년 이전의 이 수년 동안에 한국은 이제 막 독립과 헌정개혁의 문턱에 서 있었다. 그러나 새로운 도덕적 영적 힘이 없이는 구질서가 바뀌어질 수가 없었다. 한 국가가 태어나려고 버둥거리고 있었지만, 그것을 낳을 힘이 없었다. 한국의 강력하고 야심적인 이웃나라들인 러시아나 일본 중의 한 나라가 조선을 점거하는 것은 단지 시간 문제일 것이었다.

서울에서 연출한 남장로교 막간극
Southern Presbyterian interlude in Seoul

청일전쟁이 발발하자 미국 공사관은 모든 선교사들을 서울로 소환하였다. 미국인들의 생명을 보호하기 위하여 미국 해병대원들이 인천에 상륙시켜졌지만, 일본 군대가 잘 훈련된 군대여서 수도 자체의 질서는 신속히 회복되었다.

지방에서의 모든 활동이 단축된 이 시기 동안에 수도에서의 선교사역은 그 국제적 혼란에도 불구하고 평소와 같이 진행되었다. 남장로교 선교사들에 의한 전도사역은 그 도시 안의 세 곳에서 시작되거나 계속되었다. 전킨(전위렴) 목사는 서대문 밖에 있는 그의 *사랑*[35]에서 두 사람의 새 신자들에게 세례를 베풀었는데, 이들은 아마도 그 선교단의 멤버들에 의하여 한국에서 세례 받은 최초의 신자들이었을 것이다. 레널즈(이눌서) 목사는 바로 남대문 안에서 사역을 시작하였고, 그의 언어 교사의 도움을 받아 그곳에서 매 주일에 두 번씩 설교하였

---

35 *사랑*(舍廊): 초기 선교 사역의 대부분이 사랑에서 이루어졌다. 사랑은 선교사가 기거하는 안채와 떨어져 있는 작은 객실(guest room)을 말한다. 이곳에서 선교사들은 한국 풍속에 따라 손님들을 맞고 비공식 모임을 가졌다.

좌) 유진 벨(배유지)[재임 1893~1925]
우) 윌리엄 해리슨(하위렴)[재임 1894~1928]

다. 데이비스 양은 여자들과 아이들 사이에서 하던 그녀의 사역을 계속하였다. 1894년도의 그녀의 개인적 보고서 속에서 그녀는 여자들로부터의 1,693회의 방문, 한국 가정들에 대한 80회의 방문, 그리고 1,000권의 책과 책자의 배포를 열거하였다.

드루(유대모) 의사는 서대문 밖에서 하던 전킨의 사역과 관련하여 1895년 7월 초에 진료소(medical clinic)를 시작하였다. 그 진료소를 위하여 두 방이 준비되었는데, 그 진료소는 즉각적인 성공을 거두었다. 그 여름 동안에 그 도시에서 콜레라가 유행하여, 절정기에는 하루에 60구의 시신이 매장을 위하여 성벽 밖으로 운구되었다. 드루와 전킨은 공중위생 조처들을 거들기 위하여 열광적으로 일하였고, 그들의 노력으로 인하여 정부로부터 은제 잉크스탠드를 상으로 받았다.

그들이 도착한지 3년이 채 못 되어 남장로교 선교사들은 서울에 하나의 '작전 기지'를 확보하였고, 구사할 만한 언어 실력을 길렀고, 복음전파와 의료사역을 시작하였고, 남부의 도(道)들에 대한 광범한 탐사에 착수하였었다. 그러나 이러한 진전에는 대가(代價)가 없지 않았다. 한국 땅은 외국인의 아이들에게 자애롭지 않았고, 그래서 두 쌍의 선교사 부부는 그들의 처음 난 아이들을 잃었다. 윌리엄 데이비스 레널즈 2세(William Davis Reynolds, Jr.)는 선교사들이 여름의 극심한 더위를 피하기 위하여 갔었던 서울에서 몇 킬로미터 떨어져 있는 한 불교 사원에서 1893년 8월 4일에 태어났는데 열흘 뒤에 그곳에서 사망하였다. 귀여운 조지 전킨(little George Junkin)은 같은 해 봄에 태어났지만 18개월 후에 사망하였다.

한편 증원부대가 오고 있었다. 켄터키 출신 유진 벨(Eugene Bell) 목사 내외가 한국으로 임명되었었지만, 전쟁의 발발로 인하여 실행위원회가 그들을 그 대신 중국으로 보내기로 표결했었다. 그러나 선교회가 매우 격렬한 항의의 목소리를 내어서 실행위원회가 재고(再考)하였다. 벨 부부가 1895년 4월 9일에 한국에 도착하였다. 그리고 역시 켄터키 출신인 **윌리엄 버틀러 해리슨**(William Butler Harrison) 목사가 1896년 2월 19일에 도착하였다.

휴전의 성립, 남부 지역의 중앙정부 통치로의 복귀, 그리고 증원 선교사들의 도착과 더불어 그 선교회는 그들에게 배정되었으면서도 그처럼 오래 그들에게 거부되었던 활동무대를 차지할 채비가 다시금 갖추어졌다.

제3장

처음 세 거점들
The First Three Stations

1895~1903

전주, 군산, 그리고 목포에 설치된 각각의 거점에서 한 무리의 헌신적 그리스도인들이 모아졌다. 그리고 불과 수년의 선교 후에 전체 숫자가 수백으로 올라가면서도 그 상황의 매우 희망적인 면은 이 그리스도인들의 자질과 그 사역이 확립되어 있는 기초이다. … 그리스도인들은 자신들의 믿음과 열성을 그 사업을 지원하기 위한 그들의 자기부정적 노력 속에서 보여준다. 그들은 대체로 자기 자신들의 교회당과 예배당들을 짓고, 모든 잡비를 지불하고, 무엇보다도, 신자들의 각 작은 그룹이 그들 중의 몇 사람을 따로 지정하여 그들의 개종하지 않은 이웃들과 규칙적인 개인 접촉을 하도록 지원한다.

– Eugene Bell(배유지), "The Situation In Korea," *The Missionary*,
October, 1902, p.464.

전주全州 거점
Chunju station

1895년 2월에 **테이트와 레널즈**는 전라도의 수도에 한 거점을 개설할 계획을 세우기 위하여 전주에 돌아왔다. 그들이 보니 최근의 전투로 도시의 약 삼분의 일이 파괴되어 있었다. 테이트의 처음 체재기간에 예배에 참석했던 사람들 가운데 아무도 보이지 않았다. 장날에는 동학군 포로들이 끌려 나와 군중이 훤히 보는 가운데 더 이상반란을 일으키지 못하게 하는 경고로 총살당했다. 새로운 시작을하지 않을 수 없었다.

추가적인 토지와 두 채의 작은 집들이 완산(完山) 언덕의 이전에확보된 집보다 조금 더 높은 곳에 구입되었다. 들어가 살 수 있도록하기 위하여 그 집들을 좀 수리하고 개조하였다. 레널즈는 그의 아내가 서울에서 많이 아파서 한 달 후에 그곳으로 돌아갔고, 테이트는좀 더 오래 머물렀다.

1895년 크리스마스 주간에 **테이트**(최의덕) 목사와 그의 누이가 군산을 통하여 그 새로운 거점으로 가기 위하여 서울을 떠났다. 그들은 그 두 작은 집들에 설비를 갖추기에 충분한 가구와 공급품을 가져왔다. **테이트** 양의 집은 바닥이 흙인 부엌과 크기가 가로 8자 세로12자인 온돌[1]방 하나, 그리고 문간으로 되어 있었다. 테이트 양은그 문간 끝들을 상자들로 둘러싸서 그것을 침실로 만들었다. 테이트목사의 거처는 두 온돌방으로 되어 있었는데, 그중의 하나는 서재로, 또 하나는 침실로 쓰였다. 후에 한식 구조이면서도 바닥과 문과

---

[1] 온돌은 한국의 표준적인 방인데, 그것은 기름먹인 종이를 바른 방바닥 밑을 통과하는 연도(煙道)에 의하여 가열된다.

창문은 외국식인 영구적인 주택들을 짓는 공사가 시작되었다.

해리슨(하위럼) 목사는 1896년 11월에 그 거점에 도착하였고, 질병과 번역 업무로 인하여 서울에 붙들려 있던 **레널즈** 부부는 1897년 6월에 왔다.

전도 사역은 처음에는 매우 느리게 진행되었다. 남자 예배가 테이트의 사랑방에서 드려졌다.[2] 한 주일에 레널즈 목사가 단지 여덟 남자에게 설교하였는데, 그 다음 주일에는 열 명이 있었다. 그 후에는 출석자 수가 감소하여 여러 주일 동안 온 사람이 없어서 예배가 드려지지 않았다. 다음의 전형적인 설명은 해리슨의 일기에서 옮긴 글이다.

우리는 서울로 가는 길에 나가서 도로변에 앉아 있으면 군중이 모여들 것이라고 생각했다. 그러나 지나가는 몇 안 되는 사람들조차도 너무 바쁘게 보였다. 그래서 남자들 가운데서는 아무런 사역도 없이 또 한 주일이 지나갔다.[3]

비록 느리긴 하였지만 진보도 있었다. 1897년 7월 17일자 해리슨의 일기에 나오는 다음 글은 하나의 역사적인 사건을 기록하고 있다.

이날은 전주에 토착교회가 시작되었음을 알리는 빛나고 기억할 만한 날이었다. "만복의 근원 하나님"을 찬양하라. 다섯 사람이 세례를 받았다. 테이트의 사환(Tate's boy), 유씨 부인,[4] 김씨 부인, 함씨 부인, 그리고 김씨 부인의 아들 덕화.[5] 전씨도 세례를 받기로 되어 있었지만, 어떤 이유 때문

---

2   이하에 묘사된 것은 전주서문교회의 초기 상황이다. (역자)

3   W. B. Harrison, "Journal."

4   유성안(柳聖安)의 아내 김성희(金聖喜). 『전주서문교회 100년사』, 95쪽. (역자)

인지 나타나지 않았다. 레널즈는 그 의식에 관하여 설교하고 의식을 거행하였다.[6]

모두 다 세월의 시련을 견디어낸 것은 아니었지만,[7] "테이트의 사환"[8] 김창국(金昶國)은 최초로 신학교에 다닌 전라도 출신 기독교인들 중의 한 사람이 되었다. 그는 돌아와서 제주도에 파송된 선교사로서 목사의 직분을 오랫동안 성실하게 감당하였다.

또 한 사람의 개종자 유씨 부인(Mrs. Yu)의 이야기는 이들 초기 기독교인들의 훌륭한 자질과 그들이 견디어 낸 시련들을 잘 보여준다. 그녀는 부유한 양반의 아내였지만, 딸들만 낳았기 때문에 많은 학대를 받았다. 비통하고 낙심한 나머지 그녀는 복음을 받아들일 준비가 되어 있었다. 처음에는 단지 "구경하기" 위해서 테이트 양의 모임에 다니는 것으로 가장하였다. 나중에 그녀는 그 새로운 신앙에 변함없이 반대하는 자기 남편에게 자기가 "예수 교리"를 공부하기 시작하였다고 고백하였다. 그는 어기면 죽이겠다고 하면서, 그녀가 다니는 것을 금하고 그녀를 무자비하게 때렸다. 그러나 어쨌든 그녀는 세례를 받기 위하여 노력하였고, 그 뒤 곧 아들이 태어났다. 그러나 그녀의 문제는 끝나지 않았다. 그 어린 아들이 나이가 더해감에 따라 그의 아버지는 그가 조상에게 드리는 제사에 참가하기를 원했다. 유씨 부인은 그것을 허용하려 하지 않았을 뿐 아니라, 자기 자신

---

5 원문의 'Hok Wa'는 'Duk Wha'의 오타로 보인다. (역자)
6 Harrison, "Journal."
7 Not all stood the test of time.
8 여기에 약간의 혼선이 있는 것 같다. 위의 『100년사』 93, 94쪽에 의하면, 테이트의 사환은 김내윤(金乃允)이고, 덕화는 김창국의 아명이다. (역자)

도 제사 음식을 더 이상 준비하지 않겠다고 그녀의 남편에게 알렸다. 그녀의 남편은 자기 아내의 불순종의 말을 듣고 몹시 화가 나서 큰 부엌칼을 집어 들고 그녀에게 제사상을 차리든지 죽든지 하라고 명령하였다. 놀랍게도 그녀는 외쳤다, "나를 죽일 테면, 죽여 봐요! 당신이 내 몸은 죽일 수 있어도, 내 영혼은 죽일 수 없소! 나는 제사 음식을 결코 더 이상 준비하지 않겠소"라고. 그녀의 온화한 눈에는 겁먹은 기색이 조금도 없었다. 그는 칼을 높이 든 채 잠시 그곳에 서 있다가, 그것을 떨어뜨리고 집에서 도망쳤다. 비록 여전히 신자는 아니었지만, 그는 그날로부터 그녀가 그 새로운 신앙에 따르고 자녀들을 그 신앙의 규범에 따라 기르는 것을 허용하였다.[9]

1897년 9월에 교회를 조직하는 최초의 단계들이 취해졌다.[10] 남자들의 작은 그룹이 모이던 사랑방을 여자들이 그들과 함께 모이기 위해서는 개조하는 것이 필요했을 것이다. 구성원들이 이 비용의 일부를 담당하자는 제안이 나왔다. 그 제안에 대하여 즉시 매우 열성적인 반응이 나와서 그 자리에서 헌금을 해서 모금이 이루어졌다. 그래서 남자와 여자가 함께 예배를 드리되 문지방을 가로질러 커튼을 쳐서 여전히 분리된 방에 머물도록 교회당이 조정되었다. 가운데 서있는 목사는 남자들과 여자들을 다 볼 수 있었지만 그들은 서로 볼 수 없었다.[11] 각 주일에 정기 헌금이 드려지기 시작하였고 한 사람의 회계 담당자가 선출되었다. 그러나 그 교회는 천천히 성장하였

---

9 Nisbet(유애나), *Day in and Day out in Korea*, pp.27~32.
10 이 무렵(1897년)부터 이곳이 "전주교회(全州敎會)"라고 불려지게 되었는데, 이 교회가 1905년에 서문(西門) 밖(현 위치)으로 자리를 옮기면서 그 이름이 '전주서문밖교회'로, 그리고 1955년에는 '전주서문교회'로 바뀌었다. (역자)
11 Annual Report, 1897, pp.44~48.

다. 1898년에 단지 두 교인이, 그리고 1899년에는 단 한 교인이 세례를 받았다.

그러는 동안에 전주 거점에 또 한 사람의 구성원을 데려올 매우 기쁜 구애(求愛)가 진행되고 있었다. 해리슨 씨는 "일기(Journal)"에 다음과 같이 적고 있다.

1896년 11월 11일 - 이곳에서는 아무에게도, 그가 만약 독신이라면, 뒷공론을 불러일으킴이 없이 독신 여성을 알게 될 기회가 없다.

1896년 12월 14일 - 나는 드루 의사와 전킨 씨가 서울에 가는 동안 데이비스 양과 드루 부인과 함께 (군산에) 머물 것을 제안했는데 내 제안이 수락되었다.[12]

1897년 2월 22일 - 데이비스 양은 생각이 깊다! 착하다! … 데이비스 양은 많이 말하지 않지만, 틀림없이 많이 생각한다!

1897년 8월 30일 - 데이비스 양의 구두를 돌려주기 위하여 드루 씨 집에 잠시 들렀고, 나의 최후의 말을 하는 데 더 가까이 다가갔다.

1897년 10월 1일 - 데이비스 양을 방문하였는데, 다시금 "사나이답지 못했다."

1897년 10월 30일 - 벨과 테이트와 나는 데이비스 양과 함께 저녁 식사를 하였다. … 요리 솜씨가 좋았다.

1897년 11월 2일 - 다른 사람들이 거위나 오리 사냥하러 작은 산에 올라간 사이에, 나는 더 예쁜 사냥감을 잡으려고 노력하였는데, 내가 한 번 남자답게 행동했기 때문이다. 나는 나의 삶에 관하여 진심을 다한 연설을 하였고, 고맙게도 나의 청중의 마음을 사로잡았다. 내가 응답을 듣지

---

12 이 두 여인들과 전킨 부인은 그 두 남자들이 서울에 간 동안 군산에 있었다. 짧은 방문이 될 것으로 예상했던 것이 기선이 고장나는 바람에 돌아올 수 없어서 여러 달로 늘어났다.

못하고 가려 하였을 때에 데이비스 양(지금의 Linnie Dear)이 "I love you"라고 말하였다. … 나는 데이비스 양을 본 다음에 체면상 산으로 급히 올라가 오리 세 마리를 잡았고, 한 마리를 그녀에게 보냈다.

그 일지는 위의 내용 다음에 곧 끝나지만, 위 이야기의 속편은 1898년 6월 11일자 '서울 인디펜던트'(*Seoul Independent*)지에 발표된 "결혼식 종(Wedding Bells)"이라는 제목의 글 속에서 발견된다.

이달 9일 목요일 4:30분에 "결혼식 종"이 한국에 있는 미국인 거류민단의 가장 존경할 만하고 인기 있는 구성원들 중의 두 사람의 결합을 위하여 울렸다. 윌리엄 해리슨(William B. Harrison) 목사와 리니 데이비스(Linnie F. Davis) 양의 결혼식이 도티(Doty) 양의 집에서 열렸는데, 세차게 내린 비조차도 그 결혼식을 입회할 혜택받은 몇몇 사람들의 모임을 막지 못하였다. 그 집은 아름다운 미국 장미꽃과 그 밖의 꽃들로 멋지게 장식되었고, 한 무리의 젊은 숙녀들이 아름다운 그 식장을 더 아름답게 하였다. … 한성 판윤(서울시장)이 참석하였는데, 그의 부인은 미국에서 신부의 친구였다. 결혼식은 미국 총영사의 면전에서 레널즈 목사의 주례로 매우 우아하게 거행되어서 결혼하는 것은 예식이 매우 우아하게 거행되는 것만으로도 보람이 있다고 한 숙녀가 말하는 것이 들릴 정도였다. 하객들은 장로교 선교단의 젊은 여성분들, 앨런 의사 부부와 그들의 두 아들들, 벨 부인과 무어(Moore) 부부였다.[13]

해리슨 씨는 (전주) 거점에 도착한 후 곧 의료사역을 시작하였는데,

---

13 "Wedding in Korea," *The Missionary*, September, 1898, p.428.

그것은 그가 선교사업을 위하
여 자기 자신을 신학적 훈련과
의학적 훈련 두 가지로 준비하
였었기 때문이었다. 그렇지만
그가 그 두 가지 가운데서 선택
을 하지 않으면 안 된다는 것이
곧 분명해졌는데, 그것은 그 두

잉골드 의사가 진료하는 모습

가지 전문직을 다 잘 감당할 수 있는 사람은 없을 것이기 때문이었
다. 그래서 그는 복음전도 사역에 자기의 모든 시간을 바치기로 결
심하였다.

　　매티 잉골드(Mattie B. Ingold) 의사는 1897년 가을에 그 거점에 도착
하였고, 자기가 여성을 위한 진료소로 쓸 수 있도록 곧 바로 토착민
의 집 한 채를 수리하기 시작하였다. 이 진료소[14]의 사역은 의심과
편견을 깨뜨리는 데에 큰 영향을 끼칠 것이었다. 그 진료소를 만들
고 처음 다섯 달 동안에 잉골드 의사는 400명의 환자를 치료하였다.

　　진료소로 건축된 최초의 건물은 1902년에 새로운 부지[15]에 그녀를
위하여 **해리슨 씨**에 의하여 건립되었다. 이 건물은 진료소 자체(32자
×28자)와 인접 병동 한 채(32자×8자)로 구성되었다. 그러나 다음 여
러 해 동안에 그 진료소는 단지 간헐적으로 열렸는데, 그 이유는 잉
골드 의사가 그 현장에 있는 유일한 의사였고 방해되는 일들이 많았
기 때문이었다. 흔히 그녀는 도움을 주기 위하여 다른 거점들로 불
려갔다. 방해되는 일들이 있었음에도 불구하고 1903년 동안에 그녀

14　전주예수병원의 시초임. (역자)

15　이 '새로운 부지'는 완산 언덕의 소유지(Wansan Hill property)와 교환하여 화산
　　(華山) 언덕에 확보된 새 선교거점 구내를 언급하는 것이다. (역자)

는 1,500명 이상의 환자들을 치료하였다. 그리고 잉골드 의사는 복음전도의 기량(skills)도 가지고 있었다. 그녀는 아동용 교리문답책(the child's catechism)을 최초로 한국어로 번역하였다. 교리문답책은 '종교서적 보급회'(the Tract Society)에 의하여 출간되어 여러 해동안 전국에서 사용되었다. 1905년에 잉골드 의사는 테이트(L. B. Tate) 목사와 결혼하였고, 그 후에는 임시적으로나 긴급시가 아니면 의료 업무에 종사하지 않았다.

개척 선교사들이 처음 휴가차 귀국할 때가 되었을 때에 거점과 유아기 교회에 위기가 왔다. 마지막으로 떠나게 될 레널즈 목사는 세례 받기 원하는 모든 사람들을 위한 집중 교육 기간을 1900년 봄에 제공하였다. 두 다른 주일들에 시험을 실시하였는데, 열 명이 세례를 받았다. 교인 회의(a congregational meeting)가 열려서 한 사람은 예배를 맡고 또 한 사람은 회계를 맡도록 두 남자가 선출되었다. 그 후 곧 레널즈 목사가 자기가 돌보고 있던 양들을 주님께 맡기고 떠났다.

다섯 달 동안 그 거점에는 전도 선교사가 없었다. 그때에 해리슨 부부가 돌아왔고, 그들은 따뜻한 환영을 받았다. 다음 여덟 달은 부단한 격려의 달들이었다. 주일 아침 출석수가 113명으로 증가하였다. 설교 후에 회중이 여섯 반으로 나뉘어 성경공부를 하였다. 54명의 지원자들을 시험하는 데 사흘이 걸렸고, 그들 중에 6명이 세례를 받고 48명은 '학습교인'으로 받아들여졌다. "전적으로 그들 자신의" 새로운 교회 건물을 짓기 위하여 교인들에 의하여 모금(募金)이 시작되었다. 최초의 위기는 잘 극복되었던 것이다.

선교사들이 구입하였고 그 위에 그들의 주택들을 건축하였던 완산 언덕 소유지에 관하여 1900년에 시 당국자들과 선교사들 사이에 분규가 발생하였다. 그 부지는 통치하는 이씨 왕조의 창시자의 조부가 출생한 곳이어서 신성한 부지였던 것으로 보인다. 애당초 어떻게 해서 선교사들이 그 땅을 살 수 있었는지는 미스터리였지만, 이제 국왕이 그 소유지를 되사기를 원하였다.

그것은 삼키기 어려운 쓴 약이었지만, 대안이 없어 보였다. 조약에 의하여 선교사들은 내륙에서 살 권리가 없었고, 새 신앙의 전파에 종사할 권리는 더더욱 없었다. 그들은 감히 이의를 제기할 수 없었다. 시 관리들은 도시 밖 좀 더 먼 곳에 있는 또 하나의 언덕의 비탈 위에 있는 한 부지, 이미 건축된 두 주택들에 대한 보상금, 그리고 상실된 시간과 노동에 대한 그 이상의 수당을 제안하였다.

건축 작업이 다시 한 번 시작되었다. 나무들이 약 8km 떨어진 곳에서 베어지고, 잘라지고, 시냇물에 띄워져서 그 새로운 부지에 가까운 곳까지 운반되었다. 처음 주택(residence)은 1901년에 해리슨에 의하여 건축되었고 다른 주택들은 나중에 추가되었다. 이 모든 추가적인 수고와 시간에 대한 한 가지 보상은 이제 선교사들이 국왕의 인허 하에 소유지를 갖게 되었다는 것이고, 그들이 내륙에 거주할 권리는 조금도 문제시 될 수 없게 되었다.

'칠인의 선발대' 가운데 한국에 맨 먼저 도착한 사람인 리니 데이비스 해리슨 부인(Mrs. Linnie Davis Harrison)은 또한 그 그룹 가운데 맨 먼저 본향으로 불려간 사람이기도 하였다. 그녀는 발진(發疹) 티푸스(typhus)로 사망하였는데, 그 병은 십중팔구 그녀가 한 병든 한국 여인을 방문하였을 때에 걸린 것이다. 그녀는 열흘 동안 앓다가 1903년 6월 20일에 전주에서 숨을 거두었다. 그녀가 서울에서 보낸 초기 사역의 시절로부터 그녀의 특별한 소명은 부녀와 아동, 병자와 약자와 함께 하는 것이었다. 그녀의 죽음은 모두에게 충격이었다.

전킨 씨는 선교사들의 그 외로운 그룹이 그들의 사랑하는 고인을
매장하기 위하여 모인 그 슬픈 때에 관하여 다음과 같이 썼다.

우리 작은 무리(our little band)에게 이러한 손실이 얼마나 아픈 슬픔인지
를 하나님과 그것을 경험하는 사람들은 안다. 우리는 실로 너무나 소수(少
數)여서, 함께 견딘 수년의 고독과 궁핍과 노고로 짜여진 '사랑의 유
대'(cords of love)는 쉽게 부서지지 않고, 부서졌을 때에 그것은 치유되기
도 쉽지 않다.[16]

군산群山 거점
Kunsan station

선교회는 레널즈와 드루가 그들의 처음 남부 여행시에 갖고 돌아온
호의적인 보고에 따라서 두 번째 선교거점을 군산이라고 하는 촌락
(the village)에 열기로 결정했었다. 그 결과로 전킨(전위렴) 목사와
드루(유대모) 의사에게 그 거점을 개설하는 임무가 주어졌다. 그들은
상황을 조사하기 위하여 1895년 3월에 떠났다. 네 선원이 운행하는
삼판[17] 한 척을 전세 내어 약품과 책과 그 밖의 보급품을 싣고, 그들
이 인천으로부터 190km의 해안 여행(coastal trip)을 하려고 출범하였
다. 그것은 평소에는 약 4일 걸리는 여정(旅程)이었다. 그러나 비와

---

16 W. M. Junkin(전위렴), "An Appreciation," *The Missionary*, September, 1903,
   p.424.
17 삼판(三板): 길이 3.5~4.5m의 중국식 작은 돛단배. 작은 휴식공간(shelter)이 있
   는 종류도 있다. 항구 안에서 사람이나 짐을 실어 나르거나, 강에서 수송이나 고기
   잡이에 쓰이기도 한다. (역자)

안개로 인해서 안전한 작은 후미들(coves)에서 기다리지 않을 수 없었고, 그 결과 11일이나 걸려서 금강(錦江) 하구에 이르렀다. 군산과 그 근처에서 여러 주일 동안 그들은 매일 아침 9시에서 10시 반까지 설교하고 그 후에 환자들을 돌봤다. 어떤 날에는 그들이 50명이나 되는 환자들을 진찰하였는데, 그들 중 다수가 물고기, 굴, 계란, 그리고 해초를 감사의 표시로 가져왔다. 그 여행은 친선을 다진다는 점에서 선교사들에게 굉장한 성공이었다. 이번 여행 때나 또는 가을에 있은 그 다음 여행 때에 그들은 바닷가에서 멀지 않은 곳에 초가집 두 채를 포함하는 땅을 샀다.

1896년 4월에 다 같이 어린애가 딸린 두 가정이 기선 해룡호(*the Sea Dragon*)를 타고 해안을 내려갈 것을 기대하고 서울을 떠나 인천으로 갔다. 그러나 해룡호가 수선 차 항구에 있어서 그들은 할 수 없이 작은 일본 돛배(sailboat) 한 척을 세내었다. 그들은 선창(船倉) 속에 모든 상자들과 통들과 짐 꾸러미들을 겨우 쑤셔 넣었고, 한 가운데에 어른 넷이 들어갈 공간을 겨우 남기고, 아이들은 구석에 챙겨 넣었다. 남하하는 그 여행은 전킨 씨의 묘사를 빌리면 "닭장 속에서 보낸 나흘"이었지만, 그들은 모두 1896년 4월 5일에 안전하게 도착하였다.

1896년의 군산은 약 백 채의 초가집으로 이루어진 자그마한 어촌(漁村)에 불과하였다. 부두나, 우체국이나, 전신국도 없었다. 거리는 좁고 구부러지고 더러웠다. 사람들은 무지하고 미신에 사로잡혀 있어서 남자는 음주와 도박을 좋아하고, 여자들은 싸우고 귀신을 숭배하는 일을 좋아했다. 그러나 이 모든 것에도 불구하고 그들은 외국인들을 진심으로 환영하였다.[18]

1896년의 첫 여름은 군산 가족들에게는 길고, 덥고, 날씨가 사나운 시련의 시기였다. 언덕에는 나무가 없었고, 뜰에는 풀이 없었으며, 집 안에는 유리 창문이 없었다. 전킨 가족이 사는 집은 물가에 너무 가까워서 빈번히 침수되었다. 연안 기선은 시간표대로 운행되지 않았고, 그래서 그들은 서울에 있는 보급품 기지로부터 끊겼다. 그들의 식품은 지역 시장에서 살 수 있는 물고기, 쌀, 닭, 그리고 계란에 한정되었다. 그리고 모든 요리는 숯불 화로(charcoal brazier)로 하였다. 이곳이 군산 가족들에게는 다음 3년 동안 홈이 될 것이었다.

영웅적 자기희생으로 그 작은 무리는 버티어 나가며 그들의 사역을 시작하였다. 이 점에 있어서 그들은 만족할 만한 생활 조건을 확보하는 데 있어서보다 더 성공적이었다. 1896년 6월에 전킨씨가 쓴 편지가 복음전파 사역의 초기 단계를 말해준다.

우리는 한 교회의 핵심[19]으로서 신자들의 한 작은 무리를 이곳에 모았고, 그 중의 세 사람은 세례를 요청해서 학습교인 반(catechumen class)에서 훈련을 받고 있다. 우리는 매 주일 오후에 모인다. 회개, 믿음, 기도, 안식일, 세례, 성만찬이 지금까지 공부한 주제들이다. 십계명과 '교회 규칙'을 공부하면 그 과정(課程)이 끝난다. … 드루(유대모) 의사는 진흙 바닥을 수리하는 등의 긴 세월이 지난 후 금주에 다시 의료 사업을 개시하였다. 그는 주중에는 환자를 보는 시간 동안 적십자기를 게양하고, 진료소가 열리지 않는 주일에는 성조기를 달을 계획을 갖고 있다.[20]

전킨과 드루의 첫 번째 여행 때에 복음을 듣고 믿었던 **김봉래와**

---

18 W. B. Harrison(하위렴), "The Opening of Kunsan Station."
19 a nucleus of a church. 군산교회 → 현 개복(開福)교회. (역자)
20 *The Missionary*, February, 1897, p.60.

1900년경 드루(유대모) 의사가 선교에 사용한 돛단배

송영도 두 사람이 1896년 7월 20일에 세례를 받았다.

1896년 가을에 모인 선교회의 제5차 연례회의에서 군산을 포기하고 남쪽 더 먼 곳에서 더 좋은 거점 장소를 찾도록 노력하기로 결정되었다. 그 해 늦가을에 전라남도에서 새로운 장소를 찾기 위한 광범위한 답사가 선교회 회원들에 의하여 시작되었다. 나주(羅州)가 임시적으로 선정되었지만, 드루 의사가 군산을 포기하는 계획을 완강하게 반대하고 그것을 성공시키기 위해서 더 시간을 달라고 간청하였다. 그래서 하나의 타협안이 안출되었는데, 그것에 의하여 군산 거점은 시험 삼아 1년 더 열려있을 것이고, 나주는 단지 유진 벨 목사 부부에 의해서만 개설될 것이었다.

군산 사역의 **빠른** 진척과 개척자 **전킨**의 세심한 교회 조직이 1897년 5월에 쓰인 다음 묘사 가운데 분명하게 보인다.

우리의 주일예배 출석부에는 40명의 이름이 적혀 있다. 이 사람들 중의 절반은 거의 한 해 동안 규칙적으로 그들의 자리에 있어 왔다. 예배가 드려지는 장소는 종이문 칸막이를 두어 두 방으로 구분되어 있다. 여자들이 한 방에서, 그리고 남자들은 또 한 방에서 예배를 드린다. 교회 비품으로는 다섯 장의 명석이 있었다. … 출석이 불러지고 결석자들이 표시된다. 결석자들과 가까운 곳에 사는 사람들은 주중에 그들을 방문하도록 요청받는다. 그 다음에 그날 공부할 성경 본문이 모든 출석자들이 듣도록 읊조려진다. 감독자가 이 영창(詠唱, chanting)을 하는데, 그 이유는 이것이 그들이 음독(音讀)하는 방식이고, 그들이 본문을 더 잘 이해하는 것으로 보이기 때문이다. 다음에는 내가 수업을 맡아서 그날의 본문에 관하여 한 시간 동안 공부한다. … 나는 주초(週初)에 '크리스천 옵서버'지(the Christian Observer)를 받아서 한 번 가르칠 내용을 번역하여 그것을 필요한 수만큼 등사하여 준비하고 … 주일 수업이 끝나면, 짧은 휴식을 가진 다음, 우리는 정규 예배를 드리기 위하여 다시 모인다. 설교의 주제는 "주님께 드리기"였고, 그 설교 후에 우리는 주님께 처음 헌금을 드렸다. 헌금액은 $1.06, 동전으로 530전이었다. 두 남자가 그 돈을 세도록 지명되었고, 그 돈은 가난한 자들을 위하여, 그리고 설교하도록 보내어지는 형제들의 경비를 지불하기 위하여 쓰일 것이다. 그렇게 하고도 남는 것이 있으면 그 잔액은 그들에게 토착교회가 필요하고 그것을 지을 준비가 되어 있을 때에 그 건축을 위한 종자돈(a nest egg)이 될 것이다.[21]

1897년의 연례회의 때까지에는 복음전파 사업이 매우 큰 성과를 거두었기 때문에 그 거점이 폐쇄될 수 없다고 하는 데 모두 다 동의하였다. 1898년에 도시에서 몇 킬로미터 떨어진 곳에 있고, 금강을 내려다보는 절벽 위에 있는 토지가 구입되었다. 그 토지의 주된 매력은 데이비스 양이 성공적으로 주일학교를 시작했었던 궁멀(현 구암

---

21 W. M. Junkin(전위렴), "A Sabbath at Kunsan," *The Missionary*, July, 1897, p.313.

리)이라고 하는 인근 촌락과 드루(Drew) 의사의 배를 위하여 좋은 항
구 구실을 할 하나의 후미(a creek)였다. 그 부지에 세워진 첫 주택은
1899년에 전킨 씨에 의하여 완공되었다.

전킨 가족이 그 새 장소에 이사 온 뒤 곧 정규 예배가 그곳에서
시작되었다.[22] 항구 도시 군산에서의 모든 조직적 사역이 중지되었는
데, 그 이유는 일본인들이 1899년에 개설된 새로운 조약항(條約港)[23]을
위하여 바닷가의 토지를 접수한 때에 시내의 기독교인들이 흩어졌기
때문이었다. 그러나 처음부터 반응은 주로 주변의 촌락들과 시골에
서 왔다. 기독교인들은 일요일에 예배에 참석하기 위하여 토요일
밤에 시내로 걸어 들어왔다. 선교사들은 그들 가운데서 사역을 시작
하기 위하여 이 기독교인들이 왔던 촌락들로 순회 전도여행을 시작
하였다. 1899년까지는 네 곳의 정규 예배 장소가 개설되었었다. 그
해 봄에 최초의 교회 건물을 위한 계획이 세워졌고 이를 실행하기
위하여 궁멀의 교인들은 그들의 헌금을 다섯 배로 늘렸다.

선교사들이 누구에게 세례를 줄 것인가에 관하여 매우 세심하였기
때문에 이 때까지 교회의 교인수가 다소 느리게 증가하였었다. 정치
적 이유로 교회에 들어오기 원하는 사람들로부터 (세례) 요청이 쇄도
하였고, 그래서 *기독교가 무엇인지* 뿐만 아니라 *기독교가 무엇이 아
닌지*를 가르치는 데 많은 시간을 소비하지 않을 수 없었다.

그러나 1899년 가을과 1900년 봄 동안에 큰 수확, 즉 남장로교
선교사들에 의하여 개척된 그 지역에서 거두어들인 최초의 큰 수확
이 있었다. 몇 개월 사이에 95명의 교인들이 세례를 받았다. 이들

---

22 궁멀교회 → 현 구암(龜岩)교회. (역자)
23 군산항은 1899년 5월에 개항되었다. (역자)

월리엄 불(부위렴)
[재임 1899~1941]

중의 다수는 처음 믿었던 남자들의 아내들과 자녀들이었다.

이 해에 또한 버지니아주 노포크 출신 **윌리엄 불**(William F. Bull) 목사가 군산 거점에 도착하여 다음 40년 동안 그곳에서의 사역에 참가하게 되었다. 재능 있는 음악가요 운동가였던 그는 한국말의 대가(大家)와 웅변적인 전도 설교자가 되었다. 버지니아주 스톤턴 출신 **리비 앨비**(Libbie[24] A. Alby) 양이 그 다음 해에 도착해서, 해리슨 씨와 결혼하여 전주로 떠났었던 데이비스 양을 대신하였다. 군산은 로맨틱한 매력이 있는 곳이어서 "큐피드(Cupid)가 활동하는 동안에" **리비** 양은 불 목사 부인이 되었다.

군산 거점은 "랜싯(lancet)[25]의 뾰족한 끝"에 열렸다. 아마도 어떤 다른 거점에서도 복음사역과 의료사역이 이처럼 놀랍게 손을 맞잡고 (hand in hand) 진행되지는 않았을 것이다. 이것이 복음 전도에 수반된 초기 성공의 물결에 하나의 으뜸가는 요인이 된 것은 확실하다. 우리가 이미 본 바와 같이 이곳에서의 첫 세례는 전주에서의 첫 세례보다 만 1년 앞섰기 때문이다. **드루** 의사는 그 거점이 개설된 후 곧 진료소를 개설하였고, 환자들이 자유롭게 그 진료소에 왔다. 그들이 왔을 때에, 전킨 목사는 그곳에 있어서 그들의 친구가 되고 그들을 자기의 사랑방으로 초대하였는데, 그곳에서 그들은 잡담하고 그 외국인들을 이 먼 곳으로 오게 했던 그 신앙에 관하여 더 많은 것을 들을 수 있었다.

1897년의 연례회의 참석차 그 거점을 방문한 실행위원회의 **체스터**

---

24 Libbie나 Libby는 Elizabeth의 별칭임. (역자)
25 랜싯: 끝이 뾰족한 양날의 의료용 칼. 우두 놓을 때나 해부할 때에 씀. (역자)

(S. H. Chester) 박사는 그 의사를 심
장이 몸보다 컸고 사람들 가운데서
자비의 봉사에 자신을 끊임없이 바
친 큰 사람이라고 묘사하였다. 외
과의사로서의 그의 탁월한 능력은
그가 그 속에서 일하지 않으면 안
되었던 초라한 상황, 즉 "음산하고

좌) 존 알렉산더(안력산)[재임 1902~1903]
우) 오긍선 의사[1878~1963]

작은 진료소와 온종일 한 가닥의 햇빛도 들어오지 않는 수술실"과
대조가 된다.[26] 아픈 때도 있었고 다른 방해되는 일들도 있었지만,
그는 처음 두 해 동안에 약 4,000명의 환자를 치료했다.

드루 의사는 그 진료소에서 일할 뿐 아니라, 의료 순회전도자의
일도 하여, 금강과 해안을 상류와 하류로 여행하면서 환자를 고쳐주
고 책자를 나누어 주었다. 그러나 이 수년간의 무시무시한 수고가
그 의사에게는 과도해서 그의 건강이 쇠했다. 1901년에 있은 선교회
의 한 임시 회의에서 그는 건강 이유로 귀국하도록 강권을 받았고,
그는 끝내 그 현지에 돌아와도 될 만큼 회복되지 못하였다.

1902년 가을에 켄터키 주 출신 **알렉산더**(A. J. A. Alexander) 의사가
드루 의사의 귀국으로 중단되었던 그의 사역을 계속하기 위하여 군산
에 도착하였다. 그러나 알렉산더 의사가 미국에서 오는 긴 여행 기간
중에 그의 부친이 별세하였다. 처분해야 할 많은 재산이 있었고 알렉
산더 의사가 장자였기 때문에 그는 선교사 직을 사임하고 귀국하지
않을 수 없다고 느꼈다. 이 불행한 일에도 불구하고, 알렉산더의

---

26 S. H. Chester, "Our Mission Work in Korea," *The Missionary*, March, 1898,
     p.109; Cameron Johnson, "Notes on a Recent Visit to Korea," *The Missionary*,
     April, 1900, p.162.

짧은 군산 방문은 머지않아 모든 한국의 의료선교 사업에 대한 막대한
공헌이 될 것이었다.　군산에 있는 동안에 알렉산더 의사는 오긍선(吳兢
善)이라고 하는 한 명철한 청년과 아는 사이가 되었는데, 그는 당시에
불(Bull) 목사의 어학 선생이었다.　알렉산더 의사는 그 젊은이를 좋아
해서 그를 미국으로 데려가서 의과대학을 마치도록 후원하였다.　5년
후에 오 의사(Dr. Oh)는 숙련된 개업의사(medical practitioner)가 되어
군산에 돌아왔다.　수년 후에 그는 남장로교 선교사들에 의하여 서울
에 있는 세브란스 의과대학 교수단에 그들의 대표로서 파견되었고,
머지않아 그는 그 큰 기관의 첫 한국인 학장이 되었다.[27]

　군산 거점의 창설에 관한 어떠한 이야기도 최초 10년 동안에 초기
개척자들이 부닥친 고난과 고통을 다시금 강조함이 없이는 완전할
수 없다.　삶은 어린 아이들에게 가장 어려웠고, 그래서 만(灣)을 내
려다보는 한 언덕 위에 있는 세 개의 작은 전킨 무덤들[28]이 이 가족들
이 겪은 고난을 말없이 증언하고 있다.　전킨 씨는 어느 한 해에 경험
한 일들에 관하여 다음 이야기를 썼다.

　　내가 탄 말이 다리에서 떨어져 나를 덮치는 바람에 (내) 갈빗대 하나가
　　부러졌다. 뒤이어 바깥바람을 쐰 것이 편도선염(tonsilitis)이 나게 하였다.
　　작은 아기 하나가 의사도 없이 우리 집에서 태어났다. 며칠 후에 그 아이는

27　오긍선(吳兢善): 충남 공주 태생. 구한 말의 계몽사상가이자 일제 강점기와 대한민
　　국의 의학자, 사회사업가. (역자)
28　세 전킨 무덤들: 어려서 사망한 전킨 목사의 세 아들, George, Sidney, Francis의
　　무덤들. 1960년대에 묘비만 전주 선교사 묘역으로 옮겨졌다. (역자)/ 역시 '군산
　　묘지'에 묻힌 사람은 *The Missionary*지의 편집자요 해외선교부 실행위원회의 임
　　원이었던 랭킨 박사(Dr. D. L. Rankin)이다. 랭킨 박사는 1902년에 선교 현지들을
　　순회하던 중 평양에서 사망하였다.

폐렴(pneumonia)으로 죽었다. 내 아내의 이뿌리에 농양(膿瘍, abscess)이
있었는데, 그녀의 고통을 덜어줄 의사가 없었다. 다음으로 내가 상당한
기간 병을 앓았는데, 그에 이어 편도선염이 재발하고 또 재발하였다. …
그 후에 병원에 가니, 의사가 두 편도선을 다 적출하였는데, 한 편에 코카인
(cocaine)이 들지 않아서 몹시 힘들게 치료를 받았다. … 이 일들과 그 밖의
몇몇 작은 일들이 있어서 그 해를 넘기기가 상당히 괴로웠다. … [29]

목포木浦 거점
Mokpo station

앞에서 말한 바와 같이, 1896년에 선교회가 항구도시 목포에서
내륙으로 약 50km 되는 나주(羅州)에 선교거점을 개설하기로 결정하
였다. 이때에 나주는 전라남도의 수도이자 가장 중요한 도시였다.
1897년 이른 봄에 벨(배유지) 목사와 해리슨(하위렴) 목사가 나주에까
지 내려와서 땅을 사고 벨 가족의 임시 거처가 될 한옥 한 채를 수리
하기 시작하였다. 그러나 외국인들과 그들의 새로운 종교에 대한
반대가 군산이나 전주에서 겪은 것보다 더 심했다. 나주는 양반들[30]
의 본거지였고, 외국인들이 살기 위해서 그들의 도시로 오면 그들을
죽이겠다고 하는 위협이 여러 차례 있었다.
　그러는 동안 1897년 10월 1일에 목포가 외국인들이 거주할 수 있는

29　W. M. Junkin(전위렴), *The Missionary*, December, 1903, p.547.
30　양반(兩班)들은 한국의 지주(地主) 귀족 계급이었다. 나라에서 가장 보수적인 계층
　　으로서 그들은 모든 변화에 저항하였다. 기독교가 북쪽에서 더 빠른 진전을 이루었
　　던 한 가지 이유는 그곳에서는 봉건적 양반 체제가 남쪽에서처럼 강하게 확립되어
　　있지 않았기 때문이었다.

조약항이 되었다. 그래서 선교회는 나주에서 사역을 시작할 계획을 버리고 목포에서 하기로 결정하였다. 그것은 아주 잘된 결정이었으니, 나주는 하나의 작은 도시로 계속 남아 있은 반면에, 목포는 더 빨리 성장하였고 곧 전라남도에서 가장 큰 항구도시가 되었기 때문이다.

선교사들은 즉시 토지를 구입하고 적절한 주택 한 채를 준비하기 위한 노력을 시작하였다. 1898년 가을에 벨 가족이 서울에서 이사 왔다. 그 후 곧 버지니아주 블랙월넛 출신 **클레멘트 오웬**(Clement C. Owen, 오원, 오기원) 의사가 그 거점에 배정되었다. 오웬 의사는 신학적 의학적 훈련을 다 받은 사람이어서 그의 시간을 두 분야 사이에서 나누어 쓰기로 계획하였다. 다음 해에 **프레드리카 스트래퍼**(Fredrica Straeffer, 서부인) 양이 여자들과 아이들을 위한 전도 사역을 하기 위하여 그 거점에 합류하였다. 그리고 북장로교 선교회에 속한 의사 **조지아나 화이팅**(Georgiana Whiting, M.D.) 양과 오웬 의사의 결혼을

1889년에 촬영한 남장로교 선교사들 가족 사진
뒷줄 왼쪽부터 오웬, 테이트, 전킨, 레널즈이고, 둘째 줄이 드루(오웬 앞), 해리슨, 벨, 벨 부인, 매티 테이트, 잉골드이며, 맨 왼쪽이 드루 부인, 맨 앞의 한가운데가 레널즈 부인이다.

통하여 또 한 사람의 인원이 추가되었다.

그 항구도시로 이사 온 몇몇 세례 받은 기독교인들의 격려에 힘입어 전도 사역이 시작되었다.[31] 1899년의 여름 동안에 벨 목사가 주일 예배 참석자 수를 약 30명으로 보고하였다. 한 한국인 조사[32]를 책임 자로 하여 접견실(reception room)이 개설되었는데, 많은 사람들이 와서 질문하거나, 복음서들을 사거나, 소책자들을 받거나, 단지 쉬었다. 교회 조직의 시작은 최초의 시험이 실시된 날짜인 1900년 3월 5일로 거슬러 올라간다. 4명이 학습교인으로 받아들여졌다. 그 해 봄과 여름 동안에 30명의 지원자들이 시험을 치렀는데, 그 중에 6명이 세례를 받고, 8명이 학습교인으로 받아들여졌고 16명은 기다리라는 요청을 받았다. 그러나 그 사역의 가장 만족스러운 점은 이들 처음 신자들의 성격이었다.

> … 다른 사람들에게 전도하는 데서, 그리고 자신들의 교회 건물을 위하여 자기부정적 모금 노력을 하는 데서 드러나는 그들의 성실성과 열성 … 그들 중의 다수가 주일 오후에 둘씩 둘씩 짝을 지어 나가서 전도한다. … 그들은 벌써 자신들의 교회 건물을 위한 계획에 관하여 이야기한다. … 구주(救主, the Savior)에 관하여 다른 사람들에게 이야기함으로써 자기의 개종의 증거를 제시하지 않은 사람에게는 세례가 주어지지 않는다.[33]

이들 초기 신자들의 생애는 이교(異敎) 문화로 인하여 발생하는 가

---

31 이하는 현 목포 양동교회/양동제일교회 초기의 모습임. 당시에는 '목포교회' 또는 '양동교회'라고 불렸음. (역자)

32 벨 선교사의 조사 겸 어학 선생 변창연(邊昌淵). (역자)

33 Eugene Bell(배유지), "First Fruits at Mokpo," *The Missionary*, October, 1900, p.468.

장 어려운 장애물도 극복하는 예수 그리스도의 복음의 능력을 입증
한다. 이들 중의 한 사람이 김윤수(金允洙)였다. 40세쯤 된 그는 **오웬**
의사의 의료사역을 통하여 전도를 받았는데, 그때에 그는 자기의 연
로한 모친의 아픈 손을 치료받기 위하여 그녀를 진료소에 모시고
왔었다. 후에 그는 당회 위원회의 첫 번째 모임에 나타나서 세례를
받기 원한다고 말하였다. 그는 자기 자신도 죄스럽다고 인정한 술을
만들어 파는 사람이었기 때문에 그는 '학습교인 반'에 받아들여지지
않고 기다리며 어떤 다른 생계수단을 찾으라고 하는 권유를 받았다.
낙심하기는커녕, 그는 후에 두 번째 시험을 받기 위하여 나타나서
자기의 직업을 바꾸었다고 말하고 받아들여 줄 것을 요청하였다.
그는 학습교인으로 받아들여졌고 후에 세 번째 시험을 거쳐 세례를
받았다. 그는 자기의 아내, 어머니, 그리고 장모를 그리스도께 인도
하여 그 공동체에 큰 영향을 끼친 기독교인 가정을 이루었다. 여러
해 동안 그는 광주교회에서 시무장로로 섬겼다.[34]

또 하나의 사례인 **김영진**의 경우는 초기에 다루기가 지극히 어려운
문제였던 일부다처(polygamy)의 문제를 설명한다.

> 그의 가장 큰 고투(苦鬪)와 승리는 축첩(蓄妾)에 관한 것이었다. 그는 처음
> 아내가 아들을 낳지 못해서 유교적 풍습에 따라 기독교인이 되기 전에 첩
> 을 들였었다. 그 첩은 매우 아리따운 젊은 여자로서 그에게 그의 유일한
> 아들과 한 딸을 낳아주었었다. 이 비정상적인 관계로 인해서 그는 세례를
> 받을 수 없었다. 그는 드디어 그 문제에 있어서의 그의 기독교적 본분에
> 관해서 크게 각성하고, 1908년에 자기의 기와집을 그 모든 가구와 함께

---

34 선교회 설립 25주년 기념 비서명(非署名) 문서(an unsigned paper).

그녀에게 양도하고, 그녀가 자활할 수 있는 형편에 이르기까지 6년 동안 그녀와 그녀의 자녀의 생활자금을 충실하게 공급하기로 하고 그녀와의 관계를 아주 단절하였다. 그러나 그의 처음 결심은 그에게 매우 어려운 것이어서 그는 거의 목숨을 잃을 뻔하였다. 그 젊은 여인의 오빠와 그녀의 어머니가 그의 결심에 화가 난 나머지 그를 공격하여 그를 때리고 그의 옷을 찢었다. 그 오빠는 칼을 들고 선교사의 구내까지 그를 뒤쫓았고, 그는 마침내 심각한 신체적 위해를 당하지 않고 달아났다.[35]

나중에 그는 자기보다 먼저 기독교인이 되었던 자기의 처음 아내와 재결합하였다.

그 분투하던 새 선교거점은, 잘 출발하고 있던 바로 그때에, 벨 부인의 사망으로 큰 충격을 받았다. 벨 목사는 북쪽으로 전주에까지 이르게 될 확장 순회차 시골로 떠났었다. 그 도시에 도착하자 곧 그는 그의 아내의 질병을 알리는

호남 선교의 아버지인 유진 벨 목사와 엄마 잃은 두 자녀

전보를 받았다. 그는 즉시 집으로 출발하였지만 그녀의 사후 나흘만에 목포에 도착하였다. 그녀는 1901년 4월 12일에 사망하였고, 사인은 심부전(heart failure)이었다. 한국에서 사망한 최초의 남장로교 선교사가 된 그녀는 서울에 있는 외국인 묘지에 매장되었고, 그 후 곧 벨 목사는 어미 잃은 유아들을 고국으로 데려갔다.

그 후 한 해가 채 못 되어 오웬 의사 부부가 스트래퍼(Straeffer, 서부인) 양을 그 거점에 배정된 유일한 선교사로 남겨두고 응급 건강

---

35 선교회 설립 25주년 기념 비서명 문서.

휴가차 떠나지 않을 수 없게 되었다. 독신 여인을 그곳에 홀로 남겨
두는 것은 지혜롭지 못하다고 느껴졌고, 그래서 그 거점은 임시로
휴업하였다. 6개월 후에 레널즈 부부가 휴가에서 돌아와서 오웬 부
부와 벨 목사가 돌아올 때까지 그 거점으로 배정되었다.[36] 사우스캐
롤라이나주 그린빌 출신 존 페어먼 프레스턴(John Fairman Preston, 변
요한) 목사 부부가 1903년에 그 현지에 옴으로써 그 거점은 다시금
완전히 충원되었다.

목포에 세워진 최초의 교회 건물은 1902년이나 1903년에 완공된
'로티 기념예배당'[37]이었다. 그 건물은 200명을 수용할 수 있는 석조
교회당이었다. 건축 기금의 4/5는 한국 교인들에 의하여 모금되었고,
나머지는 선교사들과 친구들이 후원한 것이었다. 목포 지역은 계속
해서 꾸준한 전진을 이룩하였고, 1903년까지에는 정규예배가 드려지
는 6개의 지소(支所, outstations)가 있었다. 5년의 산고(産苦) 끝에
100명 이상이 학습교인들로 받아들여졌지만, 25명만 세례를 받았다.

성경반 제도의 발달
The development of the Bible class system

선교 지역의 개척, 세 선교거점들의 개설, 그리고 교회 우리 안으
로의 소수 교인들의 모임이 이루어지자 선교사들은 지역 교회들의

---

36 벨 목사는 1904년에 윌리엄 F. 불 목사의 누이 마가렛 불 양(Miss Margaret Bull)과
   재혼하였다.

37 Lottie Witherspoon Bell Memorial Church. '양동교회'의 증축이었음. 로티 위더
   스푼 벨은 1901년에 사망한 유진 벨 목사 첫째 부인의 이름. Lottie는 Charlotte(샬
   럿)의 애칭. (역자)

잠재적 지도자들을 훈련할 성경반의 설치에 그들의 주의를 돌렸다. 최초의 "선지(先知) 학교(school of the prophets)"가 1899년에 여러 주일 동안 전주에서 열렸다. 14명의 정선된 남성들이 그 과정을 수강하였고, 전킨 목사와 레널즈 목사가 교수가 되었다. 수강자들은 성경 외에도 '성경 신학'과 '그리스도의 생애'와 '성지(聖地) 지리'를 공부하였다. 주일 오후에는 그들이 거리에 나가서 5분 강연(five-minute talks)을 하였다. 마지막 날에는 필기 및 구술시험이 실시되었다. 유사한 성경공부 반들이 다음 몇 년 동안에 남성과 여성 지도자들을 위하여 열렸다. 이러한 반들을 위한 명확한 계획과 교육과정의 필요성에 선교회가 점차 깊은 감명을 받게 되었고, 1904년에 세 가지 유형의 성경반 교육을 포함하는 일률적 정책을 채택하였다.

첫째 수준의 교육은 수일에서 한 주일까지 계속되는 지역 반(country class)에서 이루어졌다. 이러한 반들은 가능한 한 많은 시골 교회들에서 매년 개설되었고, 한 사람의 선교사나 한 사람의 한국인 조사에 의하여 인도되었다. 독신 여전도사(a single lady evangelist)[38]가 뛰어났던 것은 바로 이 사역에서였다. 일반적으로 안수받은 선교사는 매우 넓은 순회구역을 돌보아야 했기 때문에 그가 일련의 수업을 담당할 수 있을 만큼 오래 어느 한 교회에서 머무는 것은 불가능하였다. 그러나 독신 여전도사는 더 많은 시간 여유가 있어서 하나의 지역 교회에서 더 긴 시간 동안 머물 수가 있었다.

모든 영예를 여자 순회전도자들에게 돌려야 한다. 그들은 한 사람의 한국인 전도부인[39]만을 대동하고 가파른 고갯길을 올라갔고, 좁은 다리 위로 거친

---

38 독신여성 전도선교사를 의미함. 그들의 일부 명단이 204쪽에 있음. (역자)

급류를 건넜고, 물이 불은 개울들을 걸어서 건넜고, 눈과 얼음과 모진 비바람을 무릅썼다. 외딴 시골 교회들의 여인들에게 성경을 나르기 위하여. … [40]

둘째 수준의 성경 교육은 거점 반(station class)이었는데, 이 반은 각 선교거점의 센터에서 10일 내지 2주 공부하였다. 이 반은 모든 세례교인들과 학습교인들이 다닐 수 있었다. 그들은 그들 자신의 여비와 출석 기간 중의 식비를 지불하였다. 선교회는 교사들, 집회가 열릴 수 있는 편리한 집회장, 그리고 흔히 요리와 난방을 위한 땔나무를 제공하였다. 남자들과 여자들은 서로 다른 시간대에 모였고, 이 반들은 흔히 농민들이 별로 바쁘지 않은 한겨울에 열렸다.

셋째 유형인 선교회 반(mission class)은 전 지역에서 정선된 남자들을 위하여 매년 다른 장소에서 열렸다. 이 반은 지역 교회에서 지도적 지위를 맡을 평신도들과, 어떤 경우에는 그 이상의 신학적 훈련을 받기 위한 후보자들을 훈련하기 위한 반이었다. 한 해에 3주 동안 가르칠 4년 교육과정이 설정되었다. 개개의 선교사들에게는 미리 준비하고 더 잘 가르칠 수 있도록 특정한 과목이 배정되었다.[41]

다음 35년 동안 이 성경반 제도가 교회 사역자들과 평신도들이 교육받은 표준적 방법이었다.

---

39 전도부인(Bible woman): 개신교의 선교 초기에 여선교사에 고용되어 전도 활동에 종사하던 한국인 여성 사역자. 한국 여성들에게 성경을 보급하고, 선교사의 생각을 전해주며, 선교사의 조력자 역할을 하였다. 여조사(女助事), 여전도사, 부인전도사 등으로도 불렸다.

40 Nisbet(유애나), *Day in and Day out in Korea*, pp.96~97.

41 후년에 '선교회 반'은 통칭 '달성경학원'(One Month's Bible Institute)으로 확장되었다. 기독교인 수가 크게 늘어남에 따라 이 강좌를 각각 전라남북도에, 그리고 후에는 각각의 선교거점들에 여는 것이 필요하였다. 이 강좌의 6년 기간을 마친 사람들은 신학교에 다닐 자격이 있었다.

인간적으로 말해서, 교회가 크게 성장해온 가장 큰 비결은 '성경반 제도'였다고 선교사들은 모두 다 믿는다.[42]

---

42 C. A. Clark(곽안련), *The Nevius Plan for Mission Work*, p.220.

제4장

큰 전진
The Great Advance

1904~1910

우리는 마치 한국에서 위대한 일들이 일어나는 한 시대의 처음에 있는 것 같이 보인다. … 일본과 러시아 사이의 전쟁 그리고 일본인들에 의한 한국의 침략으로 인해서 국민의 마음이 불안하고 편치 않다. … 한국인들 가운데 있는 이 마음의 불안정 상태가 그들로 하여금 후원과 보호를 위하여 무엇인가 붙잡을 것을 찾아 이곳저곳을 바라보게 한다. 이것이 복음이 약속하는 바가 아님은 물론이지만 내가 강조하는 것은 한국인들이 지금 수용적 심리상태에 있고 복음을 자진해서 듣고, 또한 듣기를 요청하고 있다는 것이다.

> – W. F. Bull(부위렴), "Era of Great Things in Korea," *The Missionary*,
> September, 1905, p.455.

그 시기의 특징적 정신은 도피(逃避)의 정신이 아니라 반항(反抗)의 정신, 즉 현존 상황을 변경시키려는 강렬한 욕구였다. 이 혁명적 정신은 다양한 방법으로 표현되었다. 그 정신이 어떤 사람들은 게릴라전에 종사하게 하였고, 다른 사람들은 현대 교육을 착수하게 하였으며, 또 다른 사람들은 기독교 교회의 교인이 되어 교회의 희망을 공유하고 한국에 하나님 나라의 복을 가져다주기 위한 교회의 활동에 협력하였다.

> – A. W. Wasson(왓슨), *Church Growth in Korea*, p.75.

최근의 극동(極東) 여행 중에 나는, 만약 한국에서 협력하고 있는 선교회들의 현재의 사역이 적절히 유지되고 가까운 장래에 확장된다면, 한국은 비기독교 세계에서 기독교 국가가 되는 최초의 나라가 될 것이라는 깊은 확신을 갖게 되었다. 한국에서보다 비용에 비례하여 더 크거나 더 실질적인 결과가 얻어진 어떤 다른 선교 현장도 나는 알지 못한다.

> – John R. Mott(모트), "The Open Door in Korea," *The Missionary*,
> October, 1908, p.476.

선교회의 1904~1910년도 통계는 하나의 격렬한 변화가 일어났음을 암시한다. 1904년에 428명의 세례받은 수찬교인[1]에 42개 정규 예배장소가 보고되었는데, 6년 후에는 5,644명의 수찬교인에 307개 예배장소가 보고되었다! 달리 말하여, 이 기간 동안에 교회가 그 교인수를 18개월마다 거의 배가하였던 것이다.

학생들이 전례 없이 선교학교들(mission schools)로 쏟아져 들어오고 있었고, 가능하리라고 생각되었던 것보다 더 많은 사람들이 선교 병원들(mission hospitals)에서 치료를 받고 있었다. 한국 장로교회 최초의 노회(老會)가 조직되었고, 성서의 번역이 완료되었으며, 장로교 신학교가 시작되었는데, 모두 이 6년의 기간 안에 이루어졌다. 유사한 진전이 감리교회에서도 있었다. 실로 이때는 한국 개신교의 확장 과정에서 위대한 형성기였다.

이 놀라운 발전의 원인이 무엇이었을까? 첫째로 러일전쟁을 들 수 있는데, 인간적 관점에서 볼 때에, 그 큰 진전을 위한 무대장치를 마련한 것은 1904년에 일어난 이 사건이었기 때문이다. 둘째로 성령의 역사하심인데, 이 기간 동안에 한국에서 전무후무한 부흥운동이 일어났기 때문이다. 우리는 이제 이 두 가지 의미심장한 사건들을 돌아보지 않을 수 없다.

러일전쟁
The Russo-Japanese War

이전의 한 장에서 우리는 한국에서의 일본과 러시아의 이해관계의

---

1 수찬교인(communicant): 성찬을 받을 자격이 있는 교인. (역자)

증가와 그것들의 불가피한 충돌 가능성을 고찰하였다. 이 두 강국은
만주와 한국에서의 이해관계를 두고 교착상태에 빠졌었지만, 각각
은 상대방을 너무 많이 밀어붙이기를 두려워하였다. 그럼에도 불구
하고 1902년에 맺어진 영일동맹(英日同盟)은 세력균형의 변동을 위한
무대를 마련하였다. 최초로 일본은 극동에서 서양 동맹국을 갖게
되었고, 그래서 자기네의 거인 이웃인 러시아에 더 많은 압력을 행사
할 수 있다고 느꼈다. 1903년에 상트페테르부르크(St. Petersburg)[2]
주재 일본 공사가 러시아는 한국에서 하는 일본의 활동에 간섭해서
는 안 된다고 하는 취지의 모종의 최소 요구사항을 제시하였다.
1904년 2월 4일에 일본측 협상대표들은 만족스러운 대답을 받지 못
하였었기 때문에 토론을 종결하라는 명령을 받았다. 이틀 후에 러시
아 군대가 압록강을 건너서 한국에 들어왔다. 2월 8일에 중국으로부
터 조차(租借)한 러시아의 해군기지인 인근의 뤼순(旅順)[3]에 일본군이
함포사격을 개시하였다. 다음 날 전쟁이 정식으로 선포되었다.

　3개월 안에 일본은 러시아인들을 압록강 저편으로 몰아내었고 뤼
순에 있던 러시아의 해군 소함대(小艦隊)를 불능하게 만들었다. 내륙
으로 더 나아가서 그 전쟁의 가장 잔혹한 전투의 일부에서 묵덴
(Mukden)[4]이 두 주간의 포위공격 끝에 일본인들에게 함락되었다. 그
리고 일본과 한국 사이의 좁은 해협에서 도고(東郷平八郎) 제독이 러
시아 군대를 지원하기 위하여 지구를 반 바퀴 돌아서 왔던 러시아의

2　상트페테르부르크: 러시아 북서부의 항도. 제정 러시아의 수도. 레닌그라드의 옛이
　　름. (역자)
3　뤼순: 중국 동북 지구 랴오닝성(遼寧省) 다롄(大連)시의 한 행정구역. 영어로는
　　Port Arthur로 알려져 있다. 랴오둥반도(遼東半島)의 남쪽 끝에 위치해 있고 우수
　　한 천연 항구를 가지고 있다. (역자)
4　묵덴: 선양(瀋陽)의 만주어 이름. 옛 이름은 펑톈(奉天). 랴오닝성의 성도. (역자)

발트 함대(Baltic fleet)를 분쇄하였다.

일본이 전쟁을 계속하여 무조건 승리를 강요하기에는 재정적으로
준비되어 있지 않았기 때문에 미국 대통령 시어도어 루스벨트
(Theodore Roosevelt)에게 강화조약을 협상할 수 있도록 주선해줄 것
을 요청하였다. 협상 후에 1905년 9월 5일에 뉴햄프셔주 포츠머스
(Portsmouth)에서 강화조약이 조인되었다. 그 조약의 조건에 의하여
러시아는 "한국의 정치적, 경제적 및 군사적 문제에 있어서 일본의
특수 이익(special interests)을 인정"하기로 약속하였다.[5] 영국과 미
국은 한국에 있어서의 일본의 특수 이익을 이전에 인정하였었기 때
문에 일본은 이제 다른 세계 강국들로부터 간섭이 없을 것을 확신하
였다.[6]

포츠머스에서 조약이 조인된 다음에 일본의 이토 후작(Marquis Ito,
伊藤博文)이 전리품을 요구하기 위하여 서울에 왔다. 요구하는 조건
들이 황제에게 제시되었는데, 그 내용은 1명의 일본인 통감(統監)이
한국의 수도에 임명되고, 모든 외교 업무가 그에 의하여 다루어진다
는 것이었다. 그 댓가로 일본은 한국 황실의 안전을 보장하고 그

---

5 Kyung Cho Chung(정경조), *Korea Tomorrow*, p.162.

6 영일동맹(Anglo-Japanese Alliance)의 내용은 다음과 같았다. "일본이 한국에서
   탁월한 정치적, 군사적, 그리고 경제적 이익을 갖고 있기 때문에, 영국은 일본이
   적절하다고 여기는 지도, 통제, 보호의 조치들을 한국에서 취할 권리를 인정한다.
   …" 일본이 미국과 맺은 '태프트-가쓰라 협약'(Taft-Katsura Agreement)은 "일본
   군대가 한국에 대하여 한국은 일본의 동의 없이 외국과 조약을 맺지 않는다는
   것을 요구할 정도로 종주권(suzerainty)을 확립할 경우에도" 미국은 간섭하지 않
   기로 동의한다고 진술하였다. 이 협약은 미국이 한국의 독립을 보장한다고 약속한
   조미수호통상조약(Shufelt Treaty)의 규정을 위반하는 것으로 보일 것이었다. 한
   국의 황제는 실제로 미국의 대통령에게 비밀 사절단을 보내어 일본의 행동에 이의
   를 제기하고 슈펠트 조약의 규정에 따라 미국이 도와줄 것을 호소하였다. 그러나
   이것은 무시되었다. A. J. Grajdanzev, *Modern Korea*, pp.32, 242.

권위를 존중할 것을 약속하였다. 그 조약[7]의 유효기간은 대한제국이
국력을 회복하였다고 인정되는 순간까지라고 했는데, 이는 하나의
적당하게 모호한 상태(a suitably ambiguous state)로서 그런 애매한
때는 결코 오지 않았다.

처음에는 대한제국[8]의 황제와 그의 대신들이 서명하기를 거부하
였다. 일본 군대가 기관총을 가지고 궁궐을 둘러쌌고 총리대신을
끌고 가서 연금하였다. 마침내 황제는 굴복하여, 몇몇 대신들이 자
결로 항의하였음에도 불구하고, 그 조약에 조인하였다.[9]

그 조약의 규정에 따라 최초로 임명된 통감은 유능하고 열렬한
행정가 이토 후작이었다. 그는 즉시 외교업무를 통제할 뿐 아니라
한국 사회 전체를 체계적으로 재편성할 개혁 프로그램을 부추기기
시작하였다. 은행업무, 상업, 도로, 병원, 철도, 그리고 교육에 큰
개선이 있었다. 그러나 그 프로그램의 많은 특징이 땅과 백성을 착
취하는 것이었음은 확실하다. 하나의 악명 높은 예가 '동양척식주식
회사'(東洋拓殖株式會社)였다. 이 회사를 통하여 한국에 이민 온 일본
인들은 벼농사를 짓는 옥토를 실가(實價)의 1/20 이하의 헐값에 매입
함으로써 그것을 탈취하였다. 강제노동과 계엄령(戒嚴令)과 재산 몰
수가 한국 국민의 분노를 더하게 하였다. 이 시기에 아편 흡연과

---

7 '한일협약'(韓日協約, 1905), 통칭 '을사조약'(乙巳條約). (역자)

8 대한제국(大韓帝國: Korean Empire)은 1897년 10월 12일에 고종 황제가 수립·
   선포한 한반도 최후의 군주국임. (역자)

9 이 부분은 부정확하게 서술되었다. 이기백, 『韓國史新論』(일조각, 1990), p.397에
   의하면, "가장 반대가 심하였던 참정(參政, 수상) 한규설(韓圭卨)을 일본 헌병이
   회의실에서 끌어내고 말았다. 그 뒤에 일본 군인이 외부(外部)로 가서 외부대신인
   (外部大臣印)을 가져다가 조약에 날인하여 버렸다. 말하자면 불법적인 절차를 밟
   아 조약을 성립시킨 것이었다." (역자)

매춘[10]이 한국에 도입되었다.

이토는 한국인이 자유를 사랑하는 마음을 자기가 과소평가했었음을 알게 되었다. 일본인의 통치에 대한 저항은 두 가지 형태를 취했다. 첫째는 무장 반란(armed rebellion)이었다. 한국의 군대가 해산되었을 때에 많은 군인들이 (은신처를 찾아) 산으로 갔는데, 그곳에서 그들이 "의병(義兵)"을 조직하였다. 이 군인들의 무리들은 게릴라와 유사한 방식으로 조직되었고, 지방에서 조달되는 것으로 살았고, 일본 수비대(守備隊)들에 산발적인 공격을 가하였다. 그들은 전라도에서 가장 성공적이었다. 둘째 형태의 저항은 일종의 방해 정책(a policy of obstructionism)이었는데, 그것이 대한제국 정부의 황제로부터 아래로 지방 관리들에 이르기까지 실행되었다. 일본은 처음에 소수의 고위 고문관들이면 전국을 지배하기에 충분할 것으로 생각했었지만 그것은 큰 잘못이었다.

모든 보고서들을 볼 때에 "고문(顧問)정치(protectorate)"는 실패작인 것으로 보였다. 각 부처에 일본인과 한국인 관리들을 두는 그 소문난 이중형태의 정부는 서투르고 비능률적이었다. 마침내 일본인들은 자기들이 이 속임수 뒤에 더 이상 숨어 있을 수 없음을 알고 그 나라를 완전히 합병(合倂)해 버렸다.

이 시기의 지배적 분위기가 기독교 운동에 유리하였음은 의심할 나위 없다. 러일전쟁이 대중을 잠든 상태(嗜眠, lethargy)로부터 흔들어 깨웠고, 낡고, 고정되고, 전통적인 생활방식을 파괴하였다. 어떤 사람들에게는 이것이 새로운 안전보장(a new security)에 대한 갈망이 생기게 하였고, 다른 사람들에게는 일본인들의 압제가 일종의 혁명

10 공창제(公娼制, public prostitution)의 도입을 의미함. (역자)

적 정신, 즉 그들을 얽매고 속박하던 기존의 상황을 개선하고자 하는
열렬한 욕구가 생기게 하였다. 이제 행정과 실업의 분야는, 일본인
들이 이런 분야들을 사실상 독차지하고 있었기 때문에, 많은 전향적
인 한국인들에게는 닫혀 있었다. 학문과 의술의 기관들을 가진 교회
는 진보적 성향을 가진 한국인들에게 자기들의 독립정신을 표현할
수 있는 하나의 채널을 제공하였다.

부흥운동
The revival movement

로버트 하디(하리영)
[1865~1949]

그 큰 전진의 가장 중요한 이유를 찾기 위하여
우리는 그 나라의 정치적 경제적 변화의 저편을
바라보지 않으면 안 된다. 한국은 불확실성과 변
화의 유사한 시기들을 그에 상응하는 영적 수용
성의 증가 없이 경험해 왔다.

성령께서 한국에서 일하고 계셨고, 이 시기 동
안에 그분의 임재(臨在)와 그분의 능력(能力)을 보
여주시는 새롭고 감격적인 일들이 많이 있었다.[11] 한국의 큰 부흥운
동이 지역, 교파, 인종의 구별 없이 전국을 휩쓸고 있었다.

이 운동의 발단은 1903년에 있었다고 할 수 있는데, 그때에 한
그룹의 감리교 선교사들이 기도와 성경공부로 한 주일을 보내기 위
하여 원산(元山) 해변에 모였다. 그들 가운데 하디 박사(Dr. R. A.

---

11 The Holy Spirit was at work in Korea, and during this period there were
   many new and thrilling manifestations of His presence and His power.

Hardie)가 있었는데, 그는 전도사역에 집중하기 위하여 자기의 의료 업무를 그만두었던 선교사였다. 그 집회에서 그는 자기의 실패와 좌절, 그리고 자기가 어떻게 해서 능력 있는 새로운 영을 깨닫게 되었는가에 관하여 이야기하였다. 그는 자기의 체험을 선교사들에게나 한국인들에게나 다 같이 간증하였는데, 그들도 역시 유사한 성령의 채우심(infilling of the Spirit)을 경험하였다.

다음 해에 원산 해변에서 모인 사경회(Bible conference)에서 그 체험이 반복되었다. 하디 선교사와 마음에 감동을 받았던 다른 사람들이 전국을 돌며 예배를 인도하였다. 1906년 가을에 남감리교 선교회의 저다인(J. L. Gerdine, 전요섭) 목사가 목포에서 이러한 예배들 중의 하나를 인도하였는데, 그 결과는 성령의 큰 부으심(a great outpouring of the Holy Spirit)이었다. 그 모임에 참석한 한 남장로교 선교사가 이 사건과 그 결과를 다음과 같이 묘사하였다.

필자가 지금까지 참석한 중에 가장 강력한 부흥 집회가 목포에서 열렸다. … 성령께서 그(즉, 저다인 목사)를 통하여 말씀을 들고 의와, 절제와, 심판과, 죄의 사악함과, 죄 씻음의 필요성에 관하여 설득하셨을 때에, 죽은 듯한 침묵이 모든 사람들 위에 내렸고, 마치 말씀이 외과용 메스와 같아서 사람들의 마음속 깊은 데까지 자르고 비밀스런 죄들(secret sins)과 영혼의 숨어있는 암들(hidden cancers of the soul)을 드러나게 하였다. 그리고 바로 그때에 수십 명의 무거운 짐 진 영혼들로부터 죄의 고백(告白)이 쏟아져 나왔고, 강한 남자 어른들이 아이들처럼 울었다. 그런 다음 구세주의 간절하신 사랑이 역설되었을 때에 그것은 '치료하는 향유'(香油, a healing balm)를 부음과 같았다. 얼굴들이 새 생명과 빛으로 빛났고, 교회는 승리의 찬송가(hymns of triumph)를 소리높이 불렀다. 사람들이 여섯 줄로 서서 받은 축복들, 용서받은 죄들, 치유된 불화, 자아에 대한 승리, 성령의 세례 … 에 관하여 증언할 차례를 기다렸다. 이 집회의 감화력은 남전라(南全羅) 안에서 멀리 그리고 널리 느껴질 것이다.[12]

성령께서는 전라남도에서만 아니라 전국에서 일하고 계셨다. 1907년 1월에 당시에 개회 중이었던 큰 남성 사경회가 부흥의 계기가 될 지도 모른다고 하는 큰 기대를 가지고 평양에 있던 선교사들이 기도하기 시작하였다. 한 주일 내내 집회들이 계속되었고, 출석률도 좋았지만, 특별한 의미가 있는 아무 일도 일어나지 않았다. 마지막 예배에서 그레이엄 리(Graham Lee, 이길함) 목사가 그의 설교를 마치고 두세 사람이 기도 인도할 것을 요청하였다. 스무 명 쯤이 갑자기 기도하기 시작하였다. 그래서 리(Lee) 목사가 "여러분이 그처럼 기도하기를 원한다면, 모두 기도하십시오"라고 말하였다. 그 결과는 "폭포수가 쏟아져 내림" 같았다. 한 사람 한 사람 일어나서 자기의 죄들을 고백하고, 감정을 억누를 수 없게 되어 울고, 그런 다음에는 뉘우침의 고통 속에서(in an agony of conviction) 주저앉아 주먹으로 마루를 치곤하였다. 이렇게 고백하다가 울다가 기도하다가 하는 가운데 집회는 새벽 2시까지 계속되었다.

다음 날 저녁에 동일한 현상이 다만 더 강렬해진 형태로 되풀이되었다. 일부 선교사들은 놀라서 회중을 다시금 억제하려고 노력하였다. 그러나 각자가 구제를 받기 위해서는 고백하지 않으면 안 된다고 느낀 죄와 고민의 부담을 억제할 방법은 없었다. 블레어(W. N. Blair,

---

12 J. F. Preston(변요한), "A Notable Meeting," *The Missionary*, January, 1907, p.21.

북장로교) 목사는 이 '한국의 오순절'(Korean Pentecost)
의 목격담을 다음과 같이 기록하였다.

윌리엄 블레어
(방위량)
[재임 1901~1940]

> 그때에 그와 유사한 것을 내가 일찍이 본 적이 없었고,
> 하나님 보시기에 절대로 필요한 경우가 아니면, 다시
> 는 보고 싶지도 않은 한 집회가 시작되었다. 인간이
> 범할 수 있는 온갖 죄가 그날 밤에 공공연히 자백되었
> 다. 감동해서 창백해지고 떨면서, 심신의 고통 속에서, 죄 지은 영혼들
> (guilty souls)이 저 심판의 하얀 빛 속에 서서 자기 자신들을, 하나님께서
> 그들을 보시는 바와 같이, 보았다. 수치와 슬픔과 자기혐오가 완전히 그들
> 을 사로잡을 때까지 그들의 죄들이 온갖 비열한 모습으로 나타났다. 자존
> 심은 내쫓겼다. 인간의 체면은 잊어졌다. 자기들이 배반하였던 예수님을
> 향하여 하늘을 우러러보면서 그들은 자신들을 세게 때렸고, 심한 울부짖
> 음으로 외쳤다, "주님, 주님! 우리를 영원히 버리지 마소서"라고. 그 밖의
> 모든 것은 잊어졌다. 그 밖의 아무것도 문제가 되지 않았다. 사람들의 비
> 웃음, 법의 형벌, 그리고 죽음까지도 대수롭지 않았다, 하나님께서 용서만
> 해주신다면. 공중 앞에서 죄를 고백하는 것(public confession of sin)이
> 바람직하다거나 바람직하지 않다거나 하는 점에 관하여 우리는 우리 자신
> 의 이론을 갖고 있을 수 있고, 나도 나름대로의 생각을 갖고 있어왔다.
> 그러나 나는 이제 안다, 성령께서 죄 있는 영혼들 위에 임하실 때에는 고백
> 이 있을 것이고, 지상의 어떤 힘도 그것을 막을 도리가 없다는 것을.[13]

13 Harry A. Rhodes, *History of the Korean Mission, Presbyterian, U.S.A.
    1884~1934*, p.283.

신학교와 그 밖의 기관들에서 계속된 이 평양 오순절의 동력(動力)으로부터 추진력을 얻어서 부흥운동이 전 교회를 휩쓸었다.

광주光州 거점의 개설
The opening of Kwangju station

1904년까지 목포 거점은 내륙 지방에 여러 개의 설교처소들(preaching points)을 열었었고, 그 처소들의 빠른 성장으로 인해서 그 처소들을 항구도시에서 관리하는 것이 점점 더 어려워졌다. 그래서 1904년 봄에 열린 선교회의 연례회에서 새 도청 소재지 광주에 한 선교거점을 개설하기로 결정되었다. 도시의 남쪽 성벽에서 걸어서 수 분 걸리는 곳에 있는 대단히 아름다운 언덕 중턱의 자리가 선정되어 매우 값싸게 구입되었다. 그 거점을 가능한 빨리 개설하도록 하기 위하여 벨(Bell, 배유지) 부부와 오웬(Owen, 오기원) 부부가 선정되었다. 건축을 책임지고 있던 벨 목사가 그 사업을 실감나게 서술하였다.

> 할 수 있는 대로 빨리 일을 추진한 결과 우리가 1904년 성탄 직전에 이곳에 이사 올 수 있기에 충분히 거의 완성된 두 채의 임시 주택을 나는 마련하게 되었다. … 그 집들의 골조를 위해서 16km 떨어진 산 위에서 일꾼들이 목재를 베고 자른 다음, 그 목재를 일꾼들이 등에 지어 날라야만 했다. 그리고 일꾼들이 기와와 벽돌을 만들 점토를 얻기 위하여 땅을 팠다. … 나는 최근에 시카고로부터 각각 90kg 무게의 열두 상자로 포장된 주문 상품을 받았다. 그것들은 포장이 열리지 않은 채로 배달되어 각 상자가 한 일꾼에 의하여 운반되었다. … [14]

오웬 부인은 이 두 "순례자(pilgrim)" 가족들이 노로 젓는 작은 배들(rowboats)을 타고 바다로부터 강을 거슬러 이사하는 것을 묘사하였다.

강[15]을 거슬러 올라갈 때에 양편에 멋진 풍경이 보였고, 날씨의 전망이 좋아서 새로운 터전으로 가고 있는 데 대해서 모두가 감사하였다. 나중에는 바람과 조류가 거슬렸는데 여러 사람이 뱃멀미가 났고, 오래 전에 뉴잉글랜드(New England) 해안에 상륙한 우리 조상들[16]의 감정이 아주 적게라도 이해될 수 있다는 느낌이 들었다. 12월 20일에 이 지역의 항구인 영포(영산포)에 도착하자 하급노무자들이 나르는 가마들이 여인들과 아이들을 육로로 32km 되는 광주로 날랐다. 지금은 기차로 두 시간 걸리는 거리인 목포에서 광주까지의 여행이 이틀 걸렸다.[17]

비록 주변의 시골 지역에서는 전도 사역에 현저한 진전이 이루어져 있었지만, 광주에서는 선교사들의 도착 이전에 아무 일도 시작되지 않았다. 초기에 많은 다른 곳에서도 그랬지만 광주에서도 큰 도회지에서보다 마을들에서 더 빨리 복음이 전파되는 것이 특징이었다. 그 도시에서의 처음 교회 예배는 1904년 눈 내리는 성탄일에 벨 목사 가족의 임시 숙소에서 드려졌다. 식당의 식탁은 한쪽 구석으로 옮겨졌고, 의자들은 침대 위에 높이 쌓아올려졌다. 예배의 광고를 했었고 선교사들은 누가 나타날지 말지 모르는 가운데 기대를

---

14 Eugene Bell(배유지), "Kwangju, Korea," *The Missionary*, June, 1905, p.298.
15 영산강. (역자)
16 1620년에 신앙의 자유를 찾아 메이플라워호를 타고 영국을 떠나 많은 고생 끝에 신대륙에 상륙한 일단의 개신교 신도들. 필그림 파더즈. (역자)
17 Georgiana W. Owen, "The Opening of Kwangju Station."

갖고 기다렸다. 그때에 그들은 흰 옷을 입고 작은 길을 올라오는 한국 사람들의 긴 행렬을 보고 무척 기뻐하기도 하고 깜짝 놀라기도 하였다. 그들은 선교사들이 가져왔던 큰 상자들 안에 무엇이 있는지 보려고 왔었지만, 아무튼 그들이 왔었다! 여자들이 한 방에 그리고 남자들은 또 한 방에 앉았고, 벨 목사는 그 사이에 서서 모두 다 들을 수 있게 복된 소식(the good news)을 전하였다.

이 단순한 시작으로부터 광주의 교회는 자랄 것이었다.[18] 6개월이라는 짧은 기간에 500명을 헤아리는 회중이 수확될 것이었다. 1910년까지는 대부분 토착인들의 기부금으로 세워진 교회당이 넘치는 교인들을 수용하기 위하여 세 번 증축되지 않으면 안 될 것이었다!

그 거점이 개설된 뒤에 벨과 오웬에게는 엄청난 활동의 시기가 왔다. 그들은 25개 군을 포함하는 그 광대한 관할 지역 내에서 함께 부지런히 일하였고, 사역은 매년 일사천리로 성장하였다. 이 처음 5년 동안에 예배처소의 수는 4곳에서 77곳으로, 세례교인은 72명에서 거의 1,500명으로 증가하였다.

---

18 ① 1904년 성탄 주일에 벨(Eugene Bell, 裵裕祉) 목사의 임시 사택(당시 양림리 소재)에서 시작된 이 교회("광주교회")가 1906년 6월에 북문안에 예배당(ㄱ자형)을 신축·입당하고, 교회명을 광주북문안(北門內)교회로 하였다. ② 북문안교회가 1919년에 일제에 의하여 폐쇄되니 교인들은 그 ㄱ자 예배당을 뜯어다가 남문 밖 금정(錦町) 101번지에 옮겨 짓고 가을에 입당한 후에 교회 이름을 광주금정(錦町)교회로 바꿨다.(사회에서는 이 교회를 "남문밖교회"라고 부르기도 하였다). ③ 금정교회는 거리로 인하여 큰 불편을 느끼게 된 북문 밖의 교인들을 위하여 이듬해 1920년에 북문밖교회를 분립시켰고(이 교회는 5년 후에 광주중앙(中央)교회로 개명하였음), 같은 이유로 1924년에 광주양림(楊林)교회도 분립시켰다. ④ 금정교회는 해방 후 일제의 잔재인 '정'(町) 자를 싫어하여 1948년에 남부교회로 개명하였는데, 남부교회는 마침내 1952년에 "광주의 모(母)교회"라는 뜻을 담아 교회명을 광주제일(第一)교회로 그 이름을 바꾸었다. [결론] 1904년에 세워진 "광쥬교회"는 그 이름이 광주북문안교회(1906), 광주금정교회(1919), 광주남부교회(1948), 광주제일교회(1952)로 바뀌어 오늘에 이르렀다. (역자)

이 광포한 속도가 오웬 의사에게는 지나친 것으
로 드러났으니, 그는 글자 그대로 일을 너무 많이
해서 죽었기 때문이다.[19] 1909년 이른 봄에 그는
광주에서 남쪽으로 110km 떨어진 곳에서 순회전
도를 하고 있었다. 그 시골에서 열흘을 지내었을
때에 그는 심한 오한(惡寒)을 느꼈다. 주일날 종일
그는 고열 중에 치료받지 못한 채 누워있었다. 월

클레멘트 오웬
(오원, 오기원)
[재임 1897~1909]

요일 아침에 나아지지 않았기 때문에 믿는 친구들이 그를 의자 가마
로 세 고갯길을 넘어 군청 소재지로 옮겼다. 그곳에 있는 한 여인숙
(inn)에서 그는 잠 못 이루는 밤을 지냈다. 다음 날 그의 체력이 쇠하
자, 그는 50km를 더 이송되었다. 운반자들은 밤늦게까지 강행군해
서 새벽 두 시에 광주에 도착했다.

약도 없고 적절한 음식물도 먹지 못한 채, 가마의 의자에 쥐가 나는 자세로
쭈그려 앉아, 살을 에는 북풍을 마주하여, 심한 옆구리 통증으로 줄곧 괴
로워하면서 한 그 힘든 여행이 그에게 무엇을 의미하였는지 아무도 알지
못할 것이다. 목요일과 금요일에 그는 견디는 것 같이 보였다. 토요일에
그를 돌보던 윌슨 의사(Dr. Wilson)가 위급함을 알고 상의하기 위하여 목
포의 포사이드 의사(Dr. Forsythe)를 불렀다. 그날 밤에 갑자기 종말이 왔
다. 그가 마지막 남긴 말 가운데 한 마디는 "아, 그들이 나에게 조금의 안식
만이라도 주었더라면 … "이었다. 그 피곤한 군사에게 이제 안식이 찾아
왔다, 저세상에서 누릴 감미로운 안식이.[20]

---

19 This furious pace proved too much for Dr. Owen, who literally worked himself
    to death.
20 For the tired soldier, it is now rest, sweet rest on the other side./ J. F.

선교거점들에서의 전진
Advance in the stations

광주 거점을 개설하기 위하여 두 명의 선임 선교사들이 목포를 떠난 후 얼마 안 되어서 목포 거점을 완전히 폐쇄하기로 하는 결정이 내려졌는데, 그것은 두 거점을 다 열어 두기에 충분한 수의 선교사들이 없었기 때문이었다. 남은 목포 가족들은 광주에서 그들과 합류할 것이었다.

이상하게 보일지 모르나, 목포의 사역에는 선교사들이 철수할 무렵에 새로운 동력이 생겼다. 교인수가 전에 없이 늘어나고, 많은 부유한 시민들이 참석하기 시작하였다. 거점이 폐쇄되자마자 다시 열어달라고 하는 아우성이 일었다. 1907년에 휴가차 귀국한 프레스턴(변요한) 부부의 선교사 모집활동과 '평신도 선교사 운동'으로 인하여 본국 교회가 풍족한 수의 새 선교사들을 보냈다. 이 보충으로 목포 거점이 다시 열렸다.

좌) 더글러스 머캘리(맹현리)
[재임 1907~1930]
우) 에밀리 코델(머캘리 부인)
[재임 1907~1930]

이 수년 동안에 있었던 특별히 재미있는 일은 '도서(島嶼) 사역'(the island work)의 시작이다. 목포가 더글러스 머캘리(Douglas McCallie, 맹현리) 목사에 의한 이 사역으로 유명해졌는데, 그는 여러 해 동안 이 사역을 자기의 소명으로 삼았다. 그의 활동 범위는 서쪽과 남쪽으로 160km 이상, 그리고 황해 속으로 240km까지 이르렀고, 100,000명 이상의 인구를 포함하였다. 목포 군도(Mokpo archipelago)의 무수한

Preston(변요한), "Korea," *The Missionary*, June, 1909, p.320.

섬들에 살고 있는 이 도서민들은 한국에서 가장 미신적이고 뒤진 사람들이어서, 그 결과 전도하기가 매우 어려운 사람들에 속하였다. 1910년까지 90개의 섬들과 500개의 마을들이 복음을 들었고, 세 교회가 조직되었고, 그 밖에 약 25개의 예배처소들이 세워져서 정규 예배가 드려진다고 머캘리는 보고하였다. 섬들에 도달하기 위하여 머캘리 씨는 한 척의 돛배(sailboat)를 사용하였다. 그 사역이 성공한 큰 원인이 유자격 간호사였던 머캘리 부인이 남편이 어디로 가든지 그와 함께 가서 섬사람들을 위하여 진료를 하였다는 사실에 있었다고 해도 좋을 것이다.

전주에서는 당시에는 비극이라고 여겨진 하나의 사건을 통해서 돌파구가 마련되었다. 와일리 **포사이드** 의사(Dr. Wiley Forsythe)는 1904년에 그 거점에 왔고, 일년의 시간 안에 개인전도와 병들고 어려움에 처한 사람들을 위한 봉사에 놀랄 만한 기록을 세웠다. 1905년 3월에 그는 산적 (山賊)들[21]한테 심하게 상처 입은 한 남자[22]를 치

와일리 포사이드
(보위렴)
[재임 1904~1912]

료하기 위하여 시골로 불림을 받았다. 환자를 위하여 그가 할 수 있는 일을 한 다음에 그날 밤에 돌아오기에는 너무 늦었기 때문에 그는 그 상처 입은 사람의 집에서 잠자리에 들었다. 그 밤에 강도들이 돌아왔다. 포사이드 의사의 외국인 의복을 경찰관의 복장으로

---

21 이들이 친일파를 응징하는 의병이었을 것이라는 설도 있음. 이덕주, 『전주 비빔밥과 성자 이야기』(2007), 75쪽 참조. (역자)

22 이 환자는 훗날 전주서문교회 '이거두리'가 될 이보한(1872~1931)의 부친 이경호 (李敬鎬) 감찰로 알려져 있다. 정낙현 엮음, 『李거두리 普漢 聖徒의 評傳』(전주서 문교회역사관, 2019), 5~6쪽 참조. (역자)

오인하고, 그들은 부엌칼과 긴 칼로 그를 마구 공격해서 그의 머리와 목 근처에 여러 개의 깊은 상처를 입혔다. 만약 그가 이미 죽었다고 생각하지 않았으면 그들은 아마도 그를 죽였을 것이다. 그는 먼저 그가 머물고 있었던 집의 한국인 여주인의 돌봄을 받았고, 후에 충실한 친구들이 그를 친절하게 다시 전주로 데려다주어서, 그곳에서 그 이상의 치료를 받았다. 그러나 귀와 목의 심하게 찢긴 상처들이 잘 낫지 않아서 그는 회복을 위해서 미국으로 돌아가지 않을 수 없었다.

이 사건을 통하여 복음 전도가 도시 안의 많은 부유한 사람들에 의해서도 받아들여지게 되었다. 1905년의 거점 보고서(station report)에서 우리는 이 사실을 확인할 수 있다.

> 그해 동안에 도시 사역은 그 전의 모든 해들에 비해서 전혀 새로운 양상을 띠게 되었다. 1905년 2월까지 남자 회중은 전적으로 중산층 상인들과 농민들이거나 하층 노무자들이었고 … (교육 받은) 남자들은 기독교에 대하여 한결같이 반대하거나 기독교의 주장에 무관심한 것으로 보였다. 한 달 후에 걸출하고 부유한 이(李)씨 가문의 한 사람을 왕진하다가 포사이드 의사가 부상을 당하였고, 그 집의 가장이 가마를 타고 대로로 외국인의 예배 장소에 왔을 때에 그것은 도시의 이야깃거리였다. … 이것이 모범이 되어서 교회에 오는 것이 더 이상 체면을 잃는 일이 아니게 되었다.[23]

이 사건이 도시 순회구역들과 시골 순회구역들에서 다 같이 전례 없는 활동의 시기를 맞게 하였다. 1905년에는 **서문교회**(西門敎會)의 예배당이 지어졌고,[24] 1909년에는 **남문교회**(南門敎會)라고 불리는 두

---

23 Nisbet(유애나), *Day in and Day out in Korea*, p.88.

번째 교회가 조직되었다.[25]

시골 순회구역들은 남쪽 구역들을 맡은 테이트 목사
와 북쪽과 동쪽 구역들을 맡은 머카천(McCutchen)
목사 사이에 분할되었다. 테이트씨의 구역은 1903
년에 30명의 세례교인을 가진 세 곳의 정기 예배장소
로 이루어져 있었다. 1909년에 그는 그 해에 1,109회
의 문답을 실시하여 316명의 성인들이 세례를 받았

루터 머카천(마로덕)
[재임 1901~1946]

고, 400명의 학습교인이 등록되어 총 교인수가 1,203명(!)이 되었다고
보고하였다.

머카천 씨 구역의 기록도 똑같이 놀라웠다. 1905년에 그 지역은
거의 미개척지나 다름없었다. 그 다음 수년 동안의 성장이 다음 놀
라운 통계 속에 보인다.

1905년에 4교회에서 14회의 세례가 있었다.

1906년에 17교회에서 50회의 세례가 있었다.

1907년에 21교회에서 201회의 세례가 있었다.

1908년에 37교회에서 273회의 세례가 있었다.

1909년에 56교회에서 451회의 세례가 있었다.[26]

---

24 전주교회는 교인 수가 늘어나자 제3대 담임목사 전킨의 재임(1904~1908) 기간
   중인 1905년에 도심에 더 가까운 서문 밖 전주천변의 현 위치로 옮아와서 널찍한
   직사각형 예배당을 신축하였다. 이때로부터 교회가 "전주서문밖교회"라고 불렸다.
   (역자)

25 1905년에 마로덕 선교사를 담임목사로 하여 서문밖교회에서 분립된 남문밖교회가
   1909년에 최국현 장로의 임직으로 '조직교회'가 된 일. (역자)

26 Nisbet, *Day in and Day out in Korea*, p.88.

그러나 다시금 오웬 의사의 경우처럼 사역의 긴장과 중압이 선교
요원에게 끼치는 영향이 없지 않았다. 전킨 목사는 수년 전에 군산에
서 이질에 걸린 이래 건강이 좋지 않았었다. 1904년에 그는 전주로
전임되었고, 군산에 있던 그의 자리는 해리슨 목사가 맡았다. 1907년
크리스마스 날에 전킨은 자기의 빙고(ice house)를 채우는 일을 감독하
느라 열심히 일했었다. 그날 밤에 그는 폐렴에 걸렸고, 1908년 1월
2일에 사망하였다.[27] 임종(臨終)을 그의 동료 불(Bull) 목사가 전한다.

> 종말이 가까이 옴을 보았을 때에, 그는 유서를 작성하고 아내와 몇 가지
> 직무 이야기를 하였다. 그는 아들들을 불러서 자기가 그들을 떠날 것이기
> 때문에 더 이상 그들에게 아버지 역할을 할 수 없지만, 그들에게는 그들에
> 게 필요한 모든 것이 되어주실 '하늘 아버지'(Heavenly Father)가 계신다
> 고 그들에게 말하였다. 그의 마지막 말은 "나는 본향으로 가니, 매우 행복
> 합니다(I am going home and am so happy.)"였다.[28]

전킨 목사의 장례 중에 있었던 한 가지 일이 인생의 한창 때에
목숨을 잃었던 그의 품성을 잘 말해 준다. 그 일은 그때에 막 그
지역에 부임해 왔었던 니스벳 부인(Mrs. Nisbet)이 전한다.

> 한국인들이 아무나 가림 없이 방에 들어가서 전킨 씨의 시신을 매장 전에
> 바라볼 수 있게 허용되어야 하는가라는 질문이 나왔다. 군중이 단순한 호
> 기심으로 몰려올 수도 있음을 염려하는 사람들이 있었기 때문이다. 그러

---

27 향년 43세, 선교사 부임 15년만의 일이었다.
28 W. F. Bull(부위렴), "Rev. W. M. Junkin."

나 한 사람의 개척 선교사가 즉시 대답하였다. "전킨 목사님은 생전에 아
무리 피곤하거나 바빠도 한국인을 만나주지 않은 적이 없으셨는데, 어째
서 지금 그들이 그분을 만나는 것을 거절해야 할까요?"라고.[29]

이 시기에 군산 지역에서 이루어진 주요한 성과는 항구 도시 속으로
의 재진입이었다. 선교사 구내(mission compound)가 도시를 벗어나
궁멀 언덕 위치로 옮겨진 후에는 군산에서 아무런 효과적인 사역도
이루어지지 않았었다. 항구도시 군산은 이상하게도 복음을 잘 받아들
이지 않는 것으로 보였었고, 그곳에서 살던 선교사들도 그 도시는
어찌할 도리가 없다(hopeless)는 결론에 거의 도달했었다. 그런데 두
가지 요인이 그 도시로의 재진입을 초래한 원인이 되었다. 한 요인은
세관장의 보좌관이었던 한 사람의 유능하고 유식한 한국 신사의 개종
이었다. 그는 그 도시의 상류 인사들 사이에서 영향력이 큰 사람이었
다. 또 한 요인은 **알렉산더** 의사의 후원으로 의학 공부를 마치고 바로
얼마 전에 미국에서 귀국한 **오긍선** 의사에 의하여 항구도시에서 시작된
의료사역이었다. 주로 오 의사(Dr. Oh)의 주도 하에, 그리고 시험
삼아, 그 선교거점은 군산에 있는 한 작은 집의 일부를 한 달에 $2로
임차하여 1909년 5월에 그곳에서 '매일 진료소'(daily clinics)를 열었다.
그 사업은 즉각 성공적이었고, 곧 선교거점 구내(the station compound)
의 병원에서 치료받고 있던 수만큼의 환자들을 돌보고 있었다. 의료사
역은 새 신앙에 대한 도시민의 태도에 심대한 영향을 끼쳤다.
 1904년에 군산에서 바로 금강 건너편에 있는 충청남도에서도 사
역이 시작되었다. 이 도에서의 사역은 더 일찍 일단의 독자적 침례

---

29 Nisbet, *Day in and Day out in Korea*, p.55.

교 선교사들에 의하여 시작되었지만, 재정적 어려움으로 인하여 포
기되었었다. 불 목사는 이 신자들의 작은 무리들에게 도움과 원조를
주도록 요청받았고, 이때부터 그는 이 지역에 순회선교를 하였다.

기독교 공동체를 위한 기독교 학교들
Christian schools for Christian communities

선교회의 교육사업이 시작되기 전에는 서양식 공립학교가 전라도
에서는 미지의 것이었다. 사람들이 알고 있던 유일한 종류의 학교는
마을 서당(書堂)이었다. 이곳에 상류계층 가족들의 아들들이 모여서
유교 고전(古典)을 배웠다. 모든 교육이 기계적 암기로 실시되었고,
한문의 암송에 한정되어 있었다. 소녀들이 다니는 학교는 없었는데,
그것은 교육이 여자들에게는 격에 맞지 않는다고 느껴졌기 때문이었
다. 그래서 선교회에는 교육사업을 시작할 무제한의 활동무대가 있
었다.

처음부터 선교회는 기독교 학교의 목적은 기독교 가정의 자녀들을
교육하는 것이라고 믿었다. 기독교 교육은 복음전도의 수단이라기
보다는 기독교 지도자들을 훈련하는 방법이라고 생각되었다.

자주 되풀이된 슬로건은 "불신자에게는 전도를, 신자에게는 교육
을"[30]이었다. 비록 일부 비기독교인 학생들의 입학을 허락할지라도,
전체 학생의 60%는 기독교인으로 유지하기를 미션스쿨들(mission
schools)은 처음부터 주장하였다. 이 정책으로 인해서 자녀들이 교육받
을 필요가 있는 기독교인 지반(地盤)(a Christian constituency)이 있을

---

30 "Evangelize the heathen and educate the Christians."

때까지는 선교회 내의 교육사업은 시도되지 않았다. 처음부터 비용은 자급(自給)이라고 하는 네비우스 플랜에 따라서 학생들의 부모가 공동으로 부담하였다.

우리는 다음과 같은 중대한 건의가 1901년에 전주 거점으로부터 있었음을 발견한다.

> 지금까지 우리는 우리에게 기독교인 지반이 없다는 이유로 학교를 개설하지 않았지만 이제는 상황이 달라졌습니다. … 선교회에 의하여 채택된 계획에 따라 소년들과 소녀들을 위하여 각각 한 학교를 개설하도록 지시해 주실 것을 선교거점의 구성원들이 건의합니다.[31]

그 후 곧 1901년 7월 1일에 소년들을 위한 자그마한 주간 학교[32] 하나가 해리슨(하위렴) 씨와 그의 어학선생에 의하여 시작되었다. 해리슨 씨에 의하면 그 학교에는 "아이들 외에는 집도, 책도, 유능한 선생도, 거의 모든 것이 없었고" – 여덟 명의 아이들만 있었다. 다음 해에 소녀들을 위한 학교[33]가 열두 명의 등록으로 시작되었는데, 이들은 한 주일에 두 번 테이트(Tate, 최마티) 양의 집으로 왔다. 각각의 다른 거점들에서도 학교 사역이 거의 같은 방식으로 시작되었다. 1904년까지는 세 거점 모두에서 소년 학교(boys' school)와 소녀 학교(girls' school)가 총 등록 학생 126명으로 성공적으로 운영되고 있음을 선교회가 보고하였다.

처음 몇 년 동안 이 학교들은 단지 아이들의 비공식 그룹들로 구성

---

31 Nisbet(유애나), *Day in and Day out in Korea*, p.126.
32 전주신흥(新興)학교의 시초. (역자)
33 전주기전(紀全)여학교의 시초. (역자)

좌) 초기 신흥학교 학생들의 수업 장면
우) 초기 기전학교 학생들과 선교사

되어 있었는데, 그들은 선교사의 집이나 그의 사랑에 모여서 처음
몇 학년의 과정을 배웠다. 그 다음 단계는 적절한 건물의 건축과
그 밖의 시설들의 개선이었다. 전주의 남학교는 1907년에 학교 사역
의 책임자로 니스벳(J. S. Nisbet, 유서백) 부부가 도착함으로써 큰 추
진력을 얻게 되었다. 1908년에는 그 학교에 "새로운 여명(new
dawn)"을 뜻하는 신흥(新興)이라는 이름이 주어졌고, 그 이름은 수년
간 유지되었다. 1909년에 그 학교의 건물이 한국 선교의 후원자 그
레이엄(C. E. Graham)이 보낸 $10,000의 기부금으로 건축되었다.
1910년에 최초의 졸업식이 새 건물에서 거행되었다. 14명의 소년들
이 초등학교 6년 과정을 마치고 중등학교에 들어갔다.

전주의 여학교에는 "전킨 기념 학교(Junkin Memorial School)"라는
뜻의 기전(紀全)이라는 이름이 이 개척선교사의 죽음 후에 곧 주어졌
다. 그 학교는 계속하여 성장하고 발전하였지만, 그 학교 최초의
전임(專任) 교장 넬리 랭킨(Nellie B. Rankin, 나은희) 양이 현지에 도착
한 후 단지 4년 만에 별세하여 큰 손실을 입었다. 랭킨 양은 맹장염
수술 후의 합병증으로 1911년 8월 13일에 사망하였다. 그녀의 자리
는 같은 해에 도착한 수잔 콜턴(Susanne Colton, 공정순) 양에 의하여

계승되었다.

최초로 건설된 학교 건물들 가운데 하나는 목포의 '존 왓킨스 아카데미'[34]였는데, 이 학교는 선교회에 의하여 1909년에 사우스캐롤라이나주 스파턴버그의 제일장로교회 목사를 기념하기 위하여 세워진 남학교였다. 그 해에 순전히 교육사역을 위하여 임명된 최초의 선교사 베너블(W. A. Venable, 위위렴) 씨가 그 학교의 행정을 맡았다. 그러나 1910년에 그는 당시에 선교회의 중심 학원(central academy)으로 육성되고 있던 군산에 있는 남학교의 책임을 맡기 위해 그곳으로 전보되었다.

군산에 있는 여학교의 발전은 그것이 없이는 이 학교들이 결코 세워지지 않았을 본국 교회의 희생적 후원을 잘 설명해준다. 이 학교는 (버지니아주) 렉싱턴 장로교회 여성도들의 너그러운 후원을 통하여 확고한 토대 위에 놓이게 되었는데, 그들은 자기들의 선교사 불 목사 부인(Mrs. Bull)을 통하여 이 학교에 관심을 갖게 되었다. 그들은 그 학교의 이름을 "메리 볼드윈 여학교(Mary Baldwin School for Girls)"라고

군산 메리 볼드윈(멜볼딘) 여학교 전경

---

34 목포영흥(永興)학교. John Watkins는 이 학교의 건물 신축을 후원한 스파턴버그 제일장로교회 목사의 이름임. (역자)

해달라고 하는 요청과 함께 새로운 건물의 총 비용을 위하여 큰 금액을 기부하였다. 몇 년 후에 그 학교에 필요한 물건들이 버지니아주의 '메리 볼드윈 대학'(Mary Baldwin College)의 학생회에 제시되었을 때에 그들은 그 학교를 위하여 매년 $1,000를 기부하기로 약정하기 시작하였다. 이 돈의 대부분은 한 기숙학교의 시장한 소녀들에게 그들이 좋아하는 샌드위치와 그 밖의 식품을 팔아서 조금씩 모아진 것이었다. 그들의 약속은 여러 해 동안 충실하게 지켜졌다.[35]

1904년에 개설된 광주 거점은 학교 사역을 다른 거점들보다 더디게 시작하였다. 1908년까지는 학교 사역이 시작되지 않았다. 그 해에 벨(배유지) 목사 부부가 그들의 작은 문간채에서 세 학생을 데리고 소녀들의 학교를 시작하였다.[36] 벨 목사 부인의 어학 선생이 자기의 여가에 교사 역할을 하였다. 소년들의 학교는 벨 목사의 사랑채에서 아마도 같은 해에 시작되었을 것이다.[37] 1910년에 두 학교는 각각 이 학교들을 책임지게 된 **탤미지** 목사(Rev. J. V. N. Talmage, 타마자)와 안나 **머퀸** 양(Miss Anna McQueen, 구애라)의 도착과 더불어 더 확고한 토대 위에 놓이게 되었다.

1910년까지에 선교회는 교육사역에의 느린 출발에도 불구하고 네 거점들 가운데 세 거점에서 초등학교 과정의 교육을 넘어서 중등학교들(academies)을 조직하였었다. 그 해에 263명의 학생들이 등록하였고 야심적인 건축 프로그램이 잘 진행되고 있었다.

---

35 추가로, 1903년에 전킨 목사에 의하여 설립된 군산의 남학교 영명(永明)학교는 현 군산제일중고등학교의 시초였다. (역자)
36 광주수피아(須皮亞)여학교의 시초. (역자)
37 광주숭일(崇一)중고등학교의 시초. (역자)

의료기관들의 설립
The establishment of medical institutions

1910년 이전에는 남장로교 선교사들이 전라도에서의 서양 의료 업무를 실질적으로 독점하고 있었다. 일본인들은 아직 공공 병원들을 별로 세우지 않았었고, 선교회의 후원 하에 일하고 있던 오긍선 박사를 제외하고는 현대 의학을 배우고 전라도에서 시술을 하고 있던 한국인 의사를 우리는 알지 못한다.

의료 선교사(missionary surgeon)를 대신할 유일한 대안은 한국인 "약초 의사(herb doctor)"였다. 그의 치료약의 일부에 유익한 효능이 있는 것은 확실하였지만, 대부분의 경우 그의 시술은 아둔한 미신(迷信)과 주술(呪術)이었다. 이 시기와 그 후 시기의 선교사들의 증언들이 그리스도의 이름으로 시행되는 현대 의술의 절실한 필요를 말하는 강력한 증거이다. 눌런드(L. T. Newland, 남대리) 목사는 1912년에 글을 써서 그 필요성에 대한 모든 걱정을 없애주었다.

한국 의사의 "만병통치약"(cure all)은 침(針), 즉 바늘이다. 그 이론은 온 몸에 기(氣)의 통로가 흐르고 있고, 사람이 병들면 이 통로들 가운데 하나 속에 오염된 기(foul air)가 있는 것이니, 유일한 치료방법은 이 기가 빠져 나올 구멍을 만드는 것이라고 하는 것이다. … 설사나 구역질에는 각 손목에, 그리고 각 엄지손가락의 기부(base)에, 침을 꽂아라. … 한 쪽 얼굴이 마비되면, 다른 쪽 귀 아래에 꽂힌 침이 매우 격렬한 고통을 야기해서 다른 쪽으로 눈을 가늘게 뜨고 보려고 하는 시도가 얼굴을 반듯이 잡아당길 것이다. … 담습증과 변비에는 큰 침을 넓적다리 속으로 꽂는다. … 부러진 뼈를 위해서는 그들은 그곳을 구리를 조제(調劑)한 것으로 문지르고, 그것을 버드나무 껍질로 싸고, 그런 다음 환자에게 그 구리를 먹이고, 그러면 잠시 후에 그 뼈가, 비록 항상 원래의 자리에는 아닐지라도, 붙는다. …
한 손가락이나 한 손을 자르는 것은 비교적 수월한 일이다. 문제가 있는
손발이 큰 나무토막 위에 놓여지고, 몇 사람이 그 희생자를 붙잡고 있는
동안 큰 칼이 내리치면 일은 끝난다. … 놀라운 일은 그들이 때때로 그런
치료를 받고도 정말로 산다는 것이다. … [38]

이러한 상황 속에서 남장로교 선교회가 현대 의학의 모든 기술을
가지고 예수 그리스도의 긍휼(compassion)을 증거하도록 부르심을
받았다.

러일전쟁 때까지에는 선교회의 의료사역은 사실상 정지 상태에
이르렀다. 드루 의사는 근무 중 정력을 탕진하였고, 오웬 의사와
해리슨 의사는 전도사역에 전념하기 위하여 의료사역을 포기하였으
며, 후에 테이트 부인이 될 잉골드 양은 휴가로 귀국했다. 전임 의료
사역자가 한 사람도 현지에 없었다.

조셉 놀런(놀란)
[재임 1904~1908]

1904년에 세 사람의 새로운 의사들의 도착과
더불어 새로운 시작이 가능해졌다. 포사이드 의
사(Dr. Wiley Forsythe, 보위렴)는 전주로, 다니엘 의
사(Dr. Thomas Henry Daniel, 단의열)는 군산으로,
그리고 놀런 의사(Dr. Joseph Nolan, 놀란)는 목포
로 임명되었다. 그러나 포사이드 의사와 놀런 의
사의 사역은 각각 질병과 사직으로 갑자기 끝났다. 여러 해 동안
의료사역에 있어서의 하나의 심각한 문제는 의료 인원의 잦은 재편

---

38 L. T. Newland(남대리), "Some Korean 'Cures,'" *The Missionary*, December,
1912, p.117.

성이었다. 과로와 매우 작은 것을 가지고 매우 큰 것을 하도록 요구
받는 데서 오는 좌절감 때문에 의사들의 손실은 전도 사역자들의
손실보다 비례적으로 더 컸다. 현재까지 단 한 사람의 장로교 미국
의료선교사만이 정년에 달하도록 한국에서 일할 수 있었다.

　다니엘 의사는 그의 의료사역을 군산에서 낡은
드루 주택(Drew residence)의 두 안쪽 방에서 시작
하였다가 후에 학교 건물 내의 그 목적을 위하여
남겨둔 한 작은 방으로 옮아갔다. 1905년에 그에
게 케슬러 양(Miss Ethel Kestler, 계슬라)이 합류하였
는데, 그녀는 선교단에 합류한 최초의 교육받은 간
호사(R.N.)였다. 케슬러 양은 자기가 도착해서 보

에셀 케슬러(계슬라)
[재임 1905~1946]

니 다니엘 의사가 "상자 같은 초라한 작은 방에서 진료를 하고, 밖에
서는 환자들이 추위에 떨면서 들어갈 차례를 초조히 기다리고 있었
다"라고 썼다. 수술 환자들은 가까운 한국인 여인숙에서 머물었고,
여인숙 주인 가족의 돌봄을 받았다. 이 같은 원시적 상황 속에서
다니엘 의사는 자기의 처음 백내장 수술을 하였다. 그는 자기가 느
낀 불안에 관해서 그리고 결과에 관해서 다음과 같이 썼다.

　다음과 같이 초가을에 두 눈에 백내장을 가진 한 남자가 치료를 받기 위하
　여 나에게 왔다. 나는 안과(眼科) 수술의 영역에 들어가 본적이 없었기에
　백내장 수술로 시작하는 것에 대하여 적지 않게 주저하는 마음이 들었다.
　그러나 "그의 끈덕진 요구 때문에" 나는 드디어 굴복하였는데, 그 결과에
　대하여 거의 그 사람이 행복했던 것만큼 나도 행복하였다. … 그의 감사는
　무언가 보기에 아름다운 것이다.[39]

구암산 위의 군산구암병원과 영명(永明)학교

1906년 3월에 군산 진료소는 앗킨슨 기념 병원[40]의 첫 병동으로 이사하였다. 선교회에 의하여 한국에 건설된 처음 병원인 이 병원은 알렉산더 의사가 기부한 기금으로 세워졌다. 수술실 외에도 18명을 돌볼 수 있는 두 병실(wards)이 있었다. 그 사역의 발전은 다음 통계를 보면 알 수 있다.

1905년에 1,986명이 치료를 받았다.

1906년에 2,986명이 치료를 받았다.

1907년에 8,996명이 치료를 받았다.

1908년에 10,784명이 치료를 받았다.[41]

광주에서의 의료사역은 1905년 가을에 시작되었지만[42] 그로부터

---

39 Personal report of Dr. Daniel(단의열) for the year 1905.

40 Frances Bridges Atkinson Memorial Hospital. 군산구암병원(群山龜巖病院), 구암예수병원, 궁멀병원 등으로 불렸음. (역자)

41 Ethel Kestler(계슬라), "Hospital at Kunsan, Korea," *The Missionary*, September, 1907, p.496. 1908년의 통계는 *Annual Report of the Mission for the Year 1909*에서 취한 것이다.

오래되지 않아서 **놀런** 의사가 선교회에서 사직하
였을 때에 휴업하였다. 그 사역은 1907년에 윌슨
의사(Dr. R. M. Wilson)에 의하여 재개되었다.
1909년에 더 적절한 진료 건물이 건축되었지만
윌슨 의사의 의료 활동은 너무 빨리 증가해서 일
년 안에 그 건물 역시 완전히 불충분하게 되었다.
윌슨 의사는 병원 건물의 필요성에 관하여 설득
력 있게 썼다.

로버트 윌슨
(우일선/우월손)
[재임 1905~1948]

> 오늘날, 우리는 더 나은 어떤 장소도 없어서 사람을 따라 들어올 수 있는
> 어떤 질병과도 그들이 접촉하게 되는 '진료 대기실'의 불결한 마루 위에
> 수술 후 환자들을 방치한다. 마루 위에 한 번에 열 사람이나 있은 적이
> 있고 ··· 남은 공간은 치료를 기다리는 여러 가지 환자들이 차지하고 있다.[43]

열악한 시설에도 불구하고, 1910년에 9,900명의 환자들이 치료를
받았고 175회의 수술이 행해졌다. 윌슨 의사는 그레이엄 기념병원[44]
의 완공으로 1912년에 그의 병원을 갖게 되었다. 그레이엄 부부(Mr.
and Mrs. E. E. Graham)가 그들의 딸을 기념하여 기부한 기금으로
지어진 이 병원은 50병상의 3층 벽돌 건물이었다.

---

42 놀런 의사가 사택에서 9명의 환자를 진료함으로써 시작된 진료소(광주제중원).
   현 '광주기독병원'의 시초. (역자)

43 R. M. Wilson(우일선), "Hospital Incidents and Needs at Kwangju, Korea,"
   The Missionary, January, 1910, p.26.

44 Ella Lavine Graham Memorial Hospital.

자치自治, 자급自給, 자전自傳하는 교회
A self-governing, self-supporting, self-propagating church

전도든, 교육이든, 의료든 간에 선교회의 모든 사역은 그리스도를 알리고, 그분의 신자들을 하나의 강력한 토착 기독교회로 모으는 큰 목적을 지향하고 있었다. 우리가 전에 본 바와 같이, 남장로교 선교 사들이 도착한 후 곧 **장로교 공의회**(Presbyterian Council)가 조직되었 는데, 그 공의회의 목적은 한국에서 사역하고 있는 네 장로교 선교회 들의 지지를 받는 단일 장로교회를 한국에 설립하는 것이었다. 그래 서 맨 처음부터 선교회들은 자신들을 결코 교회 조직체(ecclesiastical bodies)로 여기지 않고 수세(受洗) 후보자들을 시험하는 것, 직원의 선출과 임직을 위하여 조정하는 것, 성례를 집행하는 것과 같은 기능 들을 이 공의회로부터 위임받은 것으로 여겼다. 장로교 공의회도 또한 다양한 영역들에서 교회 일에 대한 관할권을 가진 소회(小會)들 (committees)로 조직되었다.

1901년에 합동 공의회(Joint Council)가 설립됨으로써 하나의 전국 교회(a national church)의 창립을 위한 첫걸음이 내디뎌졌다. 그날로 부터 합동 공의회의 일부 모임은 한국인 교회에서 뽑힌 대표자들에게 공개되었다. 이러한 합동 공의회 회의에서는 집사직, 일부다처, 그 리고 그 외의 문제들이 논의되었다. 제안된 다양한 교회정치 제도와 제안된 신앙고백에 관한 집중적 연구가 이 기간 동안에 이루어졌다.

6년 후에 '**조선노회**'(Presbytery of All Korea, 즉 독노회)가 조직되었 다. 전국 장로교회(the national Presbyterian church)의 탄생을 알리는 이 역사적 사건은 1907년 9월 17일에 평양의 **장대현교회**[45]에서 일어

---

45 장대현(章臺峴)교회는 1893년에 마포삼열 선교사에 의하여 설립된 평안도 지역의

평양 장대현교회(평안도 모교회)

났다. 회원점명을 하니, 출석자는 선교사 38명과 한국인 장로 40명
이었다. 그 모임이 맨 먼저 한 결의는 합동 공의회를 해체하고 '전
한국 노회'를 정식으로 조직하는 것이었다. 사무엘 마펫 박사가 만장
일치로 회장(moderator)으로 당선되었고, 부회장과 서기는 한국인 장
로들이었다.[46]

　그 노회의 다음 결의는 신학교 1회 졸업생인 7인[47]의 후보자들을
목사로 안수하는 일이었다. 이들 가운데 한 사람은 평양 중앙장로교

　모교회였다. 그래서 선교사들은 이 교회를 '평양 중앙장로교회'라고 불렀다. 1901년
　에 이 교회 교인 수는 1,200명에 달했고, 평양 대부흥운동의 시발점이 되기도 하였다.
　이 교회로부터 분리된 교회가 남문밖교회, 창동교회, 산정현(山亭峴)교회, 서문밖교
　회 등이었다. (역자)

46　이 '예수교장로회 조선노회'는 전국을 관할하는 단일 노회였기 때문에 한국 교회사에
　서 "독노회"(獨老會)라고 불린다. 그 존립 기간은 설립된 1907년 9월로부터 1911년
　9월에 관하의 아홉 "대리회"가 일곱 '노회'로 개편 조직된 때까지였다.(초대 회장,
　마포삼열). 독노회 설립의 의의는 각기 다른 지역에서 독자적으로 선교해 왔었던
　네 선교회가 전국에 *단 하나의* 한국 장로교회를 탄생시킨 데 있었다. 이 일곱 노회
　의 총대들이 일년 후 1912년 9월 1일에 모여 '조선예수교장로회 총회'를 설립하였다.
　(역자)

47　평양장로회신학교 제1회 졸업식(1907.6.20.)에서 5년의 과정을 마친 한석진(韓錫
　晉), 이기풍(李基豊), 길선주(吉善宙), 송인서(宋麟瑞), 방기창(邦基昌), 서경조(徐
　景祚), 양전백(梁甸佰) 등 7인이 배출되었다. (역자)

좌) 이기풍 목사[1865~1942]
우) 길선주 목사[1869~1935]

회로 초빙되었고, 다섯 명은 전도자로 지방에 보내졌으며, **이기풍**(李基豊) 목사는 제주도 선교사로 임명되었다. 한국교회는 이 목사의 선교를 위해 각 교회에서 모금한 헌금을 수집하였고, 노회에 국내 선교부원들을 선출하였다. 이 목사는 노회의 전라 대리회(Chulla subcommittee)의 회원으로 등록되어서 우리 선교회의 관내에서 사역하는 최초의 한국인 안수받은 목사가 되었다.

두 신앙고백서가 새 교회의 교리적 표준으로 임시 채택되었다. 그중의 첫째는 '웨스트민스터 소요리문답'(Westminster Shorter Catechism)이었는데, 이것은 교회를 영어사용권 장로교 선교회들의 전통과 연결시켰다. 둘째 고백서는 단지 최근에 인도 민족교회에 의하여 채택된 고백이었다. 이 고백서들을 통하여 새로운 한국교회는 서양의 선교 단체들만 아니라 동아시아의 자매 교파들과도 연결되었다.

정치의 형태는 창립자들이 갓 태어난 교회를 교회 조직에 관한 너무 무거운 갑옷으로 짐 지우기를 원하지 않았기 때문에 개략적으로만 채택되었다. 교회가 성장함에 따라 그 교회의 정치 형태를 한 걸음 한 걸음 만들어내야 한다고 그들이 느낀 것은 현명한 일이었다. 1907년에 최초의 회합에서 채택된 정치 형태에 의하면, 장로교회와 관련해서 사역하는 외국 선교사들은 노회의 투표권 있는 회원이 될 것이지만, 징계와 임명의 문제에 있어서는 모교회와 선교회에 종속될 것이었다.

1909년에 전라도 출신 세 학생들이 신학교를 졸업하고 안수를 받아서 남장로교 선교사들이 사역하는 지역의 교계에 새로운 날이 시작되었다.[48]

이 졸업생들 가운데 첫 번째인 윤식
명(尹植明) 목사는 목포 도시 교회 해리
슨(하위렴) 목사의 동사(同使)목사[49]로
청빙받았다. 1911년에 이 교회는 그
를 그 교회의 위임목사(regular pastor)
로 취임시키면서 한 장로와 두 집사도
세웠는데, 그리함으로써 그 교회는 남

좌) 윤식명 목사[1871~1956]
우) 김필수 목사[1872~1948]

장로교 선교회 관내에서 최초의, 그리고 전국에서 네 번째의, '조직교
회'(organized church)[50]가 되었다.

둘째 졸업생 김필수(金弼秀)[51] 목사는 머카천 목사(Mr. McCutchen,
마로덕)와 함께 전주 지역에서 사역하였고, 후에 한국 최초 기독교
신문[52]의 편집자가 되었다. 그는 1915년에 최초의 한국인 총회장으
로 선출되었다.

세 번째 졸업생 최중진(崔重珍) 목사는 전주 지역의 순회목사 테이트
(최의덕)의 동사목사로 청빙되었다. 그러나 그 선택은 적절한 것이
아니어서 전북 지역 사역의 역사에서 가장 견디기 어렵고 위험한
경험 가운데 하나를 초래하였다. 최 목사는 불만을 품고 하나의 독
립된 교회[53]를 세우려고 시도하였다. 그는 스무 그룹 이상을 데리고

---

48 미국 선교사들 사이에서 *한국인 목회자가* 사역하는 시대가 열렸다고 하는 뜻. (역자)

49 co-pastor with Mr. Harrison. 목포 양동(陽洞)교회.

50 조직교회: 목사와 장로가 있어서 '당회'(堂會)가 조직되어 있는 교회. (역자)

51 김필수 목사: 전주서문밖교회 장로 출신. 그는 1908년에 초대 장로로 장립되어
    레널즈 목사와 함께 서문교회 최초의 당회를 구성하였었다. (역자)

52 기독신보(基督申報): 이 신문은 초교파적 연합신문이었다. (역자)

53 여기서는 회중교회를 의미함. '회중교회'(會衆敎會, Congregational church): 각
    교회가 상회의 관할이나 치리를 받지 않고 독립적으로 그리고 자치적으로 행정을
    하는 개신교의 일파이다. 이러한 의미에서 '독립교회'나 '자유교회'라고도 불린다.

나갔고 그 밖의 많은 그룹들을 분열시켰다. 후에 최 씨는 금품강요죄(extortion)로 두 해 동안 감옥살이를 하기도 하였고, 1910년에 노회로부터 목사직을 박탈당했다. 그 분열(schism)이 치유되는 데 여러 해가 걸렸다.

"믿음도 하나, 소망도 하나, 사랑도 하나"
One in hope and doctrine, one in charity[54]

한국 선교는 맨 처음부터 다양한 선교 단체들 간에 매우 밀접한 유대가 있었던 점이 그 특징이었다. 남장로교 해외 선교 실행 위원장[55] 체스터 박사(Dr. S. H. Chester)는 1902년에 현지 방문을 마치고 남장로교 선교회와 북장로교 선교회 사이의 관계에 관하여, 이들의 관계가 매우 밀접하여서 선교사들이 두 선교회가 있다는 것을 좀처럼 실감하지 못한다고 말하였다.[56] 1908년에 **예양협정**이 남장로교 선교회와 북감리교 선교회 사이에 맺어졌다. 전북의 두 군에서 시작된 감리교의 사역이 장로교인들에게 이양되었고, 장로교인들이 충남에서 시작했던 사역이 감리교인들에게 이양되었다. 그리하여 하룻밤 사이에 약 25개 그룹의 감리교인들이 장로교인이 되었고, 그와 비슷한 수의 장로교인들이 감리교인이 되었다! 목적과 사역의 단일성이 이 예양협

'최중진 목사의 자유교회 사건'은 주명준, 『전북의 기독교 전래』(전주대학교 출판부, 1998), 232~235, 246~256쪽을 참고할 것. (역자)

54 영어 찬송가 "Onward, Christian Soldiers"(믿는 사람들은 주의 군사니)의 일부임. (역자)

55 Executive Secretary of Foreign Missions.

56 *The Missionary*, July, 1909, p.319.

정들과 연합사역 프로젝트들과 교파간의 협의체들을 통하여 아마도
어느 다른 선교지에서도 볼 수 없을 만큼 잘 이루어져 있었다.

  이 연합사역 프로젝트들 가운데에서 남장로교인들이 가장 가치
있는 공헌을 한 것은 성경번역에 있어서였다. 신약성서의 번역이
만주의 로스(Ross)에 의하여 이루어졌지만, 이것은 한문(漢文)을 한
글로 직역한 것이었다. 따라서 그 번역은 원문을 재생하는 점에서나
원문을 한국의 고유어로 옮기는 점에서나 질이 떨어지는 것이었다.
1893년에 새로운 번역을 하기 위하여 '성경번역자 위원회'(a board of
Bible translators)가 임명되었다. 이 위원회의 구성원들은 언더우드,
아펜젤러, **게일**(Gale), **스크랜턴**(Scranton), 그리고 **트롤로프**(Trollope)[57]
씨들이었다. 레널즈 목사가 한국에 온지 3년밖에 안 되었을 때에 언어
에 대한 그의 재능이 인정되어 그가 그 위원회에 추가되었다. 그는
성서 전체가 번역될 때까지 그 위원회에서 일했다. 번역하는 일에
그가 참여하지 않은 유일한 책은 예레미야서였다.

좌측부터 **제임스 게일**(기일, 캐나다장로교)[재임 1888~1937]
마크 트롤로프(조마가, 성공회)[재임 1911~1930]
윌리엄 스크랜턴(시란돈, 북감리교)[1856~1922]

  1897년부터 1899년까지 그 위원회는 봄과 가을에 매번 한 달이나
그 이상 동안 날마다 모였다. 충분한 진척이 이루어지고, 1900년까

---

57 Mark Napier Trollope: 조선성공회 3대 주교, 조마가(趙瑪可). (역자)

지에는 로마서까지 신약성서의 공식 번역문이 완성되었고, 그래서 신약성서 전체의 잠정 번역판(a provisional version)이 출간되었다. 안식년을 마치고 돌아와서 레널즈 씨는 목포 거점에 임명되었는데, 목포는 위원회 모임들에 참석하기가 매우 어려운 멀리 떨어진 위치였다. 번역 사업이 매우 느리게 진행되어서 1902년 봄에는 위원회 회의를 목포에서 하기로 결정되었다. 감리교 대표자 **아펜젤러 박사**는 불운한 연안 기선 구마가와 마루(熊川丸) 호를 타고 인천에서 내려갔는데, 목포로 가는 도중에 그 배가 안개 속에서 다른 배와 충돌하여 가라앉았다. 수영을 잘하는 아펜젤러 박사는 자기의 한국인 동행자를 구하려고 아래로 급히 내려갔다가 익사하였다고 한다.

선임 회원 가운데 한 사람의 죽음과 공식 번역판의 완성을 위하여 충분히 자주 모이지 못하는 상황으로 인해서 그 위원회의 재편성이 필요해졌다. 언더우드 박사, 게일 박사, 그리고 **레널즈 박사**는 그들 각각의 선교회에 의하여 모든 다른 임무에서 놓여서 그 번역을 촉진하기 위하여 서울에서 살도록 거처가 지정되었다. 이때로부터 사업은 신속히 진행되어서 신약성서의 공식번역판(an official version)이 완성되어 1904년에 출판되었다. 이 사업은 '영국 및 해외 성서공회'(the British and Foreign Bible Society) 대리인의 조정과 감독을 받았다.

구약의 번역 사업도 시작되었다. 언더우드 박사의 건강이 쇠해서 번역 사업을 그만두지 않을 수 없게 되었을 때에 시편과 창세기의 약 35장은 완성되었었다. 게일 박사가 안식년을 맞아 귀국하자 **레널즈 박사**만 남게 되었다. 두 한국인 학자들이 그 위원회 위원으로 선택되었고, 세 위원들은 함께 그 번역을 계속하였다. 1906년 가을에 **피터즈**(A. A. Pieters) 목사(북장로교인)와 **크램**(W. G. Cram, 남감리교

구약성서의 번역을 완료한 전주서문밖교회 레널즈 목사와
그를 도와 우리말 교정을 한 이승두 씨, 김정삼 씨

인)이 위원회에 추가되었지만 해야 할 다른 일로 인해서 한 번에 몇 개월 이상 일하지는 못했다.

　1908년에 전킨 씨가 사망한 후 레널즈 부부는 전주로 돌아와서 두 사람의 한국인 조사들과 함께 구약의 번역을 계속하였다. 두 해 후에 그 일이 끝났다. 레널즈 박사는 이 거대한 과업의 성취를 아래와 같이 묘사하였다.

> 나는 나에게 할당된 번역을 1909년 12월 23일에 마치고, 정서를 하게 하여 확인하고 그 사본들을 3월 22일에 열릴 성서 위원회의 전반기 회의 전에 사무장에게 보냈다. 이 모임에서 나는 위원회의 다른 위원에게 할당되었던 소선지서(小先知書)들의 번역을 끝내 달라고 하는 요청을 비공식적으로, 그러나 긴급하게 받았다. 일찍부터 늦게까지 일함으로써 나는 이 과업을 1910년 4월 2일 오후 5시까지 마칠 수 있었다 - 구약성서의 번역을 시작한 지 꼭 5년 5개월 16일만이었다.[58]

58　*Station Reports for 1910*, p.4. 이는 최초로 구약 전체를 한글로 번역한 것으로, 게일과 언더우드가 참여한 예레미야서를 제외한 나머지 모든 부분을 레널즈가 번역하였기 때문에, 사실상 개인 번역과 다름없다고 여겨진다. 그가 번역한 『구약 젼셔』는 1911년 3월에 요코하마에서 3만부가 인쇄되어 배포되었다. (역자)

한글로 『성경견셔』가 출간되고 그 성경이 팽창하는 기독교 독자층에 광범위하게 배포된 것은 언어를 표준화하고 문맹을 줄이는 데 엄청난 영향을 끼쳤다.

초기에는 목회 지망자들이 하나의 특별 신학반에서 평양 선교사들의 가르침을 받았다. 그런 다음 1905년에 장로교 공의회가 평양에 연합신학교(Union Theological Seminary)[59]를 개설하고 5년의 교육안을 인가하였다. 이 신학교는 네 후원 선교회들의 대표자들을 포함한 그 공의회가 지명한 한 위원회에 의하여 관리되었다. 수업은 매년 3개월 동안 실시되었는데, 그것은 후보자들이 남은 시간에 교회를 섬기기에 바빴기 때문이었다. 전킨 목사는 그 연합 기관의 남장로교 대표였다.

이 무렵에 그 신학교에 다닌 학생들은 공식 교육을 별로 받지 못했다. 그러나 이 사람들이 선정된 것은 그들이 박해와 섬김을 통하여 지도자의 자리에 올랐었기 때문이었다. 입학하는 학생 한 사람 한 사람이 적어도 5년 동안 세례교인이었고, 자기의 지역 교회에서 적어도 2년 동안 지도자로 섬겼었다. 그 위에 그는 자기가 속한 선교회 센터에 있는 성경 반들에 출석하여 자기의 성경을 사용하는 방법을 배웠다.

---

59 (평양) 연합신학교: 이는 장로교 선교회들로 구성된 '장로교 공의회'가 평양에 개설한 교역자 양성기관이었다. 최초의 공식명칭은 '대한예수교장로회신학교'였지만, 1910년 한일합방 후 일제의 강요로 '조선예수교장로회신학교'로 교명이 바뀌었고, 통칭은 '평양신학교'(平壤神學校)였다. 초대 교장은 마포삼열 선교사였고, 초기의 교수진으로는 북장로교 선교사 마포삼열, 이길함, 원두우, 소안론, 한위렴, 배위량, 편하설, 곽안련 목사, 그리고 남장로교 선교사 이눌서 목사 및 호주장로교 선교사 왕길지 목사가 있었다. 1918년부터 『신학지남』(神學指南)이라는 학술지를 간행하였고, 이눌서 선교사의 주도하에 성경사전을 출간하기도 하였다. 1938년 9월에 총회가 신사참배를 결의하자 선교사들은 신사참배를 결의한 총회의 교육기관으로서는 신학교를 더 이상 유지할 수 없다고 판단하여 자진 폐교하였다. (역자)

남부 지역에서 온 학생 수가 늘어남에 따라 그들을 위하여 특별한 기숙사를 마련하는 것이 필요하게 되었다. 그래서 1909년에 **알렉산더 기숙사**가 세워졌다. 이때에 총 등록학생 125명 가운데 15 내지 20명 정도가 전라도에서 온 학생들이었다.

이 시기의 가장 놀랄만한 특징은 장로교와 감리교 교파 단체들의 유기적 연합을 위한 운동이었다. 다양한 예양협정들의 성공과 다양한 연합 병원 및 학교의 설립에서 이루어진 진전과 더불어, 그리고 감리교 및 장로교 교회들을 휩쓸고 있던 부흥운동의 영향 하에서, 선교사들은 그리스도 안에서 자신들이 하나임을 표현할 만한 한층 더 밀접한 유대를 찾기 시작하였다.

1905년에 북감리교인들이 교육사역에서의 연합적인 접근을 논의하기 위하여 자기들의 연례 회의의 다양한 세션들(sessions)에 참가하도록 다른 교파들의 구성원들을 초청하였다. 이 모임에서 다양한 교단들의 연합에 대한 희망이 매우 높아서 장로교인들에 의하여 임명될 유사한 위원회들과 협의하도록 감리교인들이 한 위원회를 임명하였다.

1905년 6월에 이 그룹이 모였을 때에 장로교인의 사역과 감리교인의 사역을 결합시키기 위한 매우 큰 열성이 표현되었다. 북감리교 (Methodist Episcopal Church)의 한국선교 협의회 회의록에 다음과 같은 보고가 있다.

> 레널즈(남장로교인) 씨가 "한국 그리스도의 교회"(Church of Christ in Korea)라고 불려질 하나의 한국 전국 교회를 설립할 때가 되었다는 것을 선교사들의 이 비공식 모임의 의견으로 하자고 하는 동의를 제출하였다. 이 동의는 에비슨 박사(Dr. O. R. Avison, 북장로교인)에 의하여 재청되었고, 기립 투표에 의하여 만장일치로 가결되었다.[60]

1905년 9월에 '한국 복음주의 선교회 통합공의회'[61]가 네 장로교 선교
회와 두 감리교 선교회의 대표자들로 공식적으로 조직되었다. 그
공의회의 목적은 "기독교 사역에 있어서의 협력과 궁극적으로 한국
에 하나의 복음주의적 교회를 조직하는 것"[62]이라고 진술되었다.

이 통합공의회는 많은 연합 프로젝트들을 시작하는 것을 선도(先
導)할 것이었다. 그 공의회의 후원으로 이전에 배당되지 않았던 지
역에 관한 예양협정들이 마침내 맺어졌다. 모든 교회에서 사용될
하나의 연합 찬송가(union hymnbook)가 출간되었다. 전국에서 사용
될 일련의 주일학교 공과가 채택되었다. 하나의 연합 기독교 신문이
창간되었다.

그러나 다양한 교파들의 유기적 연합(organic union)은 결코 실현
될 것이 아니었다. 비록 당시에 현장에 있던 선교사들 간의 투표는
많은 차로 연합에 찬성할 것이 틀림없었지만, 두 가지 장애물이 있었
다. 첫째 장애물은 본국의 교단 지도자들이 연합에 대하여 비호의적
인 반응을 보였다는 점이었다. 한국에서 사역하고 있던 두 개의 감
리교 선교회는 아직 하나의 한국 감리교회를 설립하지 못했었다.
한국에 있는 감리교 교회들은 아직도 본국의 여러 가지 협의회들과
밀접한 관계를 맺고 있어서 그들이 독립적인 장로교단과 연합할 수
있기 전에 이 유대가 먼저 끊어지지 않으면 안 될 것이었다. 본국의
당국이 연합에 관한 이 급진적인 생각을 곱지 않은 눈으로 바라보고

---

60 Paik(백낙준), pp.366~367.

61 the General Council of Evangelical Missions in Korea. / 『전주서문교회 100년
사』, 205쪽 참조. (역자)

62 Paik(백낙준), pp.367ff. 1911년에 이 General Council이 Federal Council of
Protestant Evangelical Missions로 재조직되었다.

있다는 암시도 있었다. 장로교 쪽에서는 남장로교 해외선교부 실행
위원회의 반응이 조금도 열성적이지 않았다.

그들이 교회 연합의 생각을 추진하려고 제안하는 그 정도가 우리에게 무언
가 깜짝 놀라게 하는 것으로 여겨진다. 무엇이 "한국 그리스도의 교회"의
정치 형태가 될 것인가? 어떠한 구원을 이 새 교회의 신조가 포함할 것인
가? 또는 감리교회와 장로교회가 이 나라(즉, 미국)에서 견해를 달리하는
점들에 관하여 그 신조가 도대체 어떤 구원을 포함하기나 할까?[63]

제안된 연합에 대한 둘째 장애물은 한국의 교회 지도자들 사이에
그 연합에 대한 욕구가 부족했다는 점이다. 여러가지 장로교 선교단
체들이 '전 한국 노회'의 조직과 더불어 주도권을 상실하였다. 제안
된 유기적 연합이 1906년에 북장로교 선교회의 연례 모임에서 투표
를 위하여 상정되었는데, 그 안건은 "1907년에 독립적인 장로교회가
조직된 다음까지" 연기되었다. 이 의결은 선교회보다는 교회가 이러
한 결정을 내려야 한다고 하는 이론에 입각한 것이었다. 그 이슈는
전 한국 노회나 총회에서 결코 투표에 부쳐지지 않았고, 또 부쳐졌다
하더라도 선교사들의 진심어린 지지 하에서도 그것이 통과되었을
가망성은 매우 낮다. 실제로 선교회 예양협정들을 통하여 이미 달성
된 연합의 정도가 장로교회와 감리교회가 나중에 그것들을 인정하려
하지 않아서 곧 손상될 것이었다.
  이 연합이 결코 성취되지는 않았어도, 이루어진 실질적이고 확고
한 진전 자체는 간과되어서는 안 된다. 보통 에큐메니컬 운동의 발

63 S. H. Chester, "Church Union in Korea," *The Missionary*, March, 1906, p.207.

단을 표시하는 것으로 여겨지는 유명한 '에딘버러 세계선교대회'[64] 보다 5년 전에 한국에서의 선교 사업이 실행가능한 풀뿌리 세계교회주의의 한 예(a workable, grass-roots ecumenicity)를 복음주의적 원리에 입각하여 달성하였었다. 이것이 어떤 단일 요인 못지않게 그 사업이 전국에서 굉장한 성공을 거둔 이유를 설명해 준다.

백만인 구령운동
The Million Souls Movement

이 시기의 복음주의적이고 에큐메니컬적인 열정이 초래한 결과들 가운데 하나가 1909~1910년의 '백만인 구령운동(救靈運動)'이었다. 그 운동의 기원은 부흥을 위하여 송도(松都)에서 매일 모여 기도하던 남감리교 선교사들의 한 작은 그룹에까지 거슬러 올라갈 수 있다. 그들은 이 기도회에서 다음 해 동안에 그들의 지역에서 그리스도를 위하여 5만 명이 개종되도록 사역하고 기도할 것을 결의하였다. 후에 그 계획이 선교회의 연례 모임에 제출되었고, 그 모임은 다음과 같이 결의하였다.

> 우리는 성령의 도우심을 통하여 다음 해 동안에 하나님의 나라를 위하여 훨씬 더 큰 일들을 이루도록 확고한 목적을 갖고 노력할 것과, 겸손과 부단한 기도로 우리의 표어를 "그리스도께 금년에 20만 영혼을"로 할 것을 결의한다.[65]

---

64 Edinburgh World Missionary Conference, 1910. (역자)
65 Alfred W. Wasson, *Church Growth in Korea*, p.59.

그 계획은 계속하여 성장하고 팽창하였다. 1909년 10월에 '복음주의 선교회 통합공의회'가 그 목표를 다섯 배로 늘려서, 전 교회를 위하여 "그리스도께 100만 영혼을"(A million souls for Christ)이라는 표어를 채택하였다. 그 계획은 깜짝 놀랄 만큼 대담무쌍한 것이었다. 그 해에 전국 기독교인 수가 17만 5천명을 넘지 못하였을 것이다. 그 목표에 도달한다는 것은 그 한 해에 기독교인 공동체 총 인원의 다섯 배 이상(!)을 받아들임을 의미하였을 것이다.

그럼에도 불구하고 그 운동은 무서운 열정과 복음전도 열기로 시작되었다. 그 계획은 복음전파의 진전을 위한 세 가지 방법을 포함하였다. 첫째로, 대규모 전도 집회가 여러 가지 센터들에서 열렸다. 둘째로, 한국 특유의 맛이 나는 기발한 아이디어 하나가 "날연보"라고 불린 것이었는데, 큰 집회가 끝날 때에 신자들은 전임 설교나 개인 전도 사역[66]에 몇 날을 온전히 바치도록 요청받곤 하였다. 셋째로, 복음서와 소책자를 배포하는 데 큰 노력을 기울였다. 그 운동을 위하여 마가복음의 특별 인쇄가 있었는데, 백만 부 이상이 배포되었다. 이 복음서들은 신자들이 구입하여 비기독교인 이웃들에게 주어졌다. 윌버 채프만 박사(Dr. Wilbur Chapman)가 미국에서 온 전도자 팀과 함께 그때에 한국을 순회하며 그 운동을 돕고 후원하였다.

전라도에서는 선교사들과 교회들이 전심으로 이 운동에 참여하였다. 군산에서는, '축호[67] 전도'(visitation evangelism)라고 하는 효과 있는 플랜이 안출되었다. 금요일 저녁에 개인 전도자들을 위한 협의와 기도 모임이 있었다. 토요일에 전도자들이 두 사람씩 주위의 마을

---

66 full-time preaching or personal evangelistic work.

67 축호(逐戶): 한 집도 거르지 않음, 가가호호(家家戶戶), 집집(마다).

들로 나가서 말씀을 전하고 다음 주일에 교회에 오도록 사람들을
초청하였다. 전주에서는 오백 명의 회중(會衆)이 5천 권 이상의 복음
서를 빠르게 구입하였다. 그 해에 3,349"날"이 한겨울의 남자 성경반
을 위해 서약되었다. 광주에서는 그 해 동안에 도합 30만 부의 전도지
가 배포되었다. 교회 건물을 막 두 배로 늘렸었는데, 그것이 완공되기
도 전에 다시금 넘쳐날 정도로 꽉 찼다. 목포 거점의 보고서는 "이
짧은 집회 기간에 목포 인근에 어느 정도라도 복음을 접하지 못한
가정은 하나도 없었다고 말해도 과언이 아니다"라고 진술하였다.

  이 큰 운동의 결과는 무엇이었는가? 1910년에 남장로교인들이 사
역하는 지역에서 2,010명이 세례를 받고 교회에 받아들여졌다. 이
것은 제2차 세계대전 전에는 다시금 필적되지 않을 최고의 기록이었
다. 이 증가가 어느 정도로 '백만인 구령운동'의 영향으로 인한 것이
었는가는 결정하기 어렵지만, 그것이 으뜸가는 요인들 가운데 하나
였음은 의심할 여지가 없다. 그러나 그 후의 해들은 1909년과 1910
년의 전도 운동 동안에 결심을 했었을 사람들 가운데서 우리가 기대
해도 좋았을 만큼의 어떠한 큰 수확도 보여주지 못한다. 그 운동이
전 기독교 공동체를 복음전파에 분발케 하고, 민족적 단결의 느낌을
일으키고, 앞으로 올 흉년을 위하여 교회를 준비시키는 역할을 한
것은 사실이다. 그러나 수적(數的) 증가라는 점에서 평가해보면, 그
운동은 목표에 크게 미달하였기 때문에 상당히 실망스러운 것이라고
간주될 수밖에 없다. 그것이 교회의 성장을 촉진시키지 못한 것은
선교 사역의 통제를 벗어난 원인들이 초래한 하나의 결과였는데, "불
행하게도 다음 9년 동안 모든 수적 성장을 가로막은 군대의 전위대
(前衛隊)를 백만인 구령운동이 만났기" 때문이다.

제5장

조류를 거슬러
Against the Tide

1910~1919

주위의 상황이 바뀌면서, 새롭고 더 엄청난 형태의 유혹과 방탕과 무절제와 불신이 홍수처럼 나라를 휩쓸고 있다. 따라서 우리는 복음에 그처럼 호의적이었던 이전의 상황이 계속될 것을 기대할 수 없다. …

- *Annual Report of the Mission for the Year 1911.*

교회가 더 이상 민족의 생명을 구할 수 있을 만한 도구로 외부 사람들에 의하여 여겨지지 않았다. 교회는 피난처도 아니었다. 그와는 반대로 새로운 정부 밑에서는 교회 안에 있는 사람들이 교회 밖에 있는 사람들보다 더 많은 어려움을 겪고 있는 것으로 보였다.

- A. W. Wasson, *Church Growth in Korea*, p.96.

이제 막 끝난 해에 한국은 그 나라의 순교자 역사에 또 하나의 빛나는 장(章)을 추가하였고, 그 나라가 겪도록 요구된 시련 중에 아마도 가장 어려운 시련 아래 우리 교회가 젖은 눈으로 모습을 드러냈는데, 그것은 생의 마지막에 이르도록 주님을 사랑한 사람들의 마지막 쉼터가 됨으로써 영광스럽게 여겨지는 많은 새 무덤들로 인해서였다. (교인들은) 봄철의 큰 혼란과 양떼의 격심한 분산으로 흔들린 채로, 아직도 떨면서, 1919년 3월과 4월의 그 슬픈 날들에 보고 경험한 일들을 귀엣말로 이야기하고 있다.

- L. T. Newland(남대리), *Annual Report of the Executive Committee of Foreign Missions*, 1920, p.85.

1910년은 한국 교회의 성쇠에 있어서 하나의 뚜렷한 전환점이었다. 가장 큰 전진의 시기는 지나갔었고, 고난과 시련의 날들이 앞에 있었다. 이 시점으로부터 선교회와 교회는 "조류(潮流)를 거슬러 헤엄치게" 되었다. 한국이 일본 제국에 합병됨에 따라 기독교 운동의 진전을 일시적으로 저지하는 정치적 경제적 힘이 발동되었기 때문이다.

합병
The Annexation

이미 본 바와 같이, 일본의 "고문(顧問)정치" 체제하에서 일본의 통치자들은 많은 문제를 겪었다. 통감(統監)은 자기의 개혁 운동을 실행하는 데 있어서 그다지 성공하지 못하였는데, 그것은 정부 안팎에 있는 자유를 사랑하는 한국인들의 완강함 때문이었다. 산간 지역에서는 광범위한 반란이 있었다.[1]

일본이 한국 지배에 성공하기 위해서는, 더 강력한 손길이 필요함이 명백하였다. **이토 히로부미**(伊藤博文, 侯爵)의 온건한 통치방식은 일본 내각 안에 있는 군벌의 눈 밖에 났다. 1909년 6월에 이토는 사임하였다. 몇 주일 후에 하얼빈 역에서 그는 한 사람의 열광적 한국인(a fanatical Korean)에 의하여 암살되었다. 이것은 한국을 위해서는 일어날 수 있었을 최악의 사태였으니, (일본의) 내각을 제어하게 되었었고 이제 합병을 더욱 더 극성스럽게 요구한 극단주의자들이 바라던 함정에 한국이 빠지게 되었기 때문이다.[2]

---

1 일본의 통계에 의하면 1907년 7월에서 1908년 말까지 14,566명의 '반란자들'이 살해되었고, 8,728명이 항복하였다.

2 역사가 보튼(Borton)은 그 암살이 이토의 정적(政敵)들에 의하여 계획되고 실행된

1910년 7월에 데라우치 마사타케(寺內正毅) 대장이 이토 후작의 후임
으로 임명되었고, 합병안을 작성하기 위하여 서울로 보내졌다. 데라
우치는 수년간 육군 대신을 지낸 철저한 군국주의자(militarist)였다.
그는 근위병과 해병의 증원부대를 데리고 왔다. 언론기관들이 탄압
받고, 애국단체들이 해산되었으며, 경찰관이 어디서나 눈에 띄었다.
일본의 한 대변인이 새 행정부의 방침을 발표하였다.

> 현 시국은 지속적인 평화와 질서를 확립하기 위하여 장갑 낀 손보다는 철권(鐵
> 拳, iron hand)을 휘두를 것을 요구한다. … 일본은 이 일을 방해하는 누구나
> 희생시킬 준비가 되어 있지 않으면 안 된다. … 이 사람들을 다룰 단 한
> 가지 방법이 있는데, 그것은 엄격하고 혹독한 방법으로 다루는 것이다.[3]

이토는 어쨌든 기독교인들과 선교회들에 동정적이었었는데, 데라우
치는 거리낌 없이 적대적이었다.

그가 서울에 도착한 거의 직후에 일본의 통감부와 조선의 궁정
사이에 일련의 협의가 비밀리에 있었다. 음울한 정적이 수도(首都)
위에 깔렸다. 그러고 나서 소식이 들려 왔는데, 그 내용은 왕과 그의
대신들이 왕위를 포기하는 내용의 일본과의 조약에 서명하였고, 그
에 의하여 한국의 유구한 독립국가로서의 역사를 끝냈다는 것이었
다. 나라의 이름조차 바뀔 것이었다. 한국의 이름은 일본의 한 현
(縣)인 "조센"(朝鮮)이 될 것이었다.

합병조약에 의하여 한 사람의 총독(總督)이 총독부를 이끌고, 천황

것일 수 있었음을 시사한다. Hugh Borton, *Japan's Modern Century*, p.248.
3 *The Seoul Press*, quoted by F. A. McKenzie, *Korea's Fight for Freedom*, p.175.

자신에게 직접 책임을 지게 되었다. 여기에서 우리는 일본 정부의
구조 속에 있는 치명적인 결함을 본다. 내각의 장관들이 국민의 선
출된 대표자들인 의회에 대하여 책임을 지지 않고, 때로는 국민의
요구에 정반대되기까지 하는 정책을 추구할 자유가 있었다는 점이
다.[4] 총독은 행정수반, 군 통수권자, 사법부, 그리고 입법부, 이 모든
것을 겸비한 자였다. 한국의 지방 자치(local self-government)는 폐
지되고 공립학교의 교장까지도 이제부터는 일본인이 될 것이었다.

  합병 후 처음 10년 동안에는 많은 유리한 결과들이 총독부의 공로
로 여겨질 수 있었다. 도로와 간선도로가 건설되었고, 철도가 부설
되어 기차들이 정각에 달렸고, 구한국[5]의 것보다 훨씬 나은 화폐제도
가 도입되었고, 전보와 전화 등 통신수단이 크게 확장되었다. 그러
나 이러한 향상된 것들이 군용 간선도로로 여행하거나 전보를 치거
나 수표를 현금으로 바꾸거나 하는 일이 없었던 대다수의 서민들에
게 직접적인 영향을 끼치지는 못하였다.

  차변(借邊) 란에는 불만의 긴 목록이 열거될 수 있다. 경찰관은
어느 집에든 들어가고, 하고 싶은 대로 파괴하고, 즉석에서 즉결재판
(summary justice)을 할 권리가 있었다. 공식기록에 의하면 이 10년
동안에 20만 명 이상의 한국인들이 일본 경찰관한테 매질을 당했다.
언론의 자유, 출판의 자유, 집회의 자유는 모두 다 엄격하게 축소되었
다. 다양하고 교묘한 방법을 통하여 가장 비옥한 토지가 점차로 일본인
지주들의 소유가 되었다. 1920년까지 한국의 가장 비옥한 땅의 오분의
일이 이미 일본인의 손에 넘어갔었다.[6]

---

4 공정하게 말하자면, 그 합병은 소수 각료들에 의하여 이루어졌을 뿐, 그 결정이
   의회(the Diet)에 조회된 일이 결코 없었음이 기억되어야 한다.
5 대한제국. (역자)

음모 재판
The conspiracy trials

이 수탈 정책이 조만간 일본 총독부를 개신교 선교회나 기독교 교회와 충돌하게 만들 것은 필연적인 일이었다. 일본의 입장에서 보면, 선교사들은 한국 대중을 완전히 억압하는 방향으로 나아가는 그들의 길에 남아있는 소수의 장애물 가운데 하나였다. 한국적인 특성이 강한 단체들은 모두 해체되었었다. 오직 교회만이 선교사들을 통하여 외부세계와의 직접적인 유대를 여전히 유지하면서 남아있었다.

한국의 혼을 얻기 위한 제국과 교회 사이의 싸움의 첫 전초전이 이 시기에 일어났다. 그 싸움은 다음 35년간 계속될 것이었다. 제국이 하나의 전체주의 정권의 모든 권력과 힘을 가지고 있었다. 그러나 선교회들은 그들의 적들이 고도로 존중하는 두 가지 비장의 수를 갖고 있었다. 그들은 한국인들 사이에 엄청난 인기를 누리고 있었던 만큼, 교회나 선교회에 대한 어떠한 직접적인 공격도 민중봉기를 촉진할 뿐일 수 있었다. 그리고 국제 여론의 압박이 있었다. 선교사들이 한국에서 보고 들은 바를 말하지 못하게 할 도리는 없었다. 강대국의 대열에 새로 들어온 일본은 세계 여론(world opinion)에 이상하리만큼 민감하였고, 시민적 자유를 억압하다가 해외에서 유포된 불리한 보도 때문에 뒤로 물러선 경우가 한 번만이 아니었다. 아무튼 이 힘겨루기는 권력이나 힘으로 결판날 것은 아니었다.

그 싸움의 첫째 라운드는 합병 후 곧 유명한 "음모" 재판[7]으로 일어

---

6 McKenzie, *Korea's Fight for Freedom*, pp.196~197.
7 '105인 사건': 1910년에 안명근(安明根)의 "데라우치 총독 암살 미수 사건"이 발생하자, 이를 확대 조작하여 조선 총독부가 이듬해에 비밀항일단체인 신민회(新民

났다. 총독이 북부 도(道)들을 여행하는 동안에 그를 암살하려는 모의에 연루되었다는 구실로 1911년 가을에 149명이 체포되었다. 체포된 사람들 가운데 세 사람은 재판이 시작되기 전에 고문으로 사망한 것이 분명하고, 23명은 훈방되었거나 추방되었으며, 123명은 1912년 6월 28에 서울에 있는 법원에 기소되었다. 피고인들 가운데 두 사람은 회중교회 교인, 여섯 명은 감리교인, 그리고 89명은 장로교인이었다. 그래서 그 재판이 기독교 운동 전반에, 그리고 특히 장로교 교회에 대하여 지닌 함의(含意)를 알 수 있다.

제1심 재판(original trial)에서 검사의 기소 이유는 모든 피고인들의 서명된 자백에 전적으로 의존한 것이었다. 그러나 몇 번이고 피고인들은 일어서서 혐의를 부인하고 그들의 자백은 고문을 받거나 고문의 위협을 받아서 작성된 것이라고 말하였다. 법정은 자기들이 듣기 원하는 증인들의 말만 들었고, 자신들의 몸에 고문의 흔적이 있다고 주장하는 피고인들을 조사하려고도 하지 않았으며, 소송절차를 처음부터 끝까지 자의적인 방식으로 진행하였다. 북장로교 선교회의 **마펫** 박사와 **언더우드** 박사, 그리고 감리교회의 **해리스** 박사는 그 음모에 연루되었다는 말이 있었지만, 이에 대한 증거는 제시되지 않았고, 그들은 재판에 회부되지도 않았다. 법원의 판결에 따라 유명한 애국자이고, 교육자이며, 기독교인인 **윤치호**(尹致昊) 남작을 포함한 저명한 피고인들 가운데 6명은 10년의 금고형 선고를 받았다.

會)의 윤치호, 양기택, 이승훈 등 저명 애국지사들을 대거 검거하여 그 중 123명이 기소되었는데, 1심에서 유죄판결 받은 이가 105명이었기 때문에 이 사건이 '105인 사건'으로 불린다. 이 사건은 범죄를 날조하고 악독한 고문을 가한 것으로 유명하였다. 신민회는 대체로 평안도(서북 지방)의 기독교 인사들이 중심이 되어 활동하였다. (역자)

남은 피고인들의 대부분에게는 그보다 덜한 형벌이 선고되었으며, 몇 사람은 무죄 선고를 받았다. 한국인 피고인들은 항소하였다.

분노의 물결이 미국을 휩쓸었다. 법정이 재판을 진행한 고압적인 방식과 그 전에 있었던 잔학행위들이 미국의 교회에서는 선교사들에 의하여, 그리고 사회에서는 세속의 언론기관에 의하여 잘 알려졌었다. 한국에 선교사를 파견한 선교부들의 한 회의에서 피고인들의 항소를 위한 최선의 변호인단을 확보하기 위하여 자금을 마련하기로 결정되었고, 피고들을 위하여 중재하도록 영향력 있는 기독교 지도자들의 대표단이 일본에 파견되었다.

그 사건은 우선 일본의 항소법원(Court of Appeals)으로, 그리고 최종적으로는 대법원(Supreme Court)으로 이송되었다. 이어지는 재판들은 비교적 자제되고 공평한 방식으로 진행되었다. 국제여론이 효력을 발휘하고 있었다! 피고인들은 한 일본인 변호사에 의하여 유능하게 변호되었고, 일본의 보도기관도 모든 소송절차를 편견 없이 보도하였다.

상급 법원들은 피고인 대부분에게 무죄 선고를 하였고, 그 밖의 피고인들에게 전에 부과되었던 형량을 크게 낮추었다. 그 드라마의 최종 막(幕)에서 일본의 천황이 유죄판결을 받았던 여섯 사람을 사면하였는데, 이로써 어떠한 음모도 전혀 없었음을(!) 암암리에 시인한 것이었다.

이 사건의 결과는 일본 총독부에는 좌절이었고, 교회에는 승리였다. 고문을 받고 있던 기독교인들의 영웅적 행위는 온 나라에 큰 감명을 주었다. 석방된 피고인들은 영웅의 환영을 받았다. 선교사 한 사람은 다음과 같이 보고하였다.

그들은 감옥에 있는 동안 좋은 일을 하고 있었다. 그들은 하루 세 번씩 성경공부 및 기도의 모임을 가졌고, 한 사람은 구속 기간 동안에 신약성서를 열다섯 번 통독하였다. 그들이 자기들의 고향에 갔을 때에 그들은 기쁨의 영접을 받았다. 평양에서는 8,000명에서 10,000명의 사람들이 역에 나와 있었다고 한다. 그것은 굉장한 광경이었고, 석방된 모든 피고인들이 감옥에 있는 동안 큰 열정을 나타내었던 것으로 보인다.[8]

"아홉 흉년"
Nine lean years

총독부에 대한 적개심과 반대를 증대시킨 합병은 교회의 성장률에 즉각적이고 직접적인 영향을 끼쳤다. 비록 현지의 선교사 수, 기관들의 크기, 그리고 새롭고 더 좋은 건물들의 수는 상당한 증가를 보였지만 복음전파에 대한 반응에는 그에 상응하는 성장이 없었다. 실제로는 그와 반대가 사실이었다. 남장로교인들이 사역한 지역 내에서 추가되는 교인 수가 1910년의 정점으로부터 꾸준히 감소한 것을 볼 수 있다.

1910년에 신앙고백으로 2,010명이 추가되었다.
1911년에 신앙고백으로 1,900명이 추가되었다.
1912년에 신앙고백으로 1,381명이 추가되었다.
1913년에 신앙고백으로 1,095명이 추가되었다.

---

8 W. H. Forsythe(보위렴), "Zeal of the Korean Prisoners," *The Missionary Survey*, July, 1913, p.725.

> 1914년에 신앙고백으로 845명이 추가되었다.
>
> 1915년에 신앙고백으로 826명이 추가되었다.
>
> 1916년에 신앙고백으로 714명이 추가되었다.
>
> 1917년에 신앙고백으로 792명이 추가되었다.
>
> 1918년에 신앙고백으로 526명이 추가되었다.
>
> 1919년에 신앙고백으로 368명이 추가되었다.

한층 더 실망스러운 것은 교인 총수(總數)에 뚜렷한 증가가 없었다는 것이다. 선교회 회의록에 의하면 1911년에 전라남북도에 7,155명의 수찬교인들이 있었다. 1918년까지는 그 수가 천천히 7,929에까지 올랐었는데, 그 다음 해에 그 수가 7,000을 약간 상회하는 수로 줄었다.

성장률의 이 역전(逆轉)은 우리 선교회의 지역에 국한된 것이 아니라 전국에 일반적인 현상이었다. 왓슨(A. W. Wasson)은 남감리교인들이 사역하고 있던 지역에서의 교회성장에 관한 그의 연구서에서 이 시기의 특성을 "아홉 흉년"으로 묘사하였다. 로버트 스피어 박사(Dr. Robert E. Speer)는 1915년에 북장로교 선교회 지역 방문에 관하여 보고하면서 "총 손실이 순이익의 두 배였다"라고 말하였다.

추세가 이렇게 바뀐 이유를 찾기는 어렵지 않다. 이미 언급한 불리한 정치 환경 말고도 한국 서민의 혹독한 가난이 있었다. 한국의 농민은 빈곤과 기근을 전에도 겪었었다. 그러나 더 나은 삶의 방식이 자기 주위에 있다는 증거들을 접하자 그는 자기의 불만족한 경제적 필요를 더 의식하게 되었었다. 1912년에 프레스턴 박사(Dr. Preston, 변요한)는 이렇게 썼다.

빈곤의 압력이 서민들에게 내가 전에 알았던 것보다 더 심한 것으로 보인다. 그리고 우리는 그것을 우리 교회들에서 자급의 문제에서만이 아니라 안식일 준수와 자발적 개인전도(voluntary personal work)에서 나타나는 점증하는 어려움에 있어서도 이미 느끼기 시작하고 있다.[9]

이 점증하는 경제적 좌절로 인해서 한국인들이 만주, 시베리아, 북중국, 그리고 일본으로 집단 이주하는 일이 발생하였다.

50만 명의 한국인이 일본으로 건너갔고, ⋯ 200만 명의 한국인이 북쪽으로 만주에 흘러들어가서, 시베리아와 북중국으로 빠져 나갔다. ⋯ 그리고 가는 사람들은 보통 기독교인들이었는데, 그들이 전 주민 가운데서 가장 기민하고 모험적이어서 새로운 사상을 받아들일 준비가 되어있었기 때문이었다.[10]

초기에 한국이 서양문명과 접촉하는 것은 주로 서양 선교사를 통해서 이루어졌다. 그러나 점점 더 서양 문화의 세속적 국면들이 나타났다. 상업주의, 불가지론, 그리고 인본주의가 영향을 끼치자 선교사와 교회의 영향력이 손상되고 때로는 평가 절하되었다.

좋지 않은 정치적 경제적 환경으로 인해서 자급(自給)이 이 시기에 선교회 전도자들이 당면한 아주 어려운 문제였다. 선교회가 생활비를 지급하는 "순회 전도자"(mission-paid "circuit rider")에 의하여 시작된 교회들이 그들 자신의 전도사나 목사에 대한 책임을 지도록

9 Dr. J. F. Preston(변요한), "Personalia," *The Missionary Survey*, January, 1913, p.203.
10 C. A. Clark(곽안련), *The Nevius Plan for Mission Work*, p.307.

하는 것이 점점 더 어렵게 보였다. 그 문제는 전국적인 것이었다.
1915년에 한국에 224개의 조직교회들이 있었지만, 이 교회들 중의
18개 교회에만 한국인 목사가 있었고, 57개 교회에는 한국인 동사목
사(co-pastor)가 있었으며, 149개 교회는 선교사의 무료 봉사에 의존
하였는데, 이런 경우에 선교사는 당회장(moderator of the session)의
역할을 하고 그 교회를 가끔 방문할 수 있었다. 스피어 박사는 이
문제에 관하여 1915년에 다음과 같이 썼다.

> 교회들의 목회 업무(pastoral care)를 그것이 올바르게 행해질 것이라는
> 확신을 갖고 토착민 목회자들(native ministers)에게 이양하는 것, 그리하
> 여 외국인 선교사들에게서 목회적 활동을 경감해주고 선교회의 독특한 사
> 역을 공격적으로 할 수 있도록 그들을 자유롭게 해주는 것은 모든 선교
> 현지에서 당면하는 현실적 문제이고 한국에서 덜 현실적인 것도 아니다.
> 실로 그것은 (한국에서) 더 현실적이어서, 그 부담이 선교사들 중의 다수
> 가 지기에 너무 무겁게 되어가고 있다.[11]

1913년의 선교회 모임은 이 문제를 모든 견지에서 토의하고 위해서
기도하였다. 선교회는 마침내 대담한 결의를 하였다. "하나님의 도우
심으로 자급을 전에 없이 강조하기로." 스와인하트 씨(Mr. Swinehart,
서로득)[12]의 생생한 말에 의하면,

---

11 R. E. Speer, *Report of Deputation of the Presbyterian Board of Foreign
    Missions to Siam, the Philippines, Japan, Chosen, and China*, April-
    November, 1915, p.363.
12 스와인하트 씨: 선교회 관리자, 경영자. (역자)

지난 9월 1일에 전주에서 열린 연례회의에서 돌아온 다음 복음전도 지도자들은 자급(自給)이라고 하는 홍해(紅海) 앞에 난감하게 진을 치고 있는 한국교회라고 하는 군대가 그들을 마주하고 있는 것을 발견하였다. 그들의 빈곤이라고 하는 크고 가망 없어 보이는 대양(大洋)이 그들 앞에 불쑥 나타났고 뒤에는 추적해 오는 이교(異敎)라고 하는 적군이 있는 가운데, 이 거점의 모세와 그의 보조자들이 믿음의 지팡이를 들어 올리고 교회에게 전진하라고 명령할 수 있게 하는 데에는 예언자의 믿음과 하나님의 직접적인 소명이 필요하였다.[13]

자급에 있어서 고도로 성공적이었고, 선교회의 정책 시행에 귀감이 된 하나의 실험을 레널즈(이눌서) 박사가 자세히 이야기한다. 그는 자기의 순회구역 안의 교회 지도자들의 전체 회의를 소집하여 자급을 강하게 밀고 가기로 한 선교회의 결정을 보고하였다. 그렇게 한 다음에 레널즈 박사는 두 조사와 한 전도부인의 봉급을 인상하기 위하여 그들이 일을 시작할 것을 제안하였다.

그것이 그들을 거의 아연케 하였지만, 식사를 위한 잠시의 휴식 후에, 나로 하여금 두 조사와 함께 교회마다 찾아가서 교인들에게 그 문제를 분명히 알리고 1914년을 위한 자금을 모금하게 하자는 동의가 가결되었다. 우리가 일꾼을 선택하고 새해 일을 시작하기 전에 자본금을 입수하지 않으면 안 된다는 것이 하나의 사업 원리로 정해졌다. 나는 상당히 염려하면서 그 캠페인을 개시하였지만, 나의 연약한 믿음은 몇 번이고 꾸짖음을 당하

---

13 M. L. Swineheart(서로득), *Annual Report of the Mission for the Year 1913*, p.48.

였고, 나는 한국에서 가진 20년의 경험 가운데 가장 즐거운 교회 순회방문
을 하였다. 고린도후서 8장과 9장에 입각한 호소에 대하여 교인들이 기꺼
이 그리고 "그들의 능력 이상으로" 반응하기까지 하였다.[14]

이 캠페인의 결과는 매우 경이로웠다. 1913년에 그 순회구역의
스무 교회들이 선교회의 지원을 받는 두 사람의 "순회 전도자들"을
위하여 겨우 72엔(円)을 모았다. 그런데 그 다음 해를 위해서는 그들
이 열심히 모금해서 그 액수의 다섯 배 이상을 미리 마련하였고, 그
일터를 네 순회구역으로 나누었으며, 봉급을 매달 10엔으로 정하였
고, 네 조사와 한 전도부인을 선임하였다.

자급에 있어서의 진전이 다른 거점들에 의해서도 보고되었다.
1915년에 광주의 닷슨(S. K. Dodson, 도대선) 목사는 자기의 순회구역
안의 교회들을 섬기는 여섯 전도자들 가운데 네 명은 전적으로 교회
에서 사례비를 지급받았고, 두 명은 일부는 교회에서 그리고 일부는
선교회에서 지급받았다고 썼다. 면밀한 계획, 믿음 그리고 결단으로
그것이 이루어질 수 있었다!

"불신자 주일학교"
Heathen Sunday schools

이 수년 동안에 교회의 교인수가 대폭적으로 증가하지는 않았지
만, 선교회는 그 이전 기간에 얻어진 성과를 견고하게 할 수는 있었

---

14 W. D. Reynolds(이눌서), "An Experiment in Self-Support," *The Missionary Survey*, October, 1914, pp.735~737.

다. 그래서 이 시기의 특징은 이 공고화와 집중적 발전이었다. 지도
자 훈련, 주일학교 확장, 교육 시설의 개선, 병원의 건축, 그리고
전국 교회의 조직에 있어서 현저한 증진이 눈에 뜨인다. 선교기관과
토착교회가 그 기간의 처음보다 끝에 더 강력한 상태에 있게 되었음
이 확실하였다. 어떤 사람들은 그 시련기에 떨어져 나갔지만, 남아
있은 사람들은 이러한 경험들로 인해서 신앙이 더 강해졌다.

  하나의 뜻있는 진전이 기독교 교육의 분야에서 이루어졌다. 그
이전에는 모든 시간과 노력이 성인 신도들의 육성에 쓰였었고, 그러는
동안에 아이들을 위한 주일학교는 대체로 소홀히 해졌다. 한 선교사가
말했다. "한국에서 서른 세 해 동안 우리에게는 단 하나의 세대가
있어왔는데, 그것은 어른들의 세대였다. 이제는 아이들의 세대가
다가온다."[15]

  1911년에 세계 주일학교 연합회의 특별위원인 브라운(F. L. Brown)
이 한국을 방문한 결과로 "한국 주일학교 연합회 실행위원회"를 한국
에서 조직하기로 결정되었다. 그 위원회의 처음 모임이 1912년 2월
에 열세 사람의 회원으로 열렸는데 그 중의 여섯 명은 여섯 협력
선교회들로부터, 여섯은 한국의 교회들로부터, 그리고 한 명은 기독
교서회로부터 파송된 위원이었다. 처음부터 그 사업을 주도해 왔던
남장로교인 스와인하트가 회장으로 선출되었다. 일련의 단계별 통일
공과가 채택되었고 학습 지침서도 마련되었다. 그 공과가 전국적으
로 널리 사용되었다.

  이 주일학교 운동에 있어서 매우 흥미 있는 진전 가운데 하나는
"불신자 주일학교"였다. 비기독교인 부모의 자녀들을 위한 이 학교

---

15 M. L. Swinehart(서로득), *The Missionary Survey*, June, 1918, p.363.

전주서문밖교회의 'ㄱ'자 예배당과 주일학교 생도들
(1911년, 레널즈 선교사의 담임목사 재임 기간 중)

들은 그들이 교회 안에 있는 정규 주일학교에 다니지 않으리라는 것이 알려졌을 때에 시작되었다. 그 학교들은 다양한 장소에서 조직되었고, 흔히 여름에 야외에서 모였다. 때로는 "홀로"반과 "함께"반이라고 하는 두 가지 학급으로 나눌 필요가 있었다. 홀로반은 혼자 다니는 아이들을 위한 반이었고, 함께반은 어린 남동생이나 여동생을 등에 업고(!) 온 아이들을 위한 반이었다. 등 뒤에 매어있는 아이들이 끊임없이 수선을 피워서 분반하는 것이 정말 바람직하였다.

이 운동은 큰 성공이었다. 자신들은 교회에 다니지 않지만 자기들의 자녀들에게 주어진 기회를 환영한 비기독교인들이 그것을 고맙게 여겼다. 감독은 대체로 의료선교사와 그 밖의 평신도들이 하였다. 각 거점 지역에 한 사람의 부장이 선임되었는데, 그는 교사로 섬길 자원봉사자들을 도시 교회에서 확보하였다. 스와인하트 씨와 윌슨 박사는 광주에서, 오긍선 의사는 목포에서, 다니엘 의사는 전주에서 책임자였다. 통계에 의하면 이 기간 동안에 선교회 지역의 주일학교 출석수는 1909년의 6,400명으로부터 1918년의 11,884명으로 거의 두 배가 되었다.

순천順天 거점의 개설
Opening of Soonchun station

순천 지역에서의 사역은 **오웬** 의사에 의하여 시작
되었고 그가 치명적으로 병에 걸린 것도 이 현장에서
였다. 그의 사후에 이 남동부 지역의 사역을 감독하
도록 **프레스턴** 박사가 목포에서 광주로 전임되었다.
벨과 **프레스턴**이 이 지역을 함께 답사하였는데, 그들
은 사역이 매우 만족할 만한 상태에 있는 것을 발견
하고 놀라고 기뻐하였다. 그들은 여섯 내지 일곱

존 프레스턴(변요한)
[재임 1902~1946]

그룹의 기독교인들이 순천 인근에서 모이고 있는 것을 발견하였다.
이들 가운데에는 도시 안의 큰 기와집 공회당에서 모이는 약 50명의
그룹이 있었다.[16] 이 실지답사 후에 그 두 사람은 순천에 거점을 설치할
것을 선교회에 건의하였는데, 그 이유는 그 지역에 많은 새 신자들이
있다는 것, 먼 거리와 높은 고갯길들이 그 지역을 광주로부터 분리시키
고 있다는 것, 그리고 순천은 근해 도서들을 위한 "출발점"(jump off
point)으로 쓰일 수 있다는 사실이었다.

선교회는 제안된 거점의 부지를 찾을 위원들을 임명하였다. 땅을
사려고 왔다는 의혹을 받지 않기 위하여 그 외국인 "수렵 원정대"는
엽총을 손에 들고 도시 둘레의 언덕 중턱을 발을 쿵쿵 구르며 걸어
다녔다. 접근하기 쉬울 만큼 가깝고 도시를 내려다보는 위치에 있는

---

16 순천 지역의 첫 교회인 '순천중앙교회'의 시초에 관한 설명임. (역자)

로버트 코잇(고라복)
[재임 1907~1932]

10에이커의 아주 좋은 장소가 발견되었다. 산 속의 샘이 맑은 물을 제공하고, 근처의 산허리에서 화강암을 떠낼 수 있는 곳이었다.

선교회는 그 위원회의 추천을 열렬히 받아들이고, 그 땅을 구입하고, 건축 작전(building opera-tions)을 시작하여, 그 거점을 점령하도록 **프레스턴**과 **코잇**을 지명하였다. 1911년에 프레스턴 부부가 안식년으로 떠났다. 그들에게 부여된 임무는 새 거점의 직원이 되고 다른 센터들의 필요를 채워줄 33명의 선교사를 모집하는 것이었다. 이제 선교 역사에서 가장 극적인 에피소드 중의 하나를 보기 위하여 무대가 모국 교회로 바뀐다.

1911년에 미국 교회는 해외선교 사업에 대한 열정이 점점 더 커가는 분위기였다. 몇 년 동안 '전진 운동'(Forward Movement)이 명확한 선교 프로젝트들에 기부하기를 원하는 개인이나 교회를 체계적으로 참가시킴으로써 (선교의) 길을 개척하고 있었다. 1907년에 '평신도 선교사 운동'이 발기한 하나의 새로운 선교 강령(綱領)(missionary platform)이 앨라배마주 버밍햄에서 모인 남장로교 총회[17]에 의하여 채택되었다. 이 조처에 의하여 전 교회가 일곱 현지에 있는 총 2,500만 명의 복음화를 위하여 일정한 선교 책임을 받아들였다. 그리고 각각의 교인이 자기 교회의 '전교인 축호(逐戶) 권유'를 통하여 이 의무의 자기 몫을 이행하도록 요청받았다. 교인 1인당 매년 $4가 선교를 위하여 책정된 목표였다. 선교의 대의를 역설할 좋은 시기였다.

프레스턴 씨는 찰즈 프랫(Charles H. Pratt, 안채륜) 목사와 함께 '평신

---

17 Presbyterian U.S. General Assembly.

도 선교사 운동'의 후원을 받아 선교사와 재정후원자를 찾기 위하여 교회를 순회하였다. 모국 교회는 훌륭하게 반응하여서[18] 그 해가 끝나기 전에 33인의 선교사가 모집되고 그들의 한국 선교에 대한 지원이 약속되었을 뿐 아니라, 그 두 사람이 아프리카 선교를 위해서도(!) 유사한 캠페인을 시작하였었다.

그들의 가장 눈부신 성공은 사우스캐롤라이나주 그린빌의 한 직물업자요 선교병원들의 친구요 후원자인 그레이엄(C. E. Graham)을 방문한 결과로 얻어졌다. 그레이엄 씨는 자기의 친구 노스캐롤라이나주 더럼(Durham)의 조지 왓츠(George Watts)에게 보내는 소개장을 그들에게 주면서 무언가 "정말 큰" 것(something "really big")을 하도록 그에게 도전할 것을 그 팀에게 권하였다.

그들의 작전계획의 다음 단계는 더럼의 제일장로교회 목사로부터 강단 초청(a pulpit invitation)을 확보하고 그 주일 아침에 왓츠 씨가 그가 늘 앉는 자리에 앉도록 손을 쓰는 것이었다. 그 교회의 목사 레이번 박사(Dr. E. R. Leyburn)는 한국 선교사 전킨 부인(Mrs. Junkin)의 동생이었기 때문에 어려움이 없었다. 프레스턴은 강단에서 한국을 위한 자기의 주장을 설명하고 그 주간의 나중에 왓츠 씨를 방문하여 한 선교사에 대한 지원이 아니라 순천 거점 전체를 위한 지원을 해달라고 부탁하였다. 왓츠 씨는 그 제안을 생각할 며칠을 달라고 요청하였다. 그리고 나서 그는 "수락"(ACCEPTED)이라고 타전하였다. 그는 그 새로운 거점을 구성할 13명에 대한 지원을 위하여 매년 $13,000를 약속하였다.[19]

---

18 The home church responded magnificently.
19 이 이야기의 속편은 왓츠 씨 부부가 한국을 방문하여 그들의 순천 투자의 결과를 직접 본 1919년에 나왔다. 왓츠 씨는 그가 본 모든 것에 뜨거운 관심을 보였고

프레스턴 부부가 증원부대와 자금을 가지고 돌아왔을 때에 새 거점을 위한 건설 작전은 절정에 이르렀다. 한 거점 전체가 처음부터 그렇게 완전히 건설되고 충원되는 것은 선교 사상에 유례가 없는 경험이었다. 중국인, 일본인, 그리고 한국인 일꾼의 무리들이 돌을 떠냈다. 노동자들이, 작업 중에 노래하면서, 떠낸 조각들을 산허리 아래로 운반하였다. 무게가 70~90kg 되는 생석회 봉투들을 산 고개를 넘어 48km나 한 사람이 한 봉투씩 운반하였다. 미국에서 온 시멘트와 건축 자재들이 4.8km 떨어진 포구에 있는 배에서 하역되었다. 주택들이 먼저 올라갔고, 뒤이어 병원과 학교들이 지어졌다. 이리하여 순천 거점은 "활짝 핀 상태로 갑자기 그 모습을 드러내었다."[20]

그러나 그 사역은 "불 세례"(baptism of fire)로 시작되었다. 그 거점의 전위대(前衛隊)였던 프레스턴 가족과 코잇 가족이 1913년 4월에 광주에서 이사 왔다. 주택들이 완성되지 않아서 생활과 위생 상태가 전혀 만족스럽지 않았다. 이사 와서 한 주일도 지나지 않아서 악성 이질(痢疾, dysentery)이 코잇 가족을 급습해서 스물여섯 시간 안에 어린 로버타(Roberta)와 우즈(Woods)가 사망하였다. 코잇 부인도 습격을 받아 사경을 헤맸지만, 순천과 광주에 있는 선교사들이 연합하여 중보기도를 한 후에 회복되기 시작하였다. 코잇 부인의 간증이 가족을 잃은 그 거점의 고요한 용기와 끈기 있는 인내를 얼마쯤 보여준다.

자기의 후원금이 그렇게 쓰였음에 매우 만족해 하였다. 후에 순천 거점에 대한 그의 지원은 기증(endowment)의 형태로 영구화되었는데, 이것은 남장로교의 해외 선교단들을 지원하기 위하여 그때까지 바쳐진 최대의 단일 기증(the largest single gift)이었다.

20 Thus Soonchun station "sprang full bloom into being."/ R. T. Coit(고라복), "Our Newest and Last Mission Station in Korea," *The Missionary Survey*, June, 1917, p.31.

이처럼 불 세례로 개설된 그 거점은 '보이지 않는 것들의 실재'(reality of unseen things)에 대한 보통 이상의 감각과 우리가 이 사람들에게 선포해야 하는 영광스러운 희망을 가지고 사역을 시작하였다.[21]

그 후 곧 그 거점에 임명된 다른 직원들도 도착하였다. 전도사역을 위해서는 프레스턴 부부와 코잇 부부와 프랫 부부가 있었다. 의료사역을 위해서는 티몬즈(H. L. Timmons, 김로라) 의사 부부와 정규 간호사 애너 루 그리어(Anna Lou Greer, 기안라)가 도착하였었다. 크레인(구례인) 목사 부부는 남학교의 사역을 맡도록, 그리고 듀푸이 양(Miss Lavalette Dupuy, 두애란)은 설립 신청된 여학교를 책임지도록 임명되었다. 메타 비거 양(Miss Meta Biggar, 백미다)은 여성을 위하여 복음전파와 성경반 사역을 하도록 부름 받았었다. 그 거점의 사역은 다른 거점들을 위하여 묘사된 것과 거의 동일한 패턴으로 빠르게 발전하였다.

최초의 총회
The first General Assembly

최초의 노회가 생긴 지 5년 만에 한국의 장로교 총회가 조직되었다. 1912년 9월 1일에 평양에서[22] 열린 이 역사적 모임에 한국인 목사 52명, 장로 125명, 그리고 선교사 44명이 참석하였다. 조직 교회마다 한 사람의 장로를 파송하도록 허락되었다. 앞으로는 장로에 대한

---

21 R. T. Coit(고라복), "History of how the Gospel entered Soonchun Territory and Its Spread up to 1917."

22 첫 총회의 장소는 평양 여성경학원이었다. (역자)

호러스 언더우드
(원두우)
[재임 1885~1916]

목사의 비율을 더 가까이 일치시키기 위하여 다섯 당회당 한 장로가 인정될 것이었다. 독노회의 마지막 회장 레널즈가 개회 설교(opening sermon)를 하였다. 언더우드(원두우)가 회장으로, 그리고 블레어(W. N. Blair, 방위량)가 회계로 선출되었다. 그 밖의 모든 직책은 한국인들이 맡았다.

유진 벨 목사가 1914년에 총회 회장으로 선출되었고, 그 후 현재에 이르기까지 모든 총회 직책은 내국인들이 맡는 것이 관례가 되어왔다.

한국 총회가 최초로 의결한 안건은 해외선교 위원회를 조직하는 것이었고, 이 위원회는 사역할 곳으로 중국 산둥(山東)에 있는 한 지역을 요청하였다. 이러한 사역지(field)는 북장로교의 중국 선교회가 그들에게 지정하였다. 1913년에 세 명의 한국인 목사들이 이 사역을 개시하기 위하여 파송되었다. 중국 문자를 이미 알고 있었기 때문에 이들 한국인 외인 선교사들은 말을 아주 쉽게 배웠다. 그들은 중국 문화에 서양 선교사들보다 더 빠르게 적응할 수 있었고, 즉시 다른 선교사들과 중국 기독교인들의 존경과 감탄의 대상이 되었다. 그들은 자급(自給)과 자전(自傳)의 중요성을 강조하였고, 산둥의 선교는 큰 진보를 이룩하였다. 1928년까지에는 그 사역이 898명의 수찬교인, 13개 처의 교회 건물, 20 집회소들, 열 장로들, 열다섯 전도사들, 학생수 244명인 열두 주간학교(day schools)를 포함하도록 성장하였었다. 한국교회가 그들 중의 일부 가장 훌륭한 사람들을 해외로 보내고 그들을 자신들의 헌금으로 후원한 것은 그 시기 한국교회가 처한 어려운 처지를 우리가 기억할 때에 더욱더 놀랍다.

최초의 해외 선교사들이 중국에 파송된 해에 전라노회는 한국의

제주도 사역에 대한 책임을 맡도록 요청받았다. 이 사역은 불굴의
개척자 이기풍(李基豊) 목사의 지도하에 진척되었다. 그는 병으로 인
하여 육지로 돌아오지 않으면 안 되었던 1915년까지 희생적으로 헌
신하였다. 1919년에 제주도에는 여섯 개의 건물 있는 교회들과 네
곳의 다른 집회소들이 있다고 보고되었다. 이 모든 사역이 한국교회
의 지도하에, 그리고 그들 자신의 십일조와 헌금으로 이루어졌다.

이 시기 한국 장로교회 전반의 성장은 다음 비교 통계[23]를 보아
알 수 있다.

	1910	1919
목사(Pastors)	40	192
장로(Elders)	133	837
안수집사(Ordained Deacons)	0	79
미조직 교회(Unorganized Churches)	1,632	1,488
조직교회(Organized Churches)	50	447
이 해에 고백으로 받아들여진 교인 수 (Received on profession this year)	10,082	5,058
전체 교인 수(Total Membership)	39,394	60,954

미조직 교회의 수와 고백으로 받아들여진 교인 수를 제외하고는
모든 항목이 상당한 증가를 보여준다. 이 기간의 전체 교인 수는
연평균 약 4%씩 증가하였다. 비록 그 전 기간과 비교할 때에 매우
적기는 하지만, 교인 수는 적어도 인구 증가에 뒤떨어지지 않고 있었다.

총회가 조직되기 전에 '전 한국 노회'의 마지막 회의에서 구 "대리
회"(presbyterial committees)에 상응하는 일곱 노회를 조직하기로 결
정되었다. 그에 따라서 전라노회가 1911년 가을에 전주에 있는 서문

---

23 C. A. Clark(곽안련), *The Nevius Plan for Mission Work*, Appendix Ⅲ.

교회에서 대략 10인의 선교사, 3인의 한국인 목사, 그리고 12인의 장로를 설립회원(charter members)으로 하여 조직되었다. 1917년에 그 노회는 도(道)의 경계선에 일치하도록 둘로 나누어졌고, 1917년 9월 19일에 전남노회는 목포에서 모였다. 니스벳(유서백) 목사가 회의를 소집하였고 선교사 6인, 한국인 목사 4인, 장로 9인이 설립회원으로 등록되었다.

교육 프로그램의 발전과 팽창
Development and expansion of the educational program

1910년 이전에는 선교학교들(mission schools)이 정부와 어떠한 공적 관계에 있든 간에 그것과 전혀 상관없이 운영되었지만, 그때 이후로는 선교회의 교육적 노력을 방해하고 해칠 수 있는 점점 더 엄중해지는 요구들을 일본인들이 하기 시작하였다. 그 같은 문제가 있었음에도 불구하고, 선교회는 보통 1학년에서 7학년이나 8학년까지를 포함한 거점 중등학교들(station academies)을 발전시키고 팽창시키는 일을 계속하였다. 1910년에 이 학교들의 등록학생 수가 263명이었는데, 1916년까지는 그 수가 세 배로 늘었다. 이 수년 동안에 새로운 학교 건물이 거의 모든 선교거점에 세워졌다.

선교학교들의 공통적인 문제는 많은 학생들이 재정적 이유로 중퇴하지 않으면 안 되는 것이었다. 한 해에 입학한 학생들의 1/3이 중퇴하는 것이 흔한 일이었다. 이 절박한 문제를 풀기 위하여 다양한 시도들이 행해졌는데, 그 시도의 대부분이 공업이나 농업과 관련된 훈련의 어떤 국면에 집중되었다. 기독교 학교에서 강조되어야 하는 것들 중의 하나는 육체노동의 존엄성(the dignity of manual work)이었

다. 공자(孔子)는 학자에게는 이러한 노동이 품위를 떨어뜨리는 것이
라고 가르쳤었다. 그와 동시에 선교회는 서양문화에는 적합하지만
한국에는 전혀 적합하지 않은 형태의 교육을 조장하는 것의 위험성
을 인정하였다. 학생들이 그들이 자라난 농촌 사회로 돌아가서 생계
를 꾸려나가게 해 주는 교육을 제공하는 이 문제는 현재까지 계속되
어 왔다.

그러나 이러한 문제들을 인정하는 것은 그것들에 관하여 무엇인가
를 하는 것보다 쉽다. 선교학교에서 공업이나 농업의 훈련을 시키고자
하는 선교회의 시도는 다양한 정도의 성공을 거두었다. 전주의 남학교
는 시장용 채소 재배를 해보았다. 목포에서는 해리슨(하위렴) 씨가
목수일을 시험해 보았다. 군산에서는 남학생들이 가마니 짜는 법을
배웠다. 탤미지(타마자) 씨는 광주에 있는 남학생들의 역량을 "벽지
바르기, 경작하기, 풀베기, 우물 파기, 길과 다리 수선하기, 철사
울타리 치기 등에 시험하였다. 여학교들도 마찬가지로 각각 서로
다른 분야를 전문으로 다루었다. 목포에서는 바느질을, 군산에서는
단추 달기를, 전주에서는 코바늘 뜨개질을, 순천에서는 수놓기를.
아마도 가장 성공적인 실험은 스와인하트(서로득) 부인(Mrs. M. L.
Swinehart)이 광주 여학생들에게 레이스(lace) 만드는 기술을 가르친
일이었을 것이다. 스와인하트 부인은 중국 즈푸(Chefoo)[24]에 두 번
여행하였는데, 데리고 간 여러 한국 여학생들이 중국의 정교한 기술을
배우고 돌아와서 다른 사람들에게 가르쳤다. 이리하여 학생들은 학교
에 다니는 동안에 도움을 받았을 뿐 아니라 새로운 직업을 익히기도
하였다.

---

24 즈푸(芝罘): 산둥성의 동북부에 있는 항구 도시 옌타이(煙臺)의 한 구(區). (역자)

순천 학교들에는 고도로 발달된 공예부들이 있었다. **엉거 목사**(Rev. J. Kelly Unger, 원가리)는 제재소(a saw mill)를 시작하였고, 놋그 릇 제조를 도입하였으며, 친칠라 토끼의 사육을 시작하였는데, 그것 은 한국인의 식단에 귀중한 보조식품이 되었다. **크레인 양**(Miss Janet Crane, 구자례)이 시행한 여학교의 음악 및 공예부의 사역도 매우 성 공적이었다.

버지니아주 웨인스보로의 **밴스 부인**(Mrs. R. G. Vance)은 공예품을 미국에서 판매하는 대리인이 됨으로써 이들 선교학교에 놀라운 봉사 를 하였다. 1927년에만도 순천 여학교는 밴스 여사를 통하여 총 56,000개의 한국 종이 인형들(!)을 팔았다.

1911년에 남장로교인들은 연합공의회(Federal Council) 안에 있는 다른 선교회들과 협력하여 이른바 **"교육평의회"**(Educational Senate)를 조직하였었다. 그것의 목적은 "여러 기독교 선교회들에 의하여 시행 된 대로의 기독교 교육을 하나의 체계로 통일하는" 것이었다.[25] 평의 회에 상당히 넓은 권한이 주어졌다. 선교적 교육체계 전체를 감독하 고, 표준의 동일성을 확보하며, 가장 중요하게는 선교 교육의 주장을 정부 앞에서 설명하는 것이었다. 북장로교 선교회의 **애덤즈**(James E. Adams, 안의와) 목사가 임기 3년의 사무총장으로 선출되었고, **베너 블**(W. A. Venable, 위위렴)이 남장로교 대표로 일했다. 1914년에 협력 선교회들이 함께 37개 "고등 보통"(즉, 중등) 학교들을 관리하였는데, 그중 8개교는 남장로교 선교회가 운영한 학교였다. 그 해에 이 학교 들의 총 투자 자산은 $2,300,000이었고, 등록학생 수는 2,100명이 었다. 그 위에 약 19,000명의 학생이 선교회나 교회와 관련된 "보통"

---

25 Rhodes, p.420.

학교, 즉 초등학교에 등록하고 있었다.

총독부 교육 당국과의 충돌
Clash with the government educational authorities

교육평의회는 마침 제때에 조직되었으니, 1915년 4월에 사립학교
들이 전에 누렸던 자유를 크게 제한하는 것을 목표로 하는 일련의
교육법령이 공포되었기 때문이다. 그 법령에는 커리큘럼의 표준화
와 유자격 교사(licensed teachers)의 채용 등 선교회들이 아무 불평이
없는 많은 지령들을 포함하고 있었다. 문제의 핵심은 모든 종교적
의식과 교육을 교과과정에서 제거하라고 하는 강요였다. 사립학교
들에게 그 규칙들에 따르거나 그 학교들의 허가증을 박탈당하거나
할 10년의 기한이 주어졌다. 교육평의회는 즉각 행동에 들어가 정부
와 협상하기 시작하였다. 종교교육을 금지하는 한 가지 점을 제외하
고 모든 점에 있어서 합의가 이루어졌다. 이 점에 관하여는 타협이
있을 수 없다고 선교회들이 느꼈는데, 그렇게 되면 선교회가 후원하
는 교육의 목적 전체가 문제가 될 것이기 때문이다. 그러나 정부는
완강하였고 그 결과 교착상태에 이르렀다. 만약 연합 전선이 유지될
수 있다면 정부가 타협하지 않을 수 없을 것이라고 선교회의 다수가
믿고 있었는데, 그 이유는 총독부가 당시에 선교학교에 등록된
20,000명의 학생들을 위한 교육 시설들을 제공할 수가 없었을 것이
기 때문이었다.[26]

---

26 평의회가 제시한 주장은 두 가지 논거에 입각해 있었다. (1)합병 때에 선교회들은
    미국 영사를 통하여 그들이 종교교육의 완전한 자유를 가진다고 하는 일본 당국의
    보장을 받았었고, (2)일본의 학교제도는 종교를 가르칠 권리가 주어진 일정한 비등

그러나 일본의 압박에도 불구하고 여러 선교회들이 통일 전선을
유지하는 것은 불가능함이 드러났다. 두 감리교 선교회들은 가장
좋은 정책은 학교 사역을 포기하는 것보다 정부의 규정에 순응하는
것일 것이라고 믿었다. 반면에 장로교인들은 차라리 기간이 만료되
기 전에 어떻게든 문제가 풀리기를 희망하면서 10년의 유예기간
(grace period)을 이용하는 것을 택하였다. 이 점에 있어서 그들은
실망하지 않을 것이었다. 그러나 정책상의 이 차이가 교육평의회의
붕괴를 가져왔으니, 이 평의회는 1917년에 해산하였다.

존 크레인(구례인)
[재임 1913~1956]

남장로교 지역에서 전주, 군산, 목포, 그리고 광
주에 있는 학교들은 새 법령이 제정되기 전에 정부
의 인가(recognition)를 받았고, 그래서 존속하도
록 허락되었다. 그러나 순천 학교들은 구제도 하
에서 인가를 받기에는 너무 늦게 시작되었었다.
순천에서는 학교들이 성경을 가르치는 것을 금지
하는 한 규정만을 제외하고 모든 규정들을 따랐다.
1916년 어느 날 당시에 남학교를 관리하고 있던 **크레인** 박사는 다음
과 같은 공식 통지서를 받았다.

> 귀하의 학교가 교과과정에서 종교를 제거하고 설립 허가를 신청할 의도가
> 없는 것은 분명히 기정(旣定)의 법률에 대한 불복종이 됩니다. 따라서 차
> 후에는 그 안에서의 교육을 금지할 것을 나는 명령받습니다.[27]

록 학교들(certain unregistered schools)을 규정하고 있다.

27 J. C. Crane(구례인), "The Evolution and Execution of a School," *The Missionary
Survey*, March, 1917, p.203.

문법은 불확실하였지만, 의미는 분명하였다. 그 거점의 응답은 종교적 자유의 제한을 항의하고 그 지역의 30만 명을 위한 유일한 남녀 고등보통학교인 두 학교를 폐쇄하는 것이었다. 선교회는 끝까지 단호하여서 기본적 확신을 타협하기보다는, 필요하다면 차라리 기관을 폐쇄하기를 택하였다.

고등교육
Higher education

최초의 대학 수준 교육사역은 1906년에 평양에서 장로교와 감리교의 선교회들에 의하여 시작되었다. 1911년에 전체 한국을 위한 하나의 연합 대학을 지원하는 문제가 교육평의회에 상정되었다. 그 문제는 원칙적으로 승인되었지만 장소 선택이 문제였다. 기독교 신자들의 2/3가 북쪽에 있었고 그 견지에서 보면 평양이 논리적인 위치(the logical location)였다. 그러나 서울이 더 지리적, 정치적 중심지였다. 대체로 감리교 선교회들은 서울을 선호하였고, 장로교인들은 이미 좋은 시작을 했었던 그들의 신학교와 대학교육 사역의 장소인 평양을 지지하였다.

그 문제는 상당히 길게 논의되었고 마침내 모국의 선교본부에 회부되었는데, 선교본부는 서울을 강력하게 주장하였다. 그러나 현지에 있던 선교사들의 다수가 여전히 평양에 있는 기관을 존속시키는 것을 선호하였다. 그 결과 **평양연합기독교대학**[28](숭실전문학교)은 장로교인들에 의하여 존속되었고, 하나의 새로운 초교파 기관인 **조선기독**

---

28 Pyengyang Union Christian College.

교대학[29]이 1915년 중에 언더우드(원두우) 박사를 학장으로 하여 서울에서 조직되었다.

1912년에 남장로교 선교회가 숭실대학을 지원하는 일에 공식적으로 참가하였고, 2년 후에 파견 교수로 파커(W.P. Parker, 박원림) 씨를 보냈다.

올리버 에비슨
(어비신)
[재임 1893~1935]

세브란스 연합 의과대학[30]이 북장로교 선교회의 에비슨 박사(Dr. O. R. Avison)에 의하여 행해진 개척적인 의료사역에서 자라났다. 1900년에 에비슨 박사가 연합의료사역의 이점들에 관한 논문 한 편을 뉴욕에서 열린 선교에 관한 에큐메니컬 회의에서 발표하였다. 세브란스(L. H. Severance)가 청중 가운데 있었는데, 그 논문 발표를 듣고난 다음 자기의 친구를 향하여 말했다. "내가 만약 내려가서 저 젊은이에게 병원을 세울 돈을 주면 어떨까?" 이렇게 해서 극동에 있는 위대한 연합 의과대학들 가운데 하나의 사역이 시작되었다.[31]

1904년에 그 새로운 병원이 서울의 남대문 바로 밖에 세워졌다. 남장로교와 그 기관과의 최초의 공식적 유대는 오긍선 박사가 남장로교 선교회의 파견 의사로 그 병원에 합류한 1913년에 이루어졌다. 남장로교 선교사들인 다니엘(단의열) 의사와 리딩햄(한삼열) 의사, 그리고 셰핑(서서평) 양이 모두 다 그 병원의 직원으로 단기간 근무하였다.

---

29 Chosen Christian College. 현 연세대학교의 모체. (역자)
30 Severance Union Medical College.
31 Rhodes, p.420.

현대 의료시설들의 건립
Building modern medical plants

1910년에서 1919년에 이르는 기간은 의료사업이 놀랍게 확장된 시기였다. 새로 네 병원이 건설되어 다섯 거점들의 각각에 병원이 하나씩 있게 되었다. 병원들과 진료소들이 총 110,000명 이상이라는 어마어마한 수의 환자들을 치료한 1917년에는 새로운 기록이 세워졌다. 복음전파와 교육사업과는 달리 병원들은 정부당국의 간섭이나 괴롭힘 없이 전진하였다.

주된 문제는 물질적 시설이나 장비가 아니라 현장에 충분한 의사들을 유지하는 것이었다. 이 기간이 끝날 때까지는 13명의 의사들이 한국에서 사역하도록 임명되었었지만, 단지 네 명만 남았다. 그것은 너무 적은 사람들이 너무 많은 사람들의 일을 하려고 한다는 이전의 그 이야기였다. 적지 않은 사람들이 과로로 건강을 해쳤다.

순천의 의료사역은 **티몬즈** 의사(Dr. H. L. Timmons, 김로라)와 **그리어 양**(Miss Greer, 기안라)에 의하여 10자x10자의 작은 오두막(shack)에서 시작되었다. 이곳에서 여섯 달 동안 병들고 고통받는 사람들이 돌봄을 받았다. 그 다음으로, 그 진료소를 새로 지은 18자x28자 되는 의무실(dispensary)로 옮겼다. 이들 비좁은 장소에서 티몬즈 의사는 온갖 수술을 다 했다. 수술이 끝난 환자들을 바닥에 눕혀놓아 진료소에 오는 사람들이 그들을 넘어가지 않으면 안 되었다. 역경 속에서도 처음 7개월 동안에 67차의 수술이 행해졌고 3,814명의 환자가 치료를 받았다. 1915년에 순천의 **알렉산더 병원**(Alexander Hospital)이 완공되었다.[32] 35병상의 수용능력을 가지고 있는 그 병

---

32 이 병원 역시 1903년에 군산을 처음 방문한 후에 의료선교에 대한 관심을 결코

제이컵 패터슨
(손배순)
[재임 1909~1926]

원은 한국에서 가장 좋은 병원들 가운데 하나로 여겨졌다.

패터슨 의사(Dr. J. B. Patterson)는 1910년에 군산에 도착하여 공석으로 있었던 그곳 병원의 직을 이어받았다. 그는 필요할 때마다 건물을 추가하여 그것들을 서로 연결하였는데, 그 결과 언덕의 중턱 전체가 온갖 종류의 건물들로 덮이게 되었다. 그것은 야릇한 디자인 때문에 어떤 사람들에 의하여 "패터슨 의사의 오이밭"[33]이라고 불렸다. 가능한 곳마다 한국의 건축 양식이 쓰였고, 환자들은 침대보다는 따뜻한 온돌 바닥에 뉘었는데, 그것은 패터슨 의사가 환자들이 그들이 익숙한 따뜻한 방바닥에서 더 빨리 회복된다고 믿었기 때문이었다. 군산 병원은 선교회에서 가장 큰 병원이 되었고 "한국 전체에서 가장 큰 '일인 의사 병원'(one-doctor hospital)"이라고 불렸다. 패터슨 의사의 명성은 널리 퍼져서 잘 사는 일본 사람들도 많이 찾아왔다. 1916년에 그 병원의 업무량은 15,551명의 진료와 554건의 수술이었다.

전주에서는 1912년에 루이지애나주 잭슨 출신 머코원(W. R. McKowan)을 기념하여 30병상의 병원이 세워졌다. 군산에서 전임한 다니엘 의사(Dr. Daniel, 단의열)가 원장으로 근무하였다. 후에 다니엘 의사가 건강상의 이유로 사임하자 로버트슨 의사(Dr. M. O. Robertson, 라배손)가 그 일을 이어받았다.

광주에서는 윌슨 의사가 특이하게도 그의 긴 재직 기간에 비범하고

잃지 않은 알렉산더 의사에 의하여 기증되었다.

33 Dr. Patterson's cucumber patch.

거의 기적에 가까운 치료들을 많이 해냈다. 한 번은 그가 소화불량으로 크게 고생하는 한 여자를 수술한 일을 보고하였다. 그는 그녀의 위에서 5개월 전에 *무당*에 의하여 그녀의 목구멍에 쑤셔넣어졌던(!) 길이가 26cm 되는 막대기를 제거하였다.[34] 그레이엄 병원(Graham Hospital)에 관련된 사건 하나가 혼령숭배(spirit worhip)가 서민들의 삶에 얼마나 큰 영향을 주고 있었는지를 알려준다. 어느 박 씨가 병원에서 죽었는데, 그의 동생이 다음 날 돌아와서 "잃은 혼"(lost soul)을 찾기 위하여 병실을 수색하는 것을 허락해 달라고 요청하였다.

한 나이든 여인이 한 필의 천을 문에서부터 복도를 거쳐 그가 죽었던 방에까지 펼쳤다. 그렇게 한 다음 그녀가 대략 다음과 같이 연설을 하였다. "혼백(魂魄)이시여, 6월 15일 오후 3시에 박 씨가 이생을 떠났습니다. 이제 그 긴 여행을 위한 모든 것이 준비되어 있습니다. 잔치가 준비되었고, 애도자들도 모여 있고, 그래서 당신만 계시면 됩니다. 그러니 제발 나오셔서 우리와 함께 하소서." 이때쯤 해서 그녀는 재빨리 자기가 가지고 있던 작은 상자의 뚜껑을 덮고는 그 혼을 잡았다고 말하였다. 그녀는 이 상자를 그의 상의와 바지로 감쌌다. 그리고 나서 깔아 놓았던 천 위로 복도를 걸어 나와 기다리던 관(棺)에 이르니, 다시금 무리가 장례의 만가(挽歌)를 부르기 시작하였다.[35]

목포의 **포사이드 의사**(Dr. Forsythe, 보위렴)는 병든 사람들에 대한 그의 동정심으로만이 아니라 전도를 위한 그의 강렬한 열심으로도

34 R. M. Wilson(우일선), "War in the East," *The Missionary Survey*, June, 1917, p.460.
35 R. M. Wilson(우일선), "Fifteen Years in a Miracle Plant."

널리 알려졌다. 강도들을 만났을 때에 입었던 그의 상처가 낫자 포사이드는 한국에 돌아와서 몸과 영혼이 아픈 사람들을 돌보는 일에 뛰어들었다. 목포의 길과 거리를 오르내리면서 그는 한 손으로는 복음서 소책자(gospel tracts, "쪽복음")를, 또 한 손으로는 약을 나누어 주었다. 그의 이름은 한국교회 교인들 사이에 전설처럼 되었고, 신앙에 대한 그의 열정과 죄인에 대한 그의 동정심에 관한 이야기들이 이날까지 널리 퍼지고 있다. 그러나 그의 사역은 눈부시기는 하였지만 오래 계속되지 못하였다. 그는 장(腸)흡수 부전증(sprue)에 걸려서 1911년에 미국으로 돌아갔다. 그는 건강을 완전히 회복하지 못하였고 1918년에 켄터키주 루이빌에 있는 그의 집에서 사망하였다.

포사이드에 이어서 **오긍선 의사**, **리딩햄 의사**, **로버트슨 의사**, 그리고 **길머 의사**[36]가 빠르게 이어서 오고 갔다. 그 동안 병원 운영의 대부분의 책임은 **릴리 래트롭 양**(Miss Lillie Lathrop, 라두리)에게 있었는데, 그녀는 간호과장(superintendent of nursing)으로 근무하였다. 1914년에 목포 진료소가 완전히 불에 타서 장비와 약품도 거의 완전히 상실되었다. 환자는 모두 구출되었지만 직원 한 사람은 화상을 크게 입어서 그 후 얼마 안 되어 사망하였다.

1916년에 새 병원이 미주리주 세인트 조셉 시의 **프렌치**(C. W. French) 씨를 기념하여 지어졌다. 그 새 병원은 한국 본토와 많은 인근 도서의 환자와 허약자들을 돌보았다. **머캘리 박사**(Dr. McCallie, 맹현리)는 육지에서 160km 떨어져 있는 바다에서 돌출한 암석 봉우리인 가거도(可居島)에 자기가 처음 가본 이야기를 하였다. 이곳에서 그 전도단 일행은 놀랍게도 다리가 하나이면서도 밝은 얼굴을 가진

---

36 Doctors Oh, Leadingham, Robertson and Gilmer.

한 남자의 따뜻한 환영을 받았다. 그는 한 다리를 잃었었지만 **프렌치 기념 병원**(French Memorial Hospital)에서 그리스도를 발견하였다. 귀신들린 거라사인(막 5:1-20)처럼, 그는 자기 마을 사람들에게 돌아가서 주님께서 자기에게 행하신 큰 일을 그들에게 말하였다. 머캘리가 도착하였을 때에 좋은 소식을 듣기 위하여 큰 무리가 빠르게 모였다.

간호 선교사(missionary nurse)의 지칠 줄 모르고 사심 없는 기술과 헌신이 없었더라면 의료사역은 불가능하였을 것이다. 가족생활의 격리(insulation of family life)도 없이 흔히 병원 건물 안에 있는 작은 아파트에서 살면서 그녀는 의료사역과 관련된 두통(頭痛)과 심통(心痛)을 정면으로 맞았다. 의사가 없는 곳에서 선교사 가족으로부터 고통을 호소하는 부름이 있으면 어느 때든지 응할 채비를 갖추고 그녀는 흔히 끊임없이 활동하였다. 자주 의사가 없을 때에, 그녀는 행정적 책무까지도 떠맡았다. **케슬러 양**(Miss Kestler, 계슬라)은 군산과 전주 병원들에서, **래트롭 양**은 목포와 군산에서, **그리어**(Miss Greer, 기안라) 양[37]은 순천과 군산에서, **휴슨 양**(Miss Hewson, 허우선)은 광주, 목포, 순천에서, 그리고 **매튜즈 양**(Miss Matthews, 마에스더)은 광주와 전주에서 근무하였다.

현지(전주)에 온 간호사들 중의 한 사람은 **핏츠 양**(Miss Laura May Pitts)[38]이었는데, 그녀는 도착한 지 6개월 만에 세상을 떠났다. 한겨울에 그녀는 **니스벳 부인**(Mrs. Nisbet)과 함께 말을 타고 전주에서 광

---

37 후일의 Mrs. George W. Walker.

38 로라 메이 핏츠: 노스캐롤라이나주 출신 경력 11년의 숙련된 간호사로 1910년 8월에 전주예수병원에 부임하여 다음해 2월에 순직하였다. 그녀는 자신의 친절하고 헌신적인 섬김의 이유를 묻는 사람에게 "그리스도의 사랑이 나를 강권하십니다"라고 대답하였다고 전한다.(고후 5:14 참조.) 향년 32세. 전주 선교사묘역에 묻혔다.(역자)

애너벨 니스벳
(유애나)
[재임 1906~1920]

주로 가고 있었다. 비 오고 눈 내리는 날의 불길한 승마여행이었다. 한 번은 그들이 길을 잃어서 길을 다시 찾는 데 여러 시간을 보냈다. 또 다른 곳에서는 핏츠 양의 말이 실족해서 말과 탄 자가 다 넘어졌지만 외견상의 부상은 없었다. 마지막으로, 그들이 절반 쯤 되는 곳, 정읍(井邑) 고갯길 바로 밑에서 잠자기 위해서 멈추었는데, 그곳에서 그들은 마른 옷으로 갈아입고, 저녁을 먹고, 그 마을 작은 교회의 여인들과 함께 짧게 예배를 드릴 수 있었다. 니스벳 부인이 나중에 다음과 같이 이야기하였다.

그들이 간 후에 우리는 우리의 성냥이 젖었다는 것을 알았지만 다른 성냥을 얻기 위해서 그들을 다시 부르고 싶지 않았다. 밤중 어느 때인지 나는 물을 좀 마시려고 나의 좁은 군대용 간이침대를 벗어나왔고, 한국 방의 좁은 공간에서 자기의 간이침대 밖에 나와 있는 나의 친구의 손에 닿았다. 그 손은 마음에 공포를 일으킬 만큼 특유한 냉기로 차가웠다. 나는 그녀를 불렀고, 그녀 곁에 무릎을 꿇고 그녀의 얼굴, 목에 손을 대어보았다. 나는 그것을 믿을 수 없었지만, 빛과 도움이 필요하다는 것을 알았다. 여전히 눈이 오고 있었지만, 나는 맨발로 야음(夜陰) 속으로 뛰어 나갔다. 내가 도와달라고 청한 첫 번째 집 사람은 자기는 기독교인들과 상관하지 않는다고 말하였다. 두 번째 집 사람은 귀머거리였다. 그리고 세 번째 집에서는 사람들이 내 한국말을 알아듣지 못했다. 그러나 네 번째 집은 기독교인 집이었고, 그래서 그들은 서 장로와 그 밖의 믿는 친구들을 불렀고, 그들은 등불과 따뜻한 물과 정신 나게 하는 한국 약을 가져왔다. 반 시간 동안 애썼지만, 모두 허사였다. 내가 잠에서 깨기 오래 전에 그 조용하고 작은 한국인 방에서 하나님께서 **로라 메이 핏츠**를 부르셔서 그분께서 당신을 사랑하고 섬기는 사람들을 위하여 준비하셨던 영광 속으로 들어가게 하신 것이다.[39]

니스벳 부인의 시련은 끝나지 않았다. 기나긴 열여덟 시간이 지나고 나서야 전주에 있던 그녀의 남편과 **다니엘** 의사가 불려 올 수 있었다. 그 시간 동안 그녀는 경찰관들의 엄한 신문(訊問)을 받았다. 그들은 그녀에게 살인 혐의를 두고, 그녀가 더 젊은 여자에 대한 자기 남편의 애정을 질투하였음이 틀림없고 그래서 그 여자를 죽였다(!)고 에둘러 말하였다.

나병(한센병)
Leprosy(Hansen's Disease)

선교회의 역사에서 가장 극적이고 그리스도적인(Christlike) 에피소드 중의 하나가 한센병 사역이 시작될 때인 1909년에 일어났다. **오웬** 의사가 치명적인 병을 앓고 있는 동안에 **윌슨** 의사가 상담을 위하여 목포에 있던 **포사이드**(보위렴) 의사를 불렀다. 포사이드 의사가 말을 타고 출발하였다. 광주에서 약 20km 되는 곳에서 그는 무서운 병, 나병의 마지막 단계에 있는 한 여인이 길가에 누워있는 것을 보았다. 그가 지나갈 때에, 그녀는 동양에서 거지들이 하는 방식으로 그에게 부르짖었다, "살려주시오!"라고. 포사이드 의사는, 자기의 주님께서 하셨을 것이라고 그가 생각한 바를 실행하여, 멈추어

---

39 Anabel Major Nisbet(유애나), "History of School Work in Korea."

그 여인을 자기의 말에 태워 그 말을 이끌고 광주까지의 남은 길을
갔다. 포사이드 의사는 그 여인을 의무실로 데리고 가서 그곳에서
그녀를 위하여 방 하나를 내 주었다. 그러나 전염되기 원하지 않는
다른 환자들의 강렬한 항의가 있었다. 그래서 윌슨 의사는 그녀를
위하여 병원 건축 때 사용된 버려진 벽돌 가마 속에 임시 숙소 하나를
재빨리 만들었다. 직전에 남편을 잃은 **오웬 부인**(Mrs. Owen)은 자기
남편의 소박한 침낭을 제공하였다. 그 거점의 한 멤버는 그 가마에
서 본 장면을 묘사하였다.

> 벽돌 가마에 모였던 한 무리의 사람들은 그녀가 포사이드 의사의 정겹고
> 움츠림이 없는 손길의 도움을 받아 어려운 곳들을 넘어서 길을 내려오는
> 것을 보았다. 우리들 각자의 마음에 떠오른 생각은 "얼마나 그의 스승님을
> 닮았는지(How like his Master)"였다. … 어느 모로 보나 신사요 또 그렇
> 게 차려 입은 포사이드 의사가 질병, 불결, 그리고 오랜 방치로 역겨운
> 이 여인의 팔을 때때로 움켜쥐었다. … 그녀의 머리털은 어쩌면 수개월이
> 나 수년 동안 빗질하지 않았고, 그녀의 옷은 누덕누덕하고 더러웠으며,
> 그녀의 발과 손들은 부어올랐고 종기로 덮여 있었으며 … 한 발에는 짚신
> 을 신었고 또 하나의 발에는 두꺼운 종이 조각이 매어 있었다. … [40]

길에서 포사이드 의사를 만난 지 두 주일 만에 그녀에게 반가운
퇴원이 허락되었다. 그 의사는 자기의 불완전한 한국어 지식이 허용
하는 데까지 그녀에게 자기가 누구 때문에 그녀를 돕고 있는지를

---

40 Mrs. C. C. Owen, "The Leper and the Good Samaritan," *The Missionary*,
August, 1909, p.408.

말해 주었다. 그녀가 이해하였고, 그녀의 삶을 몸과 영혼의 그 위대하신 의사(the Great Physician of body and soul)께 바친 것이 확실하다고 그는 느꼈다.

광주 선교거점은 이 사건에 크게 감동해서 그들은 이 무서운 병으로 인해서 버림받은 사람(outcasts)이 된 환자들을 위해서 무엇인가 더 효과적인 것을 하기까지는 쉴 수가 없었다. 모금을 하고 그 수익으로 그들은 방 세 개 있는 집을 지었는데, 그곳에서 대여섯 명의 환자를 돌볼 수 있었다. 그러는 동안에 윌슨 의사는 이 불행한 사람들에 대한 더 지속적인 봉사가 시작될 수 있는 방안에 관하여 그 이상의 연구를 시작하였다. 재정 원조 요청서를 에딘버러에 있는 '극동 나환자 구호 협회'에 보냈는데, 그 협회가 $2,000의 창업 보조금(initial grant)을 보내주었다. 1911년에 선교회는 매우 제한된 규모로 나환자를 위한 요양소의 개설을 승인하였고, 그 다음 해에 '광주나병원'(Kwangju Home)[41]이 개관되었다. 에딘버러 협회의 기금으로 건설되었기 때문에 그 건물이 "E"자 모양으로 지어졌는데, 한 날개는 남자용, 또 한 날개는 여자용, 그리고 중앙부는 의무실 및 예배용이었다. 치료에 "신약"(대풍자유)[42]이 사용되었는데, 탁월한 결과들이 보고되었다.

한 해 후에 '나병 선교회'(Leprosy Mission)의 베일리(W. C. Bailey) 부부가 광주를 방문하였고 윌슨 의사가 시작한 사역에 큰 감명을 받았다. 그들의 방문 후에 그 협회는 100명의 환자를 수용할 수 있게 그 요양소를 확장하는 비용을 부담하기로 결정하였다. 1919년까지

41 광주나병원. 1911년 4월 전남 광주군 효천면에서 시작하여, 1926년 여수시 율촌면으로 이주하였고, 1935년에 '애양원'(愛養園)으로 개칭되었다. (역자).
42 "new drug," chaulmoogra oil. 大楓子油.

그 요양소에 90명의 세례 교인과 한 명의 장로가 있는 교회가 조직되었다. 처음부터 그 환자촌의 특징은 그곳의 강한 기독교적 분위기(strong Christian atmosphere)였다. 병의 진행이 억제된 최초의 환자가 1914년 8월에 퇴원하였다. 그 환자는 그의 마을로 돌려보내졌는데, 그곳에서 그는 곧 결혼하고 정상적인 삶을 살았다.

선교사의 삶
Missionary life

수십 년의 세월이 지나가는 동안에 선교사의 삶이 변화하였다. 교통과 통신이 더 쉬워졌다. 1914년에 목포가 서울-부산 간의 간선철도와 연결되었고, 전에는 한 주일 이상 느리고 고통스런 여행을 해야만 갈 수 있었던 곳들이 단 하루 만에 도달할 수 있게 되었다. 어떤 선교사들은 새로 개설된 시베리아 횡단철도를 이용해서 안식년 휴가 중에 아시아의 오지를 가로질러 돌아가기도 하였다. 일본인들에 의하여 도입된 은행업무, 통화개혁, 그리고 법 집행이 삶을 더 안정되게 하였다.

선교사들이 직면한 시련과 고난은 이제 그 종류가 달라졌다. 그들의 어린 자녀들이 자라감에 따라 그들이 교육을 받지 않으면 안 되었다. 이것은 결코 쉽지 않았던 이별(separation)과 적응(adjustments)을 의미하였다. 초기에는 자녀들이 바다 건너 중국의 **즈푸**로 보내졌다. 그러나 얼마 안 되어 학령 자녀들의 수가 증가하자 그들 자신의 학교가 필요한 것으로 보여 '**평양 외국인학교**'가 시작되었다. 1903년에 중등학교가 추가되었고, 1912년에는 최초의 기숙사가 지어졌다.

또 하나의 부담은 모든 면에서 오는 빈곤의 끊임없는 압박이었다.

선교사 부인들 가운데 한 사람이 고국에 있는 친구들에게 보낸 한 편지 속에 썼다.

우리가 바라보는 어디에나 죄, 고통, 우상숭배, 그리고 빈곤이 있다. … 내가 서서 의무실 창문 밖을 내다볼 때에 이 사람들의 영혼의 (무거운) 짐, 그리고 그들의 육체적 고통이 내가 견딜 수 있는 것보다 더 큰 것으로 보였다. 마치 내가 다시는 미소를 짓거나 명랑해질 수 없을 것 같은 느낌이 들었다. 나는 그리스도께서 느끼셨음에 틀림없다고 느꼈다. 그분의 위대하신 사랑의 마음이 얼마나 무거우셨을까 (하는 생각이 들었다) … 그대가 병든 과부들과 고아들, 절름발이들과 눈먼 자들, 나환자들과 그 밖의 다른 무서운 병으로 서서히 죽어가고 있는 사람들을 아주 쫓아버려야 한다면 어찌 될 것인가! 아니, 그대가 마음을 굳게 먹고 그들에게 한 조각의 빵조차 주지 않고 그들을 그대의 현관이나 뜰에서 거의 매일 쫓아버려야 한다면 어찌 될 것인가. 그대가 감히 그들 중의 한 사람에게 주면, 그들과 똑같은 다른 사람들이 떼로 몰려 와서 그대의 건강과 그대의 자녀들의 건강을 위태롭게 할 것이다. … 우리가 이것을 알아도 그것이 그대들의 마음을 덜 아프게 하지 않는다. … 누군가가 내 앞뜰에서 "아줌마, 살려주세요!"라고 부르짖고 있는 동안에도 나는 계속해서 식사를 하고 그것을 즐기지 않으면 안 된다. 그리고 레로이(Leroy)와 안나(Anna)는 눈물을 글썽이며 나를 향하여 말할 것이다, "엄마, 저 불쌍한 사람은 배가 많이 고파요. 내가 이 빵 하나를 그에게 주면 안 될까요?[43]

---

43 Mrs. L. T. Newland(남대리 부인), *The Missionary Survey*, May, 1917, p.347. 한 편지에서 인용한 글.

이 수년간에 선교사들의 건강문제는 매우 심각해졌다. 많은 선교사들의 건강이 과로, 영양부족, 그리고 여러 가지 종류의 질병으로 인해서 악화되고 있었다. 이 기간 동안에 선교 인력이 효과적인 인원수의 2/3 이상이 된 적이 별로 없었다. 이 일손 부족이 악순환을 만들어냈다. 현장에 남아있는 건강한 자들이 더 과로하게 되고 이제는 그들의 건강도 나빠졌다. 1919년에는 선교 인력의 약 40%가 위급, 건강, 또는 정규 휴가로 미국에 있었다. 실행위원회의 1930년도 연례 보고서는 "여러 해 동안 우리 교단의 아홉 선교단 가운데 우리 한국 선교단에 어느 다른 선교단보다 더 많은 질병이 있었다"라고 진술하였다.

이 높은 희생자 비율의 원인은 원인불명의 아시아 질병인 '장 흡수 부전증'(sprue)이었다. 만성적인 설사와 그 밖의 소화불량을 수반한 이 병의 원인은 결코 확정되지 못했다. 1917~1921년 동안에 그 병은 선교사들 사이에서 전염병 정도의 높은 확산율을 보여서 그들의 사역을 정지시키는데 거의 성공하였다. 연구 유자격 의사를 구했지만 아무도 응하는 사람이 없어서 순천의 **로저스** 의사(Dr. J. M. Rogers, 노재세)에게 이 과제가 주어졌다. 그는 나중에 어느 정도의 성공을 보고하였다. 선교회의 의료 위원회는 1921년의 특별보고서에서 취미활동의 필요성, 신선한 밀가루와 설탕의 사용, 해충으로부터의 보호, 그리고 여름휴가 등을 포함하는 몇 가지 "건강을 위한 제안"(health suggestions)을 발표하였다.

평야지대의 더위와 습도가 심한 여름철에 가족들이 휴식을 취하고 심신을 새롭게 할 수 있는 장소의 필요성을 인정하여 가능한 캠프 장소를 찾기 위하여 지리산(智異山) 경사지를 답사하도록 1920년에 선교회가 위원회를 임명하였다. 윌슨, 낙스, **코잇** 그리고 윈이 이러한 조사를 실시해서 고도 1,200미터가 더 되는 곳에 한 이상적인 장소를 발견하였다. 이곳, 키 큰 발삼나무들(balsams)이 있고, 풍부한 샘물과 아래에 언덕들과 골짜기들의 장엄한 전망이 있는 환경 속에서 '캠프 그레이엄'(Camp Graham)[44]이 하나의 현실이 되었다. 이곳에서 선교회는 연례 회의를 열었고, 사경회는 여름 공동체 생활 속의 한 정규 행사가 되었으며, 원기를 돋우는 공기와 그룹 활동으로 선교사들의 자녀들의 건강이 증진되었다.

1919년의 독립운동
The independence movement of 1919

1919년 봄에 일종의 불길한 정적(靜寂)이 시골 위에 머무는 것 같았다. 선교사들이나 일본인들이나 다 같이 무엇인가 이상하고 부자연스런 분위기가 감도는 것을 느끼는 듯 했다. 꼭 무엇이라고는 아무도 알지 못했다. 선교사들은 학생들의 작은 무리들이 학교 안에서 자기들끼리 이야기를 하고 서로 "너 등록했니?"라고 묻는 것을 알아차렸다. 선교사 교사들은 그것을 어떤 새로 생긴 별것 아닌 클럽쯤으로 알고 잊어버렸다. 일본인들은 무엇인가 더 불길한 것을 어렴풋이 느꼈지만 그것이 퇴위한 황제의 장례식 날[45]인 3월 3일에 일어날 것으로 생각하였다.

그 "무엇인가"는 그보다도 며칠 더 일찍 일어났다. 3월 1일에 자유를 사랑하는 사람들의 역사에서 가장 훌륭하고 자발적인 운동들 가

---

44 노고단 휴양지. (역자)
45 고종 황제의 국장일. 원문의 '3월 4일'은 '3월 3일'의 오타로 보임. (역자)

운데 하나가 일어났다. 그것은 일본인들과 선교사들과 세계를 깜짝
놀라게 하였다.

　그것은 **우드로 윌슨**(Woodrow Wilson) 대통령과 그의 유명한 '14개
조'(Fourteen Points)에 의하여 시작되었다고 말할 수 있을 것이다.
국제연맹(League of Nations)을 조직하는 것은 "약소 민족의 자유를
보장하고 강대국에 의한 약소 민족의 지배를 방지하기" 위함이라고
윌슨이 말하였다. 모든 민족이 "자결권"(自決權)을 가질 것이었다.
해외에 있던 한국인 민족주의 지도자들은 이것이 그들에게도 적용된
다고 이해하고 한반도 밖에서 살고 있던 모든 한국인들을 조직화하
기 시작하였다. 그 운동은 해외로부터 국내로 침투하였다. 경찰과
스파이의 감시, 그리고 모든 정당과 언론기관의 완전한 통제에도 불
구하고 조선 독립의 대의를 세계 앞에 극적으로 보여줄 대규모 시위
에 국민이 동원되었다.

길선주 목사
[1869~1935]

　수천의 조선인들이 황제의 승하를 애도하기 위
하여 서울로 몰려들기 시작하였다. 집회와 행진과
시위운동이 모든 주요 도시들과 학교들에서 계획
되었다. 이 모든 것이 일본 당국에 완전히 알려지
지 않았다! 그와 동시에 이것은 평화적 시위가 되
어야 한다고 하는 조심스러운 지시가 내려졌다.
무례한 짓을 하거나, 돌을 던지거나, 약탈하는 일이 있어서는 안 되었
다. 경찰의 의심이 커가고 있었기 때문에 날짜가 며칠 앞당겨졌다.

　33인이 죽기를 선택하였다. 그들은 독립선언서에 서명하고 그것을
세계에 선포할 것이었다. 맨 앞의 이름들 가운데 하나는 거의 실명이
된 **길선주**(吉善宙) 목사였는데, 그는 북쪽에서 가장 숭배와 존경을 받는
장로교 지도자들 가운데 한 사람이었다. 33인의 서명자들 가운데

15명은 기독교인, 15명은 천도교[46] 신자, 3인은 불교 신자였다.[47]

3월 1일 아침에 이 사람들은 서울에 있는 파고다 음식점에 모여 앉았다. 식사 후에 선언서가 낭독되고 총독에게 급송되었다. 그렇게 한 다음에 서명자들은 침착하게 경찰에 전화를 걸어 자신들이 한 일을 알리고, 와서 자기들을 체포하라고 요청하였다. 놀란 경찰은 즉시 폭동 진압용 밴(riot van)[48]을 급파하였다. 그러나 서명자들이 붙잡혀 끌려갈 때에도, 수천의 사람들이 "만세! 만세!"라고 외치면서 거리에 정렬하기 시작하였다. 금지된 옛 대한제국 국기가 어디서나 미풍에 펄럭이기 시작하였다. 일제히 유사한 시위운동이 전국에서 시작되었다.

그 선언서 자체는 상당한 자제력을 보이고, 상대방을 빈정대지 않으며, 법과 질서를 존중함을 나타내는 훌륭한 문서였다. 그 문서의 근저에는 강한 종교적 열의가 깔려 있었다. 단 몇 구절만으로도 그것이 영국의 '대헌장'(Magna Carta)이나 미국의 '독립선언서'와 어깨를 겨룰 만한 문서임을 보여주기에 충분하다.

우리는 여기에 우리 조선이 독립국(獨立國)인 것과 조선 사람이 자주민(自主民)인 것을 선언하노라. 이것으로써 세계 모든 나라에 알려 인류가 평등하다는 큰 뜻을 밝히며, 이것으로써 자손만대에 일러 겨레가 스스로 존재하는 마땅한 권리를 영원히 누리도록 하노라.

---

46 천도교는 구 "동학"운동을 되살리려고 시도하여 상당히 성공한 종파였다. 1955년에 문교부는 천도교 교회에 268명의 설교자와 1,495,713명의 신도가 있는 것으로 보고하였다. 그러나 신도수는 교회수와 전혀 균형이 잡히지 않은 것으로 보여 잘못된 것임에 틀림없다. Jai Hyon Lee(이재현), *A Handbook of Korea*, p.324.

47 오늘날 학계에서는 기독교 16명, 천도교 15명, 불교 2명으로 말한다. (역자)

48 밴(van): 대형 유개 화물차.

반만년 역사의 권위를 의지하고 이것을 선언하는 터이며, 이천만 민중의
충성을 모아 이것을 널리 알리는 터이며, 겨레의 한결같은 자유 발전을
위하여 이것을 주장하는 터이며, 사람된 양심의 발로로 말미암은 세계 개
조의 큰 기운에 순응해 나가기 위하여 이것을 드러내는 터이니, 이는 하늘
의 명령이며, 시대의 대세이며, 온 인류가 더불어 같이 살아갈 권리의 정
당한 발동이므로, 하늘 아래 그 무엇도 이것을 막고 누르지 못할 것이라.[49]

당국은 한국에서 전례가 없던 잔인성으로 보복하였다. 전국을 뒤
덮을 공포와 폭력의 통치가 시작되었다. 경찰에게는 시위자라고 생
각되는 어떤 한국인도 공격할 수 있는 백지위임장(*carte blanche*)이
주어졌다. 당국이 그 모든 것의 근저에 기독교인들이 있다고 간주했
기 때문에 그들은 기독교인들을 특별취급 대상으로 뽑아냈다. 곧
서울에 있는 모든 목사가 투옥되었다. 정부는 또한 선교사들이 그
음모에 관련되었다고 주장하였지만, 후에 (미국) 공사관 직원들로부
터 다소의 압력을 받고나서 그들은 자기들이 오해하였다고 공개적으
로 시인하였다. 온 나라의 감옥들이 '입석외 만원'이 되었다. 어떤
마을들은 잿더미가 되었다.

군산에서 일어난 일에 대한 불 목사(Mr. Bull)의 목격담은 다른 선
교거점들에서 일어난 일의 전형이다.

남학생들과 교사들이 장날(3월 6일)에 있을 큰 시위운동을 위하여 며칠
동안 한국의 국기와 수백 통의 독립선언서 사본을 만드는 일을 해왔었다.

---

49 '기미독립선언서'(己未獨立宣言書)의 서두. (역자)/ McKenzie, *Korea's Fight for
Freedom*, p.247.

… 일본의 첩보원들이 연약한 병원 조수들 가운데 한 사람을 붙들어서 그에게 심한 압력을 가한 결과 그가 모든 것을 불어버렸다. … 그 다음 날, 즉 시위 예정일 전날에 열 명의 경찰관들이 와서 학교 교사들을 체포하고, 건물을 수색하고, 그들이 발견할 수 있었던 모든 혁명적 문서들을 압수하였다. 그들이 감옥으로 데려가기 위하여 교사

윌리엄 불(부위렴)
[재임 1899~1941]

들에게 수갑을 채울 때에 학생들이 주위에 모여들어 말했다. … "우리도 잡아가라"라고. … 경찰관들이 이처럼 큰 무리를 체포하려고 온 것은 아니었고, 단지 소동의 지도자들만을 원했기 때문에 열 명이 와서 60명을 잡아가는 것으로 그들의 손은 차고도 넘쳤다. 그들은 교사들을 데리고 군산으로 가기 시작하였고, 전교생이 한국 국기를 흔들고 "대한독립 만세"라고 외치면서 군산에 이르도록 뒤따라갔다. … 그날 오후 진료소는 열려 있었는데, 교사들이 체포되었다는 말이 전해오자 병원 조수들이 모두 다 자기들의 가운과 모자를 벗어던지고 역시 몰려나와 "그분들을 잡아가려면, 우리도 잡아가라"라고 말하였다. … 그들이 교사들을 구속하고 학생들이 주위에 모여들었을 때에 경찰관들이 그들의 권총을 빼어들고 쏘겠다고 위협하니 … 남학생들의 일부가 자기들의 가슴을 열어 제치고 "쏘아라, 쏘아라"라고 말하였다. … 감옥에서 풀려난 사람들은 그들이 경험한 끔찍한 일들을 이야기한다. … 가축을 나르는 차에 실린 가축처럼 감방 속에 빽빽이 넣어져서 … 공기의 부족으로 고통을 당하고 … 뜨거운 인두로 지지고, 손을 뒤로 묶고, 콧구멍에 뜨거운 물을 붓는 등 적극적이고 난폭한 방법에 의한 격심한 고문(intense torture) … [50]

---

50 William F. Bull(부위렴), "Some Incidents in the Independence Movement in

1919년의 가을에 모인 총회는 교회가 그때까지 경험한 중에 가장 위급하고 어려운 시기를 지내고 있음을 알게 되었다. 이전의 총회장은 교회의 많은 다른 지도자들 및 임원들과 함께 감옥에 있었다. 전남의 보고에 의하면 63명의 교회 지도자들이 징역형을 살고 있었다. 전북에서는 세 목사가 죽임을 당하였고 100명 이상의 지도자들이 투옥되었다.

총회는 그 해에 전례를 깨고 선교사 **마펫** 목사를 회장으로 선출하였다. 만약 한국인이 선출되었더라면, 그의 생명이 위태로웠을 것이다. 감옥에 있는 자들과 그들의 가족들, 그리고 교회의 전진운동을 위하여 한 주일의 특별 기도와 금식이 선포되었다. 이 기도들은 무응답일 수는 없었다.

선교사들은 이 일들의 목격자들이었고 그들은 자기들이 보고 경험한 바를 말하지 않을 수 없었다. 국제 여론은 여전히 강력한 무기였고 여러 선교회들은 그것을 최대한 이용하였다. 미국의 '연방교회협의회'는 일본 정부에 항의문을 보냄과 동시에 (일본의) 잔학행위들에 대한 보고를 확인하는 그들의 조사 결과를 널리 공표하였다. 일단 보복의 처음 열광이 지나가자 (일본) 정부 내의 온건파가 제 주장을 내세웠다. 일본 내의 환기된 여론이 그 이상의 압력을 초래하였다. 연방 교회협의회의 항의에 대한 답신으로 타협적인 해외 전보가 급송되었다. 조사가 약속되었다. 시정 조치가 취해질 것이었다.

같은 해 1919년에 선교회는 "쇠퇴기"(ebb tide)를 맞았다. 질병과 사임들로 수가 줄어든 데다, 3월 26일에 **폴 크레인** 목사(Rev. Paul S. Crane)와 **유진 벨** 목사 부인(Mrs. Eugene Bell)이 자동차 사고[51]로

Korea."

51 1919년 3·1 운동 직후였던 3월 26일에 남장로교 해외선교부에서 보내준 새 자동차를 몰고 서울에서 광주로 돌아오던 길에 수원 병점 철도건널목에서 기차와 충돌하

즉사하였을 때에 선교회는 그 이상의 타격을 받았다. 그리고 그 달 초에 그 독립운동의 발발을 맞으면서 선교회는 그들의 동역자들과 그들의 교회에 대한 정면적이고 잔혹한 공격의 충격을 경험하게 된 것이었다. 그 시기의 분위기를 그 해의 선교회 연례 보고서를 쓴 **눌런드** 목사(Rev. L. T. Newland, 남대리)가 웅변적으로 표현하였다.

오직 지난해 동안 이곳에 있어 온 사람들만이 이 해를 고난의 해, 그럼에도 불구하고 하나님의 임재를 의식하는 가운데 기쁨을 느낀 해로 만든 그 잠 못 이루는 밤들, 그 격렬한 울부짖음과 신음소리들, 그리고 그 대단한 씨름들(mighty wrestlings)을 알 것이다.[52]

그러나 이 동일한 보고서 안에는 거대한 각성이 나라를 휩쓸고 있다는 암시가 들어있었다. 조수(潮水)가 다시 한 번 바뀌기 시작했었다.

여 폴 크레인(Paul Sackett Crane) 목사와 배유지 선교사의 두 번째 부인 마가렛이 현장에서 즉사하고, 동승하였던 낙스(Robert Knox, 노라복) 목사는 오른 쪽 눈을 실명하였다. (역자)

52 *The Annual Report of the Mission for the Year 1920.*

제6장

형세가 일변하다
The Tide Turns

1920~1930

의료사역은 두 배 이상 증가하였고, 우리 교단(our Church)의 교인 수는 200%, 우리 학교 학생 수는 거의 300% 증가하였다. … 우리의 선교사들은 눈을 비비며 새로운 상황에 적응하려고 노력하고 있다.

> – M. L. Swinehart(서로득), "Go Forward in Korea," *The Missionary Survey*, February, 1921, p.133.

부모는 누구나 이런 경험을 해 왔다. 어느 날 아침에 그는 자기 앞에 한 낯선 사람이 있는 것을 본다. 하룻밤 사이에 그의 아들이 미묘한 변형(a subtle transformation)을 경험한 것이다. … 같은 방식으로 우리는 갑자기 조선에서 우리가 해오던 사역의 청년기를 맞게 되었다. 선교회 전체가 그것이 오고 있음을 알고 있었는데, 그 이유는 우리가 지난 세월에 최선의 노력을 기울였던 것은 바로 이러한 시기를 준비하기 위해서였기 때문이다. 그러나 웬일인지 그 사건들이 예기치 않게 도래해서 우리가 실로 준비는 되어있었지만, 비유를 갑자기 바꾸자면, 이러한 빠른 변화들에 뒤처지지 않을 만큼 기어를 충분히 빨리 바꿀 능력은 없는 것이 드러났다.

> – Miss M. H. Hopper(조마구례) and the Rev. L. T. Newland(남대리),
> *The Annual Report of Committee of foreign Missions, 1926*, p.123.

모든 선교활동의 전진이 거의 멈추었던 1919년의 암울했던 봄이
지나간 다음 그 독립운동이 그러했던 만큼 의외의, 그리고 돌연한
회복(rebound)이 있었다. 1921년까지에는 교회에 호의적인 여론이
큰 물결로 부풀었었다. 그 해에 53개의 교회 건물들이 세워졌다.
떨어져 나갔던 교인들의 상당수가 돌아오고 있었다. 이 수년간에
선교사들이 쓴 편지와 기사들은 1906~07년의 대 부흥 기간의 전진
과 유사한 전진의 보고들로 가득 차 있다. 교회들이 이 마을 저 마을
에 연달아 솟아나고, 죽었다고 버려졌던 교회들이 '*재미 많소*'(열정적
이라는 뜻)라고 보고되고 있었다고 크레인(구레인) 목사는 썼다. 낙스
(노라복) 부인(Mrs. Robert Knox)은 1919~1921년의 수년을 "한국의 영
적, 사회적, 교육적 삶의 전환점"이라고 일컬었다. 한 한국인 목사는
"모든 대중이 들어와서 예수님을 믿을 생각을 가지고 교회를 바라보
고 있는 것으로 보인다"라고 썼다.[1] 1923년에 뉼런드(남대리) 목사는
그 전의 어느 3년 기간 동안과도 같은 수의 기독교인들에게 그해에
세례를 베풀었다고 보고하였다.

교인 수의 통계는 교회 성장률에 깜짝 놀랄 만한 역전(逆轉)이 있었
음을 확인해 준다. 가장 저조한 해였던 1919년에 단지 368명 만이
우리의 선교지역에서 세례를 받았다. 그런데 다음 해는 516명으로
상당한 증가를 보였고, 또 그 다음 해에는 1,266명이 세례로 받아들
여졌다! 증가율이 그 다음 수년간 계속 상승하여 전라도 교회의 수
찬교인 수를 10,000명 이상으로 끌어올렸는데, 이것은 그 증가율이
연 평균 10%였음을 의미한다.

---

1   M. L. Swinehart(서로득), *The Annual Report of the Mission for the Year
1921*, p.77.

한국인들의 변화된 분위기는 교육의 분야에서도 그에 못지않게
뚜렷이 나타났다. 선교학교들에는 현대식 교육(modern education)을
받기를 열망하는 학생들이 갑자기 쇄도하였다. 1920~1923년의 3년
에 선교회에서 후원하거나 그와 관련된 학교들의 학생 총수는 3,500
명에서 10,000명으로 믿을 수 없을 만큼 도약하였다.

변화된 상황에 부응하기 위하여 본국 교회에 선교사 증원에 대한
열광적 호소가 있었다. 더 많이 보내달라고 계속 아우성치는 선교회
의 구미에 맞을 만한 수가 반응한 것은 아니었지만 1926년에는 한국
에 와있던 선교사의 수를 최고기록인 98명까지 부풀리기에 충분한
인원이 왔다. 이 10년 동안에 그 선교회의 사역은 절정에 이르렀다.

이 기간 동안에 어떠한 요인들이 기독교의 진전에 그처럼 유리하
였을까? 3·1운동이 주요한 추진력이었음은 틀림없다. 이것은 사람
들이 단순히 정치적 이유로 교회에 들어왔다고 말하는 것이 아니니,
그 이유는 정치적 관점에서 볼 때에 그 독립운동은 실패하였기 때문
이다. 그 운동의 지도자들은 살해되었거나 해외로 흩어졌고 한국은
자치(self-rule)의 목표에서 어느 때보다 더 멀어졌다. 그러나 그 독
립운동은 정치적 봉기(蜂起) 이상의 것이었다. 그것은 종교적 이상주
의라고 하는 깊은 저류(底流)에 의하여 유발된 민족의식의 각성(an
awakening of national consciousness)이었다. 한 선교사가 말한 것처
럼, "한국인의 사상의 완만한 흐름이 휘저어졌고, 도처에서 우리는
그들이 자기들의 상황을 개선하려고 노력하고 있는 것을 본다."[2]

3·1운동은 기독교인의 인격의 특성을 드러내었었다.[3] 기독교인

---

2   M. L. Swinehart, *The Annual Report of the Mission for the Year 1921*, p.77.
3   The Independence Movement had demonstrated the quality of Christian
    character.

들은 남자 여자, 소년 소녀를 막론하고 일어나서 신원이 밝혀지는 것을 두려워하지 않았다. 그들은 겁내지 않고 일본 무장 경관의 야만적이고 잔인한 공격을 정면으로 맞았다. 여기에 바로 일반 대중에게는 부족하였지만 모든 사람이 존경하지 않을 수 없었던, 성실과 능력의 근원이 있었다.

3·1운동은 한국 사람들이 산업과 사회뿐만 아니라 정치의 영역에서도 이미 느낀 결핍(needs)을 강조하는 역할을 하였다. 그들은 "참으로 '의(義)를 위한' 것이라고 말해도 좋을 만한 압도적 동경과 갈망과 갈증을" 느끼기 시작하였다.[4] 그래서 많은 사람들이 그들의 처지를 개선할 수 있을 유일한 열린 문들인 교육으로, 그리고 교회로 향하였다.

3·1운동은 일본 총독부에도 영향을 끼쳤다. 일본의 보복의 무제한적인 광기가 지나간 다음에 하나의 반작용이 일어났는데, 그것은 널리 퍼진 국제적 분노와 일본 정부 안의 온건파로 인한 것이었다. 그래서 선교회와 교회에 새롭고 얼마쯤 더 조화로운 시기가 시작되었다.

이전 총독은 소환되고 그 자리에 **사이토**(齋藤) 남작이 임명되었다. 그의 통치기간에 여러 가지 개혁이 시작되었다. (1) 군통수권이 민간 당국자에게 종속되게 되었고,[5] (2) 죄수에게 과하는 태형(笞刑)이 원칙적으로 폐지되었으며, (3) 출판의 자유에 관하여 다소간의 완화가 있었고, (4) 일본인 자녀와 한국인 자녀 사이의 교육상의 일부 명백한

---

4   J. C. Crane(구례인), "What Does the Revival Amount To?" *The Missionary Survey*, October, 1921, p.772.

5   이전까지 무관만 임명되었던 조선 총독에 문관도 임명될 수 있다는 조항을 말한다. 그러나 일제강점기 마지막까지 실제로 문관 총독이 임명된 적은 없다. (역자)

J.V.N. 탤미지
(타마자)
[재임 1910~1957]

불평등이 제거되었으며, (5) 여러 선교회에 법적
인가(legal recognition)가 주어지고, 토지의 구입과
소유가 허락되었다. 그 결과로 1923년에 남장로교
선교회의 "법인"(法人)이 탤미지 박사(Dr. J. V. N.
Talmage)에 의하여 설립되었다. 이 일이 있기 전에
는 선교회 토지가 모두 선교사 개개인의 이름으로
구입되었었다.

이 개혁의 일부는 실제적인 것이라기보다는 이론적인 것이었다.
동일한 차별과 착취와 경찰의 억압이 많이 남아있었다. 그러나 전보
다 나아진 것은 확실하였고, 모두 감사하였다. 한 선교사가 말한
대로, "한국의 풍경화에서 빠뜨릴 수 없는 부분, 즉 경찰관이 수적으
로는 줄어들지 않았지만, 그래도 그가 차고 다니는 칼이 옛날처럼
크게 쨍그렁 소리를 내지는 않는다."[6]

불행하게도, 그 변화의 전부가 다 유익한 것은 아니었다. 특히
1925년도 이후에는 백성의 경제적 곤궁이 더 악화하였다. 표면적으
로는 많은 번영의 흔적들이 있었지만, 아래로는 서민의 경제적 처지
가 끊임없이 나빠지고 있다는 징후들이 있었다. 토지가 계속하여
일본인 지주들의 손안에 들어갔다. 비록 쌀 생산량이 꾸준히 증가하
고 있었지만, 그 중에 한국인들이 먹는 몫은 점점 더 적어졌다. 한국
인의 기본 식품인 쌀의 1인당 소비량은, 들리는 바에 의하면, 1915년
과 1938년 사이에 50% 가까이 떨어졌다.[7] 더욱 더 많은 농민들이

---

6 *The Annual Report of the Mission for the Year 1922.*
7 Osgood, p.295. / 조선을 일본의 식량 공급기지로 만들기 위하여 일제가 1920년부
   터 1934년까지 '산미증식계획'(産米增殖計劃)을 추진한 결과, 조선의 쌀 생산량은
   늘었지만 증가량보다 더 많은 쌀이 일본으로 유출되어 한국인들은 극심한 곤궁을

부채에 빠져 들어갔다. 농민의 곤경은, "더 높지만 도달하기 어려운 물질적 생활수준의 감질나게 하는 존재"로 인하여, 한층 더 악화시켜졌다.[8] 어찌할 도리가 없을 만큼 빚을 진 다음에 떠나가 다른 곳에서 새로운 시작을 하려고 노력하는 것 밖에는 할 수 있는 일이 없었다. 아마도 10만 명에 이르는 농민들이 매년 한국을 떠났다.

1919년의 독립운동에 의하여 야기된 정치적 좌절과 경제적 곤궁이 공산당의 선전(communist propaganda)이 먹혀들기 좋은 상황을 만들어 냈다. 1919년에 이르기까지 독립운동은 기독교인의 노력과 밀접하게 연결되어 있었다. 그러나 대량 보복에 이어 많은 기독교 지도자들이 투옥되거나 죽임을 당하거나 나라를 떠날 수밖에 없게 되었다. 머지않아 소비에트 러시아의 도움으로 하나의 새로운 비밀 혁명운동이 한국 안에서 발달하였다. 이리하여 1925년경부터 독립운동 조직들은 두 파로 분열하였다. 첫째 그룹은 주로 기독교와 서양문명의 영향을 받았고, 다른 그룹은 마르크스식 공산주의(Marxist Communism)에 의하여 지배되었다.

여성들 간의 전도사역
Evangelistic work among women

이 시기에 있은 전도사역의 각성(the evangelistic awakening)은 몇 가지 점에서 1906~07년 때의 부흥과 달랐다. 이전의 부흥이 하류 계층에 한정되어 있었던 반면에, 이번에는 양반(兩班)의 일부를 교회

겪었다. (역자)

8　Edmund de Schweinitz Brunner, "Rural Korea," *Missions and Rural Problems*, Vol. VI.

로 들어오게 하는 데 성공하였다. 이전의 부흥이 모든 연령층에 퍼
졌었지만, 이 수년간에는 부흥이 뚜렷하게 젊은이의 운동이었다.
1906~07년의 빠른 진전이 큰 부흥집회들을 통하여 이루어졌던 반면
에, 이번에는 진전이 주일학교들과 선교회의 교육 프로그램을 통하
여 이루어졌다.

그뿐 아니라, 여성들 간의 사역도 빠르게 성장하였다. 이전에는
교회 구성원의 대부분이 남자였지만, 1927년까지에는 여자들이 교
인의 60%가 되었다. 이러한 변화의 일부 원인은 적어도 아래와 같은
독신 여전도사들[9]의 효과적인 사역에 있었다.

> 목포의 줄리아 마틴(Julia Martin, 마율니아)과 에이더 먹머피(Ada McMurphy,
> 명애다), 광주의 엘런 그레이엄(Ellen Graham, 엄언라)과 메리 닷슨(Mary
> Dodson, 도마리아), 전주의 릴리안 오스틴(Lillian Austin, 오서돈)과 에밀리
> 윈(Emily Winn, 위애미), 군산의 줄리아 다이사트(Julia Dysart, 배쥬니아,
> 후일의 유진 벨 목사 부인)와 윌리 그린(Willie B. Greene, 구리인), 순천의
> 메타 비거(Meta Biggar, 백미다)와 루이즈 밀러(Louise Miller, 민유수).

그들의 사역이 특별히 필요하였으니, 남성 전도자들과 한국인 여성
들이 그들의 집에서 만나는 것이 사회적 관습에 의하여 금지되어
있었기 때문이다.

전주 지역에서 활동한 어느 여성 전도 선교사(a lady evangelistic
missionary)의 사역에 대한 묘사는 전 지역에 걸쳐 이 사역을 대표하
는 묘사가 될 것이다. 그녀의 순회 구역은 안수받은 목사의 구역만

---

9   single lady evangelists. 그들의 활동에 관해서는 97쪽 참조.

큼 넓지는 않았다. 오히려 그녀는 어떤 농촌 교회들에 집중하였는데, 그곳에서 그녀는 4~5일 머물면서 방문하고 가르쳤다. 신뢰하는 한국인 동역자[10]를 대동하였는데, 그녀는 음식물 상자와 군대용 간이침대를 포함한 순회 장비를 가지고 갔다. 시골 읍에 도착하면 그녀는 교인의 집에 그녀를 위하여 마련된 방에 "일터를 차렸다." 그녀는 오전에는 기독교인 여성들을 아마도 두 반으로 나누어 가르쳤다. 이제 막 신앙을 고백한 사람들은 그들이 받을 (수세) 시험에 대비하여 주기도문과 사도신경과 십계명을 공부할 필요가 있었다. 상급반은 그리스도의 생애나 아마도 창세기의 처음 장들을 공부하기 시작하였을 것이다.

오후에는 그녀와 그녀의 동료가 한국인 가정들의 안뜰에 자유롭게 출입하였는데, 그곳에서 여인들이 그녀의 말을 기쁘게 들었다. 그녀의 여주인이 그녀에게 자꾸 자꾸 질문을 하곤 하였는데, 그렇게 하는 것이 적어도 너무나도 단조로운 삶 속에서 하나의 기분전환 거리, 즉 바깥세상을 볼 수 있는 하나의 작은 창이 될 것이기 때문이었다. 저녁에는 기독교인과 비기독교인이 같이 모이는 여자들의 전체 모임이 있었는데, 그곳에서 그녀는 할 수 있는 대로 단순하게 구세주의 필요성(the need for a Saviour)과 구원의 방법(the way of salvation)을 설명하곤 하였다.

그것은 고된 일과 고독한 삶이었다. 그녀가 사용한 음침한 방들은 때로는 너무 낮아서 그녀가 일어서기가 어려웠다. 그녀는 프라이버시의 결핍으로 고생하였는데, 종이 문들이 흔히 엿보는 구멍들로 뚫려 있었고, 그 구멍들 뒤에는 호기심 많은 눈들이 있었기 때문이었다.

---

10 a trusted Korean co-worker.

꽉 짜인 일정(日程)들과 여행의 어려움이 있었다. 그러나 그녀의 사역에
는 보상이 있었다. 한 여성 순회전도자(lady itinerator)는 이렇게 썼다.

한국에서 전도 사역자로 사는 것보다 더 고무적이고 더 영감에 찬 삶은
없는데, 그 이유는 새 교회들이 생겨나는 것을, 인위적인 노력을 통하지
않고 부흥이 일어나는 것을, 삶들이 변화되는 것을, 나이든 여인들의 얼굴
에 영광의 빛이 빛나는 것을 … 볼 때에 그녀가 끊임없이 주님의 권능을
느끼기 때문이다.[11]

엘리자벳 셰핑(서서평)
[재임 1912~1934]

1920년에 미국 남장로교 '부인 조력회'(Woman's
Auxiliary)의 조직자 윈즈버로우 부인(Mrs. W. C.
Winsborough)이 한국을 방문하였다. 그녀는 '열
흘 성경반'에 다니기 위하여 시골에서 들어온 여
인들의 무리에 큰 감명을 받고, 이 여인들이 미국
교회 여인들이 그랬던 것처럼 한 "조력회"(현 여전
도회)로 조직될 수 있을 것이라고 제안하였다. 광
주의 엘리스 셰핑 양(Miss Elise[12] Shepping)이 이 도전을 받아들이고
이것을 다음 14년 동안에 그녀의 주요 업무로 삼았다.

그것은 만만찮은 일이었으니, 그녀가 그때에 윈즈버로우 부인에
게 말한 것처럼, 그 성경반에 모인 300명의 여인들 가운데 이름을
가진 사람들은 10%도 안 되었기 때문이었다. 그들은 "아무개 엄마"
라고 알려져 있었다. 대부분이 문맹이었고, 집안일과 책임들로 짐이

---

11 Anonymous, "Glimpse of the Woman Evangelistic Worker in Chunju."
12 Elise[elíːz, ilíːs] 엘리스: Elisabeth나 Elizabeth[ilízəbəθ]의 별칭. (역자)

무거웠으며, 안방의 좁은 한계를 벗어나서는 사회에서 아무런 지위
도 없었다. 도대체 이들 이름도 없는 사람들이 조직화 될 수 있을까?
그들이 회의를 진행하고 의사진행 규칙(rules of order)을 이해하도록
가르쳐질 수 있을까?

2년이라는 짧은 기간에 셰핑 양은 그녀의 첫 번째 조력회를 조직
하였다. 그녀는 먼저 모국 교회로부터 문헌을 입수한 다음 광주 (이
일) 성경학교 출신 여성들을 훈련하여 더 큰 조직체의 핵심이 되게
하였다. 그녀는 자기의 조랑말 "얼룩이"(Spot)가 끄는 작은 이륜마차
를 타고 시골 교회들을 순회하면서 조직된 여성 사역의 장점들을
설명하였다. 그리고 1922년 12월에 최초의 '한국 부인 조력회'가 광주
에서 정식으로 설립되었다. 3년 후에 전남노회가 그 조력회 조직을
공적으로 인정하였고, 다른 노회들도 동일한 플랜을 신속히 채택하
였다. 셰핑 양은 "우리는 각자가 하나님께서 주신 영역에서 쓸모가
있는 여성들의 조직체로 승인을 받았다"라고 썼다. 여성들이 오랫
동안 하나의 종속적인 계층으로 간주되었던 나라에서 그것은 실로
엄청난 성취였다.

조력회의 프로그램은 관습과 환경이 허용하는 한 남장로교의 그것과
유사하였다. 지역 조력회들(Local auxiliaries, 지역 부인전도회)은 한
달에 한 번, 보통 여자들이 교회에 가고 올 때에 잘 볼 수 있는 보름날에
모였다. 원주회들(Circles, 구역모임)은 한 주에 한 번 가정집에서 기도회
로 모였다. 그 프로그램은 세 가지에 역점을 두었는데, 성경공부와
개인간증과 봉사였다. 한 가지 독특한 발전은 조력회원 각자가 부엌에
걸어두고 그 안에 매끼에 밥 짓기 전에 한 숟갈씩의 쌀을 떠서 그
안에 넣어두는 작은 쌀 주머니였다. 주일이 되면 그 작은 주머니를
교회에 가지고 와서 그 안에 든 것을 성미(誠米) 바구니에 부었다.

양자 요셉을 업은 셰핑

이렇게 해서 그녀는 자기의 "일용할 양식"의 일부를 주님께 돌려드리는 것을 배웠다.

셰핑 양은 1934년에 사망하였지만, 그녀의 비전은 이미 실현되었었다. 그 전해에 총회는 그 조력회 조직을 공적으로 승인하여 셰핑 양의 플랜과 프로그램을 전 교회에서 시행하도록 채용하였다. 셰핑 양은 한국에 온 실로 위대한 선교사였고, 그녀의 생애와 사역은 전설적인 것이 되었다. 독일에서 가톨릭 신자인 부모에게서 태어난 그녀는 뉴욕에서 간호사 훈련을 받던 중에 개신교로 개종하였다. 한국에서 22년간 봉직하는 동안에 그녀는 단 한 번만 안식년 휴가를 받았다. 그녀의 사역은 놀라웠다. 그녀는 '조선간호부회'(Nurses' Association of Korea)[13]를 설립하고, 이 단체를 국제 간호사협회에 가입시키기 위하여 도쿄와 몬트리올에 가기도 하였다. 그녀는 '조선여자기독교절제회'를 조직하였다. 그러나 그녀의 열정은 영혼을 구원하고 생명을 속량하기 위한 것이었다.[14] 그녀는 많은 소녀들을 매춘에서 구출하였고, 13명을 자기 자신의 딸로 입양하여 그들을 선량한 기독교인 가정에 시집보냈다. 그녀는 엄마가 사망한 여러 갓난아이들을 유아기 때부터 돌보았다. 자기 자신도 아픔이 없는 때가 드물었기 때문에 그녀는 침대 곁에서 학생들을 가르치지 않으면 안 되었던 때도 많았다. 거지에서 은행가에 이르기까지 수백 명이 그녀의 장례식에 참석하였는데, 그녀의 섬김이 많은 사람들을

---

13 1923년 설립 당시의 이름. 현재의 이름은 '대한간호협회'(Korean Nurses Association, KNA). (역자)

14 But her passion was for saving souls and redeeming lives.

감동시켰기 때문이었다.[15]

여성들 사이의 전도사역이 일사천리로 성장함에 따라 여성 지도자
들을 훈련하기 위하여 어떤 더 좋은 방법이 필요하다는 것이 분명해
졌다. 남자들은 신학교로 갈 수 있었지만, 여자들을 위해서는 한
달 성경강습회 이상의 훈련 기관이 전혀 없었다. 그래서 1918년 봄
에 성경학교 하나가 전주에 개설되었다. 그 학교는 처음에 매년 2~3
개월의 훈련을 제공하였고, 점차로 연간 수업 기간(annual session)이
6개월로 연장되었다. 1924년에 그 학교를 위하여 한 건물이 클라크
부인(Mrs. Ada Hamilton Clark, 한예정) 기념관으로 세워졌다. 클라크
부인은 안식년 휴가 중에 뉴저지주 프린스턴에서 사망한 (전주) 선교
거점의 멤버였다. 당시에 그녀의 남편이 그곳에서 공부하고 있었다.
버클런드(박세리) 양, **테이트**(최마태) 양, **윈**(위애미) 양, **다이사트**(배쥬니
아) 양, 그리고 **머카천**(마로덕) 부인이 모두 그 성경학교에서 가르쳤고
그 학교의 경영에 도움을 주었다.

처음에는 전주 학교가 그 선교회 지역 전체의 여성 훈련 기관으로
여겨졌지만, 1924년에 주니어 성경학교(the Junior Bible School)가 광
주에 세워졌다. 그 전에, 그곳에서 **셰핑** 양과 **스와인하트** 부인이 과부
들과 버림받은 아내들을 위한 사설 학교를 시작했었다. 스와인하트
부인은 레이스(lace) 만드는 법을 가르쳤고, 셰핑 양은 성경을 가르쳤
었다. 1926년에 한 학교 건물이 광주에 지어졌는데, 그 이름이 노스
캐롤라이나주 샬럿의 **로이스 닐** 양(Miss Lois Neel)에게 경의를 표하여

---

15 Mrs. M. L. Swinehart(서로득 부인), "Elisabeth Johanna Shepping" in *Glorious
Living*; Maie B. Knox and Eliza E. Talmage, *Presbyterian Survey*, October,
1934, p.608. 낙스 부인(Mrs. Robert Knox)은 성실하고 능률 있게 프로그램 보조
물을 준비함으로써 조력회 프로그램에 많은 공헌을 하였다.

"닐(이일, 李一) 성경학교"(Neel Bible School)로 바뀌었다. 그녀는 그 학교를 위하여 기본재산을 확립하였었고 여러 해 동안 그 학교의 충실한 후원자가 되어주었다.

세월이 감에 따라 이 두 학교는 많은 여자들을 졸업시켰는데, 그들은 전도부인들과 교사들과 목사 부인들이 되었다. 이 여성들의 다수는 한국인 교회 '무명의 영웅들'(the unsung heroes)이 되어 조그마한 시골 마을들에서 알려지지 않고 인정받지 못한 채로 수고하였다. 흔히 그들은 "돌격대"가 되어 먼저 어떤 이교(異敎) 마을에 침투하는 쐐기의 역할을 할 수 있었다. 그들 다음에 선교사, 남전도사, 그리고 목사가 왔다.

"교육에 대한 열광"
The craze for education

총독이 시행한 개혁조치들 가운데에는 사립학교에 관한 정부규정의 완화도 들어 있었다. 커리큘럼에 종교와 성경을 포함시키기 위한 정부와의 한판 승부에서 선교회가 이긴 셈이었다. 이리하여 선교적 교육사역을 위한 문이 활짝 열렸다.

다니엘 커밍(김아각)
[재임 1918~1966]

정부 규정의 완화와 함께 교육을 받고자 하는 국민의 관심도 커졌다. 선교학교들과 그 밖의 모든 학교들에는 학생들이 쇄도하였다. 우리는 선교회 보고서들 속에서 민족적 "교육열"과 "교육을 위한 한국인의 광적(狂的) 욕구"에 관하여 읽는데, 그것은 이 욕구가 얼마나 컸던가를 말해준다. 광주 남학교의 등록 학생 수는 1920년의 180명에서

한 해 만에 370명으로 뛰어 올랐다. 전주 남학교는 1920년에 학생
수 60명을, 그리고 1921년에 200명을 보고하였다. 목포는 "학생들의
눈사태"를 보고하였다. 커밍 목사(Rev. D. J. Cumming)가 1919년에
남학교를 인계받았을 때에 단지 30명의 학생이 있었다. 다음 해에
270명의 학생이 등록하였고, 그 다음해에는 총 학생 수가 450명이
되었다. 순천의 학교들은 5년간 문을 닫았다가 1921년 4월 15일에
다시 개교하였는데, 곧 등록 학생 수가 시설의 수용능력을 초과하였
다. 1920~1923년의 3년 동안에 선교학교들의 총 학생 수가 세 배
이상으로 늘어났다.

여기에 일찍이 선교회가 직면한 가장 큰 도전들 중의 하나가 있었
다. 대중은 모두 다 교육을 극성스럽게 요구하고 있었고, 어디서
교육을 받든 관심이 없었다. 그 요구에 다 응할 수 없었던 정부는
사실상 선교회에 말하였다, "좋소, 할 수 있는 일을 하시오"라고.

그러나 그 기회에는 위험이 없지 않았다. 더 큰 교육 시설과 더
많은 인원이 즉시 필요하였다. 모든 선교학교들은 그 건물들이 고안
된 수의 약 배나 되는 등록 학생들을 가르치고 있었다. 전체 선교회
교육 프로그램이 긴장으로 깨어질 위험에 처해 있었다.

이 어마어마한 새로운 부담에 응하기 위하여 선교회는 1920년의
연례회의에서 결의해서 스와인하트(M. L. Swinehart, 서로득)를 미국에
보내어 실행위원회와 상의하여 일꾼들과 장비를 확보하기 위한 캠페
인을 주선하도록 하였다. 이 특별한 노력으로 12명의 새로운 선교사
들이 한국에 왔다. 그러나 재정 캠페인은 비참한 실패작이었다. 총
액 $120,000를 요청했었는데, 수령한 것은 불과 $3,000이었다. 충
분한 자금이 마련되지 못한 이상, 학교들의 문제에 대한 새로운 접근
이 필요하였다.

이때까지 선교학교들은 일본 법 아래서 자유롭게 운영될 수는 있었지만 공식적인 인가를 받지 못해서 불이익을 당하였다. 졸업생들이 공직에 취업하거나 고등교육을 받을 자격을 얻는 데 어려움이 있었다. 이것은 심각한 핸디캡이었다. 1922년이나 1923년 초에 총독부는 새로운 법을 채택하여 사립학교들에게 "지정학교"라는 칭호를 얻을 수 있는 기회를 주었다. 그 칭호는 그 학교의 졸업생들에게 공립학교 졸업생들이 누린 것과 거의 동일한 특전을 줄 것이었다. 학교는 건물, 설비, 교원, 교과과정에 있어서 엄격한 요건들을 충족해야 지정을 받을 자격을 갖출 수 있었다.

선교회는 딜레마에 빠졌다. 다섯 거점에 있는 열 학교 모두가 자격을 얻도록 하기에는 자금도 인원도 충분치 않다는 것이 분명하였다. 일부 학교들의 상급 부문들을 폐쇄하고 단 두 고등학교가 지정을 받도록 하는 데 집중하든지 이러한 인정이 제공할 이익들을 무시하고 모두를 열어두든지 양자택일을 할 수 밖에 없게 된 것이다. 1923년의 연례회의에서 많은 토의 끝에 마침내 결정이 내려졌다.

> 결의: 요구되는 많은 액수의 자금과 교사를 구하기 어려움과 후원 지반 (supporting constituency)의 협소함을 고려하여 선교회에 단지 두 개의 인가된 고등학교를 두도록 조처를 취하되, 하나는 남학교, 또 하나는 여학교로 한다. ··· [16]

남학교의 위치는 전주로, 그리고 여학교의 위치는 광주로 할 것이었다. 그 밖의 학교들은 고등학교 부분을 줄이도록 지시가 내려졌다.

---

16 *Korea Topics in Brief*, August, 1923.

마가렛 하퍼
(조봁 마구례)
[재임 1922~1957]

그것은 선교회가 내리도록 요구된 가장 고통스러운 결정들 가운데 하나였다. 1922년에 목포에 있는 여학교[17]는 새로운 기숙사와 교사(校舍)를 지어 선교회에서 가장 크고 가장 좋은 학교들 가운데 하나로 발전하였다. **마가렛 하퍼** 양(Miss Margaret Hopper, 조마구례)이 바로 도착하여 교장이 되었다. 군산에서는 선교회에서 가장 먼저 설치된 남학교[18]가 훌륭한 기록을 가지고 있었다. 이러한 학교들의 상급 학년들을 잘라내는 것은 가슴 아픈 일로 보였다. 이 학교들을 위해서 많은 노력이 경주되었었고 결과도 좋았기 때문이었다. 그럼에도 불구하고 앞으로 고등보통학교는 도청소재지인 전주와 광주에만 있게 되었다.

그러나 이 중추적인 학교들이 선망의 대상인 정부 인가를 받기까지에는 긴 분발이 있을 것이었다. 첫째로, 시설과 건물과 교사진이 상당히 추가되어야만 했다. 광주의 **수피아학교**(Speer School)는 미국 남장로교 여전도회의 1927년 '창립기념일 헌금'[19]에서 원조를 받았다. 이 엄청난 기부금으로 '윈즈버로우 홀'(Winsborough Hall)이라고 명명된 새 교사와 체육관과 예능관이 건립되었고, 운동장과 경기장이 정지(整地)되었다. 같은 해에 **플로런스 루트**(Florence E. Root, 유화례) 양이 광주에 도착하여 그 학교의 교사진에 합류하였고, 미국에서 두 학교, 아그네스 스콧 대학과 콜롬비아대 사범대학을 졸업한 **김필례 여사**[20]가 수석교사(head teacher)가 되었다.

---

17 목포 정명(貞明)여중고의 전신. (역자)
18 군산 영명(永明)학교. (역자)
19 the 1927 Birthday Offering of the Presbyterian U.S. Women of the Church.
20 김필례(金弼禮) 여사(1891~1983); 원문에는 Mrs. Pilley Choi로 되어있는데, 이는

전주에서는 남학교인 **신흥학교**가 1928년에 건물 확장을 시작하였는데, 그 때에 노스캐롤라이나주 그린즈버러에 사는 **런즈포드 리차드슨 부인**(Mrs. Lunsford Richardson)이 '리차드슨 관'을 짓도록 자금을 제공하였다. 1930년에 같은 가족이 보내준 또 한 번의 선물이 강당 겸 체육관을 제공해 주었다. 에버솔 목사(Rev. F. M. Eversole, 여부솔)가 1926년까지 이 학교의 교장이었는데, 그 해에 **린턴 목사**(Rev. W. A. Linton, 인돈)가 군산에서 옮겨와서 그 자리를 채웠다.

1926년에 교육열이 식기 시작하였다. 선교회와 모국 교회가 건물과 설비를 충분히 신속하게 제공하여 그 위기에 대처하지 못한 것이 그 영향을 미치고 있었다. 1927년의 연례 보고서에는 다음과 같이 적혀 있다.

> 교육에 있어서 우리에게 유리하였던 시세(時勢)의 방향이 우리가 학교에 대한 정부 인가를 얻지 못해서 역전되었습니다. … 우리는 시설이 부족했습니다 - 그래서 큰 기회를 놓쳤습니다.[21]

1930년에 이르기까지 선교학교들에서 교육을 받고 있던 학생들의 총수는 7,500명으로 감소했었는데, 이 감소의 대부분은 초등 학년들에서 일어났다. 일본 정부가 점점 더 많은 초등학교들을 시골 지역들에 세웠기 때문에 교회가 지원하는 학교들에 대한 수요가 적어졌다. 선교회는 이 사역을 점차로 정리하고 거점의 중등학교들에 치중

그녀의 남편(최영욱)의 성을 따른 미국식 이름이다. (역자)

21 M. L. Swinehart, *The Annual Report of the Mission for the Year 1927*, p.105.

하기 시작하였다.

선교학교의 등록학생 수가 감소한 또 하나의 이유는 비기독교인들의 입학 요건을 강화하는 선교회의 정책이었다. 각 학교 학생들의 75%는 기독교인이어야 한다고 명시하는 규정이 통과되었다.

교육 분야에서 이 시기의 기회들을 잘 실현하지 못한 것에 대한 실망으로 인해서 실질적인 업적을 우리가 보지 못해서는 안 된다. 중·고등학교 수준에서의 기독교 교육의 영향은 즉시 나타나는 것은 아니었으니, 이 학생들이 지도적 지위에 오르는 데에는 수십 년이 걸릴 것이기 때문이었다. 오늘날, 정부와 삶의 모든 영역의 지도자들 중에 선교학교에서 교육받은 사람들이 많은 것은 놀랍고 고무적인 일이다.

치유 사역
The ministry of healing

의료사역은 이 시기에도 계속하여 그 이전 시기의 방식(pattern)에 따라 행해졌다. 주된 문제는 여전히 의사의 부족이었고, 1926년 한 해에만 완전히 충원되어 병원마다 선교사 의사 한 명과 간호사 한 명이 근무하였다. 그리고 의사가 없어서 목포 병원은 3년 동안 폐쇄되기도 하였다.

모든 병원들은 현대의학으로 제공할 수 있는 최선의 치료와 함께 복음 증거(evangelical witness)를 강조하였다. **보그스** 의사(Dr. L. K. Boggs, 박수로)는 1930년에 전주 병원에서 724명의 결신자가 있었음을 보고하였다. 순천의 **로저스**(Dr. J. M. Rogers, 노재세) 의사는 자기 병원의 주요 목적이 '영혼치유'(soul-healing)에 있음을 강조하였다.

이곳은 선교병원(mission hospital)이다. 그래서 우리의 주된 목적은 말과 행동으로 우리의 주님과 구주이신 예수 그리스도의 복음을 전하는 것이다. 우리는 예수님의 지상명령(至上命令)이 *가르치는 것*과 *전하는 것*과 마찬가지로 *치료하는 것*을 포함한다는 것, 그리고 그리스도께서는 당신을 자기의 구주로 믿지 않은 많은 사람들을 치유하셨다는 것을 믿는다. … 그래서 우리가 할 수 있는 대로 많은 사람들을 치료하는 것이 예수님의 뜻임을 느낀다. 그리고 이 일을 하기 위해서 우리는 현대의 과학적 의술이 제공하는 모든 것을 활용하여 할 수 있는 최선의 봉사를 하기 원한다. 이것이 선교병원의 전문적인 면이다. 우리는 또한 우리의 봉사를 통하여 많은 사람들이 그리스도를 알고 구원을 받게 하는 데 도움을 줄 것을 희망하고 믿는다. … 환자들은 이미 개인적이고 전문적인 돌봄에 감명을 받았고, 질병으로 인하여 활동할 수 없게 되었기 때문에 자주 반복되는 가르침들을 경청하고 흡수할 시간이 있다. 요컨대, 이곳은 복음 메시지를 받아들일 옥토(沃土)이다.[22]

모든 병원들이 높은 비율의 자선 사역을 하고 있었다. 그리스도의 이름으로 하는 동정(同情, compassion)은 이교적 무정(無情, callousness)의 어두운 배경에 비추어 볼 때에 더욱 더 설득력이 있었다. 코잇 목사는 다음과 같은 이야기를 전했다.

시골 조사들 가운데 한 사람이 마을 근처에 있는 개울에서 얼굴을 씻고 있는 동안에 따뜻한 물을 달라고 외치는 한 여자의 목소리를 들었다. … 여인숙 주인은 한 젊은 여자가 사지가 마비되어 그녀의 가족에 의하여 죽도록 들에 버려졌다고 그에게 알려주었다. 그가 가보니 사방 세 자쯤 되는

장소에서 짚 한 다발 아래에 온통 짚으로 덮인 채 그녀가 있었다. … 그녀
는 주변 지면에 진눈깨비와 눈이 있는 심한 추위를 견디며 두 달 동안 그곳
에 누워 있었다. 찬바람이 불 때에 짚을 덮어 동사(凍死)는 면했어도 추위
에 곱아서[23] 죽기를 바랐지만 아직은 죽음이 그녀에게서 도망치는 가운데
… 그녀의 어머니는 또 한 집의 하녀였기 때문에 밤에 그녀와 함께 있을
수 없었고 … 하루나 이틀에 한 번 약간의 밥이 들어있는 따뜻한 물 한
사발을 그녀에게 가져다주었다. … 이렇게 해서 그녀는 발견되었을 때에
두 달 동안 한 장소에 있었었다. … 선교회는 포드 차를 보내어 그녀를
데려왔다. … 그녀를 따뜻한 물과 소독약으로 목욕시켰다. … 그녀의 등은
살 속 깊이 썩어들어간 헌데 투성이였는데, 그 속에서 벌레가 문자 그대로
그녀를 산 채로 먹고 있었다. … 그녀는 지금 병원에 있는데, 그곳에서
모든 치료를 받게 될 것이다.[24]

각 선교사가 수행하고 있던 업무량을 보면 어느 선교사든 그가
머문 만큼 머물 수 있었던 것이 놀라운 일이다. 윌슨 의사는 하나의
전형적인 일정(schedule)을 다음과 같이 열거하였다.

아침 8:00에 간호사들과 기도. 8:30에 직원들과 병동에서 기도. 개별 환자들
을 위한 일부 조력자들의 기도. 아침 회진(morning rounds). 침대에 누워있
는 환자 진료와 치료 등. 주방과 전기설비 점검. 건축 중인 새 건물 방문.
… 나무 손질과 울타리 수리에 관하여 일꾼에게 지시하기. … 그리고 외래환자
진료. … 특별반 가르치기 … 점심 … 식사 후 수술실로. 첫째 수술: 한방

23 곱다: 손가락이나 발가락이 얼어서 감각이 없고 놀리기가 어렵다. (역자)
24 R. T. Coit(고라복), "What is the Good of a Hospital in Korea?" *Presbyterian
Survey*, August, 1926, pp.485~486.

의사의 불결한 침(針) 때문에 생긴 갑상선종(甲狀腺腫), 땀을 많이 흘리며
어려운 시술로 제거. 둘째 수술: 역시 침으로 찔렸던 혀의 종양(腫瘍). …
셋째: 목의 종양. … 그 다음에는 두 건의 안검(眼瞼, entropion) 환자와
한 건의 포경수술. … 6:00에 한 건의 분만(分娩, labor) … 저녁식사 …
식사 후에 심부름꾼이, "빨리 오세요, 신생아가 말을 못해요"라고 해서 병원
으로 다시 불려갔다. 가서 보니 아이는 괜찮았고, 단지 울고 싶지 않았음![25]

이 수년 동안에 한센병이 증가하고 있었던 것으로 보이고, 무지한
두려움과 편견으로 인해서 나병환자들의 처지가 과거 어느 때보다
더욱 더 어려워졌다. 선교회의 나환자촌(leprosy colony)은 계속하여
착실하게 발전하였다. 1926년의 연례보고서에 의하면, 그 환자촌은

… 더 많은 환자들을 치료하였고, 더 많은 완치 추정 환자들을 내보냈으며,
더 능률적인 사역을 하였고, 지도자들과 교사들을 훈련하는 데 더 큰 진전
을 이룩하였고, 교회에서 역사상 어느 해보다 더 성공적인 해를 보냈다.[26]

아마도 한국 전체에서 이곳만큼 세례 교인의 비율이 높고 기독교
신앙과 행위의 수준이 높은 공동체는 없었다. 1925년에 한 작은 신
학교가 윌슨 의사에 의하여 시작되었다. 7명의 지역 목사들이 30명
의 환자들을 위하여 수업을 맡아주겠다고 승낙하였다. 그 해에 환자
촌 교회는 총 598명의 환자 가운데 3명의 장로와 10명의 집사와 208
명의 세례 교인을 보고하였다.
바로 이러한 성공이 나환자촌에 문제(trouble)를 초래하였다. 그

25 R. M. Wilson(우일선), "Need for a Tuberculosis Hospital in our Section."
26 *Annual Report of the Mission for the Year 1926.*

촌락이 확장됨에 따라 당시에 성장하고 있던 광주
인근의 주민들로부터 항의가 거세졌다. 그 결과
정부에서 순천과 여수 사이의 아름답고 그림 같은
반도에 있는 새 부지를 제안했고 새로운 설비를
짓도록 얼마간의 재정적 보조를 약속하였다. 새

제임스 엉거(원가리)
[재임 1921~1952]

부지로의 이전은 1926년에 이루어졌고, 광주 환
자촌은 폐쇄되었다. 그 다음 해에 환자촌의 사역
을 윌슨 의사와 엉거 목사(Rev. J. K. Unger) 사이에 분담하여, 윌슨
의사는 의료와 행정을 맡고, 엉거 목사는 종교와 교육을 맡았다. 광주
에서의 처음 13년의 봉사 기간에 그 환자촌은 1,109명의 환자를 받아
들였다. 이들 중의 211명은 사망하였고, 238명은 치유된 것으로 추정
되어 돌려보내졌고, 나머지 환자들이 순천으로 옮겨졌다.

그 환자촌은 선교회의 명소(名所)가 되었고, 많은 곳으로부터 찬사
를 받았다. 일본 황실이 그 환자촌에 특별한 관심을 갖고 그곳의
운영을 위하여 매년 보조금을 제공하였다. 한 번은 윌슨 의사가 도쿄
에 초청되어 인도적 봉사로 천황으로부터 훈장을 받기도 하였다.
그 환자촌은 비더울프 박사(Dr. Biederwolf)의 이름에 따라 명명되었는
데, 그는 그의 복음전도 여정들 가운데 한 차례에 광주를 방문하였
고, 후에 그 사역을 위하여 기금을 모으기도 하였다. 그 환자촌 안의
두 환자 마을이 '데이빗슨'(Davidson)과 '플로라 맥도날드'(Flora
MacDonald)라는 이름을 가지고 있는데, 그것은 이 대학들의 학생들
로부터 받은 성금(誠金)을 기념하기 위한 것이었다.

치과 의료선교사 레비(Dr. J. K. Levie)가 1922년에 한국에 도착하였
다. 이전에는 적절한 치과 치료를 받으려면 서울이나 일본으로 가야만
했다. 이 시기에 선교사들의 건강이 향상된 것은 레비 의사의 사역에

제임즈 레비(여계남)
[재임 1922~1959]

힘입은 바가 컸다. 그가 한국에 온 첫 해에 그는 선교사들의 적어도 58개(!)의 감염된 치아를 발치하였기 때문이다. 광주 제중병원(Graham Hospital)의 치과에는 치료용 의자 세 개가 설치되고 레비 의사에 의하여 훈련된 조수들이 배치되었다. 매년 여자 성경반의 한 가지 하이라이트는 "이 빼는 날"이었는데, 그날 나이 많은 여인들이 이를 빼기 위해서 떼지어 들어오곤 하였다. 마가렛 프리차드 양(Miss Margaret Pritchard, 변마지)은 레비 의사가 약 두 시간 반 동안에 189개의 이를 빼는 일에 자신이 어떻게 도왔는지를 말하였다. 프리차드 양이 기록하기를, 여자들이 "마치 소풍이라도 가는 듯이 걸어 들어왔다."[27]

그 밖의 많은 사람들이 시골로부터 그 진료소에 올 수는 없었기 때문에 때로는 레비 의사가 복음전도자 한 사람과 함께 '전도 겸 발치' 여행을 떠났다. 엉거 선교사는 한 번의 이러한 여정을 다음과 같이 묘사하였다.

곧 납작한 냄비들, 램프들, 덜거덕거리는 의자들, 그리고 익숙한 치과 약품 냄새가 교회당을 채웠고, 우리는 심상치 않은 일을 위하여 서둘러 군중을 줄 세우고 있었다. 교회당 안 바로 그곳에서 입들이 벌려지고 이들이 굴러 나왔다. … 재닛 크레인 양(Miss Janet Crane, 구자례)이 네 소녀의 성가대를 조직하여 "덜싯"(Dulcet) 오르간 반주에 맞추어 "예수가 우리를 부르는 소리"(Softly and Tenderly)를 불렀다. 나는 "나 어느 곳에 있든

27 Margaret Pritchard, "What Think Ye?" *Presbyterian Survey*, August, 1931, p.488.

지"(Hidden Peace)라는 곡의 선율을 들었을 때에 내 아일랜드 기질의 유
머를 숨길 수가 없었다. 나는 나중에 레비에게 What piece(무슨 이)[28]가
숨겨져 있었는지를 물었지만, 그는 실내의 너무 먼 곳에 있어서 내 목소리
를 듣지 못했다. 덜싯으로 연주된 또 다른 덜시(Dulce, 유쾌한 곡)는 "샘물
과 같은 보혈은"(There is a Fountain filled with Blood)과 "시험받을 때
에"(In the Hour of Trial)였다. … 한 여인은 한 번에 14개의 이를 뺐고,
200명의 환자가 하루에 진찰을 받았는데, 223개의 이가 발치되었다.[29]

이 닷새간의 여행 중에 1,638개의 이가 뽑혔다!

연합 사업
Union projects

1922년에 **평양신학교**는 연 3학기의 교과과정을 채택하였고, 이때로
부터 학생들은 그들의 3년 과정 중에 매년 8 내지 9개월 동안 기숙사에
머물러야 할 것이었다. 새 플랜의 개시와 더불어 등록 학생 수가
약 100명으로 줄었다. 역시 이 해에 새 교사(校舍) 한 채가 시카고의
머코믹 부인(Mrs. Nettie F. McCormick)이 기증한 기금으로 건립되었다.
초기에 교수진은 대부분 한두 학기 가르치도록 신학교 이사회의
요청을 받은 선교사들이었는데, 이러한 경우 그들은 정규적인 전도
사역 임무에서 놓일 수 있었다. 이 같은 방식으로 벨(배유지), 불(부위

---

28 'peace'(평화)와 'piece'(조각)의 발음이 같은 점에 착안한 농담이다. 치아를 piece
   라고 지칭하여 '무슨 이'가 숨겨져 있었는가를 물어본 것. (역자)
29 J. Kelly Unger(원가리), "The Dentist and the Dulcet," *The Korea Mission
   Field*, December, 1938, p.256.

렴), **머카천**(마로덕), 그리고 **레널즈**(이눌서) 씨가 차례로 교수진을 맡았다. 그러나 3년 과정이 시작되면서 무엇인가 더 영구적인 것이 필요하였다. 여러 협력 선교회들이 신학교에서 전임으로 가르치도록 회원들을 파송해 달라는 요청을 받았다. **마펫**(마포삼열) 박사가 신학교의 학장으로 선출되어 이 자격으로 1924년까지 일하였고, 그의 뒤를 **로버츠** 박사(Dr. S. L. Roberts, 나부열)가 이었다. 같은 해에 **레널즈** 박사는 조직신학 교수로 초빙되었는데, 그는 이 때로부터 1937년에 은퇴할 때까지 평양에 거주하였다. 레널즈가 한국교회에 끼친 영향은 헤아릴 수 없이 컸는데, 그것은 모든 장로교 목사들의 삶에 그들의 학생 시절에 감명을 주고 그들에게 철저한 신학적 훈련을 제공하는 데 관여하는 것이 그의 특전이었기 때문이다.[30]

1927년에 최초의 한국인 교수 **남궁혁**(南宮赫) 목사가 교수단에 추가되었다. 이전에 광주 남문교회의 목사였던 남궁 씨는 남장로교의 후원으로 미국에서 공부했었다. 여러 해 동안 그의 봉급은 선교회가 기증하였고, 그와 레널즈 박사는 남장로교의 대표자들로 간주되었다.

당시에 신학교는 '장로교 공의회'의 후원으로 운영되었는데, 이 공의회가 자체의 회원 가운데서 네 협력 선교회들을 대표하는 이사회를 임명하였다. 후에는 총회가 그 이사회의 일정한 구성원들을 임명하도록 요청받았다. 1938년까지에는 그 이사회가 14명의 이사들로 구성되었는데, 그들 중의 8명은 네 선교회들을 대표하였고 6명은 총회가 파송한 대표들이었다.

---

30 남장로교의 위대한 선교사들 가운데 한 사람이었던 레널즈 박사는 1951년 4월 2일에 노스캐롤라이나주 몬트리트(Montreat)에 있는 자택에서 별세하였다. 그가 현지에서 일한 45년의 세월 동안에 그는 선구적 탐험가, 성경 번역자, 신학교 교수, 그리고 저술가로 일하면서 형성기의 선교회에 강력한 영향을 끼쳤다.

1937년에 레널즈 박사가 은퇴하자 크레인(구례인) 박사가 이사회에 의하여 같은 자리에 청빙되었다. 크레인 박사 외에도 하퍼(조하파), 낙스(노라복), 그리고 커밍(김아각) 박사들이 한 학기 이상 신학교에서 가르쳤다.

마틴 스와인하트
(서로득)
[재임 1911~1937]

두 남장로교 선교사들의 이름이 기독교 문서의 번역과 출판을 촉진하기 위한 초교파적 조직체인 '기독교서회'[31]의 사역과 관련되어 있다. 1922년에 선교회가 클라크 목사(Rev. W. M. Clark, 강운림)를 그 서회의 전임 편집 사역자로 임명하였는데, 이 해로부터 클라크 박사는 감리교와 장로교 선교회들을 대표하는 3인 편집위원회의 일원으로 일하였다. 1931년 이전의 20년 동안에 이 서회는 300만 권의 책과 정기간행물을, 그리고 2,300만 부 이상의 소책자를 출판하고 판매하였다. 전 교파가 사용할 찬송가도 이 서회에서 출간되었다.

1928년에 선교회의 경영책임자(business manager)였던 스와인하트(M. L. Swinehart) 씨가 기독교서회 건물의 신축 기금을 미국에서 모금하는 일에 전념하도록 선교회의 임무를 면제받았다. 그는 필요한 금액 $65,000를 모금하는 데 성공하였고, 그 다음에는 한국에 돌아와서 건물 건축을 감독하였다. 엘리베이터와 증기열의 설비를 갖춘 이 5층, 현대식, 보강 콘크리트 건물은 여러 한국인 감독들(foremen)과 중국인 청부인(contractor) 한 사람의 도움으로 서울의 중심부에 건립

---

31 기독교서회(Christian Literature Society): 최초의 개신교 출판사 겸 연합기관이었던 이 단체는 1890년에 설립되어 '조선성교서회'(朝鮮聖敎書會)라는 이름으로 불렸다. 그 서회는 1919년에 재조직되어 이름이 '조선예수교서회'로 바뀌었다. 현재 이름은 '대한기독교서회'이다. (역자)

되었다. 그 건물은 1931년 6월에 완성되었다. 개관식에서 건물 열쇠들이 스와인하트 씨에 의하여 그 서회의 이사장 로즈 씨(Mr. H. A. Rhodes)에게 증정되었고, 스와인하트 씨의 훌륭한 공헌을 기념하는 명판(名板)이 제막되었다.

모금과 건축을 위한 스와인하트 씨의 공헌은 기독교서회의 일로 끝나지 않았다. 1933~34년 동안에 그는 감리교의 여성 위원회에 대여되어(loaned) 서울에 있는 **이화여자대학**을 위하여 $200만 이상을 모금하는 데 도움을 주었다. 다시금 스와인하트 씨는 돌아와서 사실상 그 대학의 현대식 건물 전체의 건축을 감독하였다.[32]

1916년에 선교회 연합공의회는 각 선교회와 교파의 대표들을 포함할 초교파적 협의회를 조직하는 데 협조할 것을 한국의 여러 교파들에게 요청하였다. 1919년에 이 새로운 협회가 설립되었다. 1924년에 그 조직체는 이름을 '**조선예수교연합공의회**'(National Christian Council)로 바꾸고, 그 기관의 목적이 복음 전파와 공중도덕 및 기독교 문화의 증진에 있어서의 협력임을 밝혔다. 이 조직체는 국제선교사협의회(International Missionary Council)에 가입되었고, 1928년에

---

32 스와인하트 씨는 1937년에 선교회에서 사임하고, 뉴욕에 본부를 둔 '한국의 기독교 교육을 위한 협력 위원회'(Co-operating Board of Christian Education in Korea)의 서기가 되었다. 그는 1957년 8월 1일에 텍사스주 산 안토니오에 있는 그의 자택에서 별세하였다. 프레스턴 박사가 그에 관하여, "우리 한국 선교의 역사에서 더 많은 재정적 희생을 한 사람이 없고 자기의 봉사 연수에 대하여 더 풍부한 영적 배당을 받은 사람도 없다"라고 썼다. 1910년에 그는 성공적인 '텍사스 관개회의(灌漑會議)'의 회장과 '페코스 밸리(Pecos Valley) 철도 회사'의 수석 기관사로 성공적인 사업가 생애의 절정에 있었다. 롤런드(C. A. Rowland)와 '평신도 선교사 운동'의 영향으로 그는 한국에 오기 위하여 이 모든 것을 떠났다. 스와인하트 부인도 그녀의 저작을 통하여 선교회의 사역에 보기 드문 공헌을 하였다. J. Fairman Preston(변요한), "M. L. Swinehart, 1874~1957," *I have fought a good fight*, vol. IV, p.23.

네 명의 한국인 대표가 예루살렘 회의(Jerusalem Conference)에 파견
되었다. 이 공의회가 한 가장 중요한 단일 사역은 일본에 사는 40만
한국인에게 복음을 전한 것이다.

교회와 선교회의 관계
Church-mission relations

1922년에 총회는 완성된 헌법을 채택함으로써 또 하나의 이정표
(里程標)를 지났다. 특별히 관심이 가는 것은 사실상 현재까지 지속
되어 온 선교사와 한국교회 사이의 관계를 헌법이 정립한 것이다.
이 부분을 쓰도록 위탁된 위원회에 있던 선교사들은 철수하였다.
그들의 한국인 동료들이 하나의 건의안을 제출하였는데, 그것이 총
회와 노회들에서 이의 없이 채택되었다. 이 규정된 절차에 따르면,
협력 선교회들 가운데 하나에 속한 선교사는 그가 그 관내에서 사역
하게 될 노회에 자기의 선교회로부터의 소개증서(a certificate of
introduction)를 제출한다. 그것이 노회에서 승인되면 그는 그 노회
의 회원으로 등록된다. 그 다음에 노회는 한국인 목사들과 똑같이
그 선교사에게 어떤 교회나 예배처소들의 책임을 맡길 수 있다. 이
일이 이루어지면 그 선교사는 노회와 그가 임명되는 어느 위원회에
서든 투표할 권리를 받는다. 그 뿐 아니라, 각 노회는 그 노회의
선교사들 가운데서 그 노회 목사 수의 1/2에 해당하는 수를 총회
총대[33]로 선임할 수 있다.[34] 노회에 속한 어떤 선교사 회원도 한국

---

33 commissioners to the General Assembly.
34 1961년에 남장로교 선교회는 각 노회에서 총회에 보낼 특별 선교사 대의원들
   (delegates)을 임명하는 이 규정을 개정할 것을 총회에 제안하였다. 이 규정은

장로교의 조례들(ordinances)을 준수하지 않으면 안 된다. 만약 그가
어떠한 도덕적 잘못을 범하거나 교의(敎義, creed)에 어긋나는 행동을
하면, 그는 노회에 의하여 교회의 강단과 치리회들(courts, 당회, 노회,
총회 등)에서 추방된다.

교회 치리회들은 이리하여 관할구역 안에서 일하는 모든 외국인
선교사들에 대한 충분하고 완전한 교회법적 권위(ecclesiastical autho-
rity)를 획득하였다. 동시에 선교회 조직체와 총회 사이의 선명한
구별이 유지되었다. 북장로교 선교회의 **클라크** 박사(Dr. C. A. Clark,
곽안련)는 이 구별을 아주 분명히 했다.

> 노회는, 남선교사든 여선교사든, 어떤 선교사로부터 그들이 하고 있는 어
> 떤 사역(work)이라도 회수하여 그것을 한국인 사역자에게 부여할 수 있
> 고, 우리는 이의를 제기할 권한이 조금도 없다. 노회가 최고기관이다.[35]
> 그러나 선교사에게 사역을 부여하고자 할 때에 그 선교사가 그 임무를 받
> 아들일 수 있는가, 또는 받아들일 것인가 하는 문제는 그의 고용주인 선교
> 회(the Mission)와 (본국 교단의) 선교부(the Board)가 결정할 일이다. 그
> 는 그가 그 사역을 하는 것을 불가능하게 하는 많은 비교회적인 임무들을
> 갖고 있을 지도 모른다. … 선교사들을 국내의 이곳저곳으로 전임(轉任)시
> 킬 권한을 우리가 교회측(the Church)에 주지 않은 것은 한국인들이 동일
> 한 이유로 유사한 권한을 산둥의 중국인 노회에 주지 않은 것과 같다. 우리

비 장로교적(un-Presbyterian)이고, 그것이 선교사에게 총회에서 특권적 지위(a
privileged status)를 준다고 느껴졌는데, 그 이유는 그가 거의 매년 투표권 있는
대의원으로 참석할 수 있었기 때문이다. 그러나 총회는 만장일치로 그 제안을 거부
하였다.

35 Presbytery is supreme.

(한국교회)는 우리가 기쁘게 비용을 부담하고자 하는 사역을 하기 위하여 우리의 선교사들을 랴오닝(遼寧)에 보냈다. 미국 교회도 같은 방식으로 우리를 이곳에 보냈다.[36]

요컨대, 교회 치리회는 선교사가 그에게 부여된 교회 임무들을 수행함에 있어서 그에 대한 거부권(veto power)을 유지하였다. 동시에 교회 치리회는 선교사가 교회 치리회가 관할권(jurisdiction)을 갖고 있지 않은 교회 밖의 활동에도 종사함을 인정하였다.

선교사에 의해서든 한국인 목사에 의해서든 수행되는 교회사역 (ecclesiastical work)에 대하여는 노회가 완전한 관할권을 획득하였지만, 기관사역(institutional work)은 여전히 거의 전적으로 여러 선교회들에 의하여 수행되었다. 교회 지도층이 성년에 달함에 따라[37] 그들의 유익을 위하여 운영되고 있는 이들 기관들에 더 적극적으로 참여할 것을 그들이 기대하는 것은 당연한 일이었다. 1924년에 남장로교 선교회는 이와 관련된 증가하는 제안들과 요청들에 시달렸고, 다음과 같은 기본 정책을 채택하였다.

복음전파를 위한 하나의 방침으로서, 토착교회가 우리의 사역 가운데 전도적, 교육적 및 그 밖의 부분들을 그들이 지혜롭게 지도하고 자금공급을 할 수 있는 만큼만 빠르게 인계받는 것이 바람직하고 권할 만하다.[38]

---

36 C. A. Clark(곽안련), "The Organization and Development of the Presbyterian Church in Korea."

37 With church leadership coming of age ….

38 *The Minutes of the Southern Presbyterian Mission in Korea for the Year 1924*, p.45.

문제의 핵심은 지배의 문제(the matter of control)는 재정적 책임의
문제와 결부되어야 한다고 하는 선교회의 주장이었다. 이 기본적
원리를 고려하고 선교회 지배권(mission control)의 점차적 양도를 위
한 몇 가지 진전이 이루어졌다. 1926년에 선교회는 남자 열흘 성경반
의 운영을 순천노회의 요구에 의하여 그들에게 위임하였다. 선교회
의 재정적 원조는 매년 1/5씩 5년 동안 감소하여 선교회의 보조금
(subsidy) 지급이 끝났다. 다른 노회들에도 유사한 제안들을 하였지만
전북노회만 선교회의 제안을 받아들였다. 1924년에 광주 초등학교를
위한 연합이사회(joint board of directors)의 설립에 협조하도록 선교회
가 전남노회에 요청하였다. 이 계획은 두 이사가 선교거점에서 임명
되고 두 이사가 두 도시 교회들의 각각에서 지명됨으로써 여러 해
후에 실행되었다. 선교회는 건물들과 그것들의 유지비와 보조금을
제공하기로 약속하였는데, 보조금은 5년 동안 매년 줄이기로 하였다.

다량의 선교회 자금과 인력이 투입된 선교거점 중등학교들로 인해
서는 더 복잡한 문제가 야기되었다. 그러나 여기에서도 진척이 있었
다. 1926년에 선교회에 의하여 세 노회 지역의 각각을 위하여 세
학교 이사회(school boards)를 설치하는 계획이 채택되었는데, 그에
의하면 같은 수의 선교사들과 노회 대표자들로 구성된 각각의 이사
회가 수석교사와 교목(school pastor)을 임명하고 그 밖의 모든 교사
들의 임명을 가결할 완전한 권한을 가지고 있었다. 학교의 교장은
여전히 직접 선교회에 의하여 임명되었고, 선교회가 계속하여 이 학
교들의 법적 관리인(legal custodian)의 역할을 하고 그 학교들에 많은
보조금을 제공하였다.

1929년에 "남장로교 선교학교들의 협력 이사회"[39]가 설립되자 그
이상의 조처가 취해졌다. 이 이사회의 권한들은 자문(諮問)하는 일에

그쳤고(advisory only), 그 열 학교들의 경영에 있어서 모든 노회들과
선교회가 더 효과적으로 협력하게 하기 위하여 고안된 것이었다.
이 이사회들의 운영이 상당히 잘 되었다고 하는 징후들이 1927년도
선교회 보고서에 나타나 있다.

> '학교들을 위한 연합이사회'(the Joint Board of Control for schools)에
> 관한 보고서들은, 우리 학교들의 재정 상황에 관한 솔직한 진술이 한국인들
> 이 우리의 문제들을 공감하는 데 도움이 되었음을 보여주었다. 교사들의
> 업무수행과 전반적 사기가 개선되어 왔는데, 그들이 선교사들에게만 아니
> 라 한국인들에게도 마음에 들게(acceptable) 처신해야 하기 때문이다.[40]

여러 병원들을 위해서도 유사한 이사회를 조직할 것을 한 노회가
요청하였을 때에 선교회는 이를 거부하였는데, 그렇게 한 이유는 "병
원의 규율(discipline)은 인간의 생명에 직접 관련되어 있어서 신속하
게 시행되지 않으면 안 된다"는 것과 이러한 이사회는 기술적 의학적
지식과 경험을 갖고 있지 않으면 안 되는데, 당시에 한국인들 가운데
에는 이러한 것을 갖추고 있는 사람을 구하기 어렵다는 것이었다.[41]
1930년에 선교회는 실행위원회의 요청에 따라 선교회의 사역이
자치적, 자급적, 그리고 자전적이 되어가고 있는 정도를 결정하기
위하여 자체의 사역에 대한 조사를 실시하였다. 몇 가지 중요한 항

---

39 Cooperating Board of the Southern Presbyterian Mission Schools.
40 *The Minutes of the Southern Presbyterian Mission in Korea for the Year
1927*, p.101.
41 *The Minutes of the Southern Presbyterian Mission in Korea for the Year
1930*, p.49.

목들을 아래에 열거한다.[42]

	1919	1923	1929
총세례교인 수	7,073	10,166	10,809
안수받은 한국인 목사 수	11	26	36
안수받은 장로 수	84	177	214
한국인 목사만 있는 교회	없음	3	17
한국인 목사와 외국인 협동목사가 있는 교회	5	30	62
외국인 선교사만 있는 교회	239	420	421
전도를 위한 선교회의 보조 　　(엔)	18,017	52,405	52,294
전도를 위한 교회의 기여 　　(엔)	6,577	75,609	64,792
교육을 위한 선교회 보조 　　(엔)	33,536	73,042	79,104
교육비(school fees) 　　(엔)	4,005	52,536	42,647
의료사역을 위한 선교회 보조 　　(엔)	13,000	19,000	19,500
의료비(medical fees) 　　(엔)	17,535	90,984	104,168

위의 숫자들을 보면 자급의 면에서 엄청난 진보가 있었음을 알수 있는데, 특히 1919년과 1923년 사이에 그러하다. 이 기간 동안에 사역의 위 세 가지 면을 위한 선교회의 기여는 두 배를 약간 넘은 반면에, 모든 토착인 공급원(native sources)으로부터의 기여는 열 배로(!) 늘었음을 주목하라.

교회가 사회적 변화에 직면하다
The church faces social change

1924년 이후에 우리는 그 나라(즉, 한국)의 분위기에, 그리고 교회

42　*The Minutes of the Southern Presbyterian Mission in Korea for the Year 1930*, p.63.

전반의 영적 사고방식(the spiritual outlook)에 뚜렷한 변화가 있었음을 인지한다. 위의 숫자들은 1923년 후에 (교회가) 하나의 새로운 정체기(停滯期, plateau)에 도달하였음을 나타낸다. 1926년의 연례보고서도 역시 이 변화를 지적한다.

> 관심이 적어졌거나 노력이 줄었거나 하지도 않았다. … 그러나 전도사역(the evangelistic work)이 조선에서 오늘날의 요구사항(demands)에 적응하지 않으면 안 된다는 것을 깨닫지 못하는 사람은 모든 징후에 눈멀고 헤아릴 수 없는 경고에 귀먹은 사람일 것이다.[43]

뉼런드 씨가 언급한 징후와 경고에는 다음 것들이 포함된다. 교육받지 못한 교회 지도자들이 그들의 더 많이 교육 받은 교구민들(parishioners)의 존경을 모을 능력이 없는 것, 증대하는 교회 징계건수,[44] 학생들이 위선적이고 다루기가 매우 힘들게 되었다는 사실. 이 변화하는 분위기(changing mood)가 특히 그전 어느 때보다 더 많은 수가 교육을 받고 있던 한국의 젊은이들 가운데 나타났다. 3·1운동 후에 나타났던 이상주의(idealism)는 더 냉소적이고 불가지론적인 견해에 길을 내주고 있었다.

이러한 사회적 변화의 도전에 대처하지 못한 선교회와 교회에 비판의 목소리가 들렸다. 한국교회의 신학적 풍토가 교회를 복음의 사회적 적용에 비교적 무관심하게 만들었는지도 모른다. 전후(戰後) 총회[45]의 신학교 학장이 될 계일승(桂一勝) 박사는 다음과 같이 썼다.

---

43 Newland(남대리), *Annual Report of the Mission for the Year 1926*, p.123.
44 church disciplinary cases.
45 이 총회는 예장(통합)의 총회를 의미함. (역자)

계일승 박사
[1906~1992]

한국교회들의 생각은 내세에 고정되어 있다. 현재의 세계는 매우 철저히 타락해서 이 시대에는 구원될 수 없다고 여겨진다. 신이 이러한 종말을 계획하고 계신다고 믿어지지도 않는다. 지금 교회의 임무는 "증거를 위하여"(for a witness) 복음을 전파하고, 신의 선민(選民, the elect)을 모으며, 그리스도께서 돌아오실 때까지 세상을 그대로 놓아두는 것이다.[46]

많은 비평가들이 교회가 새 시대의 개선된 교육과 보조를 맞추지 못했었다고 주장하였다. 교회지도자 훈련(church leadership training)이 교회의 경이로운 성장에 따라가지 못했었고, 그래서 일종의 반동(a reaction)이 일어나기 시작하고 있었다. 이 실패는 뒤돌아보면 보기 쉽지만, 그것에 관해서 도대체 무엇을 할 수 있었겠는가를 말하기는 어렵다. 선교회는 선교회의 교육 프로그램의 수준을 높이고 범위를 넓히기 위하여 상상할 수 있는 모든 노력을 다하였다. (그러나) 그것은 필요한 자금을 조달하기 위한 본국에서의 캠페인들이 실패하였기 때문에 단지 부분적으로만 성공하였다.

선교회의 딜레마(진퇴양난)는 이것이었다. 나라의 새로운 분위기는 선교회가 제한된 자금으로 훈련할 수 있는 것보다 더 잘 교육된

---

46 Kay Il Sung(계일승), 'Christianity in Korea'(1950), p.320./ 이 글은 계일승 목사가 1950년에 유니온 신학교(리치몬드 소재)에 제출한 박사학위 논문의 일부이다. 계일승은 1906년에 평양에서 출생하여 소학교를 마친 후, 부친(계원식 의사)을 따라 전북 황등으로 이거하였다. 그는 전주신흥중학교를 포함하여 한국, 일본, 중국의 미선계 학교들에서 중등 및 고등 교육을 받았으며, 1938년에 평양신학교를 졸업한 후에 이리중앙교회와 황등교회에서 시무하였다. 계 목사는 해방 후에 미국에 유학하여 박사학위를 받았고, 1953년에 대한예수교장로회 총회신학교 역사신학 교수로 취임하였다. (역자)

지도자들을 요구하였다. 그리고 더 잘 교육된 지도자들은 나라의 경제가 가파른 내리막길을 가고 있던 때에 교회가 제공할 수 있는 것보다 더 적절한 후원과 봉급을 요구하였다. 그리하여 더 잘 훈련된 지도자들에 대한 요구는 선교회가 처음부터 그 위에서 일해 왔던 '자급의 원리'와 충돌하게 되었다. 그 위기는 한 선교연구 그룹에 의하여 아래와 같이 묘사되었다.

> 낡은 그룹들은 진보하고 있지 않고, 빈곤이 증가하고 있는 것은 분명하며, 구식(舊式) 조사(the old type helper)는 만족스럽지 않고, 자격을 갖춘 분들(qualified men)은 더 큰 생활비(larger support)를 요한다.[47]

---

47 *The Minutes of the Southern Presbyterian Mission in Korea for the Year 1924*, p.45.

제7장

폭풍우 속에서의 전진
Advance Through Storm

1931~1942

교회에 대한 압력이 (이에) 뒤따랐다. …

1. 그것을 외국 관련 기관들로부터 떼어놓아라.
2. 통제를 쉽고 빠르게 하기 위하여 그것을 간소화하여 하나의 통일된 기관이 되게 하라.
3. 정통 기독교의 전통을 완전히 무시하고 그것의 사고를 동양화하라.
4. 일본 선전의 방편이 되도록 그것을 하나의 여론 형성 기관으로 이용하라.
5. 일본 제국의 별이 동양 하늘에서 커짐에 따라 한국인 교회들과 점점 더 집요하게 맞서게 된 일본인 통치자들에게 고분고분한 사람들을 지도자의 지위로 끌어올려라. …

– Kay, Il Sung(계일승), "Christianity in Korea" (unpublished doctoral dissertation, Union Theological Seminary, Richmond Virginia, 1950), p.340.

1931년에 일어난 두 가지 사건이 한국선교의 성쇠(盛衰)에 강렬한 영향을 끼치고, 인간적으로 말해서, 선교회가 다음 10년 동안 가야 할 진로를 결정하였다. 그 중 어느 하나도 한반도 안에서 일어나지 않았고, 그러기는커녕 그것들은 지구의 멀리 떨어진 곳들에서 일어 났다. 이들 가운데 묵덴 근처의 남만주철도에서 일어난 첫째 사건은 차후 극동의 정치적, 군사적 진로를 결정할 것이었다. 실행위원회의 내슈빌 사무소에서 일어난 둘째 사건은 선교회가 활동하게 될 경제 적 재정적 한계를 결정할 것이었다.

만주사변
The Manchuria incident[1]

1926년에 친군부 인사 다나까 기이찌(田中義一)가 일본의 수상이 되 어 앞선 두 수상들의 정책과는 아주 다른 군사적 팽창(military expansion) 정책을 채택하였다. 1928년에 그는 장제스(張介石) 장군 휘하의 중국 국민혁명군의 북진을 저지하기 위하여 중국의 산둥성(山 東省)에 군대를 급파하였다. 일본 군대와 중국 군대는 그곳 지난(濟 南)에서 충돌하였고, 장제스는 일본의 요구를 일부 받아들이지 않을 수 없게 되었다. 같은 해에 만주의 중국인 지배자 장쭤린(張作霖)이 일본인의 보호와 경비를 받던 남만주 철도로 여행하던 중에 암살당하

---

1   만주사변: 1930년대에 세계의 공황이 일본에도 미치게 되니, 일본내의 불만을 외 부로 돌리기 위하여 1931년 9월 18일에 일본의 군부가 '남만주 철도 폭파 사건'을 조작하여 이를 구실삼아 무력으로 만주 일대를 점령하였다. 1932년에는 청조의 폐제 푸이(溥儀)를 옹립하여 '만주국'이라는 괴뢰국가를 세우고, 이를 일본의 대륙 침략 병참지로 삼았다. (역자)

일본군의 묵덴 침략(1931)

였다. 많은 사람들이 그것은 일본 관동군(關東軍) 내의 극단주의자들이 수상이 알게 혹은 모르게 한 일이 아닌가 하고 의심하였다. 아무튼 일본 안의 여론이 들끓었고 다나까 수상은 사임할 수밖에 없었다.

　　일본의 의원내각제 정부와 극동의 영구적 평화의 마지막 기회가 다음 수상 **하마구치 오사치**(濱口雄幸)의 행정부와 함께 왔다. 대중(對中) 유화 정책이 채택되었고, 행정부는 해군 고관들의 격렬한 반대에도 불구하고 1930년의 '런던 해군 군축조약'(London Naval Treaty)에 서명하였다. 같은 해의 총선에서 하마구치가 속한 여당은 중의원 의석을 217석에서 273석으로 증가시켜서 절대다수 의석을 획득하였다. 그리하여 제2차 세계대전 전의 마지막 자유선거라고 불릴 수 있는 선거에서 일본의 유권자들은 군국주의자들의 계획을 결정적으로 거부하였다. 그러나 육군, 해군, 언론, 그리고 비밀 국수주의 단체들 속에 있던 강력한 세력들이 하마구치를 제거하기 위하여 움직이고 있었다. 1930년 11월에 그 수상은 한 극렬분자(a fanatic)에게 총상을 입었고, 그가 한 해 더 살기는 했지만 그의 지도력은 분쇄되었고, 그의 계승자들은 당을 단결시키거나 만주에 있는 군대를 관리하고 있던 군국주의자들을 제대로 다룰 수가 없었다.

　　극단주의자들에게는 그들이 아시아 대륙에서 더 이상의 팽창을 추구할 구실과 국내에서 그들의 지배력을 확고히 할 기회를 줄만한 사건을 날조하는 일만 남았다. 그 사건은 한 번의 큰 폭발음이 묵덴 교외의 남만주 철도를 진동시킨 1931년 9월 18일에 일어났다. 그

다음 날 아침까지는 1만 명의 일본군이 표면상으로는 철도 시설의
"보호"를 위하여 묵덴에 배치되고 있었다. 묵덴은 즉시 점령되었고
곧 만주의 점령이 기정사실이 되었다. 그 다음해까지는 '만주국'
(滿洲國)이라는 괴뢰국가(puppet state)가 만들어졌다. 국제연맹이 이
군사적 침략을 항의하자 일본은 연맹에서 탈퇴하였다. 일본에게는
만주 사변이 루비콘강의 도하(渡河)였고, 그로부터 돌아설 수는 없었
다. 군사적 정복(military conquest)을 위한 열광적(熱狂的) 행군이 시
작된 것이었다.

> 1931년 9월 18일의 만주 철도 폭파 사건은 연쇄반응을 일으켜서 비록 직접
> 적은 아니었지만 추축국[2]과 연합국[3] 사이의 충돌을 불가피하게 만들 결과
> 들을 초래하였다.[4]

전쟁으로의 최종 돌입은 1937년 7월 7일에 베이징(北京) 근교의
루거우차오(盧溝橋, 노구교)에서 일어난 유사한 사건으로 시작되었다.
기동연습 중의 일본군과 중국 수비대 사이에 포격이 벌어졌다. 어느
쪽이 먼저 발포를 했는지는 아마도 결코 알려지지 않을 것이지만,
일본인들은 그 사건을 베이징(北京)과 톈진(天津)을 점령할 구실로 사
용하였다. 장제스 장군은 연합된 중국(國共合作)을 배경으로 하여 이
번에는 저항할 때라고 결정하였다. 그리하여 전면전이 시작되고 중

---

2 추축국(Axis Powers, 樞軸國): 제2차 세계대전 때 독일·이탈리아·일본의 세 동
   맹국이 스스로를 일컫던 말. (역자)

3 연합국(Allies, 聯合國): 제2차 세계대전 때 추축국에 대항하여 싸운 나라들, 미국
   ·영국·프랑스·소련·중국 등. (역자)

4 Borton, p.330.

국을 정복하기 위한 일본의 길고 소모적인 군사행동이 시작되었다.

한국에는 만주 철도 폭파로 촉발된 일련의 사건들이 일본으로 하여금 점점 더 가혹한 식민지정책(colonial policy)을 취하게 하는 원인이 되었다. 1929년에 광주에서 일어난 학생 시위는 무자비하게 진압되었다. 철저한 군국주의자 미나미 지로(南次郎) 장군이 1936년에 한국의 총독이 되어 철권(鐵拳)으로 통치하였다. 일본이 제국(帝國)으로 치닫는 길목에 있던 한국은 일본 군대의 만족을 모르는 갈망을 채우기 위하여 수탈과 착취를 당했다.

교회와 선교사들에게는 그 변화가 제한과 통제의 끊임없는 강화를 가져왔다. 민중이 더 광적인 애국심을 갖도록 강요하기 위하여 국가신도(國家神道)의 옛 형태들이 부활시켜졌다. 한국 기독교인들의 충성심은 항상 의심을 받아왔었는데, 신사참배 강요는 연륜이 짧은 교회에 새로운 시험의 시기와 심각한 위기를 초래하였다.

"삭감의 해"
The year of the cut

1930년까지에는 대공황(大恐慌, the Great Depression)이 시작되었었다. 해외선교부 실행위원회는 큰 빚을 지고 있었고, 모국 교회로부터의 수령액도 꾸준히 줄고 있었다. 실행위원회가 할 수 있는 것은 광대한 선교지의 사업을 줄이는 것 밖에는 아무것도 없었다. 사업비가 33% 삭감되고, 새 선교사의 파송은 중단되었다.

이 결정의 소식이 1931년 초에 한국선교회에 도착하였고, 이 해는 후에 "삭감의 해"라고 알려졌다. 선교회는 그 비상사태에 대응하기 위해서 4월 15일에 전주에서 임시회로 모였다. 전도, 의료, 그리고 교육 항목들의 예산이 각각 22% 삭감되었다. 한국인들에게 이전에 하였던 공약 사항들(commitments)이 이루어질 수 있도록 예산을 보충하기 위하여 선교사 개개인이 그들 자신의 봉급의 일부를 바치기로 약속하였다. 10%의 추가 삭감이 10월에 지시되었는데, 이번에는 봉급과 사역의 비용에 적용되었다. 통틀어서, 1930년과 경기 후퇴가 저점에 이른 1935년 사이에, 선교회의 한 해 사업예산이 $60,000에서 $19,000로 떨어졌다.

이 삭감은 선교회의 사역에 광범위한 영향을 끼쳤다. 그 결과 사역의 어떤 부문에서는 전진이 멈추었고, 어떤 기관들의 운영은 마비되기도 하였다. 특히 강한 타격을 입은 것은 지도자 양성과 새 신자 교육을 위한 노력이었다. 순회 평신도 전도사(a circuit lay preacher) 한 사람이 서너 교회를 돌보았던 때처럼 아홉 교회를 잘 돌보는 것은 단지 불가능하였다.

선교회에 똑같이 비참하였던 것은 이 수년 동안에 교체 인력이나 보충 인력이 전혀 파송되지 않았다는 사실이었다. 많은 선교사들이 정년(停年)에 달하였고, 현지의 선교사 수는 1926년의 최고 98명으로부터 1940년의 58명으로까지 꾸준히 떨어졌다.

폭풍우 속에서의 전진
Advance through storm

그러나 우리가 보아 온 바와 같이, 선교지에서의 전진은 단순히 예산의 규모나 현지 선교사의 수에 의하여 평가되지는 않는다. 힘으로나 능력으로 이 싸움은 이겨지지 않는다. 정부로부터의 증가된 압력과 극도의 재정적 한계에도 불구하고, 모든 전선(戰線)에서 전진

들이 일어났다. 이렇게 된 원인의 일부는 선교회가 더 이상 홀로
사역의 짐을 지지 않았기 때문이었다. 점차 한국교회가 전 사역을
위하여 더 많은 책임을 떠맡고 있었던 것이다. 그 10년 동안에 한국
인 목사의 수가 50% 증가한 결과 선교사 인력의 손실에도 불구하고
전도 사역자들의 상당한 순 증가(net increase)가 있었다. 의사나 교
사의 경우도 마찬가지였다. 1937년까지에 한국의 개신교 신자는 대
략 410,000명이었다.[5] 이들 가운데 78%가 장로교인, 14%가 감리교
인, 그리고 8%가 다른 교파들에 속하였다.[6] 남장로교 선교사들이
사역하는 지역 안의 세례교인 수는 이 십년 동안에 약 25% 증가하여
대략 42,000명의 신자 가운데 최고 14,621명에 이르렀다.

　선교사들의 영적 삶은 1939년 제이콥스 양(Miss Aletta N. Jacobsz)의
한국 방문을 계기로 새로운 활력을 얻고 심화되었다. '남아프리카의
홀란드 개혁교회'[7] 선교사 제이콥스 양이 휴가 기간에 한국에 와서
친구들을 방문하고 있던 중에 전국에서 몇 군데의 선교사 기도회를
인도하도록 요청받았다. 그녀의 모임들은 큰 실망과 좌절의 시기에
많은 선교사들에게 큰 영적 축복이 되었다. 선교거점들 가운데 하나
의 한 멤버는 그녀의 집회들의 결과를 다음과 같이 묘사하였다.

　하나님께 고백하는 것만으로는 충분하지 않았는데, 이 아름답고 하나된
　선교거점이 오해와 질투를 감추어 두고 있었음을 알고 우리가 당황하였기

---

5 '신자'(adherent)는 '세례교인'(baptized member)과 혼동해서는 안 되는데, 이 용
　어가 학습교인, 신자의 자녀들, 그리고 정기적으로 예배에 참석하는 사람들 모두
　를 포함하기 때문이다.
6 *The Korea Mission Field*, June, 1937, p.11.
7 the Dutch Reformed Church of South Africa.

때문이다. 이러한 것들이 고백되고 바로잡혀야 했고, 여러 가지 방법으로
우리가 부당하게 대했던 다른 사람들을 찾아내고 그들에게 편지를 보내지
않으면 안 되었다. 우리는 우리가 비판하고 비난하였던 한국인 목사들과
지도자들과 그 밖의 사람들을 찾아내었고, 그들이 이상할 만큼 따뜻하고
부드러운 영혼을 가진 것을 알게 되었다. 그리고 그렇게 진행되었다. 우리
의 가정들이 더 아름답게 되었고, 우리의 거점은 새롭게 개조되었으며,
우리 열 사람은 예수 그리스도의 보혈로 새롭고 완전한 청결을 얻었음을
기쁘고 겸손한 마음으로 확신하였다.[8]

복음전도에 있어서의 새로운 역점 사항들
New emphases in evangelism

일반적으로, 초기의 복음전도(pioneer evangelism)가 앞에서 대략
언급한 방식에 따라 계속되었다. 하지만 몇 가지 새로운 역점 사항들
은 주목할 만하다. 순천 거점이 무학(無學) 평신도 설교자들(ignorant
lay preachers)의 수를 증가시키기보다는 한국인 안수 목사들을 시골
사역지로 보내는 것을 강조하는 일에 솔선하였다.

우리는 목사 청빙을 강조하여 왔고, 교회들로부터 모아지는 모든 토착민의
기금들로 '국내선교 기금'(Home Mission Fund)을 만들어 노회(老會)가 관
리하게 해 왔다. … (신자의) 그룹들이 목사를 청빙할 가능성을 알고, 그로부
터 얻어질 독립성과 유익을 알게 됨에 따라 그들은 목사 청빙이 가능하게
하려고 두 배 세 배로 헌금을 늘렸다. … 그 결과, 그룹들 가운데 단지

---

8 Harold Voelkel(옥호열, NP), *A Revival among Missionaries in Korea*, p.3.

22개만 선교회가 파송하는 전도 선교사들(missionary evangelists)이 당회를 여는 돌봄을 받고, 나머지는 그들 자신의 목사들에 의하여 인도된다.[9]

그 결과 가장 늦게 설립되었고 수찬교인 수가 가장 적은 순천노회가 안수목사 수에 있어서 다른 노회들을 곧 선도하였다.

복음전도의 또 다른 실험이 광주의 **탤미지**(타마자) 목사 부부에 의하여 시작되었는데, 그것은 시골 지역 주민들과 자기들의 더욱 친밀한 접촉을 위한 것이었다. 1930년에 탤미지 박사는 그의 사역 중심지인 담양(潭陽) 읍에서 집 한 채를 구입하였다. 탤미지 가족은 광주 선교거점에서 담양으로 이사하여 다음 수년 동안 그곳에서 많은 시간을 보냈다. 그곳에서 시작된 남자 성경학교가 큰 성황을 이루었다. 담양은 선교회의 지역에서 가장 집중적으로 사역이 이루어진 곳 가운데 하나가 되었다.

선교회는 성경반과 성경강좌와 여성을 위한 두 성경학교를 통한 성경 교육을 계속하여 강하게 강조하였다. 이 기간 동안에 사역의 이 국면이 새로운 절정에 이르렀다. 1934년에 172개의 남자 성경반과 245개의 여자 성경반이 열렸고, 총 등록인원은 13,245명(!)이었다. 이 숫자는 사실상 교회의 그 해 총 수찬교인 수보다 더 크기 때문에 이 사역의 크기를 쉽게 알 수 있다. 중복이 있었음을 고려하더라도 이 숫자들은 그 해에 대부분의 한국 신자들이 적어도 성경반에 꼬박 4일 동안 참석하였음을 의미한다. 단일 반 참석자의 최고 기록은 군산 거점에서 있었던 것으로 보이는데, 1931년에 총 700명의 여자들이 열흘 거점 반[10]에 참석하였다.

---

9 *The Korea Mission Field*, July, 1936, pp.136~138.

1931년 봄에 광주에서 열린 여자반에 대한 다음 묘사는 그 시기의 전형적인 모습이고, 사역의 이 국면의 유효성을 설명해준다. 그 해에 490명의 여자들이 집안일을 제쳐두고 8일간

오웬 기념각(광주시 양림동 소재)

의 성경교육을 받기 위하여 광주로 걷거나 타고 들어왔다. 이 여자들은 쌀이나 보리나 수수를 담은 작은 주머니를 가지고 왔고, 몇 사람은 등에 어린애를 띠로 매어 업고 왔다. 그들이 도착하였을 때에 그들은 그들을 교육하는 비용의 일부를 부담하기 위하여 등록비를 내야 했다. 온돌방의 한 따뜻한 자리를 의미하는 기숙사 공간과 취사용 땔감은 선교거점에서 제공하였다. 집회는 **오웬 기념각**(Owen Memorial Building)[11]에서 열렸는데, 그 건물은 여섯 명의 선교사와 여덟 명의 훈련된 전도부인들이 가르치는 여덟 반이 쓸 수 있게 칸막이 될 수 있었다.

의료사역
Medical work

의료사역은 의사의 지속적인 부족과 본국의 불황(不況)으로 인한 재정 위기에도 불구하고 이 시기 동안에 꾸준한 진보를 보였다. 각

---

10 the ten-day station class.

11 오웬 기념각: 1909년에 순직한 클레멘트 오웬 선교사와 그의 할아버지 윌리엄 오웬을 추모하기 위하여 미국의 친지들이 보낸 기부금으로 1914년에 건립된 서양식 벽돌조 건물. 예배, 교육 및 다양한 문화행사 장소로 사용되어 왔음. (역자)

병원은 매우 적은 보조금(subsidy, 월 $100 이하)으로 운영되었고, 주로 의료 선교사의 기술과 명성에 의존하여 치료비를 내는 환자들을 데려왔다. 1934년의 통계가 병원들이 치료하고 있던 환자의 규모를 보여준다.

	전주	군산	광주	목포	순천	합계
입원 환자 수	639	1,120	1,120	176	2,800	5,744
병원 총 치료일 수	8,316	12,637	8,324	2,144	32,950	64,349
큰 수술 건수	230	188	209	126	825	1,578
진료소 신환 건수	2,275	1,873	3,846	1,685	7,207	16,886
진료소 총 치료 건수	7,645	5,201	11,220	4,159	24,020	52,245
총 수납액 (엔)	13,760	16,449	15,900	6,073	59,909	112,091

로저스 의사의 기술과 지도로 순천 병원은 발전하여 "한국에서 둘째로 큰 선교병원"이 되었다. 1940년에 그 병원을 방문한 영국인 프라이스(Willard Price) 씨는 위대한 외과의사이면서도 한국의 벽지(僻地)에 자신을 매장하기로 결심했던 이 "기인"(奇人, queer man)을 자기가 방문한 이야기를 남겼다. 어느 날 저녁에 그는 도움을 청하는 전화를 받고 침수된 도로로 110여 킬로미터를 달려가는 로저스 의사를 따라갔다. 수술은 성공이었다.[12]

광주 그레이엄 기념 병원(제중병원)의 본관 건물이 1933년 10월에 잿더미가 되었다. 브랜드 의사(Dr. Brand, 부란도)와 레비 의사(Dr. Levie, 여계남)와 프리차드(변마지) 양과 그 밖의 직원들이 환자들을 대피시키고 할 수 있는 대로 많은 설비를 건지기 위하여 밤새껏 일하였다. 모든 약품, 대부분의 수술 장비, 침대와 리넨의 절반, 엑스레이와

---

12 Willard Price, "A Doctor for Korea," *Presbyterian Survey*, October, 1940, p.465.

치과 장비를 잃었다. 그럼에도 불구하고 다음 날 오전 중간쯤에는 병원이 문을 열고 환자들을 받고 있음을 알리는 표지와 포스터들이 거리에 내걸려 있었다! 같은 날 저녁에 브랜드 의사는 재에서 건져낸 기구와 집에서 만든 램프를 사용하여 응급수술을 하였다. 시에 사는 기독교인들이 직원들 뒤에 모여들어 즉시 재건축을 위한 헌금을 시작하였다. 이 도움과 보험금과 실행위원회로부터의 $2,000 보조금으로 새 건물 건축이 곧 시작되었다.

병원을 결핵 요양소(tuberculosis sanatorium)로 발전시키는 것이 브랜드 의사의 꿈이었는데, 그 이유는 이 병이 한국에서 으뜸가는 건강 위협(health menace)으로 인정되어가고 있었기 때문이었다. 결핵 환자를 위하여 여러 개의 병실이 만들어졌지만, 브랜드 박사의 꿈은 전쟁이 끝날 때까지 실현되지 않았다. 그는 생전에 그것이 이루어지는 것을 보지 못하였으니, 그가 1938년 3월 1일에 별세하였기 때문이다. 브랜드 의사에 대한 선교회의 기념물(memorial)에는 그에 관하여 다음과 같이 적혀 있다.

> … 사랑하는 친구요 복음전도자의 정신을 철저하게 갖춘 헌신적인 그리스도인. 그의 온 목적은 몸만이 아니라 죄로 병든 영혼을 치료하는 것이었고, 그의 전문적 능력은 최고의 수준이었다.[13]

전주 거점도 1935년 1월에 화재로 병원을 잃었다. 비록 건물은 전소되었지만, 서른 한 명의 환자는 모두 안전하게 옮겨졌다. 광주

---

13 *The Minutes of the Southern Presbyterian Mission in Korea for the Year 1938*, pp.32, 52.

병원의 경우처럼, 지역의 기독교인들이 병원의 재건축을 위한 모금 운동에 후하게 참여하였다. 한 해 만에 **보그스** 의사(Dr. Boggs, 박수로)가 40명의 환자를 수용할 수 있는 새 건물을 완공하였다.

목포와 군산의 병원들은 의료선교사의 부족으로 어려움을 겪었다. 1931년에 **홀리스터** 의사(Dr. Hollister, 하리시)가 목포에서 군산으로 전임되었고, 이 날 이후로 목포에는 의료선교사가 배치되지 않았다. 그 후 얼마 되지 않아서 홀리스터 가족은 건강상의 이유로 미국으로 돌아가지 않으면 안 되었다.

나환자촌도 화재로 건물 한 채를 잃었는데, 극렬 공산주의자들의 한 작은 무리가 그 촌락을 장악하려고 시도하였을 때였다. 그들은 한 무리의 환자들이 만주에서 와서 입소한 때에 그 촌락에 잠입하였었다. 그 공산주의자들은 밤에 교회당에 난입하여 그것을 잿더미로 만들었다. 그들 중의 두 사람은 자결하였고, 나머지는 당국에 체포되었다.

이 시기 동안에 윌슨 의사와 엉거 목사가 일정한 환자들에게 결혼의 특전을 줌으로써 그 환자촌 안에서 하나의 실험을 시작하였다. 육체적으로, 영적으로, 그리고 지적으로 적절하다고 여겨진 열 남자를 선택하여, 각자가 그 촌락 안의 미혼 여성들로부터 자기가 결혼하고 싶은 사람을 고르게 하였다. 대부분의 경우에 한국 풍습에 따라 중매인에 의하여 결혼이 주선되었다. 각각의 경우 남자는 정관수술을 받도록 규정되어 있었다. 합동결혼식 후에 각 부부가 환자촌에 있는 아이들 가운데서 자기들이 (양자로) 받아들일 아이를 선택하는 것이 허용되었다. 각 부부에게 집을 지을 수 있도록 작은 땅과 약간의 재정적 도움이 주어졌다. 그래서 그들은 닭, 토끼, 돼지, 그리고 채소를 길러 어느 정도의 자립을 달성할 수 있었다.

그 실험은 즉각적인 성공이었다. 이 가족계획(family plan)은 환자 촌 안에서의 삶을 더 정상적인 삶이 되게 하는 데 도움이 되었다. 1938년까지 711명의 환자들이 사는 그 환자촌은 한국에서 한센병의 억제를 위한 세 개의 선교회 지원 기관들 가운데 가장 큰 기관이 되었었다. 그 해에 그 환자촌은 다음과 같이 묘사되었다.

> 환자촌의 정신은 희망과 협력의 정신이다. … 기숙사 생활보다 가정을 갖 는 것이 장려된다. 그들은 교회, 어린이학교, 운동장, 그리고 집회에서 하 나가 된다. 150가정은 땅에서 나는 것으로 자급하고, 25가정은 반자급한 다. 할 수 있는 모든 사람이 채소, 돼지, 그리고 토끼를 기른다. 입주민 회의(a council of inmates)가 일감을 열 분야, 즉 재정, 농사, 위생, 의료, 도로, 규율, 연료, 종교생활, 교육과 학교, 그리고 공업으로 나누어 관리하 고 배정한다. 환자촌은 자체의 상점과 화폐를 갖고 있다. 땔감은 환자촌 소유의 산에서 거두어들인다. 십만 그루 이상의 나무가 이 봄에 심겼다. … 50가정이 그들이 입양한 자녀와 함께 그들의 아담한 오두막집에서 행복 하게 살면서 농사를 지어 생계를 꾸려나간다.[14]

전국 교회
The national church

1930년에 조선예수교장로회 총회는 복음전도의 진전을 위한 전 교회 3년 계획을 세웠다. 첫해에는 성경공부에, 둘째 해에는 인쇄된

---

14 *The Minutes of the Southern Presbyterian Mission in Korea for the Year 1938*, pp. 32~33.

말씀의 배포를 통한 비그리스도인들에게의 복음전도 접근(evangelistic outreach)에, 셋째 해에는 타락자들의 교정[15]에 역점을 두었다. 이 캠페인 기간에 140만 부의 『그리스도의 생애』가 불신자들에게 배포되었다.

신앙고백을 통한 교인의 증가가 전라도에서 연평균 약 1,700명이라는 높은 수준에서 계속되었다. 기독교인들에 대한 총독부의 증가하는 압력을 고려할 때에 이 한결같은 성장을 교회가 계속할 수 있었던 능력이 더욱 더 놀라웠다.

그때에 교회내의 분열적인 움직임이 처음으로 나타나기 시작하였다. 몇 번이나 마치 총회의 분열이 임박한 것으로 보였다. 세 가지 이슈들이 이 파벌주의(派閥主義)의 원인이 되었는데, 그것들은 분파 간의 불화, 정략, 그리고 신학이었다. 첫째로, 기독교인의 다수가 서북쪽에 살고 있어서, 남쪽 노회들 가운데에는 이북 사람들이 총회를 지배한다는 느낌이 상당히 컸다. 둘째로, 3·1운동 때부터 시작된 정치권력 파벌들도 부조화를 확산시키는 데 영향을 미쳤다. 셋째 요인은 외국에서 교육받았던 일부 교회 지도자들과 국내의 덜 교육받은 목사 및 평신도들 사이의 분열이었다. 해외에서 훈련받은 목사들과 교사들의 일부는 현대주의자라는 비난을 받았다.

이러한 이슈들이 1934년의 총회에서 막바지에 이르렀다. 북쪽 사람들은 남부에서 온 총대들을 "현대주의적"(modernistic)이라고 낙인찍었고, 반면에 남쪽 노회들은 이북 사람들이 좌지우지한다고 그들이 말한 총회에서 탈퇴하겠다고 위협하였다. 총회가 산회하였을 때에 남쪽 그룹은 다음 해에 따로 모여 독자적인 총회를 조직할 것처럼 보였다. 네 후원 선교회(북장로교, 남장로교, 호주 장로교, 캐나다 장로교)의 멤

---

15 즉 교회에 나오다가 그만 둔 사람들의 회복. (역자)

버들은 여전히 굳게 단결하여 있었고, 이러한 분파적이고 분열적인
경향을 막기 위하여 그들이 가진 모든 영향력과 후원을 사용할 결심
을 하고 있었다. 선교사들은 1935년 4월 27에서 5월 1일까지 모든
장로교 목사들을 위한 특별 수련회(special retreat)를 전주에서 열었
다. 129명의 목사들과 18명의 선교사들이 참석하였고, 그 수련회는
예견된 분열을 치유하고 화합을 회복하기 위하여 사용되었다. 눌런
드 씨가 그 모임을 묘사하였다.

> 닷새 동안 우리는 하나님의 뜻과 장애물들을 찾기 위하여 그분의 말씀과
> 우리의 마음속을 살펴보았다. … 매일 한국인들과 선교사들이 인도하는
> 여섯 번의 모임이 있었다. … 모임의 분위기는 매번 성령의 권능으로 열광
> 적이었다. 문제를 가지고 있던 지도자들이 자백하고 울었다.… 모든 반대
> 가 점차 사라지고, 모든 의심거리들이 일소되었으며, 수련회의 신성한 시
> 간들 속에서 북과 남이 사라지고 그 대신 십자가에 달리신 주님께서 오셨
> 다. 그리고 말씀하셨다, "내가 땅에서 들어 올려지면, 모든 사람을 내게로
> 이끌겠다"(요 12:32)라고.[16]

선교학교들과 신도사당神道祠堂
Mission schools and the Shinto shrine

1930년대 중반에 신사참배(神社參拜) 문제(shrine issue)는 한국의
교회들이 직면한 가장 어려운 도전으로 다가왔다. 선교회들이나 교
회에 대하여 그것이 지닌 중대성은 현재까지 계속되어 왔다. 과거의

---

16 L. T. Newland(남대리), *Presbyterian Survey*, October, 1953, p.611.

유령처럼 그것은 계속하여 한국의 개신교 교회들에 출몰하고, 오늘날의 교회 내 분열의 원인도 이 심각한 문제에 거슬러 올라가서 찾을 수 있다. 일본 제국의 국가 종교였던 신도(神道, Shinto)는 조만간 개신교 선교회들의 대의(大義, cause)와 필연적으로 충돌하지 않을 수 없었고, 학교들이 최초로 그 공격에 정면으로 맞서게 된 것도 불가피한 일이었다.

일제강점기에 서울 남산에 세워졌던 신사 '조선신궁'
일제는 이와 유사한 신사들을 전국 각처에 세우고 한국인에게 참배를 강요하였다.

초기에는 그 문제가 사립학교들에게 제기되는 일이 좀처럼 없었는데, 종교의 자유가 일본 헌법에 의하여 보장되었기 때문이었다. 어떤 경우에 기독교 학교들이 신사에서 경의를 표하는 일에 공립학교들과 함께 참가하라고 하는 요구를 받았지만, 신사참배 대신에 어떤 다른 애국적 행위를 함으로써 그 문제를 회피하는 일이 보통 가능하였다.

그러나 군국주의자들이 정권을 장악한 때에는 신사참배가 전에 없이 강조되었다. 그것은 일본 국민의 애국적 열정을 측정할 수 있는 시금석과 격렬한 국가주의를 유발하는 선전 도구가 되었다. 그 의식(儀式)은 일본 본토에서보다 한국에서 더 심하게 확대되었는데, 이곳에는 이질적인 피지배 민족이 살고 있었기 때문이었다.

타격은 처음에 북부에서 가해졌다. 1935년 11월
14일에 평양 **숭실전문학교**(Union Christian College)
학장이었던 **조지 머큐** 박사(Dr. George S. McCune,
북장로교)는 그 대학의 대표자로서 신사에 가서 그곳
에 안치된 영들에게 경의를 표하라는 명령을 받았
다. 머큐 박사가 양심상의 이유로 거절하였더니,
총독에 의하여 또 한 번의 경고가 내려졌다. 머큐
박사는 다음과 같이 회답하였다.

조지 머큐(윤산온)
[재임 1905~1936]

> 나는 각하께 다음과 같이 알려드릴 수밖에 없음을 심히 유감으로 생각합니
> 다. (1) 신사에서 거행되는 이 의식들은, 현재 바쳐지고 있는 것들과 현재
> 수행되고 있는 것들을 볼 때에, 뚜렷한 종교적 의미를 내포하고 있는 것으
> 로 나에게는 보입니다. (2) 그곳에서 영혼들이 실제로 참배를 받는다고
> 대중의 대부분이 믿고 있습니다. (3) 효도와는 달리, 조상숭배는 하나님을
> 거역하는 죄라고 기독교인들은 믿습니다. (4) 이러한 것이 하나님의 말씀
> 으로 기독교인들에게 금지되어 있다고 나도 믿습니다. 위와 같은 이유로,
> 나 개인은 각하가 요구한 행위를 (신앙)양심상 이행할 수 없습니다. … [17]

그의 행동의 결과로 머큐 박사는 정부에 의하여 파면되고 미국으
로 추방당했다.
다음해에는 문제가 더 강렬해지고 한국에 있는 모든 중등 선교학
교들을 포함하도록 확대되었다. 모든 선교학교의 교직원과 학생이

---

17 George S. McCune(윤산온), "Can Christian Missionaries Sanction Shrine
   Worship?" *The Sunday School Times*, June 5, 1937.

신사에 참배해야 한다고 하는 명령이 학무국(學務局)으로부터 모든 도(道)로 하달되었다. 선교회들은 어떤 다른 충성 행위로 대체하게 해 달라고 요청하였지만, 이러한 협상 시도는 모두 실패하였다. 학교나 선교단체가 그 문제를 공식적으로 논의하는 것조차 금지되었다. 그리고 1936년 10월에는 신사참배를 강요하기 위하여 다수의 무장경찰이 전국의 여러 선교학교들에 들어왔다. 선교회들은 이제 궁지에 몰렸다. 그들은 무엇을 할 것인가? 당국의 요구에 굴할 것인가 혹은 학교들의 문을 닫을 것인가?

이야기를 계속하기 전에 관련된 이슈들과 여러 그룹들의 태도를 더 면밀하게 검토하지 않으면 안 된다. 국가신도(國家神道, state Shinto)가 정치적 행위였는가 혹은 종교적 의식이었는가? 이것이 기본적 문제였다. 만약 국가 신사(神社)에서 절하는 것이 종교적 예배의 행위라면, 그것은 진짜 우상숭배(idolatry pure and simple)일 것이다. 그러나 만약 그것이 단지 정치적 행위라면, 그때에는 '기독교적 편의'(Christian expediency)의 근거들이 인용될 수 있을 것이었다.[18]

그 이슈는 일본 당국의 태도에 의하여, 아마도 의도적으로, 크게 혼란스럽게 만들어졌다. 그들은 문제의 의식은 애국적인 것이고 종교와는 아무런 관계가 없다고 몇 번이고 주장하였다. 이 주장을 뒷받침하기 위해서 그들은 국가신도와 종파신도(宗派神道, sect Shinto)를 구별하였다. 전자에 참가하는 것은 모든 시민들에게 정당하게 요구될 수 있는 애국적 행위라고 선언되었다. 후자에 참가하는 것은 철저히 종교적 수련이라고 인정되었다. 그러나 더 면밀한 질문을

---

18 J. Fairman Preston(변요한), "Statement of the Present Situation in Korea," dated July, 1938.

받으면, 국가 공무원들이 매우 종교적이지 않은 것으로 들리는 신사의식(shrine ritual)을 설명하는 것이 어려웠다. 의식 자체는 매우 단순하였다. 그룹의 지도자가 세 번 손뼉을 친 다음 학생들은 공경을 받을 작은 두루마리나 어떤 다른 물체가 안치된 신사를 향하여 절을 하였다. 이 모든 것이 무엇을 의미하였는가? 손뼉을 치는 것은 참배자들이 곧 절을 할 것이라는 사실에 신사 안에 있는 "신령들"(spirits)의 주의를 환기시키기 위한 것이었다. 절을 하는 것은 경의를 표하는 행위로 해석되었다. 한국에 있는 신사들의 대부분은 태양 여신(the sun goddess)이자 일본 황실의 여자 조상(ancestress)인 아마테라스-오미가미(天照大御神)에게 봉헌되어 있었다.

1930년대 초에 신사참배 이슈가 처음으로 문제가 되었을 때에 한국 교회의 태도는 어떠한 타협에 대해서도 압도적인 반대였다. 1935년에 머큐 박사가 신사참배에 참가하지 말 것을 주장하는 데 앞장선 것은 한국인들이었다. 그때에 어떤 사람들은 "우리가 나중에 무엇을 말하거나 하도록 강요당할지라도 선교사들은 신사참배 문제에 관하여 타협을 해서는 안 된다"라고 말하기까지 하였다. 그러나 총독부로부터 압력이 증가함에 따라, 위협과 체포와 투옥과 협박이 그 흔적을 남겼다. 강력한 반대 목소리는 억눌러지고 일본의 방침(the Japanese line)을 따르는 자들만이 말하도록 허용되었다. 많은 사람들이 설득을 당하여 그 문제에 관한 당국의 해석을 받아들이는 것이 무난하겠다고 생각하였다. 그 밖의 사람들은 그 문제는 종교의 문제라고 인정하면서도 그럴지라도 학교를 열어두는 유일한 방법으로 총독부의 지령을 따르는 것에 찬성하였다.

많은 비기독교인들도 마찬가지로 학교를 열어두어야 한다고 주장하는 호소를 하였다. 한국 사회가 다음과 같이 느끼는 것으로 보였다.

선교학교는 그를 통하여 옛 한국 문화가 조금이라도 존속시켜질 수 있도록
남겨진 하나의 매체(one medium)였고, 가차 없는 "일본풍"(Japanism) 프
로그램으로부터 어느 정도의 면제가 누려질 수 있는 곳이었다. … 한국
사회가 온통 격분하였고, 많은 사람들이 선교학교들을 눈감아주는 것이
한국 해방의 마지막 희망이라고 생각하였다.[19]

여러 선교회들이 통일전선을 유지하지 못한 것은 비극적이면서
도, 아마도 불가피한 일이었다. 현지의 선교사들이 그 문제에 관하
여 분열되어 있었다.

어떤 선교사들은 신사에서 절하는 것을 그 자체로서(*per se*) 우상숭배라
고 여겼다. … 선교사들 가운데 다른 사람들은 그 이슈를, 현재에는 매우
모호하고(nebulous), 정치와 매우 혼합되어 있고, 매우 경계선에 걸쳐 있
어서 개인의 양심에 의하여 결정되어야만 하고, 그 결과 정직한 의견차이
(honest differences of opinion)가 나타날 수 밖에 없다고 보았다. 일부
선교사들은 (우리 선교회 안에는 없었지만) 그들이 양심에 거리낌 없이
신사에 갈 수 있다고 느껴 왔고 또 그렇게 해왔다. 또 다른 선교사들은
자신들은 양심상의 이유로 개인적으로 신사에 갈 수 없지만, 그 문제에
관하여 자기들과 의견이 다른 사람들을 비난하고 싶지는 않다고 말한다.[20]

일부 선교회들은 신사 의식은 정치적 행위라고 하는 당국의 진술
을 액면 그대로 받아들이기로 결정하였다. 가톨릭 교인들은 이 입장

---

19 C. Darby Fulton(풀턴), *Star in the East*, p.195.

20 Preston, "Statement on the Present Situation in Korea."

을 취해서 집단으로(en masse) 신사에 갔다. 감리교 선교회를 포함하
여 그 밖의 선교회들은 이것은 한국교회나 한국의 각 학교 이사회의
회원들에 의하여 결정될 문제라는 입장을 취하였다. 한국의 모든
국민들이 위압(威壓)을 받고 있었던 만큼 감리교 학교들은 당국의 요
구에 굴복하였고, 이 학교들은 여전히 열려 있었다. 그러나 이 시간
후에 이 학교들이 얼마나 많은 기독교적 영향력을 가지고 있었는가
하는 것은 의문스럽다. 신사 문제에 있어서 타협한 학교들에 관하여
논평하여, **백낙준**(白樂濬) 박사(Dr. George Paik)는 말하였다, "이 학교
들은 전쟁에서 살아남았지만, 기독교 학교로서는 아니었다"라고.[21]

평양에 있던 북장로교 선교사들은 신사참배에 반대하여 강력하고
비타협적인 태도를 취한 최초의 사람들 가운데 있었다. 그러나 그
선교회의 소수자들(a minority)은 두 악 중에 작은 것은 학교들을 열
어 두는 것일 것이라고 생각하였다. 일부 선교사들에게는 모국의
(해외) 선교부가 소수자 그룹을 지지한다는 느낌이 들었다. 그 문제
는 여러 가지 학교 재산이 노회들에 명목상의 값으로 매각되었을
때에 마침내 결정되었다. 노회들은 그리하여 학교들을 운영하였고
정부의 지시대로 신사에 참배하였다.

일본 군국주의자들은 자기들의 선전 캠페인을 아주 주의 깊게 계
획하였었다. 기독교 신앙의 일신론(一神論)에 대한 직접적인 공격은
모든 교회 그룹들을 반대하는 세력으로 뭉치게 하여 저항을 구체화
할 것을 알고서 그들은 국가신도(國家神道)와 종파신도(宗派神道)를 교
묘하게 구분함으로써 진짜 이슈를 모호하게 만들었다. 그들은 더

---

21 Report of the Korea Committee of the Foreign Missions Conference of North
   America, November 28, 1945, quoted by C. Darby Fulton, *Now is the Time*,
   p.132.

나아가 만약 국가주의(nationalism)에 대한 이 한 번의 양보를 할 수 있다면 앞으로는 교회의 활동에 불간섭할 것을 약속함으로써 저항 의지를 약화시켰다. 이런 방법으로 선교단(the missionary body)이 분열되고, 한국 국민과 외국선교사 사이에 쐐기가 박아졌다. 이슈가 매우 혼잡하게 되어서 나팔을 불었을 때에 그것은 불확실한 소리를 내었다.

이슈를 혼란스럽게 만들려는 당국의 모든 노력에도 불구하고, 어떤 희생을 치르더라도 학교를 열어두려고 하는 한국인들의 강렬한 욕구에도 불구하고, 그리고 다른 선교단체들 가운데 있던 의견 차이에도 불구하고, 남장로교 선교사들은 이슈는 명확히 일신론과 다신론 사이의 문제라고 하는 결론에 이르렀다. 이 확신은 여러 가지 모임들에서 안출되었고, 실행위원회 총무(executive secretary) 다비 풀턴 박사(Dr. C. Darby Fulton)의 방문에 의하여 크게 강화되었다. 그는 선교회의 태도를 다음과 같이 요약하였다.

> 선교회는 기독교의 지극히 중요한 원리들을 굽히지 않고는 신사 의식(神社儀式)에 참여할 수 없다고 하는 데 모두가 의견을 같이하였다. 우리는 비본질적인 것들의 영역에 있는 어떤 것이 아니라 기독교 신앙의 기본적 신념들, 즉 무엇인가 매우 초보적이어서 일신론(一神論)인가 다신론(多神論)인가 하는 단순한 질문이 될 만한 것을 다루고 있었다.[22]

이 입장은 명쾌한 논리에 의하여, 그리고 이제 압도적이라고 보이는 증거에 의하여 뒷받침되었다.

---

22 Fulton, *Star in the East*, p.210.

(1) 총독이 내린 종교의 정의(定義)는 기독교인들에게는 설득력이 없었다. 정부는 조상숭배를 종교 의식으로 간주한 적이 없었지만, 기독교인들은 아주 이른 시기부터 연합하여 다른 견해를 지녀왔다. 유교의 의식에 참가한 실천적 불교도 미나미 지로(南次郎) 총독이 신도(神道)를 한국 국민에게 강요한 주도자였다. 무엇이 종교를 구성하는지에 관하여 이런 사람의 판단을 받아들이는 것은 쉬운 해결책이었을지는 모르나, 그것은 진짜 합리주의(rationalism)였다.

(2) 국가신도와 종파신도 사이를 타당하게 구별하지 못하였다. 공적인 정부 기관지(機關紙)들, 대학교수들, 그리고 선교사들에 의하여 인용된 주요 신문들이 국가신도의 명확한 종교적 성격을 전혀 모호하지 않은 방법으로 보여주었다. 예를 들어, 학무국의 선언문은 "우리나라는 현현신(顯現神, manifest god)인 천황께서 다스리시는 신적 국가(a divine country)이다"라고 진술하였다.[23]

(3) 신사 의식(神社儀式)에는 종교적이라고 간주될 수밖에 없는 많은 특징들이 포함되어 있었다. 즉 이 의식에는 경외의 대상물들에 신(神)의 모든 특성이 있다고 여기면서 하는 기도(祈禱)와 의식적 봉납(奉納)이 들어있었다.

(4) 모두가 투옥이나 고문이나 죽음의 위협 아래 있던 한국인들의 일부에 의하여 표현된 의견들은 액면대로 받아들일 수 없었다. 사적으로 말할 때에는 많은 사람들이 선교사들과 마찬가지로 신사참배가 우상숭배임을 확신하고 있었다. 일부 다른 선교회들은 한국교회의 판단에 따라야 한다고 주장하였지만, 이 논리는 틀린 것이었으니, 그것은 한국 국민들은 더 이상 그들의 정직한 의견을 표현할 자유가 없었기 때문이다. 양심의 결정은 위임될 수 없다. 외국인 선교사가 자기보다 더 큰 압력을 받고 있는 사람들을

---

23 Fulton, *Star in the East*, p.202.

동정할 수는 있었지만, 그는 자기 자신의 신념에 투표할 의무가 있었다.

따라서 학교들 안에서 급속히 전개되고 있던 위기를 숙의하기 위하여 선교회의 임시위원회가 1935년 11월에 모였다. 위에서 개설한 이론의 방향에 따라서 신사에 참배하기보다는 보통교육(secular education)의 분야에서 철수하기로 결정되었다. 린턴(인돈) 목사가 4,787명의 등록 학생을 가진 10개의 선교학교들을 폐쇄하는 일을 총독부와 협의하기 위한 위원회의 위원장이 되었다. 그 임시 위원회는 이 결정이 총독부의 단호한 반대에도 불구하고 내려졌다는 것과, 한국인들에게 매우 인기가 없으리라는 것을 인정하였다. 극도로 긴박한 상황이 전개될 수밖에 없었고 선교회는 실행위원회의 조언과 지지가 필요하다는 것을 느꼈다. 그들은 내슈빌 사무소에 전보를 쳐서 풀턴 박사가 가능한 한 속히 현지에 와 주기를 간청하였다.

실행위원회의 전권을 위임받은 풀턴 박사는 1937년 2월 2일에 한국에 도착하였다. 전에 2세대 선교사로 일본에서 일했던 관계로 일본의 언어와 풍속과 종교에 정통하였던 그는 이 임무에 탁월하게 적격이었다. 풀턴 박사가 전권을 받고 왔다는 것을 일본 당국자들은 잘 알고 있었고, 그 결과 그는 한국에 머무는 동안 엄격한 감시를 받았다. 그가 어디로 가든지 대표단들, 그룹들, 그리고 대표자들이 그가 선교회의 강한 입장을 누그러뜨리도록 그에게 영향을 끼치려고 노력하였다. 전주에서는 3,000명의 시위가 있었다. 풀턴 박사는 "모자를 손에 들고 도시의 중심부로 걸어가면서 몇 미터마다 처음에 한 대표단이, 그러고 나서 또 한 대표단이 나에게 인사할 때에 (내가) 머리숙여 절한 일"을 이야기하였다. 어디에나 목사들의 그룹들, 학생, 동창 및 학부형의 대표자들, 그리고 항상 존재하는 관리들이 있

었다. 그러나 문제의 솔직한 토론은 불가능하였다. 형사들이 어디
에나 있었다. 물어져야 하는 질문들 자체가 금기(禁忌, taboo)였다.

풀턴 박사는 자신이 선교회의 입장과 전심으로 일치됨을 알게 되
었고, "이 점에서 굴복하는 것은 기독교 선교회들의 목적과 프로그램
전체를 망쳐버리는 것이 될 것"이라는 느낌이 들었다.[24] 2월 말경에
정책 성명서(policy statement)가 기초되어 임시 위원회에 제출되었
다. 모임들을 20명의 한국인들이 방청하였고, 그들에게 발언할 기
회가 주어졌는데, 그들은 학교들을 열어두어 달라고 하는 청원을 되
풀이하였다. 그 위원회가 열리고 있던 건물 밖에는 일부 난폭한 사
람들을 포함하는 한 무리가 모여서 결과를 알려달라고 요구하였다.
풀턴 박사는 성명서를 건네주면서 그 결정에 대해서 자기가 완전한
책임을 진다는 것을 분명히 하였다. 풀턴 박사가 떠날 때에 전주역
에서 그에게 항의하는 시위가 있을까 염려되었다. 그래서 회의가
끝났을 때에 그는 비밀리에 차에 태워 이리(裡里)로 보내졌고, 그는
그곳에서 열차를 타고 부산(釜山)으로 가서 귀국하였다.

정책 성명서 자체는 정중함과 예의 바름의 특성을 확고하고 결연
한 의지의 표현과 결합시킨 정치적 수완의 걸작이었다. 그것은 선교
회가 한국의 교육 프로그램에 참여할 수 있도록 허락되었던 기간에
대하여 일본인들에게 감사를 표현하였지만, "최근의 사태"로 인하여
선교회가 보통교육의 분야에서 계속 일하는 것은 불가능하다고 진술
하였다. 새로운 학생들을 받아들이지는 않겠지만, 선교회는, 신사
(神社)에 가도록 강요받지 않는다면, 이미 등록된 학생들의 교육은
계속하도록 시도할 것이었다. 학교들은 그 학교들이 항상 지지해

---

24 Fulton, *Star in the East*, p.210.

좌) 플로런스 루트(유화례)[재임 1926~1964]
우) 김필례 선생[1891~1983]

왔던 기독교적 표준에 따라 학교들을 운영할 수 없는 어떤 그룹에게도 매각되거나 대여되거나 증여되지 않을 것이었다.

선교학교들은 5개월간 방해받지 않고 계속 운영되었다. 이 기간 동안, 신사참배를 강요하려는 시도가 없었다. 일반적인 평온의 한 예외는 광주의 **수피아** 학교였다. 임시 위원회의 회의를 마치고 **루트** 교장이 광주에 돌아와 보니 교사들 가운데 세 사람에 의하여 조직화된 전교생이 학교를 열어 두라고 요구하고 있었다. 루트 교장과 수석교사 **김필례** 여사가 선교회의 정책 결정을 한국말로 대강 번역하러 간 동안 학생들은 **윈즈버로우 홀**의 강당에 모여서 발표를 기다렸다. 루트 교장은 그 힘든 경험을 다음과 같이 피력하였다.

김 여사와 나는 겨우 오후 6시 경에 단에 올라갔다. 다른 교사들은 보이지 않았다. 무슨 일이 일어나고 있는지를 감시하고 명백히 말썽꾼들을 부추기기 위하여 한 한국인 형사가 교무실 안에 있었다. 성명서가 대략적인 초안이고 나는 그녀가 쓴 한문(중국 글자)을 읽을 수 없기 때문에 김 선생님이 성명서를 읽을 것이라고 나는 학생들에게 예고하였다. 그들은 반대하였지만, 나는 마침내 그렇게 하는 것만이 그들이 들을 수 있는 유일한 방법이라고 말하였고, 그래서 그들이 조용해져서 귀를 기울였다. 그 일이 끝났을 때에 나는 모임이 끝났다고 발표하였지만 그들은 떠나기를 거부하였고, 그런 다음에는 외치는 소리가 시작되어 자정이 될 때까지 거의 쉼없이 지속되었다. 그들의 분위기를 보고 나는 내가 머물러 있어도 소용없

다고 말하고 단에서 내려와 나오기 시작하였다. 그러나 학생들이 복도를
막았다. 그래서 나는 그들 중의 아무와도 접촉하기보다는 가장자리에 있
는 의자로 되돌아가서 거기에 앉았다. 나이가 좀 많은 소녀들이 지도자들
이었고, 이따금 하나가 나가서 세 교사들 가운데 한 사람한테서 조언을
받아 돌아오곤 하였다. 내가 말할지도 모르는 무언가를 듣기 원할 때마다
외침 소리가 "꺼졌다." 그러나 나는 그들이 원하는 것을 말하지 않았고,
그러면 외치는 소리가 다시 들렸다. … 나는 그 소음이 들어오지 못하게
귀를 막지 않을 수 없었고, 신경 피로가 극심했다. 끝날 때까지 김 여사가
줄곧 나와 함께 머물렀다.[25]

    마침내, 낙스 박사와 광주에 있는 몇몇 교회 지도자들이 개입하여
학생들을 귀가하도록 설득함으로써 그 교착상태가 풀렸다.
    그러는 사이에, 그 학교의 법적 설립자 커밍(김아각) 박사가 맡아서
모든 학급을 학년말까지 유지하다 해산하고 문을 닫았다. 학교는
5월에 다시 열렸지만 새 학생들은 받아들이지 않았다.
    모든 선교학교들을 최종적으로 폐쇄한 일은 학교들이 가을 학기
개학을 한 지 불과 수일 만인 1937년 9월 6일에 갑자기 있었다. 그
날은 큰 신사참배가 있는 날이었고, 교직원과 학생들이 신사에 가서
중국에 있는 일본 군대들의 승리를 위하여 기도하라는 명령이 내렸
다. 이 일이 있자 선교회는 풀턴 박사가 명한 대로, 그리고 사전에
계획된 대로 모든 학교들의 문을 닫았다.
    이렇게 선교회의 교육사역은 끝이 났다. 38년 전에 선교회가 솔선
하여 전라도에 최초의 현대식 학교들을 세웠었다. 이제 그 학교 건

---

25 Miss Florence Root, an unpublished letter of August 27, 1961.

물들은 텅 비어 있었지만, 그것들은 교회와 총독부와 민족 앞에 선교
회의 타협 없는 신앙과 신념에 대한 웅변적 증거물로 남아 있었다.

기독교인들이 그들의 하나님을 한 분의 참되시고 살아계신 하나님으로 예
배하고 그분만을 섬기기 때문에 그 학교들의 문이 닫혀졌음을 알지 못한
사람은 없었다.[26]

신사참배 문제가 개인 학생이 그가 원할 경우에 신사의식에 참여
할 권리를 결코 포함하지 않았음을 분명히 해야 한다. 일부 비기독
교인들은 모든 선교학교들에 입학이 허가되었고, 그들은 자기들이
원하는 어떤 종교적 관행도 지킬 자유가 있었다. 풀턴 박사는 이
점을 분명히 하였다.

우리의 학교들은 학생들이 개인적으로 갖고 있는 종교적 신념을 통제하려
고 시도하지 않는다. 불교도는 자기가 선택한 신앙을 따를 전적인 자유가
있을 것이다. … 그러나 우리의 기독교 기관들은 신사에 대하여 어떠한
공식적 인정도 하기를 확고하게 거절하였다.[27]

신사참배 문제와 한국교회
The shrine issue and the Korean church

일본 당국이 신사 문제를 교회에 대한 직접적인 공격을 하는 일에

---

26 *Annual Report of the Mission for the Year 1939*, p.44.

27 Fulton, *Star in the East*, p.186.

사용하였을 때에, 학교와의 논쟁 중에 그들이 말하였던 모든 것과는 반대로, 신도(神道, Shintoism)의 본질에 관한 가시지 않던 어떠한 의심도 다 사라졌다. 그들의 목적이 이제 분명히 드러났으니, 그것은 곧 교회가 일본의 선전 도구가 되도록 기독교 교회의 독립정신이 분쇄되지 않으면 안 된다는 것이었다.

1938년 봄에 노회들이 모이기 시작하였을 때에 각 노회가 단체로 신사에 가도록 강요하기 위한 일치된 캠페인이 전국적으로 벌어졌다. 순천노회가 맨 처음 모였다. 모임 전에 그 노회의 목사들과 장로들은 신사에서 절하는 것은 종교적 행위라기보다는 정치적 행위라는 취지의 성명서에 서명하라는 요구를 당국으로부터 받았다. 비록 일부 사람들은 큰 압력에 못 견뎌서 그렇게 하긴 하였지만, 마침내 모두가 서명하였다. 노회가 모였을 때에 경찰에 구금되어 있던 한 사람을 제외하고 모두가 단체로 신사에 갔다. 그 빠진 사람은 다음 날 혼자서 참배하도록 강요 당하였다. 신사에서 절하는 것은 기독교 원리에 반하는 것이 아니라고 노회 이름으로 진술하는 공문이 노회 안의 모든 교회들에 보내졌다. 노회의 선교사 회원들은 무슨 일이 벌어질 지를 미리 알고, 회의에 참석하지 않았다. 유사한 책략이 다른 곳에서도 총독부에 의하여 사용되었다. 전주와 군산에 있던 선교사들은 신사참배 결의(the shrine resolution)에 반대투표를 하려고 노회에 참석하였다. 그러나 반대표는 던질 기회도 주지 않았다.

그 해 9월에 총회가 모였을 때에도 그와 유사한 일이 벌어졌다. 총독부는 모든 총대들에게 참석하여 교회들이 신사참배하는 것을 인정하는 결의안에 찬성투표할 것을 명하였다. 어떤 총대들은 회의 중에 신사참배 하도록 강요당할 것을 알았기 때문에 총회에 참석하기 보다는 감옥에 가려고 결심하였다. 그러나 400명 총대의 대부분은

참석하였다. 회의에 앞선 어느 시점에 경찰서장이 평양의 선교사들
도 소환해서 총회가 신사참배 결의안을 통과시키도록 요청받을 것을
알리고 선교사들이 간섭하지 말 것을 엄중히 경고하였다. 북장로교
선교회의 **블레어** 박사(Dr. William Blair)는 그들의 대답을 전한다.

> 우리가 물었다. "이것이 법인가, 아니면 총회가 취하게 될 조처가 자발적
> 인 것인가?" 그는 "물론 자발적이다"라고 답하였다. 우리가, "그렇다면 토
> 론을 허용하지 않으면 안 될 것이다"라고 대답하니, 그는 "아니다, 그것은
> 미국 관습이지 일본의 관습은 아니다. 아무런 토론도 허용되지 않고, 누구
> 도 그 결의안에 반대투표를 하는 것이 허락되지 않을 것이니, 그것은 천황
> 폐하께 대한 모욕이 될 것이기 때문이다"라고 대답하였다.[28]

총회가 열리기 전날에 네 후원 선교회(북과 남, 호주, 그리고 캐나다
장로교)의 대표들이 다시금 경찰서로 불려가서 만약 어떤 선교사라도
간섭하면, 그 결과는 매우 심각할 것이라는 경고를 받았다. 그날
밤에 선교사 총대들은 상황을 논의하고 무엇을 할 것인지를 결정하
기 위해서 모였다. 그들은 만약 신사참배를 인정하자는 동의가 실제
로 나온다면, 누구든 선교사가 그것에 반대하는 발언을 하지 않을
수 없을 것이라는데 의견이 일치하였다. **블레어** 박사와 **킨슬러**(F.
Kinsler, 북장로교) 박사, 그리고 그 밖의 몇 사람이 **뽑혔다**.

다음 날 아침[29]에 총회가 서문밖교회에서 경찰관들과 경호인들이
교회당 밖과 안에서 근무하는 가운데 열렸다. 총회장의 연단 양 옆

---

28 W. N. Blair(방위량), *Gold in Korea*, p.103.

29 1938.9.9. 저녁에 평양 서문밖교회에서 개최된 조선예수교장로회 제27회 총회의
    둘째날 아침. (역자)

에 탁자가 하나씩 있었는데 그곳에 도 경찰국장과
시 경찰서장이 앉아 있었다. 미리 합의된 시간에
"총회가 신사 의식에 참여하는 것이 옳다고 하는 판
단을 선언하기로" 하자는 동의가 있었다. 그 동의에
재청이 있었고, 의장이 가부를 묻기 시작하자 블레
어 박사가 일어나고 대혼란이 일어났다. 경찰이 그
에게 앉으라고 소리치기 시작하였다. 블레어 박사
는 그 뒤에 일어난 일을 묘사하였다.

프랜시스 킨슬러
(권세열)
[재임 1928~1970]

> 나는 잠시 기다렸다가 말하였다. "의장님, 이 동의안에 대해서 말하고자
> 합니다. 허락해 주십시오." 그는 대답했다, "나는 당신이 말하는 것을 허락
> 할 수 없으니, 앉으시오"라고. 그래서 나는 "이 조치가 하나님의 법과 교회
> 의 법에 어긋나는 것이라고 항변한 것으로 내 이름을 의사록에 기록해 줄
> 것을 요청합니다"라고 말하고 앉았다. 여덟 내지 열 명의 다른 선교사들도
> 같은 요청을 하였다. 의장이 가부를 물었을 때에 단 몇 명의 회원만이 분명
> 히 "예"라고 찬성표를 던졌다. 반대표는 묻지도 않은 채 그 동의안은 가결
> 되었다고 선언되었다.[30]

이 조치를 사용하여 경찰은 전 교회적으로 모든 저항을 분쇄하였
다. 어떤 기관도 그 가차 없고 날로 증가하는 압력을 피할 수 없었다.
평양에 있던 장로교신학교는 191명이라는 최고의 출석자 수로 1938
년의 봄 학기를 마치고 다시 열리지 못하였다. 같은 해에 조선예수

---

30 Blair, p.105. See also Allen D. Clark, *History of the Korean Church*,
    pp.193~203.

좌) 조선예수교장로회 제27회 총회에서 신사참배를 결의한 후 임원들이 평양 신사에서 절하고 있다.
우) 교사들과 학생들의 신사참배 모습. 일제는 참배를 강요하며 우리의 정체성과 자주성을 억압하였다.

교연합공의회(K.N.C.C.)[31]는 해산되었고, Y.M.C.A.와 Y.W.C.A.는 그들 자신의 전국 위원회들을 중단하고 도쿄에 있는 "Y" 협회들과 합병하도록 강요되었다.

남장로교 선교회는 신사참배 문제로 인하여 교육사역에서 철수하였었다. 이제 일관성을 위해서는 선교회의 안수받은 멤버들이 회원으로 있던 총회와 여러 노회들의 결의에 관해서도 어떤 유사한 조처를 취하는 것이 필요하게 되었다. 따라서 총회 후 곧 선교회의 임시위원회가 모였다. 위원회는 각 안수받은 선교사에게 그의 노회에서 탈회(脫會)할 것을 요청하기로 결정하였다. 그와 동시에 그는 시련에 처한 그의 동료 노회원들에게 자기의 사랑과 염려를 표현하고, 교회에 대하여는 가능한 섬김을 계속 하기 원한다는 자기의 뜻을 확언할 것이었다.

교회에 지도와 안내가 필요한 바로 그때에 교회의 치리회들에서 탈퇴하기로 한 결정은 가슴 찢어질 듯한 결정(a heart-rending decision)이었다. 그러나 한 가지 위안이 되는 것도 있었다. 전에 없던 수의 선교사들이 이제 최초로 학교의 관리나 교회 순회에서 풀려서 개인적

---

31 Korean National Christian Council. '한국기독교교회협의회'의 전신. (역자)

사역(personal work)에 몰두할 수 있었다. 경찰의 방해로 교회에서 설교하지 못할 때에 순회 선교사들(itinerators)은 성경책들과 복음서들과 소책자들을 가지고 마을길들을 오르내리며 불신 가정들의 닫혀진 문들에 들어갔다. 한 선교사는 "자기 자신이 나가서 한 사람에게 말하려고 시도하는 것 외에는 할 일이 없었지만, 이것이 바로 예수께서 하신 일"이라는 것을 알게 되는 대단한 발견에 관하여 이야기하였다.[32]

그러나 냉혹하게도 억압은 계속해서 죄어왔다. 그래서 마침내 이러한 종류의 선교사역도 불가능하게 되었다. 보그스(Boggs, 박수로) 의사와 스위코드(Swicord, 서국태) 목사가 전주 교외에서 순회전도를 하다가 한 예배당에 들어가니 지도자들이 예배의 해산을 지시하고 교인들은 선교사들에게 말도 하지 못하고 줄지어 나갔다. 루트 양 (Miss Root, 유화례)과 폰테인 양(Miss Fontaine, 반이라)은 그들의 마지막 여행 중에 경찰이 여인숙 주인들에게 그들을 받지 말라고 지시했던 것을 알게 되었다. 그들의 여행의 남은 부분은 잠잘 곳이 없어서, 그리고 그 밖의 다른 교활한 형태의 경찰 간섭이 있어서 취소하지 않을 수 없었다. 1940년 6월까지에는 교회에든 불신 마을에든 간에 실질적으로 모든 순회전도가 끝났다. 가을이 오기 전에 에이더 해밀턴 클라크 성경학교와 닐 성경학교가 강제로 폐쇄되게 되어있었다.

1940년 9월에 일본인들은 모든 교파의 성직자와 평신도 지도자 약 300명에 대한 일제 검거를 시작하였다. 이들은 투옥되고, 잔인하게 구타당하고, 학대당하였다. 평양 제4장로교회(산정현교회)의 영웅적인 주기철(朱基徹) 목사를 포함하여 몇 분은 옥사(獄死)하였는데, 그분은 신사참배를 끝까지 완강하게 반대하였다. 전라도에서 순교한 사람들

32 *Annual Report of the Mission for the Year 1940*, p.46.

좌) 주기철 목사[1897~1944]
우) 박연세 목사[1883~1944]

가운데에는 목포 양동(陽洞)교회의 박연세(朴淵世)[33] 목사가 있었다.

이 시기에 많은 다른 기독교 지도자들이 만주로 이주하였는데, 그곳에서 그들은 약간 더 많은 자유를 누렸다. 또 다른 사람들은 현직 목사직에서 은퇴하였는데, 그들은 농사를 짓거나 적어도 자신의 양심이 명하는 대로 가정에서 예배드릴 자유가 있는 다른 직업을 통하여 자신을 부양하였다.

교회가 두려움과 혼란 속에서 주춤하고 있던 바로 그때에 일본인들은 "개혁"이라는 잘 준비된 프로그램을 밀고 나아갔다. 선교회의 지도력이 억압되어 있고 교회의 지도자들이 투옥되어 있는 중에 일본인들은 자기 자신의 사람들을 택해서 그 공백을 채웠다. 그들은 또한 교회의 조직을 그것이 위에서부터 아래로 더 쉽게 통제될 수 있도록 간소화하려는 시도를 하였다. 이 일에 있어서 그들은 비교적 느슨한 조직을 가진 장로교 교회에서보다 감독제 정체를 가진 감리교 교회에서 더 성공적이었을는지도 모른다.[34] 그뿐 아니라 일본인들은 교회의 신학에서 "외래의" 영향을 제거하려고 시도하였다. 그리스도의 재림의 가르침은 엄격히 금지되었는데, 그것이 천황숭배와 양립하지 않기 때문이었다. 계시록과 다니엘서의 예언들은 금기사항(taboo)이 되었고, 찬송가는 "만주의 주"와 "만왕의 왕"에 관한 언급들을 삭제하기 위하여 수정되었다.

---

33 1883년에 김제군 용지면 출생. 군산 영명학교 졸업, 동교의 교사 역임. (역자)
34 Kay Il Sung(계일승), p.350.

폭풍우가 몰아치다
The storm breaks

1940년 가을까지에는 병원들만이 여전히 운영되고 있던 유일한 선교 기관이었다. 그러나 10월에는 환자들과 직원들을 위하여 축소형 신사(miniature shrines)를 각 병원에 세우라고 당국이 요구하였다. 다시금 선교회는 비통한 결정에 직면하였다. 그러나 사역의 다른 영역들의 각각에서 신사(神社)에 저항하였던 터에 여기에서 타협이 있을 수는 없었다. 다섯 병원 모두가 문을 닫았다.

이제 나환자촌만 남았다. 여기에서 총독부는 선교회가 어떤 행동을 취하게 하기를 주저하였으니, 그 이유는 마을에 돌아가서 생활할 수 없는 수백 명의 환자들을 처리하는 것이 결코 쉬운 일은 아닐 것이기 때문이었다. 그러나 실제로는 선교회의 능동적인 사역이 끝났다.

같은 달에 세 가지 깜짝 놀라게 하는 사태의 진전들이 외국 선교사들과 일본 당국 사이의 악화하는 상황을 촉진하였다. 첫째로, 외국인과 직간접적으로 연고(緣故)가 있는 모든 한국인을 일제히 몰아내는 일이 시작되었다. 둘째로, 일본이 추축국들(Axis Powers)과 군사 협정을 맺었는데, 그것은 미국에 대한 더 호전적(好戰的)인 정책을 예고하였다. 셋째로, 미국 총영사 게일로드 마쉬(Gaylord Marsh)가 모든 미국 시민들에게 한국을 떠나라고 권고하였다. 상황의 긴급성으로 인하여 특별 수송편이 그 피난을 위하여 마련될 것이었다.

본국의 (교단) 선교부가 전반적 피난을 인정하는 전문을 선교회에 보내왔다. 선교사가 자기가 생겨나게 하였었고 그처럼 오래 함께 사역해 왔었던 교회에 도움이 되기보다는 오히려 장애물이 된다는 주장이 그때 나올 수 있었다. 최종 결정은 각 선교사에게 맡겨졌다. 일곱 사람을 제외하고 모두 다 총영사의 권고에 따르기로 결심하였다.

1940년 11월 16일에 증기선 마리포사(*S.S. Mariposa*)호가 인천항에
서 대부분이 선교사들과 그들의 자녀들인 219명의 미국인들을 태웠
다. 그들 중의 약 50명은 남장로교인들이었다. 목격자 한 사람이
한국에서의 개신교 선교회들의 시대의 종말을 나타내는 이 서사시적
사건(epic event)에 관하여 다음과 같이 썼다.

> 어떤 배도 일찍이 마리포사호가 실은 것과 같은 짐을 싣고 인천(仁川)을
> 떠난 적이 없었다. 부모를 떠나는 자녀들, 남편과 이별한 아내들, 힘든
> 세월을 형제들보다 더 가깝게 지냈던 친구들이 어쩌면 결코 다시 만날 수
> 도 없을 작별을 하였다. … 미완의 계획들, 그만둔 프로젝트들, 그것이 계
> 속되리라는 희망도 거의 없이 뒤에 남겨진 소중한 사역 … 하나님께서만
> 알 수 있으시다, 그 결연한 미소들의 뒤에 숨겨진 슬픔을 … [35]

메리 닷슨
(도마리아)
[재임 1911~1951]

　　　　　머물기로 결심한 일곱 사람은 **윌슨**(우일선) 의사
부부, **탤미지**(타마자) 박사 부부, **크레인**(구례인) 박
사, **메리 닷슨**(도마리아) 양, **플로런스 루트**(유화례) 양
이었다. 각자가 자기 자신의 이유를 갖고 있었다.
윌슨 의사는 나환자촌에서 계속되고 있던 사역을
감독하기 위하여 머물렀는데, 그것은 그 사업을 책
임 있는 단체에 넘겨주기 위한 적절한 계획이 아직
마련되지 않았기 때문이었다. 탤미지 박사는 선교회 법인의 장
(chief)이었고, 해결해야 할 법적 문제들이 있었다. 닷슨 양과 루트

---

35 "The *Mariposa* Comes to Jinsen(인천)," *The Korea Mission Field*, December,
1940, p.200.

양은 주님께서 달리 하라고 그들에게 명하지 않으시는 한 자기들이 사랑하고 그처럼 오래 섬겨왔던 땅에 남고 싶다고 각각 느꼈다.

1941년 초에 미국 시민은 모두 한국을 떠나라고 하는 더 긴박한 통신이 왔다. 이번에는 윌슨 의사 부부가 미국으로 돌아갔고, 몇 달 후에 크레인 박사도 떠났다. 이제 탤미지 부부와 두 독신 숙녀들만 남았다. 환자촌 안의 사역을 계속하기 위하여 한 위원회가 조직되었고, 탤미지 박사와 루트 양과 닷슨 양이 교대로 환자촌을 방문하고 그들이 할 수 있는 도움을 주었다. 탤미지 부부는 9월에 미국으로 항해할 예정이었지만, 경찰은 그가 환자촌에 관한 모든 법적 권리를 양도하지 않으면 탤미지 박사가 떠나는 것을 허락하지 않으려 하였다. 이것을 탤미지 박사는 단연코 거절하였다.

그러는 동안에 총독부는 거류외인들(aliens)에 관한 제한을 점차 강화해 나갔다. 7월 이후에는 여행이 제한되고, 환자촌의 운영을 위하여 탤미지 박사가 수표를 쓰는 것은 아직 허락되었지만, 선교사 금융자산이 동결되었다. 한국인 친구들이 신체상의 위험에도 불구하고 밤에 비밀리에 찾아와서 위로의 뜻을 표하고 계란과 그 밖의 우정의 선물을 가져오기 시작하였다.

12월 7일의 중대한 사건들을 당시에 광주에 거주하고 있던 탤미지 박사가 다음과 같이 기록하였다.

12월 7일 일요일(미국에서는 12월 6일)에 상하이(上海) 라디오는 매우 큰 긴장에 관해서 말하고 일본 함대의 동정에 관해서 설명하였는데, 나는 전쟁이 일어날 것이라는 느낌이 들었다. 월요일 아침에 상하이 라디오가 멈추고 이(李) 형사가 문간에 와서 전쟁이 선포되었다고 우리에게 알려주었을 때에 우리는 놀라지 않았다. … 그날 저녁에 숙녀들 가운데 한 사람이

전화를 걸어서 누군가가 나를 보기 원한다고 말하였다. … 이 형사를 포함
해서 다섯 명의 형사들. 그들은 내 집을 둘러본 다음, 내 책상 위의 서류를
집어 들고 … 나에게 담요를 가져오고 따라오라고 말했다. 그들이 "담요를
가져 오시오"라고 말하였을 때에 나는 돌아오지 못할 것을 알았다. 나는
두꺼운 만주 담요를 찾았고, 나의 기독교인 친구들한테서 감옥 안에서 외
투가 허용된다는 것을 들은 적이 있었기 때문에 두꺼운 스웨터와 내가 가
지고 있던 가장 따뜻한 외투를 입었다.[36]

탤미지(타마자)
[재임 1910~1957]

탤미지 박사는 일반 구치소 안의 약 6자×10자 크
기의 독방에 배정되었다. 이곳에 그는 1941년 12월
8일부터 1942년 4월 9일까지 총 121일간 감금되었
다. 그는 미국인 가톨릭 사제인 케인 신부(Father
Kane)가 그 방을 그와 함께 쓴 4일간을 제외하고는
독방감금 상태에 있었다. 그 방 뒷벽의 높은 곳에

작은 창문이 하나 있었다. 그 방은 꽤 깨끗하고 따뜻했지만 뒤편
구석의 가림 없는 비수세식 변기에서 끊임없이 냄새가 났다. 그에게
는 매일 집에서 가져오는 두 번의 식사가 허용되었고 성경책과 그
밖의 책들의 소지가 허락되었다.

세 숙녀들은 선교회 구내(構內)에 외롭게 남겨져 있었는데, 그곳에
서 그들은 이따금 형사들이 방문하는 것 말고는 괴롭힘을 당하지
않고 지냈다.

탤미지 박사는 어떤 지도(地圖)들을 소유하고 있다는 혐의로 고발
당하였다. 비록 이 지도들은 선교회의 소유지를 확인하기 위하여

---

36 J. V. N. Talmage(타마자), "Autobiography," p.8.

가지고 있었던 것이었고 모든 지도가 당국에 등록되어 있었음에도 불구하고 경찰은 그것을 범죄라고 선언하였다. 탤미지 박사는 또한 그리스도의 재림과 그분의 최종 승리에 대한 신념을 포함하는 종교적 범죄로도 고발당하였다.

탤미지 박사가 겪은 감옥 체험은 여러 선교회 소유지들을 당국에 양도하도록 그에게 서명을 강요하려는 시도가 있었을 때에 절정에 이르렀다. 작지 않은 문제가 관련되어 있었다. 압류보다 차용을 통하여 그 소유지를 입수하면 일본인들에게 크게 유익할 것이었다. 반면에 만약 전시 중 거류외인의 경우에 일본법에 의하여 요구되는 것과 같이 선교회의 모든 자산이 동결(凍結)되면 선교회에 유익할 것이었다. 그 토지가 압류되기보다 서명하여 양도되었다면 전쟁의 종결 후에 그 토지의 보상과 재산권 재획득이 훨씬 더 어려울 것이었다.

3월 27일에 문제가 막바지에 이르렀는데, 그때에 모든 선교회 소유지를 일본 당국에 임대(賃貸)하는 서류들이 선교회 법인의 이사장으로서 서명하도록 그의 앞에 놓였다. 탤미지 박사는 자신은 법인의 열 이사 중의 한 사람일 뿐이고 당시에 현장에 있던 네 선교사들 가운데 한 사람에 불과하기 때문에 자기에게는 그런 권한이 없다는 이유로 서명하기를 거부하였다. 그날 저녁에 세 숙녀들이 구내로부터 소환되어 감옥으로 끌려갔지만, 탤미지 박사와 영어로 이야기하는 것은 허락되지 않았다. 논쟁과 위협이 있었음에도 불구하고 숙녀들도 마찬가지로 자기들에게는 그 소유지를 임대해 줄 권한이 없다고 말하였다. 새벽 2시경까지 숙녀들은 투옥과 더 이상의 으름으로 위협을 당하고 집으로 돌려보내졌다.

다음 날부터 탤미지 박사는 감옥 음식을 먹지 않으면 안 되게 되었고 그의 책들도 빼앗겼다. 그는 설사가 났지만 서명하기를 끝까지 거부하였다. 그는 본국송환을 요청하는 진술서를 준비하라는 지시를 받았지만, 또한 서명하기를 거부하면 3~4년의 중노동 감금형을 받을 것이라고 하는 말도 들었다. 탤미지 박사는 그것은 하나님의 재산이어서 자기가 포기할 수 없다고 대답하였다.

갑자기 그리고 이유를 알 수 없게 4월 9일에 탤미지 박사는 감옥에서 석방되고 다가오는 본국송환을 위해서 준비하라는 말을 들었다. 일본 사람들이 그들의 호적수(好敵手, match, 그들이 이길 수 없는 사람)를 만난 것이 분명하였다. 탤미지 박사의 옥중 시련은 끝났다.

6월 1일에 탤미지 박사와 세 숙녀들이 기차로 광주를 떠나 고국으로 가는 긴 여행길에 올랐다. 그들에게는 각기 두 여행가방(suitcases)이 허락되었다. 따뜻한 날씨에도 불구하고 탤미지 박사는 스웨터와 두 외투를 입었는데, 그것들을 뒤에 남겨두지 않기 위해서였다! 그들은 역에서 자기들의 가방들을 직접 운반하여 기차에 실어야만 한다는 말을 들었다. 탤미지 박사 부부는 몸이 쇠약해져 있어서 그렇게 할 수 없었다. 그래서 그들은 그 여행가방들을 놓아둔 채 걸어갔다. 후에 형사장이 부하가 한 말을 번복해서 짐꾼들을 통하여 그 수화물을 기차에 싣게 하였다.

광주에서 대전까지 그 작은 일행은 기차로 가서, 그곳에서 그들은 서울과 북쪽의 선교사들을 실어나르던 "특별 후송"(Evacuation Special) 차량에 합류하였다. 부산에서 그들은 연락선으로 일본에 건너가고, 요코하마에서 다른 본국 송환자들과 함께 아사마 마루(Asama Maru)호에 올랐다. 그들은 포르투갈령 동아프리카의 로렌조 마르크(Lorenzo Marques)라는 중립국 항구에 상륙하였다. 이곳에서 한국과 일본에서 온 선교사들은 중국에서 온 선교사들과 합류하여 발동기선 그립숌(M. S. Gripsholm)호를 타고 뉴욕으로 항해하여 1942년 8월에 도착하였다.

이렇게 해서 전쟁 기간의 선교회 "임시 철수"가 끝났다. 끝까지 선교회는 어떠한 원칙에 관한 문제에 관해서도 타협하지 않았었고, 일본 군국주의자들에게 아무런 양보도 하지 않았었다. 위협 앞에서 그리고 생명과 자유에 대한 위험에도 불구하고, 선교사들은 시종일 관하였다. 주님께서 그들을 감시해주셔서 그들 중의 아무도 해를 당하지 않았었다. 실로, 그 작은 광주 그룹은 다른 지역들에서 일부 선교사들에게 가해졌던 심한 고문에 관해서 그들이 들을 때까지는 자기들이 얼마나 다행이었는지 몰랐다. $1,000,000 이상 가는 재산 이 일본인들에게 강제로 압류되었지만, 그 압류에 의해서 그것이 손 대지 않은 채로 두어지고 그리하여 보존되었다.

이 철수와 실망과 좌절의 쓰라린 시기에도 많은 사람의 마음속에 언젠가 그들이 돌아오리라는 끌 수 없는 희망이 남아 있었다. 이 철수가 완료된 후에 곧 탤미지 박사는 자기가 지키기 위하여 그처럼 노력했던 선교회 재산에 관하여 글을 쓰면서 이 희망을 다음과 같이 표현하였다. "그 모든 것을 손대지 않은 채로 두게 하신 하나님의 특별한 섭리가 하나님께서 장차 그것을 특별히 쓰실 일이 있을 것이 라고 나로 하여금 느끼게 한다."[37]

이 점에서 그는 틀리지 않았다.

---

37 J. V. N. Talmage(타마자), "Report to the Executive Committee on the Treatment by Japanese while in Korea," 1942.

제8장

해방
Liberation

1945~1950

앞서 말한 세 강대국[미국, 영국, 중국]은, 조선인의 노예상태에 유의하여, 적절한 시기에(in due course) 조선을 자유롭고 독립하게 할 것을 결의한다.

　　　　　- 카이로 회담, 1943.12.1. 루스벨트 대통령, 처칠 수상, 장제스 총통 서명.

한국의 기독교인들은 기독교를 그곳의 생명력 가운데 하나로 지켜왔다. 그들은 투옥되고 목숨을 바치기도 하였다. 그들은 그들의 교회들을 가지고 있고, 그들은 한국에서 하나의 세력(a power)이다. 그들은 기나긴 한 세대 동안 압제를 받아왔지만 승리하였다. 기독교는 한국에서 이전 어느 때보다 더 생명력이 있다.

　　　　　- C. Darby Fulton(폴턴), *Now is the Time*, p.135, quoting Dr. Douglas Horton.

나에게는 우리의 선교사들이 상황을 면밀히 연구하고 새로운 사역 방침을 찾는 것이 필요할 것이라는 느낌이 든다. … 선교사들은 너무 빨리 이 상황에 뛰어들어서는 안 되고, 그렇게 하기 전에 매우 강한 신경계통과 인내심을 가져야 한다. 상황이 옛날과 많이 다르고 우리의 신경에 매우 견디기 어렵다.

　　　　　- R. M. Wilson(우일선), "Korea Today," *Presbyterian Survey*, January, 1948, p.11.

1945년 8월 15일에 있은 일본의 항복은 한국에서의 억압과 착취와 노예 상태의 긴 밤을 끝냈다. 민중은 얼떨떨한 가운데 무서운 악몽에서 깨어났다. 평화와 번영과 자유의 새로운 날이 동트고 있다고 하는 높은 기대가 있었다.

그런데 불행하게도, 처음부터 밝은 미래를 망치고 지평선 위에 어두운 그늘을 드리우는 어떤 사건들이 일어났다. 1945년에 '포츠담 회담'에서 "군사작전의 목적을 위하여 한국의 점령은 북위 38도선을 경계로 하여 그 북쪽과 남쪽의 소련과 미국의 지역들로 나누어 (수행한다)"[1]라고 결정되었었다. 이 선은 결코 소련군과 미군이 일본군의 항복을 받는 지역을 임시적으로 구분하는 것 이상을 하도록 의도되지 않았다. 그러나 사건들이 (그 의미를) 달리 결정할 것이었다.

8월 10일에 소련군이 한국으로 남하하여 곧 북부 지역을 석권하고, 일본인들로부터 정부기관들을 즉시 접수하기 위하여 지역 "인민위원회들"(People's Committees)을 설립하였다. 정상에는 소련에서 훈련받은 **김일성**(金日成)과 "전 조선 내각"의 명목상의 지도하에 꼭두각시 "북조선 임시인민위원회"가 세워졌다.

미군은 9월 8일에야 상륙하였고, 거의 즉시 시작이 나빴다. 하지(John R. Hodge) 중장은 휘하에 72,000명의 전투병력을 거느리고 있었는데, 그 병력은 일본의 요새에 대한 최후의 공격을 하기 위하여 훈련 중이었다. 그들은 한국에서 그들을 기다리고 있던 미묘한 외교적 과업을 위해서는 잘 준비가 되어 있지 않았다.[2] 일본의 항복과 미군의 상륙 사이의 막간 기간에 저명한 한국인 지도자들이 연합하

---

1 Secretary of State Byrnes, quoted by George M. McCune, *Korea Today*, p.43.
2 McCune, p.46.

여 좌익분자들이 주도하면서도 감옥에서 풀려난 많은 한국인 애국자들의 지지를 받는 "인민공화국"(People's Republic)을 선포하였다. 하지 장군은 훈령을 발하여 한국에 어떠한 정부도 인정하지 않고 어떠한 정치 집단도 그 자체로서 상대하지 않으려 하였다. 따라서 그는 인민공화국을 무시하고, "군사정부가 남한의 유일한 정부"임을 분명히 공표하였다. 아마도 그것이 당시에는 필요한 결정이었을지 모르나, 그럼에도 불구하고 그것은 한국의 충성스러운 애국자들 사이에서는 상당한 오해를 불러일으켰다. 어떤 사람들에게는 미군이 한국을 해방하기보다는 점령할 나라로 생각하는 것 같았다. 정부 요직에 어떤 일본인들을 임시적으로 유지하려는 점령군의 결정은 미국과 한국의 관계를 한층 더 악화시켰다. 이 결정은 모든 한국인들에게 큰 분노를 샀고 그래서 신속히 취소되었지만, 많은 손실이 발생한 뒤였다.

알력의 또 하나의 원인은 1945년 12월에 연합국에 의하여 발표된 '모스크바 플랜'(Moscow Plan)이었다. 미국과 영국과 소련의 외상들이 서명한 이 협정에 의하면, 한국은 미·영·소·중 네 나라의 신탁통치(信託統治) 하에 5년 동안 관리될 것이었다. 이 정책에 대한 격렬한 반대가 일어났고, 그 플랜을 실행하기 위하여 1946년과 1947년에 미국과 소련의 예비회담이 열리자 그 반대는 더욱 심해졌다.

파업과 소동과 그 밖의 많은 공개적 반항의 시위를 포함하는 폭력의 물결이 남한을 휩쓸었다. 대구에서만도 53명의 경찰 병력이 성난 군중들에 의하여 살해되었고, 군중 가운데서도 수십 명의 희생자가 생겼다.[3]

---

3   McCune, p.77.

많은 정당의 출현과 그들 간의 치열한 경쟁으로 인하여 정치 상황은 한층 더 복잡해졌다. 미국의 (점령)지역에 5,200만 시민의 지지를 받고 있다고 주장하는 39개나 되는 등록된 정당이 있었다. 당시에 한국의 전체 성인 인구가 1,000만 명을 초과하였을 리가 없다! 내부 권력투쟁을 주도하게 될 두 정당이 출현하였다. 좌측에는 소위 '인민 공화국'이 있었는데, 그 당은 점령군이 도착하기 전에 잠시 지배하고 있었다고 하는 유리한 점을 갖고 있었다. 우측에는 전전(戰前) 시기에 중국과 미국에 망명하였던 애국자들에 의하여 조직된 '임시 정부'(Provisional Government)가 있었다. 이 그룹의 명목상의 수석 **이승만**(李承晩) 박사는 10월 16일에 한국에 착륙하여 큰 환영을 받았다.[4] 군정은 공식적으로는 중립이면서도 좌익분자들의 영향력을 중화시키기 위하여 우측으로 기울어 지원하였다.

미국과 소련의 협상자들은 한국의 분단과 관련된 문제들을 해결하기 위하여 1946년에 처음으로 마주 앉았다. 그들은 제안된 임시정부를 위한 한국인 대표들을 어떻게 선출할 것인가 하는 문제를 둘러싸고 얼마 안 가서 교착상태에 빠졌다. 미·소 공동위원회(joint commission)가 1947년 5월에 재차 시도하였지만 결과는 마찬가지였다. 협상이 결렬되자 미국과 소련의 사령부들은 점점 더 멀어져 갔다. 38선은 건너갈 수 없는 장벽이 되었고, 두 지역은 두 가지 상충하는 생활 방식을 가진 지역들로 굳어졌다.

협상 결렬 후에 미국은 한국문제를 유엔총회에 제출하였다. 효력을 상실한 모스크바 플랜에 대한 대체물로서 미국은 전체 한국을

---

4 이승만 박사가 임시정부의 대표로 귀국한 것처럼 표현한 이 설명은 사실과 다르다. 그는 임정의 초대 대통령이었지만 1923년에 탄핵을 받아 면직되었고, 해방 무렵 임정의 대표는 김구(金九) 주석이었기 때문이다. (역자)

위한 임시 입법부와 행정부의 설립을 위해서 유엔 감시 하에 자유선거(free elections)를 실시할 것을 제안하였다. 소련은 미군과 소련군이 한국에서 철수하고 한국인들로 하여금 그들 자신의 선거를 실시하게 하자고 하는 그들 자신의 안으로 역제안하였다. 소련이 문제를 국제기구에 의하여 실시되는 자유투표로 해결되게 하기를 꺼린다는 것이 모두에게 분명하였다. 미국은 이제 주도권을 되찾았고 소련이 수세를 취하였다. 1947년 11월에 총회는 소련의 제안을 결정적으로 거부하고 미국이 제안한 안을 34-0의 투표로 채택하였다. 1948년 3월 31일 이전에 실시될 선거를 감독할 위원회가 임명되었다.

1948년 초에 유엔 임시한국위원단[5]이 한국에 도착하여 두 점령국들과 접촉을 취하기 시작하였다. 처음부터 그들은 그 선거가 불법이라고 주장하는 러시아인들에 의하여 북쪽 지역에 접근하는 것을 거부당했다.[6] 남한에서는 좌익 집단들이 선거를 보이콧하였는데, 남한만의 단독 선거는 나라의 영구 분단을 초래할 것이라고 느낀 일부 중도파 인사들이 그들에 동조하였다. 이승만과 그 밖의 우익 단체들은 다가오는 선거를 강력하게 지지하고 활발하게 캠페인을 벌였다.

선거는 1948년 5월 10일에 유자격 투표자의 약 75%가 투표소에 나가는 가운데 실시되었다. 약간의 폭력행위가 있었지만, 염려했던만큼은 아니었다. 어느 정파도 과반수를 얻지는 못하였지만, 좌파(leftist) 집단들이 선거를 거부하였었기 때문에 입법기관에 당선된 사람들은 현저하게 우파(rightist) 정당 출신이었다. 이승만의 정당은 55석을 얻었고, 또 하나의 우파 집단인 민주당은 2위(runner-up)

5 UN Commission, 공식 명칭은 'UN Temporary Commission on Korea.'
6 소련이 유엔 한국임시위원단의 입북을 거부하자 유엔은 1948년 2월에 소총회를 열어 가능한 지역, 즉 38도선 이남 지역만의 단독 선거를 결정하였다. (역자)

로 28석을 얻었다. 85명의 새 의원들이 군소정당과
무소속을 대표하였다.

　남한에서만 실시된 선거의 정당성(legality)에 관
하여 유엔 안에서 토론과 논의가 계속되었다. 1948
년 12월 12일에 총회에서 압도적으로 채택된 결의
안은 다음과 같이 선언하였다.

이승만 대통령
[1875~1965]

　　‘임시위원회’가 감시하고 조언할 수 있었고 전체 한국민의 대부분이 거주하
　　는 한국의 지역에 효과적인 지배권(control)과 관할권(jurisdiction)을 가진
　　합법 정부(대한민국 정부)가 수립되었다. 이 정부는 한국의 그 지역 선거민
　　의 자유 의사(free will)의 유효한 표현이었고 임시위원회가 감시한 선거에
　　근거하고 있다. 그리고 이것이 한국에 있는 그러한 유일한 정부이다.[7]

　정확하게 종전 3년 만인 1948년 8월 15일에 남한 사람들은 더글러
스 맥아더(Douglas MacArthur) 장군이 군정(軍政)을 종결하고, 국회에
서 선출된 초대 대통령 이승만의 손에 군정의 권한을 양도함을 공포
하는 것을 들었다. 서울의 중앙청에서 성조기가 내려지고 한국의
태극기가 게양되었다. 좋든 궂든 간에 ‘대한민국’ 호가 항해를 시작
한 것이었다. 3주 후에 북한에서는 김일성이 ‘민주주의인민공화국’
의 수상으로 취임하였다.

7　McCune, p.43.

교회의 회복
Recovery of the church

해방 직전에 한국 기독교인들의 처지는 실로 비참하였다. 교인들은 일본의 조직적인 박해로 인하여 줄어들었고, 그래서 전쟁 전 기독교인 공동체 700,000명의 절반도 안 되는 수만 남아있었다. 2,000명 이상의 기독교인들이 감옥에 수감되어 있었고, 200개의 교회가 폐쇄되었으며, 50명 이상의 목사와 교회 지도자들이 살해되거나 감옥에서 죽었다.[8] 여러 개신교 교단의 조직체들이 분쇄되었다. 일본인들이 8월 17일에 수천 명 기독교인들의 대량 처형을 계획했었다고 하는 말이 있다. 그러나 이틀 앞선 항복이 이를 가로막았다.[9]

일본이 항복한 후 교회의 회복은 나라 전체의 회복보다 더 빨랐다. 1945년 8월 15일 해방의 날에 교회의 종이 다시 울리기 시작하자 기쁨이 널리 퍼졌다. 다음 달에 기독교인들은 그들에게 주어진 큰 해방에 대하여 감사드리기 위하여 서울에 있는 새문안교회에서 대규모 집회를 가졌다. 전시 중에 일본인들이 모든 교단들을 폐지하고 기독교인들을 '교원'(Kyo Won)이라고 불리는 하나의 단체로 연합하도록 강요하였었다.[10] 기독교인들이 모인 이 최초의 대규모 집회에서 그 연합된 교회를 지속하기로 결정되었다. 그러나 거의 즉시 그 조직체는 와해되었는데, 여러 그룹들이 전전(戰前)의 교파적(敎派的) 우호관계들을 복구하려고 탈퇴하였기 때문이었다. 그 '교원'은 전쟁

---

8   Allen D. Clark(곽안전), *History of the Korean Church*, p.203. Kim Yang Sun (김양선), *History of the Korean Christian Church for Ten Years after the Liberation*.

9   Kay Il Sung(계일승), p.360.

10 총독부의 지시에 따라 1945년 7월에 한국의 모든 개신교 교단들이 '일본기독교 조선교단'으로 통합된 일을 말하는 것으로 보임. (역자)

기간에 일본에 부역(附逆)하던 사람들에 의하여 주도되었었고, 그래서 그 단체를 지속하는 데 대한 분개가 압도적으로 컸던 것이다.

1946년 봄까지에는 대부분의 남쪽 노회들이 모여서 조직화하였고, 6월 12일에는 총회가 모였다. 38선 이북으로부터는 총대 파송(representation)이 없었던 만큼 나라의 통일이 이루어질 것을 예상하여 그 모임을 '남부총회'[11]라고 부르기로 결정되었다. 구 헌법이 다시 채택되고, 신사참배에 관한 제27회 총회의 조치가 취소되었다. 기독교인들이 방방곡곡에서 모여 신사참배에 관하여 많은 사람이 지었던 죄에 대하여 깊은 후회와 회개로 마음을 토하며, 기도와 금식의 날을 지켰다.

다음 해에 통일에 대한 기대가 희미해가자 제33회 총회가 모여 북쪽 노회들의 참여 없이 공식적으로 총회를 재구성하기로 가결하였다. 이때까지에는 많은 이북 목사들과 교인들이 남쪽으로 피난해 왔었는데, 이북 목사는 목사 세 명의 추천으로 노회에 등록될 수 있다고 가결되었다.

해방 후 처음 몇 년 동안의 교회의 특징은 다음 두 가지 다소 상반되는 경향들이었다고 할 수 있을 것이다. 한편으로는, 신망과 수적 성장에 있어서 엄청난 득이 있었다. 또 다른 한편으로는, 파벌주의(factionalism)의 현저한 증가도 있었다. 오랫동안 절반이나 비어 있었던 교회 건물들에 사람들이 넘칠 만큼 꽉 차게 되었다. 교회 지도자들은 전국적 무대에서 빠르게 탁월한 지위에 올랐는데, 일본인들에 대한 그들의 저항을 보고 국민이 그들을 애국자로 확신하게 되었었고, 교회가 전쟁에서 살아남은 몇 안 되는 사회적 조직체들 가운데

---

11 후에 이 모임은 '32회 총회'라고 명명되었다.

백범 김구(金九) 선생
[1876~1949]

하나였기 때문이었다. 기독교인들은 그들 가운데 두 사람, 이승만과 김구(金九)가 민족의 가장 존경받는 공적 지도자들(public leaders) 중에 든다고 주저 없이 지적하였다. 하지 장군이 자문위원단을 임명하고 보니 그 위원들 가운데 절반이 기독교인들이었다.

그러나 모든 것이 순조롭게 되어가지는 않았다. 파벌주의가 국가(body politic)를 찢기 시작했었듯이 교회 조직을 찢기 시작하였다. 신사참배 문제가 크게 떠올라서 누가 배신했었고 누가 배신을 당했었는지에 관한 비난과 반격의 목소리가 커졌다. 북쪽의 목사들과 지도자들이 38선을 넘어서 이미 인구가 과밀해진 남쪽으로 내려와서 끼어들었을 때에 수년 동안 끓고 있었던 지역 경쟁심이 다시 터져 나왔다.

아마도 교회에서나 나라에서나 무엇보다도 지도력이 긴박하게 필요함을 이 중대한 시기가 증언한다. 교회의 지도자들이 환영받고 받아들여졌을 때에 교회 앞에는 모든 면에서 엄청난 기회가 놓여 있었다. 이제 복음의 신속한 팽창을 막을 아무런 외적 장애물도 없었다. 그러나 교회의 훌륭한 지도자들 중의 다수가 대박해의 시기에 인생의 한창 때에 목숨을 잃었었다. 거의 십년 동안 교회의 지도자 양성 프로그램은 억압되었었다. 1938년에 평양신학교가 폐교된 이래 적절한 목사 양성이 불가능하였었다. 이제 목회 지망자들이 여러 경쟁하는 신학교들에 들어가려고 극성스럽게 요구함에 따라 선발 기준이 완화되고 있었다. 그리고 새 교인들은 그들이 가르쳐지고 동화될 수 있기보다 더 빨리 교회에 쏟아져 들어오고 있었다.

선교사들이 돌아온 것은 굉장한 기회와 당혹케 하는 문제들을 가진 이러한 한국으로였다.

선교회의 복귀
Return of the mission

한국 선교의 재개를 위하여 취해진 최초의 공적 조치는 실행위원회가 1945년 가을에 한국 내의 상황을 조사하기 위한 위원회를 임명한 것이었다. 크레인(구례인) 박사, 커밍(김아각) 박사, 하퍼(조하파) 박사, 린턴(인돈) 박사, 그리고 윌슨(우일선) 의사로 구성된 이 위원회의 임무는 교통편이 확보되는 대로 속히 현지에 돌아가서 여러 선교거점들의 상황을 조사하여 실행위원회에 선교사역의 재개를 위한 건의를 하는 것이었다. 그러나 교통편을 확보하는 어려움과 군대의 "형식주의적인 절차"(red tape)로 인하여 출발이 여러 달 지연되었다.

그러는 동안에 윌슨 의사는 한국에 돌아가서 그 나라의 모든 나환자 사역의 관리를 접수해 달라고 하는 요청을 미국 정부로부터 받았다. 그가 관리하였던 선교회의 나환자 사업은 철수 전에 마지막으로 닫힌 사업이었는데, 공교롭게도 그것이 재개되는 최초의 사업이 될 것이었다. 윌슨 의사는 1946년 1월 15일에 군 수송선을 타고 서울에 도착하였다. 그는 기차로 광주에 갔는데, 도지사와 기독교인들이 그를 크게 환영하였다. 다음 날 그는 순천으로 가서 점령군 휘하에서 나환자 사업을 감독할 그의 본부를 만들었다. 그가 보니 순천의 선교회 소유지가 "구역질나게 하는 쓰레기 더미"가 되어 있었다. 그곳에 있던 여학교 건물은 그곳을 점거하고 있던 미군의 부주의로 몇 주일 전에 소실(燒失)되었었다.

전국의 여러 나환자촌에 있던 환자들의 사정은 상상할 수 없을 정도로 나빴다. 순천 근처의 선교회 환자촌에서는 전쟁 말기에 환자들에게 보리를 조금 섞은 콩비지를 먹였고, 그들은 아사(餓死)할 지경에 있었다. 다수가 이미 영양실조로 사망했었다. 질병이 유행하였고, 백신이 확보되기 전에 천연두(smallpox)로 50명이 죽었다. 나병 치료를 위한 약품이 없었던 만큼 환자들은 끔찍한 상황에 있었다. 규모가 큰 국립 환자촌에서는 사정이 한층 더 심각했다. 전쟁이 끝나고 일본인들이 떠나고 있던 날에 이곳에서 환자들이 폭동을 일으켜서 음식이 보관되어 있던 창고로 돌진하였다. 경비병들이 사격을 개시해서 80명을 사살하였다. 폭동 후에 환자들은 작은 산들로 달아나서 마을들에 돌아다니며 음식을 구걸하였다. 윌슨 의사의 임무는 도망하였던 환자들을 찾아내어 돌아오도록 설득하고, 그 사건에 책임이 있는 사람들이 공판(公判)을 받게 하며, 모두를 위한 음식과 약품을 마련하고, 9,000명(!)의 환자들을 돌볼 수 있도록 한국에 있는 세 환자촌 안의 시설들을 확장하는 것이었다.[12]

선교 현지에 다음으로 도착한 사람들은 **린턴 박사**와 **커밍 박사**였는데, 그들은 1946년 7월 1일에 인천에 상륙하였다. 선교거점들을 한 차례 순회하는 것이 그들이 처음 할 일이어서, 린턴은 전북으로, 커밍은 전남으로 갔다. 전주에서 린턴 박사는 다음과 같이 보고하였다.

한국인들로부터 내가 받아온 환영은 더 할 수 없을 만큼 따뜻하고 진실합니다. … 그들은 우리의 모든 잘못을 잊어버렸고, 우리의 모든 실책을 잊을 마음이 되어 있습니다. … 그들은 우리가 하였던 일을 되받아 과거에 하였던 것과 거의 같게 해 주기를 원합니다. … 나는 주일 아침에 동부교회에서 열린 연합예배에서 설교하였고, 밤에는 700명이 참석한 가운데 중앙교회에서 설교하였습니다. … 한국교회는 내가 기대했던 것보다 더 강해 보입니다.[13]

---

12 R. M. Wilson(우일선), letters dated January-March, 1946.
13 W. A. Linton(린턴), "Korea Now," *Presbyterian Survey*, November, 1946, p.479.

그는 군산 소유지가 일본인들에 의하여 매각되었고 그곳에 있던 남학교는 화재로 소실되었음을 알게 되었다.

전라남도에서는 커밍 박사가 광주 구내가 다른 곳과 같이 미 보병대에 의하여 사용되고 있음을 보았다. 대단히 놀랍게도, 수피아여학교는 동창들과 몇 사람의 시내 목사들의 관리 하에 이미 개학하였었다. 목포에서는 군대는 없었지만 무단거주자들이 점거하고 있어서 모든 것이 크게 혼란스러웠다.

같은 달 하순에 조사위원회(survey committee)가 순천에서 첫 모임을 가졌는데 당시에 한국에 있던 세 사람이 참석하였다. 여기에서 선교회의 소유지를 되찾고 그것을 사용하기 위한 군 관료들과의 계약들을 성취해 내는 길고 힘든 과정이 시작되었다. 가족을 대동하지 않고 즉시 현지에 돌아올 수 있을 몇몇 고참 선교사들(veteran missionaries)에게 급히 와달라고 하는 요청을 보냈다. 이 최초의 회합에서 여러 거점에서 온 기독교인 그룹들이 학교 재산의 사용을 위한 요청서를 조사위원회에 제출하였다. 임시 계약이 맺어졌지만, 위원회는 각 학교의 운영 기관(operating agency)은 지역의 노회나 노회가 인가한 대리인이라야 한다는 점을 강조하였다.

하퍼 박사와 **크레인** 박사는 나중에 1946년 여름에 도착하였고 각기 광주와 순천에 살도록 배정되었다. 1947년 초에 린턴 부인과 **하퍼** 부인과 **크레인** 부인이 도착하였다. 이때에 목포에 **하퍼** 부부가 재배치되었다.

2월에 조사위원회가 전후(즉 해방 후) 선교전략을 논의하기 위하여 실행위원회를 대표한 **풀턴**(Fulton) 박사 및 **엘리엇**(Elliott) 박사와 회동하였다. 이 중요한 회합에서 사역의 여러 국면들을 위하여 잠정적인 정책(an interim policy)이 수립되었다. 전도사역을 위해서는, 교회에 대한 선교사의 관계가 지역 노회의 "구성원(membership)의 관계가 아니라 비공식적 협력(informal cooperation)"의 관계여야 한다는 것이 결정되었다.[14] 교육사역을 위해서는 다음과 같이 결정되었다.

> … 이 분야에 있어서의 우리의 일반 정책(general policy)은 우리가 학교를 여는 것이 아니라 지금 있는, 특히 노회에 의하여 관리되고 있는 학교들에서 기회가 있을 때에 돕는다는 것이다. 이 도움은 가르치는 일에 있어서, 조언하는 지위에 있어서, 그리고 나중에 가능할 때에 재정에 있어서 제공되는 것이 가장 좋을 것이다. 이것은 임시교장과 같은 자리를, 지역의 상황이 그렇게 하는 것을 정당화하는 것으로 보일 경우, 배제하는 것은 아니다.[15]

요컨대, 조사위원회가 채택한 정책은 선교회를 한국교회(national church) 위에 억지로 되돌려 놓겠다는 것이 아니었다. 그보다는 도와 달라고 하는 요청을 받을 때에 선교사들이 가능한 도움을 주겠다는 것이었다. 그들은 한국교회의 요청이 있을 때에만 지도적 지위를 차지하겠다는 것이었다.

1947년 봄까지에는 17명의 고참 선교사들이 돌아왔다. 이처럼 많은 인원이 추가되자 선교회가 공식으로 조직되고 조사위원회는 해체되었다. 선교회의 전후 최초의 연례회의가 4월에 전주에서 열렸다. 이때까지에는 군산을 제외하고 모든 선교거점들이 재개되었었는데, 선교회는 존 탤미지(타요한) 목사와 윌리 그린(구리인) 양을 그곳으로 이사하여 할 수 있는 대로 속히 사역을 재개하도록 임명하였다. 다음

---

14 *Minutes of the Korea Mission*, 1946~1948, p.6.

15 *Minutes of the Korea Mission*, 1946~1948, p.7.

해까지에는 현지의 선교사들이 29명으로 불어났었다. 전후 제2차
연례회의 회의록을 보면 다음과 같은 선교거점 배정을 알 수 있다.

전주: 폴 크레인(구바울) 의사 부부(Dr. and Mrs. Paul Crane),
　　　W. A. 린턴(인돈) 목사 부부(Rev. and Mrs. W. A. Linton),
　　　마가렛 프리차드(변마지) 양(Miss Margaret Pritchard),
　　　에밀리 윈(위애미) 양(Miss Emily Winn),
　　　S. D. 윈(위인사) 박사(Dr. S. D. Winn).

군산: 레나 폰테인(반이라) 양(Miss Lena Fontaine),
　　　윌리 B. 그린(구리인) 양(Miss Willie Burnice Greene),
　　　제임스 I. 페이슬리(이아각) 박사 부부(Dr. and Mrs. James I.
　　　Paisley),
　　　존 탤미지(타요한) 목사(Rev. John E. Talmage).

광주: 메리 닷슨(도마리아) 양(Miss Mary Dodson),
　　　J. V. N. 탤미지(타마자) 박사 부부(Dr. and Mrs. J. V. N.
　　　Talmage),
　　　로버트 낙스(노라복) 박사 부부(Dr. and Mrs. Robert Knox),
　　　안나 머퀸(구애라) 양(Miss Anna McQueen),
　　　플로런스 루트(유화례) 양(Miss Florence Root).

목포: 조셉 하퍼(조하파) 박사 부부(Dr. and Mrs. Joseph Hopper),
　　　마가렛 하퍼(조마구례) 양(Miss Margaret Hopper),
　　　에이더 먹머피(명애다) 양(Miss Ada McMurphy).

순천: 메타 비거(백미다) 양(Miss Meta Biggar),

E. T. 보이어(보이열) 목사(Rev. E. T. Boyer),

재닛 크레인(구자례) 양(Miss Janet Crane),

J. C. 크레인(구례인) 박사 부부(Dr. and Mrs. J. C. Crane),

루이즈 밀러(민유수) 양(Miss Louise Miller).

그러나 얼마 못 가서 선교회는 다섯 선교거점들을 다 재개하려고 시도한 것이 과잉 확장이었음을 알게 되었다. 선교사 "진용"(陣容, line-up)이 정말로 너무 엉성하였다. 혼란과 혼돈의 전후(戰後) 시기에 이전의 절반도 안 되는 인원으로 모든 사역 중심지들을 재건하는 것은 불가능하였다. 중단은 선교회 주택의 다수를 점거하였었던 무단거주자들과 피난민들과 관련하여 극도로 곤란한 사태가 전개된 군산에서 발생하였다. 이 긴장 하에서 그리고 과로로 인하여 **페이슬리 박사**(Dr. Paisley, 이아각)는 심장마비(heart attack)가 발생하여 1948년 가을에 응급휴가로 귀국하였다.[16] 선교회는 그해의 연례 회의에서 그 기지를 닫고 그 지역을 전주 거점에서 맡기로 결정하였다. 존 **탈미지** 부부는 목포의 사역을 보강하도록 보내졌고, **그린** 양과 **폰테인** 양은 전주로 이동하였다.

---

16 해방 후 한국에서 발생한 최초의 희생자 페이슬리 목사는 한국에서 22년간 봉사하고 1952년 7월 7일에 사망하였다. 그는 "많은 시골 교회들을 돌보는 힘들고 고된 일에 아낌이나 불평 없이" 자신을 바쳤다. L. T. Newland, *I have fought a good fight*, Vol. II, p.35. 페이슬리 부인은 1954년에 한국에 돌아와서 '닐 성경학교' 교장으로 4년간 봉직하였다.

재조정과 긴장
Readjustment and tension

복귀한 선교사에게는 한국에서의 전후 시대가 재조정과 긴장의 시기였다. 한국은 큰 혼란에 처해 있었다. 정국은 극도로 긴박하여서 장기 계획을 수립하는 것을 어렵게 하였다. 나라의 경제는 완전히 혼돈 상태에 빠져 있었다. 일본인 기술자들의 집단 이거(exodus)로 공장들이 돌아가지 않게 되었었고, 나라 경제생활의 대부분이 멈춰 섰었다. 인플레이션이 만연해서 물가가 천정부지였다. 예를 들어 구두 한 켤레가 미화로 $55~75였다! 이와 같은 상황 속에서 파괴되었거나 사용할 수 없게 된 많은 건물들을 다시 짓거나 수리하는 비용은 엄청나게 컸다.

한국교회와의 관계도 복귀하는 선교사에게는 조금도 쉽지 않았다. 민족주의가 나라 전체에서만이 아니라 교회에서도 고조되고 있었다. 한국인 교회 지도자들과 고참 선교사들이 각각 담당해야 할 변화된 역할(changed roles)에 적응하기가 어렵다는 것을 쌍방이 다 같이 알게 되었다. 한국인(the national)은 자기들이 새로 획득한 독립이라고 스스로 생각한 바를 지키기에 몹시 마음을 썼다. 반면에 선교사는 바로잡을 필요가 있는 것이 매우 많다고 보았지만 그것들을 바로잡을 책임감은 별로 없었다. 교회와 선교회 쌍방이 이러한 재조정의 기간을 지나는 것이 불가피하고 필요하기도 하였음은 물론이지만, 이러한 상황의 한복판에 있었던 사람들에게는 그렇게 하는 것이 좀처럼 쉬운 일이 아니었다.

선교회에는 자금(資金) 요청이 쇄도하였다. 그러나 교회 지도자들의 편에서는 선교회를 우회하여 무한한 부의 근원으로 여겨진 미국에 있는 교회와 직접 상대하고자 하는 욕구가 다소 있었음도 분명하였다. 이 태도와 맞서기 위하여 선교회는 1947년의 연례회의에서 다음과 같이 주장하는 강력한 성명서를 채택하였다.

> … 한국의 교회는 현지에 있는 단체와 상대해야 하고 미국에 있는 교회와 직접 상대해서는 안 된다. 우리가 현지에 선교 인력(a Mission force)을 유지하고 있는 동안에는 그것의 집단적 실체와 판단과 권위가 인정되어야 한다.[17]

이 회의에서 또한 선교회는 한국 교회의 행정적 및 그 외의 경상적 경비를 재정적으로 후원하기를 거부하였다. 교회 자체 내에 파벌주의(派閥主義)와 분쟁이 있음을 보고 선교회는 교회가 내부 질서를 회복할 때까지는 선교기금에 대한 권한을 교회에 주는 것에 반대하는 반응을 보였다.

신학교 분쟁
Seminary strife

이 파벌주의와 분쟁이 맴돈 '폭풍우의 중심'은 신학교들이었다. 이 기관들은 교회가 제2차 세계대전의 그늘로부터 나올 때에 당면한 제일의 골칫거리가 되었고 또 계속 그러하였다.

1938년에 평양신학교가 신사참배 문제로 폐교된 다음에 새로운 기관인 조선신학교(朝鮮神學校)가 1939년 3월에 서울에서 개교하였다. 이 기관은 총회에 인가를 신청하였지만, 그 신학교가 당시에 자유주

---

17 *Minutes of the Korea Mission*, 1946~1948, p.15.

의(liberalism)의 혐의를 받고 있었기 때문에 거부당했다. 그 대신 총회는 1940년 4월에 또 하나의 신학교를 총회의 공적 후원 하에 평양에 개교하였다. 두 학교 다 전쟁(즉, 2차 세계대전) 중에 계속 운영되었고, 두 학교 다 신사참배 문제에 타협하였다.

장공 김재준 목사
[1901~1987]

한국이 해방되고 38선으로 분열되었을 때에 조선신학교는 "남부" 총회의 관내에 있는 유일한 신학교가 되었다. 그 학교는 1946년에 총회의 인가를 받았다. 그러나 그때에 그 신학교에서 가르쳐지는 신학에 관하여, 그리고 특히 그 학교 교수들 중의 한 사람인 김재준(金在俊) 목사의 정통성에 관하여 제기된 많은 혐의가 있었다. 캐나다 선교회는 그 신학교를 지지하였으나, 다른 선교회들은 상황이 아직도 너무나 유동적이라는 것과 그 신학교의 구성에 관하여 많은 반대가 있다고 하는 이유로 거부하였다.

이때에 교회 안에 세 가지 뚜렷한 파벌들이 나타나기 시작하였다. 첫째로, 우리가 언급한 조선신학교 그룹을 지지하는 사람들이 있었다. 자신들을 "출옥 성도"라고 부른 둘째 그룹은 해방 후 곧 부산 지역에서 조직화하기 시작하였다. 이 그룹은 장로교회는 신사와 관련해서 저지른 범죄행위들(sinful acts)로 인하여 배교(背敎)하였었고, 신사참배에 참여하였던 모든 사람들을 교회로부터 숙청하기 위하여 광범위한 개혁이 필요하다고 확신하였다. 특히, 이 사람들은 신사참배 기간에 교회를 배반했었고 이제 권위와 권력의 지위들을 장악하였다고 그들이 느낀 유력한 조선신학교 그룹을 반대하였다. 그들은 진해(鎭海)에서 한 작은 성경학교를 시작하였는데, 그 학교가 1946년 7월에 부산(釜山)으로 옮겨가서 고려신학교(高麗神學校)로 재편되었다.

죽산 **박형룡** 박사
[1897~1978]

'정통장로교'(Orthodox Presbyterian Church, OPC)와 '성경장로교'(Bible Presbyterian Church, BPC)의 선교사들은 연합하여 이 신학교를 지지하였는데, 그 이유는 이 학교가 그들의 신학적 입장을 대표하였기 때문이다. 전쟁 전의 저명한 학자요 전 평양신학교 교수였던 **박형룡**(朴亨龍) 박사를 이 기관의 학장으로 부산에 오도록 권유하기 위하여 만주에 초청장을 보냈다. 박 박사는 그 신학교가 총회의 인가를 받는다는 조건으로 이 초청을 수락하였다. 그러나 그 신학교는 인가를 받지 못하였고, 그래서 박 박사는 1948년 4월에 사표를 냈다. 그가 떠날 때에 그의 추종자들 다수가 그와 함께 갔고, 그 신학교의 위신과 영향력이 감퇴하였다. 1949년에 총회는 다시금 고려신학교를 거부하였고, 그 결과 그 학교의 후원자들은 탈퇴하여 그들 자신의 교단을 조직하였다. 고려신학교를 지지하던 인사들은 부산과 그 주변에서 상당한 힘을 갖고 있어서 이 분열이 일어났을 때에 그 지역에서 많은 쓰라림과 다툼이 있었다. 그러나 남장로교 선교사들이 사역하던 지역은 이 분열의 영향을 거의 받지 않았다.[18]

교회 안의 셋째 그룹은 한편으로 조선신학교 측과 또 한편으로 고려신학교 측 사이에서 중도적 입장(moderate position)을 취하였다. 그들은 조선신학교 김재준 교수에 관하여 제기된 정통성 비난에 대하여 심각한 염려를 하면서도 동시에 신사참배 당시에 범한 죄에 대하여 교회가 결코 진지하게 회개하지 않았다고 선언한 고려신학교 측을 따를 마음이 내키지도 않았다. 1947년 총회에 조선신학교 학생 51명이 그들의 신학교 안의 자유주의에 대한 고발을 조사해 달라고

---

18 장로교단들의 상대적 교세를 보여주는 통계는 제10장 각주 3에 있음.

청원하였다. 조사위원회가 임명되었지만, 그 문제를 해결할 능력이 없었고, 많은 사람들이 조선신학교는 개혁될 수 없다고 느끼게 되었다. 다음 해에 박형룡 박사가 주도한 이 사람들이 **장로회신학교**(長老會神學校)라고 불린 새로운 신학교를 조직하였는데, 이 신학교가 1949년에 총회의 인가를 받았다.

1950년 4월에 모인 다음 총회는 신학교 문제로 다투다가 해산하였다. 실은 어떤 총대들이 투표권이 있는가에 관한 다툼으로 인해서 총회가 결코 적절하게 소집되지 못한 것이었다. 회의는 9월까지 연기되었지만 6·25 사변이 일어나서 그 두 진영 사이의 휴전을 연장하였다.

소생하는 복음전도
Resurgent evangelism

혼란한 상황, 미래의 불확실성, 이 재조정기의 긴장, 그리고 만연한 파벌주의에도 불구하고 1945~1950년에 걸친 5년은 전례 없는 성장과 팽창의 시기였다. 여기에 다시금 교회도 선교회도 힘이나 능력으로가 아니라, 어떤 신비한 방법으로 그것들 자체의 것이 아닌 어떤 힘으로 내부로부터 새로워졌기 때문에 전진하였다고 하는 증거가 있다. 교회가 어떤 면에서 가장 연약한 때에, 많은 도움을 주기에 충분한 수의 선교사들이 아직 돌아오기 전에, 그 왕국의 복음이 전에 없이 전파되고 들어지고 받아들여졌다. 모든 이성의 법칙을 무시하고, 가장 가망 없는 장소에서 교회들이 잘 자라고 번식하였다. 마치 일본이 압제하던 시기 동안 꽉 닫혀있던 수문(水門)들이 갑자기 활짝 열린 것처럼, 들어오는 사람들이 크게 쇄도(殺到)하였다.

한국교회 팽창의 이 세 번째 위대한 시기는 선교사들에 의해서라기보다는 한국교회에 의하여 시작되었고 유지되었다. 선교회는 가능한 모든 방법으로 도왔지만, 이제 앞장선 것은 전쟁 기간 동안에 최전선으로 밀어 넣어졌었던 교회였다. 이 5년 동안에 남장로교 선교사들이 담당한 지역에서 다섯 개의 새 노회들이 조직되었다. 1946년에 조직된 충남노회, 군산노회, 목포노회, 제주노회, 그리고 1948년에 조직된 김제노회가 그것들이다.

군산에서 강 건너편에 있는 충남 지역에 전쟁 전에 한 사람의 안수받은 목사도 부양할 수 없는 40개의 작고 고투(苦鬪)하는 교회와 예배처소가 있었다. 1947년에 존 탤미지(타요한) 목사가 그곳에서 사역을 재개하려고 돌아왔을 때에 그곳에는 모두 그들의 교회에 의하여 부양되는 아홉 명의 목사들이 있었다! 한 해 뒤에 그 지역에 17명의 목사가 있었고 3명이 더 요청되었다. 군산에서는 도시 교회의 수가 셋에서 여섯으로 두 배가 되었다.[19] 광주에서는 1948~50년 동안에 8개의 새 교회들이 도시와 그 주변에서 시작되어 교회 총수가 13개가 되었다.[20] 다른 선교 중심지들에서도 유사한 진전을 보였다.

이 시기의 교회 성장을 요약하는 데 있어서 남장로교 선교회가 사역하고 있던 지역의 다음 통계가 시사하는 바가 있다.

	1938년	1950년
안수받은 목사	58	164
평신도 전도자	241	243
조직 교회	190	330
총 세례교인 수	14,621	18,016

---

19 J. E. Talmage(타요한), "The Living Church in Korea," *Presbyterian Survey*, November, 1948, p.483.

20 *Annual Report of the Mission for 1950*.

이 성장은 전쟁 기간 동안에 1938년 숫자에서 큰 감소가 있었던 것을 우리가 기억할 때에 더욱 더 놀랍게 보인다. 전후 5년에 교회는 전쟁 기간에 상실했던 모든 것을 메꾸었을 뿐 아니라 그 이전의 높은 수위표(水位標)를 훨씬 뛰어넘었었다.

초창기 복음전도 때에 선교사와 한국인이 어깨를 나란히 하여 일했던 것처럼, 점차로 전쟁 전의 옛날 패턴으로 돌아가는 일이 생겼다. 안수받은 선교사들이 노회에 의하여 특수한 시골 지역으로 임명되어 한국 목사들이 책임질 수 없었던 지역 교회들의 당회장의 역할을 하도록 요청받았다. 많은 노회들의 요구가 늘어나자, 선교회의 1948년 연례회의에서 안수받은 선교사는 요구가 있을 때에 그들의 노회에 신임장(信任狀)을 제출하고 다시금 교회 치리회들의 투표권 있는 회원(즉, 정회원)이 되기로 결의되었다.

전도사역에 있어서의 한 가지 새로운 발전은 많은 선교거점들에 성경학교가 출현한 것이었다. 해방이 되자 여러 노회들이 가난한 기독교인 학생들에게 교육의 기초를 제공하고 동시에 그들에게 확고한 성경 교육을 실시하기 위하여 이러한 학교들을 세우려는 시도를 하였다. 이 기간 동안에 교회가 매우 빨리 성장하고 있어서 이러한 학교들의 많은 졸업생들이 시골 교회에서 평신도 전도사(lay evangelists)로 섬기거나 신학교로 진학하였다. 1947년에 목포에서 노회에 의하여 한 성경학교가 시작되었고, 또 한 학교가 광주에서 **탤미지**(타마자) 박사에 의하여 열렸다. 1948년에는 순천 성경학교가 선교거점과 노회의 공동 사업으로 **밀러 양**(Miss Louise Miller, 민유수)을 교장으로 하여 시작되었다. 1949년에 전주 선교거점은 전북노회와 **협력하여 원 박사**(Dr. Winn, 위인사)의 지도하에 그곳에서 성경학교를 시작하였다. **클라크 성경학교가 원 양**(Miss Winn, 위애미)의 지도

하에 1947년에 문을 다시 열었고 닐 성경학교가 여러 해 후에 루트
양(유화례)의 지도하에 다시 열렸다.

이 학교들에 대한 선교회의 공식 정책은 그 학교들은, "노회가 선교
회에 관리를 맡아달라고 요청할 경우를 제외하고는, 노회의 관리 아
래 남겨져야 한다"는 것이었다.[21] 그러나 노회들이 이 학교들에 재정
지원을 할 준비가 되어 있지 않다는 것이 점점 더 분명해졌고, 노회들
이 선교회의 지원과 지도를 점점 더 많이 원했다. 이것이 선교회를
그 자체의 성경학교 정책에 관해서 얼마쯤 궁지에 빠지게 하였고,
이 수년간 그 문제에 관하여 상당한 토의와 토론이 있었다. 그 학교들
은 모두가 공감한 필요에 응하기 위하여 원래 노회들의 요청으로
시작되었다. 하지만, 한정된 예산으로 움직이는 선교회는 시작된
모든 학교들을 재정적으로 지원할 능력이 없었다. 또한, 이 학교들
가운데 어떤 학교들의 관리는 실제적인 문제를 야기해서 여러 선교거
점들과 노회들 사이에 마찰의 잠재적 요인으로 남아있었다.

교육사역의 재건
Rebuilding the educational work

교육사역에 다시 들어갈 필요성은 전후(戰後, 즉 해방 후)에 선교사
들이 돌아오자 곧 그들 모두에게 분명하였다. 일본인 학교 관리책임
자들이 철수함으로 인해서 공백이 생겼다. 군정(軍政)은 신속하게
개입할 수 없었고, 그래서 어떤 사립학교도 건물과 조금의 자본이

---

21 *Minutes of the Korea Mission*, 1948, p.55. 하나의 예외는 여자들을 위한 두
학교였다. 그 학교들은 언제나 선교회 기관들(mission institutions)로 여겨졌다.

있으면 번영하는 환경에 있었다.

앞서 말한 바와 같이, 일부 선교학교들은 조사위원회가 현장에 도착하였을 때에 이미 재개되어 있었다. 그때에 이 위원회는 지역 노회들이나 그들의 공인된 대리자들과 학교 재산의 사용을 위한 임시계약을 맺었다. 등록학생 수가 전전(戰前) 최고 등록수의 배 이상으로 치솟았다. 1950년까지에는 일곱 중학교나 고등학교가 2,500명쯤 되는 학생들과 함께 시작되었다고 선교회가 보고하였다. 예외가 있긴 하였지만, 선교회는 초등교육의 분야에는 다시 들어가지 않고 중학교들과 고등학교들에 집중하였다.[22]

해방 후에 광주의 학교들이 맨 먼저 재조직되었다. 숭일(崇一)학교는 그 학교의 졸업생들에 의하여 1945년 11월 21일에 재개되었다. 그 학교는 처음에 소란스러운 시기를 보냈는데, 해방 후의 처음 교장이 기독교인이 아니었기 때문이었다. 그 후 1947년에 그 학교는 전남노회의 관할에 들어왔다. 수피아여학교는 1945년 12월 5일에 졸업생들과 도시의 목사들 가운데 몇 사람에 의하여 재개되었다. 전전(戰前) 시기에 그 학교 수석교사였던 김필례 여사가 최초의 교장이 되었다. 그 후 김 여사가 서울로 떠난 1948년 가을에 루트(유화례) 양이 학교 이사회의 요청을 받아 교장이 되었다.

전주에서는 린턴 박사가 동문들과 노회의 요청을 받아 남학교와 여학교의 교장이 되었다. 신흥(新興)학교는 1946년 11월 26일에, 기

---

22 하나의 예외는 전주에서 선교회가 운영한 매우 좋은 초등학교(the very fine elementary school)였다./ 기전학교에서 '보통과'(초등학교·중학교)의 일부로 운영해 오던 '기전국민학교'를 말한다. 이 학교는 기전학교가 재개된 후 1949년에 기전학교로부터 분리되어 운영되기 시작했고, 그 이름이 '전흥국민학교'(1962)와 '신흥국민학교'(1967)로 바뀌었다가 1975년에 폐교되었다. (역자)

장평화 교장
[1913~1977]

전(紀全)여학교도 대략 같은 때에 재개되었다. 후에 장평화(張平化) 씨가 린턴 박사와 함께 남학교의 동사교장(co-principal)이 되고, 드디어 그를 계승하였다. 1949년에 학교 이사회가 린턴 부인(인사례)에게 기전학교를 맡아달라고 요청하였다.

순천에서는 미군이 건물들을 비우자마자 윌슨 박사가 노회와의 계약에 서명하였다. 남녀공학인 매산(梅山)학교는 1946년 9월 3일에 고려위(高麗偉) 씨를 교장으로 하여 다시 열렸다. 메타 비거 양(Miss Meta Biggar, 백미다)은 여학생부에서 일하였다.

목포에서는 정명(貞明)여학교가 저명한 의사이자 지역 교회의 장로인 최섭(崔燮) 박사를 교장으로 하여 1947년 9월 23일에 재개되었다. 마가렛 하퍼 양(Miss Margaret Hopper, 조마구례)이 처음부터 그 학교와 긴밀히 일하였다. 남학교의 개교는 학교 재산을 되찾는 일의 어려움 때문에 지연되었다. 그것이 전쟁 기간 중에 일본인들에 의하여 매각되었었다.

의료 프로그램의 정리통합
Consolidation of a medical program

나환자촌의 관리권은 미군에 의하여 1948년 4월 1일에 선교회로 반환되었다. 그 환자촌의 창설자와 그의 장기 봉사에 경의를 표하여 그 이름이 윌슨 나환자촌(R. M. Wilson Leprosy Colony)으로 바뀌었다. 그에게 주어진 군 임무를 마친 후 윌슨 의사는 정년(停年)이 되어 미국에 돌아갔다.[23] 윌슨 의사를 대체할 의료 인력이 없어서 보이어

---

23 윌슨 의사는 한국에서 정년을 맞은 유일한 의료선교사이다. 그가 이 긴 세월 동안

목사(Rev. E. T. Boyer, 보이열)가 그 환자촌의 관리를
이어받았다.

폴 크레인(구바울)
[재임 1947~1969]

한국에 도착한 최초의 새 의료선교사인 **폴 크레인**
의사(Dr. Paul S. Crane, 구바울)는 1947년에 순천으
로 임명되었다. 이곳에서 그는 그 환자촌의 의료사
역을 어느 정도 감독하였다. 순천에서는 선교 병원
을 재개하는 것이 불가능하였기 때문에 그는 지방정부 병원에도 임
시로 임명받았다. 선교회의 요청으로 크레인 의사와 **마가렛 프리차드**
(변마지) 양이 선교거점들을 순회하면서 각 거점의 지역에서 의료사
역을 할 수 있는 가망성을 조사하였다. 이 '특별 의료조사 위원회'[24]
는 각 거점에 종합병원(general hospital) 하나씩을 두는 전전(戰前)의
플랜으로 돌아가지 말고 선교회가 자체의 의료 프로그램을 통합 정
리하여 특수한 필요가 있는 곳에서 몇 가지 분야에 전문화할 것을
권고하면서, 이 점을 고려하여 다음과 같이 건의하였다.

1. 전주에 있는 "설비가 잘 되고, 적절한 직원이 있는 의료센터[25]에" 주된
   노력을 기울이고, 그곳에서 인턴과 간호사와 의료기사의 적절한 훈련이

섬김의 삶을 살 수 있었던 것에 대한 그 자신의 설명은 그가 사냥을 가서 일의
긴장에서 벗어나는 법을 일찍 배웠다는 것이다. 사냥꾼으로서의 그의 무용(valor)
은 외과의사로서의 그의 명성(fame) 못지 않았다. 그는 자기의 위업(exploits) 가
운데 하나에 관해서 썼다. "곰 한 마리가 대나무 수풀에 들어와서 동네 사람들이
그 곰을 아침 내내 죽창과 괭이로 쫓았다는 말을 우리가 들었습니다. 나는 그것이
개 한 마리 정도의 작은 동물이겠지 하는 생각으로 그 대나무 수풀 속으로 돌진해
들어갔습니다. … 그 곰은 나를 향해 돌진해서 나로부터 일곱 자쯤 되는 곳까지
왔을 때에 내가 장전된 산탄(散彈)을 그 곰의 머리에 퍼부었지요. 그 녀석은 그
아침에 한국인 다섯 명에게 심한 상처를 입혔었는데, 그 중의 한 명은 그 상처
때문에 우리 병원에서 죽었습니다."

24 special medical survey committee.

이루어지게 한다.

2. 광주에 있는 병원 설비[26]에 결핵 요양소 하나를 이 절박한 필요성을 예
상하여 발전시킨다.

3. 목포에는 적절한 설비를 갖춘 병원이 없기 때문에 그곳에 소규모의 "외
과 병동" 하나를 둔다.

4. 나환자촌은 계속 발전시킨다.[27]

이 플랜을 이행하는 첫 조치로 크레인 부부가 순천에서 전주로 이
사하여 그곳에서 1948년 4월 1일에 병원을 재개하였다. 원장인 크레
인 의사에 더하여 외국인 직원으로는 간호부장 마가렛 프리차드 양,
검사실 책임자 폴 크레인 부인(Mrs. Paul Crane), 그리고 복음사역 책
임자로 린턴 부인(Mrs. Linton)이 있었다. 입원환자 부서는 5월 1일에
45개 병상으로 문을 열었다. 그 병원은 처음 열한 달 동안에 7,000
명의 새 환자들을 치료하였고, 같은 기간의 통계는 8,000의 '환자
입원일'과 338번의 대수술을 보여준다.

여수 반란
Yosu insurrection[28]

1948년 10월 19일에 여수(麗水) 항에 주둔해 있던 미국식 훈련을

---

25 전주예수병원. (역자)

26 광주제중원, 1970년에 '광주기독병원'으로 개칭하였음. (역자)

27 *Minutes of the Korea Mission*, 1946~1948, pp.47~49.

28 '여수·순천 10·19사건'(약칭 '여순사건')을 말한다. 2021년에 진상규명 및 희생자
명예회복에 관한 특별법이 국회에서 제정되었다. (역자)

받은 국방경비대의 일부인 한 한국인 연대가 인민을 "해방시키기" 위하여 반란을 일으켜서 그 도시를 점령하고 대학살(a blood bath)을 시작하였다. 북으로부터 그 수비대에 침투하였던 극렬 공산주의자들의 주도 하에 그들은 아침 급행열차를 탈취하여 북쪽으로 32km 밖에 안 되는 순천시로 향하여 떠났다. 철도역에서 전투를 한 다음 그들은 그 도시를 점령하고 사흘 반 동안 장악하였다. 이 기간 동안에 1,200명의 순천 시민들이 대량 학살당했다.

그때에 순천 선교거점에는 J. C. 크레인(구례인) 박사 부부, E. T. 보이어(보이열) 목사, 크레인(구자례) 양, 비거(백미다) 양, 그리고 밀러 (민유수) 양 등 여섯 명의 선교사들이 있었다. 피난처를 찾고 있던 반란 중인 연대의 미군 고문관 두 명과 여섯 명의 한국인 목사 그리고 그 밖의 기독교인 지도자들이 이들에게 곧 합류하였는데, 그들은 선교회 저택 두 채의 더그매[29]에 숨었다. 여자들이 낡은 셔츠와 밀가루 부대로 기(旗)를 만들었는데, 열여섯 별과 스무 줄이라는 점 말고는 그것이 "성조기"(Old Glory)를 꽤 닮았었다! 이 기를 그 저택의 지붕 위에 펼쳐 놓았는데, 저공비행을 하는 미군 비행기의 주의를 끌기 위해서였다. 한 번은 반란군 병사 몇 명이 저택들 중의 하나에 침입하려 했는데, 미군 고문관들이 권총을 들고 모습을 나타내자 그들은 도망쳤다. 전투 중에 박격포 포탄 하나가 구내로 떨어져서 재산상의 손해를 좀 입혔을 뿐, 다친 사람은 없었다. 10월 23일에 정부군이 그 도시를 탈환하였고, 반란군은 산 속으로 퇴각하였다.

그 여수 사건으로부터 세계 도처에서 많은 사람들의 마음을 깊이 감동시켜온 이야기 하나가 나왔다. 윌슨 나환자촌의 손양원(孫良源)

---

29 더그매(attics): 지붕과 천장 사이의 빈 공간. (역자)

손양원 목사
[1902~1950]

목사에게는 순천에서 학교에 다니던 두 아들 **동인**과 **동신**이 있었다. 반란군이 그 도시를 점령하였을 때에 "인민의 적들"을 재판하기 위해서 인민재판들 (kangaroo courts)이 열렸다. 학생들에게도 총이 주어지고 나가서 반공주의자로 알려진 사람들을 잡아오라는 지시가 내렸다. 손 목사의 두 아들이 붙잡혀왔고, 둘 다 그들의 동료 학생들 중의 한 사람에 의해서 총살되었다.

후에 진압군이 도시에 들어오자 역할이 뒤바뀌었다. 동인과 동신을 사살하였던 **안재선**이 이제 죽을 운명이 되었다. 손 목사는 친구목사 한 사람을 사령관에게 보내어 자기 아들들의 살해자의 보증인이 되겠다고 말하면서 그의 구명을 탄원하게 하였다. 사령관은 어이가 없어 말을 못할 지경이었지만, 마침내 다음과 같이 선언하였다.

나는 지금까지 이와 같은 사랑을 들어본 적이 없습니다. 나로서는 알 수가 없습니다. 그러나 나는 당신이 진실하다는 것을 믿습니다. 나는 당신이 요청한 대로 그 청년을 당신이 맡도록 당신께 넘겨드립니다. 당신은 그에 대한 모든 책임을 져야 합니다.[30]

그 서약은 지켜졌다. 손 목사는 젊은 안 군을 기독교 신앙으로 가르쳤고, 그 소년은 나중에 부산에 있는 신학교에 들어갔다. 손목사의 위대한 용서 행위는 전국에서 입에서 입으로 전해졌다. 그 이야기는 『사랑의 원자탄』(*Love's Atom Bomb*)이라는 제목의 책으로 출간되었다. 일단의 젊은이들이 그 이야기를 연극으로 만들어서 신

---

30 Arch Campbell(감부열), *The Christ of the Korean Heart*, p.53.

자와 불신자의 대중들에게 공연하였다.

　그러나 그 이야기는 거기에서 끝나지 않는다.　두 해가 지나 북한의 공산군이 나라를 침략하였을 때에 손 목사는 나환자촌에서 자기에게 맡겨진 사람들을 성실하게 돌보던 중에 체포되었다.　나중에 그는 나무 수풀로 끌려가서 총살당했다.　그는 환자촌 묘지에 있는 순교한 두 아들들의 무덤 곁에 묻혔다.

제9장

공산주의자와의 전쟁
The Communist War

1950~1953

폭파되고 불탄 한국 도시들의 깨진 기와조각과 잔해의 한 가운데에서, 난민 수용소의 북적거리는 불결함 속에서, 황량하고 꾸밈없는 임시변통의 군인 병원에서, 먼지 속의 도로를 따라서, 진흙으로 급조된 마을들의 좁은 샛길에서, 과밀하고 코를 찌르는 시장들 속에서, 그리고 교착상태에 빠진 전선(戰線)의 무너지는 벙커와 참호 속에서 오늘 주 예수 그리스도께서 걷고 계신다.

그러나 그분은 주목받지 못하고 환영받지도 못하는 채 동정과 그리움으로 목자 없는 양무리들을 바라보는 외롭고 무명한 분이 아니시다. 그분은 당신을 죄와 슬픔을 담당하신 절친한 친구로 알고, 그분께 세련된 서양에서는 좀처럼 보기 힘든 깊은 열정을 드리는 수십만 인의 마음속에 모셔진 채 걸으신다. 비록 그분께서 인파로 붐비거나 인적 없는 가로(街路)를 걸으실지라도, 그분은 단지 한국 도로의 그리스도가 아니시다. 그분은 한국인의 마음의 그리스도이시다.

– Arch Campbell(감부열), *The Christ of the Korean Heart*, p.1.

한국 선교회의 전후 제4차 연례회의가 1950년 6월 21일에 전주에서 열렸다. 아마도 "전전"(戰前)이라는 말이 더 적절한 용어였을 것이지만, 그 회의가 시작되었을 때에 선교회는 지평선에 거의 구름 한 점 없는 유망한 미래를 향하고 있었다. 일본의 압제 시기는 역사 속으로 물러가고 있었다. 새로운 한국 정부는 공산 게릴라의 위협이 대부분 극복되었기 때문에 의심의 여지가 없는 전진을 하고 있었다. 경제가 더 안정되었고, 기차들은 제시간에 달리고 있었다. 실로 진전이 매우 뚜렷해서 1949년 6월 30일까지는 500명의 군사고문단을 제외하고 모든 미군 병력이 한반도에서 철수했었다. 한국교회의 놀라운 전진은 그 속도를 늦출 기미를 보이지 않았다. 22명의 새 선교사들이 한국에 도착하였었고, 동일한 수의 전전 고참 선교사들(prewar veterans)과 함께 선교회는 자신과 기대를 갖고 미래를 향하고 있었다. 사역의 모든 국면들을 확장하기 위한 계획이 고려되고 있었다.

6월 25일 주일에 선교회는 분주한 일정의 한 가운데서 휴식의 고요한 날을 즐기고 있었다. 오후에 로빈슨 목사(Rev. R. K. Robinson, 라빈선)가 인도하는 감격적인 연례 성찬예식을 위하여 모두 다 모였다. 예배 도중에 폴 크레인 의사(Dr. Paul Crane)가 불려나갔을 때에 알아챈 사람은 별로 없었다. 그는 자기가 방금 들었던 중대 뉴스에 관하여 아무것도 말하지 않고 조용히 자기 자리로 돌아가 앉았다. 축도가 끝났을 때에 그는 일어나서 중요한 알림이 있으니 모두 머물러 있으라고 요청하였다. 막대한 수의 북한 공산군이 38선을 넘어서 서울로 돌진해 오고 있다는 기별이 서울의 미국 대사관으로부터 왔었다. 선교회는 통고를 하면 한 시간 내에 철수 항으로 지정되었던 부산으로 떠날 채비를 갖추라고 하는 요청을 받았다. 국지적 반란이 남한 어디서든 예상될 수도 있는 상황이었다.

잠시 동안 모두 다 말을 못했다. 그것이 사실일 수 있을까? 결국, 한국은 수난을 당했었는데, 하나님께서 그것이 온통 다시 시작되게 허락하실까? 멍한 상태 속에서 회장 윈 박사(Dr. Dwight Winn, 위인사)는 철수 계획을 세울 수 있는 비상 권한을 가진 '안전 위원회'를 지명하였다. 그날 밤부터 무장 경비대가 조직되어 구내를 순찰하였다.

월요일 온종일 선교회는 기다렸지만 서울에서 아무런 기별도 없었다. 지프차와 트럭과 그 밖의 차들이 급히 출발하기 위하여 준비되었다. 휴대식량(rations)과 물과 가솔린과 의료장구(medical kits)가 모아졌다. 장비가 부족한 한국군이 북한군의 전진을 저지할 수 없었음을 라디오 뉴스가 전했다. 마침내 월요일 자정 무렵에 대사관과의 접촉이 이루어졌는데 선교회는 즉시 철수 선박이 그들을 기다리고 있는 부산으로 가라는 말을 들었다. 안전 위원회는 대전 바로 북쪽의 금강에서 공산군(the Reds)이 저지될 가망성이 좀 있으니, 각 거점에 두 사람의 자원자를 남겨둘 것을 권하였다.

다음 날 아침에 지프, 트럭, 그리고 거점의 왜건 등 호송 차량이 집결하였다. 한국 친구들과 다급한 작별인사를 나누고 여행대(隊)(caravan)는 부산으로 가는 이틀간의 힘든 여행(trek)을 위하여 슬프게 구내의 문을 빠져나갔다. 대부분의 선교사들에게 그것은 하나의 작은 여행가방에 꾸려 넣을 수 있었던 것 외에는 그들의 모든 세속적 소유물을 놓아두고 떠나는 것을 의미하였다. 그 여행대는 순천에서 밤을 보내고 수요일 아침에 날이 밝자마자 남중부 한국의 높은 산악지대를 가로질러 여행을 계속하였다. 저녁이 되어 선교사들은 피곤하지만 안전하게 부산에 도착하였고, 그곳에서 미군과 국무성의 직원들이 그들을 맞아 안내하였다. 밤 9시에 50명의 남장로교인 일행이 철수선에 승선하였다. 그 배는 목요일 일찍 일본의 후

쿠오카(福岡)를 향하여 공중엄호를 받으며 항해하였
고, 그곳에서 미국의 적십자사가 일행을 환영하고
그들에게 응급 필수품을 제공하였다. 피난간 선교
사들은 한 주일 동안 '하카다 캠프'(Hakada Camp)에
서 군대의 손님들로 지냈다. 그 후에는 남장로교에
서 일본에 파송한 선교사들이 일행 모두에게 친절
하고 꾸준한 호스트가 되어주었다.[1]

허버트 코딩턴
(고허번)
[재임 1947~1974]

열 선교사들이 한국에 있는 그들의 임지(posts)에 머물렀다. 전주
에 린턴 박사 부부, 크레인 의사와 부시 의사, 그리고 의료 여선교사들
인 메리에타 탈미지 양(Miss Marietta Talmage, 타마리아)과 진 린들러
양(Miss Gene Lindler)이 있었고, 광주에는 미첼(미철) 부부(the
Mitchells)와 루트 양이 있었으며, 목포에는 코딩턴 의사(Dr. H. A.
Codington)가 있었다. 7월 15일에 대사관 직원 한 사람이 전주에 이
르러 금강 방어선이 뚫렸고 미군과 한국군이 부산 쪽으로 한창 퇴각
중이라는 소식을 전했다. 이제 떠날 때였다. 조금 지나면 너무 늦을
것이었다. 린턴 부부는 트럭으로, 의료선교사들은 지프로 떠나 광주
를 거쳐 갔는데, 그곳에서 미첼 부부가 그들과 합류하였다. 루트 양
은 떠나기를 단호히 거부하였고, 코딩턴 의사의 소재는 알 수 없었
다. 의료선교사들은 부산에 도착하여 곧장 일본으로 갔는데, 그곳에
서 그들은 미군의 철수 병원에서 훌륭한 봉사를 하였다. 린턴 부부와
미첼 부부는 부산에 머물기로 결심하고, 집을 구하여 그 포위공격
기간 동안 정착하였다.

---

1 *Minutes of the Korea Mission*, October, 1949–November, 1951, pp.9~10.
   William A. Linton, *Annual Report of the Mission for the Year 1952*, pp.69~70.

한편 **코딩턴** 의사는 기독교 지도자들이 안전한 장소로 피난하도록 주선하느라 목포에서 분주하게 지냈었다. 금강 돌파 소식이 왔을 때에 그는 광주와 목포의 피난민들을 태운 트럭을 타고 부산으로 향하여 떠났다. 순천에서 일행은 그 선교거점의 선교회 고용인들과 그 밖의 기독교인들을 태운 더 큰 트럭과 합류하였다. 저녁 무렵에 하동(河東)에서 가까운 섬진강에 이르러 그들은 그날 밤을 그곳에서 지낼 것인지 혹은 계속 전진할 것인지를 의논하였다. 그들은 계속 전진하기로 결정하였는데, 그것은 잘한 일이었다. 그들이 강을 건넌 후 몇 시간 후에 공산군이 하동에 도착하여 최후의 피난길을 막아 버렸다.

부산에서 방어선에 둘러싸여 지내는 동안 피난 중의 장로교 선교사들은 한국 전역에서 쏟아져 들어온 수십만 피난민들의 일부를 섬겼다. 학교건물, 교회, 창고, 헛간마다 곧 꽉 차고 다수의 피난민들이 거리와 골목으로 흘러넘쳤다. 코딩턴 의사는 국군 제5육군병원에 배속되었다. 이곳에 무서운 고통이 있었는데, 여러 날째 처치받지 못한 부상자들이 데려와졌기 때문이다. 긴급히 필요한 것은 혈액이었다. 코딩턴 의사는 가까운 미군 병원에 가서 도움을 청했다. 다행히도, 유효기간이 된 혈액이 기증될 수 있었다. 매일 코딩턴 의사는 돌아와서 수십 병의 혈액을 수집해갔고, 그것은 즉시 수혈에 사용되었다. 린턴 부부가 가진 한국의 언어와 풍속에 대한 지식은 매우 귀중한 것이었고, 그래서 그들은 유엔 기관들과 한국인들 사이의 교섭에 있어서 독특한 공헌을 할 수 있었다. '기독교세계봉사회'(Church World Service)가 공급한 많은 양의 식량이 부두 하역장에 쌓여 있었고, 린턴 씨와 미첼 씨가 그 중의 일부를 도시 밖의 피난민들에게 운반하였다. 그리고 도시의 운명이 백척간두에 서있던 이 혼란

하고 눈코 뜰 새 없던 시절에도 신참 선교사 세 명
의 언어공부(!)를 위하여 얼마의 시간을 할애하기
도 하였다.

플로런스 루트
(유화례)
[재임 1926~1964]

그러나 모두 다 슬펐는데, 적의 전열(戰列) 뒤 먼
곳에 있는 **플로런스 루트** 양으로부터 아무런 소식도
오지 않았었기 때문이었다. 그녀가 살아있을까 죽
었을까? 아무도 알 수 없었지만, 그녀의 구출을 위
한 중보기도가 매일 계속되었다.

적의 전열 뒤에서
Behind enemy lines

한편, 루트 선교사는 용기와 신앙의 모험담(saga)을 연출하고 있었
다. 7월 15일에 다른 사람들이 출발한 후 그녀는 선교회 트럭을 여기
저기로 급송하여 기독교인들을 비교적 안전한 곳으로 피난시키는
등 파란 많은 한 주일을 보냈다. 북한군이 몇 시간 안에 광주에 들어올
것이라는 기별이 왔을 때 그녀가 "그 단체"라고 불러온 바의 친구들이
자기들과 함께 산중으로 가도록 그녀를 설득하였다.[2] 그녀가 외국인
이라는 것을 비밀로 하는 것은 절대로 필요한 일이었다. 그래서 그녀
를 홑이불로 덮어서 그들이 임시변통으로 만든 들것에 실어 도시
밖으로 날랐다. 후에 그녀는 지게에 옮겨져서 보통 짐으로 위장시켜
져 목숨을 바쳐서라도 그녀를 보호하려고 하는 젊은 사람들의 강한

---

2 "그 단체"(the organization)는 단순한 공동생활(a simple communal life)의 가치
   를 믿은 기독교인들의 한 모임이었다. 그들은 자선과 자비의 단순한 행위로 자기들
   의 기독교 신앙을 표현하였다.

등으로 운반되었다. 마지막 단계에서 산중 오솔길이 무거운 짐을 지고 올라가기에는 너무 가파르게 되자, 루트 양은 한국의 홈스펀(homespun)을 입고 빌린 고무신을 신고 다른 피난자들과 함께 그 길을 기어 올라갔다.

정상에 오르기 직전에 공산 보안대(communist police) 세 사람이 산등성이에 나타나서 그 작은 무리가 올라오는 것을 기다렸다. 우두머리가 루트 양이 자기의 미국인 얼굴과 머리를 감쌌던 하얀 천을 벗기고는 "이 여자는 한국인이 아니잖아!"라고 소리쳤다. 그러나 우두머리는 그 일행 중의 다른 사람들과는 아는 사이여서 우정 때문에 입을 다물었다. 산중의 그 미국 여인은 여전히 '극비사항'이었다.

그 후 곧 일행은 그들의 목적지인 "그 단체" 소유의 한 작은 집에 도착하였다. 여러 주일 동안 그들은 그곳에 머물면서 그곳을 육신의 안전을 위한 피난처만 아니라 영적인 수련원(a spiritual retreat)으로 만들려고 노력하였다. 어느 날 아침에 루트 양은 그날을 근처의 계곡에서 홀로 지내기로 결심하였다. 그녀는 소화불량이 좀 생겨서 기도와 금식으로 하루를 보내면 몸과 영혼에 유익할 것으로 생각하였다. 그 다음 일은 그녀의 일기에 적혀있다.

오후에 나는 내가 있던 곳에서 35m 정도밖에 떨어지지 않은 좁은 길을 내려오면서 떠들썩하게 노래하는 남자들의 목소리를 들었다. 나는 그들이 우리 젊은이들이 아니라는 것을 알 수 있을 만큼 엿보고 재빨리 보이지 않는 곳으로 되돌아갔다. 나중에 나는 그들이 누구였는지 알게 되었다. 바로 그날 오후에 약 12명의 공산주의자들이 갑자기 그 집에 당도하여 그 여자들에게 젊은이들과 소화기(小火器)들(firearms)에 관하여 물었다고 한다. 왜 나에게 그날 종일 그 집을 떠나 있고 싶은 마음이 나게 하셨는지를 나는 지금 안다. 우리 아버지께서는 당신의 백성을 얼마나 놀랍게 돌보시는지![3]

이때로부터 루트 양은 매일 아침 성경을 들고 다져진 길에서 멀리 떨어진 장소로 갔다. 마침내 이것도 더 이상 안전하지 않았다. 공산주의자들이 자기를 찾고 있다는 것이 알려졌기 때문이다. 또 하나의 은신처가 산골짜기 속에서 찾아졌다.

다음에는 멋진 화강암 바위들 위로 물이 질주하는 아름다운 골짜기를 올라가는 마지막 힘든 여행. 물이 깊은 곳들에서 나는 누군가의 등에 업혔지만, 대부분의 경우 나는 한 손을 D.D.의 강한 손에 잡힌 채 걸어갔다.[4] 우리는 위로 위로 올라갔다. ⋯ 마침내 나무들 사이로 개울물이 흐르고 우리 안내자들이 만족한 한 장소에 도착할 때까지. 우리는 잠시 함께 예배를 드렸고, 그 후 정오쯤에 식사를 한 다음 쉬었다. 갑자기 숨으라는 신호가 왔다. 우리는 키 큰 수풀로 가서 글자 그대로 산기슭에 달라붙었다. ⋯ 6:30경까지. 그러나 그 시간 동안에 나는 적어도 두 번 낮잠을 잘 잤다. 그런 다음에 "공습경보 해제"(All clear) 신호가 왔다.[5]

루트 양과 그녀의 친구들이 탈출을 시작한 지 거의 두 달이 되는 9월 15일에 그들은 좋은 소식을 들었다. 미군이 인천에 상륙하였고 군산과 이리 쪽으로 남하하고 있다는 것이었다. 여행은 여전히 위험

---

3   Florence E. Root(유화례), "Korean Diary-A Missionary's Answer to Communism," *Presbyterian Survey*, March, 1951, p.54.
4   D.D.는 루트 양을 피신시켜준 사람의 이름 대신 쓰인 약자로 보임. (역자)
5   Root, p.55.

했는데, 수천 명의 공산군들이 북쪽으로 가는 퇴각로가 막혀서 산으로 갔기 때문이었다. 10월 6일에 그녀와 그녀의 동료들이 마을 집의 작은 더그매 속으로 피난하였는데, 공산군들이 시내에 들어왔고 접근해 오고 있다는 소문이 있었기 때문이었다.

우리는 그곳에서 1~2분 동안 정말로 숨을 죽이고 앉아 있었는데, 처음에는 그가, 그다음에는 "X"가, 그리고 내가 불려 내려갔다. 내가 내려갔을 때에, 나는 기쁘게도 다른 사람들처럼 즉시, 그러나 나를 찾으려고 몇 명의 경찰관들과 함께 광주경찰서 트럭을 타고 나왔던 일단의 친구들에 의하여, "체포"되고 말았다. … "오 신실하신 주 내 아버지여"(Great is Thy faithfulness, O God, my Father.[6])

또 한 번의 맹공격
The second onslaught

부산에 있던 다섯 명의 선교사들이 전주에 돌아갈 수 있도록 군 당국이 10월 7일에 허가해 주었다. 그들의 지프차가 고향으로 돌아가는 피난민들로 붐비고 탱크, 총기 및 전쟁의 파편들로 어지럽혀진 길들을 통과하였다. 그들은 게릴라가 횡행하는 산 주변을 달리기도 하였고, 한 곳에서는 전투 대열을 갖추고 있는 깜짝 놀란 미군 보병 대대 속으로 정면으로 달려들어가기도 하였다. 전주에 있던 선교회 재산이 손대지 않은 채로 있은 것은 기적적인 일이었지만, 모든 개인 소유물들은 선교회 건물들을 그들의 본부로 사용하였던 공산주의자

---

6   찬송가 "오 신실하신 주"의 1절 첫머리. (역자)/ Root, p.56.

들에 의하여 철저히 그리고 체계적으로 약탈되었었다. 벽에 걸린
스탈린과 마오쩌둥(毛澤東)의 사진들이 눈부시게 빛났다. 병원은 전
방 응급 치료소로, 그리고 요양소는 심문과 고문의 장소로 사용되었
었다. 미군들이 다시금 일부 건물들을 점유하고 있었다.

기독교인이나 비기독교인이 다 같이 돌아오는 선교사들을 열렬히
환영하였다. 매일같이 사람들의 물결이 찾아와서 위험, 불, 칼, 기
아, 그리고 죽음에 관한 같은 이야기를 하였지만 하나님의 사랑과
신실하심에 관한 이야기도 있었다. 11월까지에는 일본으로 피난한
선교사 일진이 돌아왔다. 선교회 의사들이 의료 센터를 열었고, 선
교학교들은 중단되었던 사역을 재개하기 시작하였다. 목사들과 평
신도 전도자들은 그들이 담당한 신도들에게 돌아가기 시작하였다.
유엔군이 북한의 수도 평양을 점령하였을 때에 큰 기쁨이 있었다.

12월 1일 경에 갑자기 이 밝은 그림이 전적인 절망의 그림으로
바뀌었다. 중국의 "의용군"(義勇軍)이 대량으로 압록강(鴨綠江)을 건넜
었고 '미 8군'(the Eighth Army)은 그들의 무참한 공격 앞에서 후퇴하고
있었다. 평양이 12월 5일에 함락되었고, 제10군단(the Tenth Corps)의
10만 병력이 함흥(咸興)의 해변에서 철수하기 시작하였다. 서울이
1월 4일에 함락되었고, 유엔군은 또다시 후퇴하여 대전(大田)을 거점
으로 삼았다. 전라북도는 전쟁지구로 선포되었고, 미국 민간인들은
떠나라는 권고를 받았다. 선교사들의 또 한 번의 철수가 일어나서,
전주에는 린턴 박사를, 그리고 광주에는 루트 양만을 남겨두었다.
이것이 그 전쟁의 "가장 암흑한 시기"였다고 린턴 박사가 기록하였다.

남한에 지금 엄습한 쓰라린 실망과 비탄은 필설로 다 표현할 수 없다. 최초
의 공산군 점령 하에서 겪은 고난과 고초는 충분히 참혹한 것이었다. 그때

에는 공산주의를 찬성하는 사람들과 반대하는 사람들을 구분할 분명한 선이 없었다. 그럼에도 불구하고, 수만 명이 그들의 목숨을 잃었었다. 이번에는 상황이 아주 다를 것이었다. 공산군이 퇴각하였을 때에 승리하는 유엔군을 전 인구가 대단한 갈채로 환영하였었다. … 처음 점령 시에 수만 명만이 숙청되었었는데, 이제는 그 숫자가 수백만이 될 것이다. 실로 미래가 암담하였다![7]

매튜 리지웨이
[1895~1993]

그때에 한 기적이 일어났다. 리지웨이 장군(General Matthew B. Ridgeway)이 8군의 사령관이 된 다음 더 이상의 철수 명령을 취소하고 그의 군대는 38선의 남쪽으로 70~80km 되는 위치에 참호를 구축하고 대기하였다. 반격하는 유엔군은 적군이 균형을 잃게 해서 대규모 공격을 지속할 수 없게 하였다. 그런 다음 "킬러 작전"(Operation Killer)이라는 별명이 붙은 유엔군의 공격이 1월 말에 시작되어 천천히 그러나 꾸준히 공산군을 물리쳤다. 3월 14일에 한국군 보병 정찰대(Korean foot patrols)가 서울에 들어갔다. 위기는 지나갔다.

생존과 회복
Survival and recovery

군사적 상황이 개선되자, 선교사들은 소규모로 그들의 선교거점들에 돌아오도록 허락되었다. 두 명의 의사와 린들러 양(Miss Lindler)

과 **린턴 부인**이 전주로, **존 탤미지**(타요한) 목사가 목포로, **보이어**(보이열) 목사가 순천으로 돌아왔다. **조우 하퍼** 목사(Rev. Joe Hopper, 조요섭)는 가을에 돌아왔는데, 그때에 린턴 부부가 휴식이 절실히 필요해서 휴가차 미국으로 돌아갔다. 대부분의 부인들과 모든 아이들은 한국에 있는 것이 허용되지 않았는데, 그것이 일본이나 고국에서 "가만히 있는" 가족들에게는 매우 힘든 일이었다.

이때가 그들 각자의 임무를 맡고 있던 작은 무리의 선교사들에게는 힘들고 외롭고 위험한 시기였다. 거점당 한둘 이상의 선교사가 있은 적은 거의 없었어도, 사역은 계속되어야만 했다. 선교회의 역사에 한 번도 그렇게 적은 수가 그렇게 많은 일을 하도록 요구된 적은 없었다. **폴 프릴랜드** 목사(Rev. Paul B. Freeland)는 1952년에 한국을 방문하고 다음과 같이 썼다.

전쟁과 그로 인한 모든 어려움에도 불구하고, 지금 현지에 열두 명의 선교사들만 있다는 사실에도 불구하고, 나는 그곳에서의 우리 선교 사역의 모든 국면이 돌아가고 있다는 것을 여러분이 알기를 원합니다.[8]

북한군이 인천상륙으로 퇴각하지 못하고 고립되어 남서부의 험한 산들 속으로 쫓겨 들어감에 따라 전라도는 게릴라 집결의 중심지가 되었다. 한국인들이 "산손님"[9]이라고 부른 그들은 시골 사람들에게 테러 행위를 자행하였다. 양측의 회전(會戰, pitched battles)이 없었던 전라남도에서만도 20만 명의 시민이 "빨갱이 재앙"으로 죽었다.[10] 낮

---

8 Paul B. Freeland, "170 People Living in one Room," *Presbyterian Survey*, August, 1952, p.44.
9 '빨치산(partisan)'이나 '무장공비(武裝共匪)'라고도 불렸다. (역자)

동안에 도로에 따라 배치된 경비원들이 안전할 때에는 차들에게 백기를 흔들어 통과하게 하고, 게릴라들이 그 지역에 있을 때에는 붉은 기로 차들의 진행을 가로막았다. 밤에는 모든 도로가 차단되고 엄격한 통행금지가 실시되었다. 한 번은 도청 소재지 광주에서 몇 킬로미터 안 되는 곳에서 급행열차가 게릴라들의 매복 습격을 당하였고, 승객 중의 다수가 사살당했다. 순천 안과 근처에서는 야간 습격이 예상되었고, 때로는 게릴라들이 도시의 부분들을 지배하기도 하였다. 한 번의 급습이 있은 뒤에 그 도시에 있던 유일한 선교사 보이어 씨는 25명의 희생자들을 공동묘지에 매장하고 곤궁에 처한 유가족의 필수품을 돌보려고 노력하였다. 한 번은 보이어 씨가 부산에 있는 미군에 편지해서 버려진 탱크를 고치는 방법을 물어보았는데, 그것은 요란한 소리를 내며 순천 거리의 포장도로를 지나 아래에 있는 급수 본관(本管)에 와지끈 충돌하였었다. "자가 수리 키트"(self-repair kit)가 도착하였고 그 탱크는 도로 위로 되옮겨졌다. 그 후로 밤마다 그것이 굉음(轟音)을 내며 도시의 거리를 여기저기 달렸다, 습격자가 되기 원하는 자들에게 죽음과 파괴를 내뿜을 준비가 된 채로.

서서히 선교 활동이 속도를 더해 갔다. 녹다운 시켜지기는 하였지만 녹아웃 시켜지지는 않았던 교회가 서서히 비틀거리며 일어서서 교회가 설립되었던 목적인 과업들에 다시금 착수하였다. 전주의 의료 센터(즉, 전주예수병원)는 성경학교들이 그랬던 것처럼 거의 즉시 문을 열었다. 일 년 안에 선교회가 후원하는 다섯 중고등학교들이 4,000명의 학생이 등록하는 신기록을 세웠다. 시골 순회전도가 재

---

10 B. A. Cumming(김아열), *Annual Report of the Mission for the Year 1953*, p.99.

개되었는데, 이번에는 교회가 불탔거나 교인들이 흩어졌던 마을 마을을 찾아갔다. 교회와 선교회는 가난한 자에게 좋은 소식을 전하고, 잡힌 자에게 놓임을 선포하고, 눈먼 자의 시력을 회복시키고, 그리고 억압받는 자를 해방하는 직무를 다시금 개시하였다.

피난민과 구제
Refugees and relief

피난민 문제는 해결해야 할 가장 우선적이고 중요한 문제였는데, 한국이 "지상에서 가장 황폐한 나라"가 되었기 때문이었다. 18개월 간의 전쟁 후에 남자, 여자, 그리고 아이들 가운데 사상자(死傷者) 수가 '유나이티드 프레스'지가 추정한 바에 의하면 500만 명을 초과하였다.[11] 이들 중에 백만 명 이상이 총포(銃砲)와 기아와 추위와 질병으로 죽은 한국 민간인들이었다. 그리고 백 오십만 명의 민간인들이 부상이나 그 밖의 영구적 성격의 상해를 입었다. '국제난민기구'의 킹슬리(J. Donald Kingsley) 씨는 "내 평생에 한국에서처럼 큰 규모의 파괴와 인간적 고난은 본 적이 없습니다"라고 썼다.[12]

그러나 모든 고난 중에서 피난민들의 고난이 가장 견디기 어려운 것이었을 것이다.

추운 겨울에 한 가족이 불타는 집에서 달아나 빈민이 되어 낯선 사람들 가운데 헤맬 때에 그 한 가족의 고난조차도 아무런 말로도 이해할 수 있게

---

11 Harold E. Fey, "Korea Must Live." 이것들과 그 밖의 통계치들은 이 보고서에서 취한 것이다. *The Christian Century*, January, 1952의 리프린트임.

12 Fey.

표현할 수가 없다. 그런데도 한국 전쟁의 한 해 반 동안에 60만 채의 집이 불타거나 달리 파괴되었고, 그 수의 배가 되는 가족들이 싸우는 양측 군대에 의하여 도로로 쫓겨났다. 대한민국의 2,000만 인구 가운데 4~800만이 전쟁 희생자들이다. 적어도 400만 피난민들이 아직도 실향민들이다. 한국 정부에 의하면 300만 명이 완전 빈곤에 처해 있고, 200만이 근소한 양의 식량배급을 받고 있거나 받기로 되어 있다고 한다. … 무시해도 **좋을** 만큼의 소수를 제외하고는 국내의 모든 사람이 엄청난 물가상승으로 빈궁해졌다. 큰 재난에 대하여 냉담한 무감각성을 갖도록 단련된 세대라 할지라도 한국에서 인간들에게 일어난 일을 모른 체 할 수는 없을 것이다.[13]

많은 양의 구호품, 의류, 탈지우유, 식품, 그리고 의약품이 군대, **유엔민간원조단(UNCAC)**, **기독교세계봉사회(CWS)**, 그리고 그 밖의 원조기관들을 통하여 한국으로 쏟아져 들어오고 있었다. 많은 경우에 중요한 문제는 분배였는데, 한국어와 지역 사정에 대한 지식이 있는 선교사는 필요한 때에 즉시 도움을 줄 수 있었다.

한국의 남서부는 적대하는 두 군대의 통로에서 벗어나 있었기 때문에 그 나라의 피난민 센터가 되었었다. '크리스천 센추리'지의 편집자 **헤럴드 페이**(Harold E. Fey) 박사는 난민 수용소들(refugee camps) 가운데 한 곳을 방문하고, 다음과 같이 소감을 썼다.

기독교세계봉사회의 아펜젤러 박사(Dr. Henry Appenzeller), 조우 하퍼 목사, 그리고 전주에 있는 남장로교 선교회의 간호사들과 함께 나는 남서 한국의 그 도청소재지에 있는 난민 수용소 두 곳을 방문하였다. … 낡은

---

13 Fey.

학교 건물 속에 1,000명을 수용하는 수용소 한 곳이 있다. 모든 문과 대부분의 창문이 없어졌다. 일부 창문은 삼베나 짚으로 된 돗자리로 덮여 있다. 많은 가족들이 그 건물의 현관에서 살고 있는데, 그곳이 야외보다 나은 점은 마루와 지붕이 있다는 것이다. 벽도 있는 방들에서는 공기가 숨이 막힐 지경이다. 15자×25자 되는 한 방에서는 "죽음의 행진"(death march)을 한 때로부터 줄곧 이곳에 살아온 57명이 살고 있었다. 일반적으로 한 가족이 5자×6자의 공간에서 살고 있다.[14]

프릴랜드 씨가 방문하였을 때에 그는 170명으로 구성된 45가족이 40자×40자 되는 단 하나의 방에서(!) 살고 있는 또 하나의 수용소를 묘사하였다.[15]

전주에서는 병원 간호학교[16]가 피난민과 전쟁포로 환자들을 돌보는 곳으로 개조되었다. 끊임없이 흘러들어오는 100~300명의 피난민들이 '유엔민간원조단'과의 협조로 돌봄을 받았다. 병원에 데려와졌거나 정문 앞 계단에 놓아두어진 버려진 갓난아이들(abandoned babies)을 위하여 1951년에 '기아 보호소'(foundling home)가 세워졌다. 1961년에 그 보호소는 520명의 버려진 아이들을 받아들였는데, 이들 가운데 204명이 기독교인 가정에 입양되었다.[17] 간호선교사들이 인근의 난민 수용소에 날마다 "오후 2시 우유배달"(two p.m. milk run)을 하여 600~700컵의 따뜻한 우유를 6세 미만의 아이들에게 나누어주었다.

14 Fey.

15 Freeland, p.40.

16 the hospital nursing school. 예수병원 간호학교. (역자)

17 Report of the Presbyterian Medical Center, *Minutes of the Ad interim Committee*, December 19~20, 1961, p.17.

1953년 5월에는 '수족절단자 재활센터'(amputee rehabilitation center)
가 '기독교세계봉사회'의 협력으로 전주 예수병원에 설립되었다. 이
곳에서 다수의 아동을 포함한 수족절단자들이 회복되고 인공수족이
만들어졌다. 그 센터가 운영된 처음 두 해 동안에 136명의 수족절단자
들이 의수족(義手足)을 받고 그것을 사용하는 방법을 배웠다.

1952년에 그 병원과 직원들은 '유엔민간원조단'으로부터 최고의
표창을 받았다.

> … 유엔민간원조단 제4번 팀이 사용할 수 있도록 의료 원조와 기관의 시설을
> 제공함으로써 사심없고 귀중한 도움을 주었다. … 불평하거나 의무를 지우
> 는 일이 없이(without complaint or obligation) (그 병원은) 직원들의 전문
> 적 봉사를 제공하였고, 더 나아가 이 단체가 사명을 완수하는 데 돕기 위하여
> 자신들의 부족한 약품과 의류와 식량의 공급량을 희생하였다.[18]

광주에서는 1951년 10월에 '제중병원 결핵요양소'[19]가 문을 열었
다. 코딩턴(고허번) 의사가 목포에서 옮겨와서 간호사 커밍 부인(Mrs.
Bruce A. Cumming, 김에스더)의 도움을 받아 이 기관을 열었다. 전쟁
후에 발생한 인구과밀과 영양실조와 감염적 상황의 결과로 폐결핵이
급증하고 있었다. 그 질병의 특성상 모든 환자들이 결국에는 구호
대상자(relief cases)가 될 수밖에 없었는데, 병상에 누워 생계를 박탈
당한 후에 한국에서 누가 몇 주 이상 분의 치료비를 지불할 여유가
있었겠는가? 2년 만에 그 요양소는 원래의 40병상 수용능력을 배로

---

18 *Presbyterian Survey*, September, 1952, p.53.

19 Graham Memorial Tuberculosis Sanatorium.

늘렸다. 백십자사(White Cross)의 공급품, 기독교세계봉사회의 의약품, 정부의 구호 식량, 그리고 유엔민간원조단의 설비가 그 병원이 사업을 계속하는 것을 가능하게 했다.

포로 이야기
The prisoner of war story

그 전쟁의 가장 극적이고 국제적 주목을 받은 에피소드들 중의 하나는 포로 교환이었다. 사실상 이 하나의 문제가 19개월 동안이나 그 싸움을 지루하게 연장시켰지만, 그 결과는 공산주의의 대의(大義)에 그때까지 가해진 것들 중에 가장 결정적인 선전 패배였다. 그리고 철조망 뒤에 있었던 선교사들이 그것이 그렇게 되도록 도왔다.

전투가 교착상태에 이른 1951년 7월에 쌍방은 휴전 협상을 시작할 준비가 되었다. 공산주의자들에 의한 수개월의 농간이 있은 후에 휴전에 이르지 못하게 하는 단 하나의 큰 장애물이 포로의 본국 송환임이 분명해졌다.

165,000명의 공산군 포로들 가운데 88,000명이 본국으로 돌아가

6·25전쟁 당시의 거제도 포로수용소 전경

려고 하지 않았다. 공산주의에 대한 이 혹독한 고발은 민주주의의 대의를 위한 엄청난 선전 가치를 갖고 있었다.

공산주의로부터 이러한 집단 이반(離叛, defections)이 일어난 한 가지 주요 요인은 포로수용소 내에서 활동한 몇 명 안 되는 선교사들의 사역이었다. 전쟁 중인 1950년 10월에 '미 8군'이 소수의 선교사들에게 군무원 부서(D.A.C.)[20]의 군목(chaplain)으로 전투부대에 예속된 한국인 군인들과 민간인들 가운데서 일해 달라는 요청을 하였다. 새로운 군목들 가운데 두 명의 남장로교인들이 있었다. **존 탤미지**(타요한) 목사는 '제25 보병사단'에 배속되었고, **브루스 커밍**(김아열) 목사는 '제1 기갑사단'에 입대하였다. 두 사람 다 멀리 북진하여 평양 북쪽 160km 쯤에서 저지당할 때까지 그들의 사단들과 함께 갔다. 비참한 후퇴 후에 커밍 군목과 탤미지 군목은 북한군으로 채워지고 있던 포로수용소들에서 일하도록 거제도(巨濟島)로 전속되었다. 탤미지 씨는 1951년 4월까지 열두 수용소에서 사역한 다음 군에서 풀려나 목포에서의 선교 사역에 복귀하였다. 커밍 박사는 비무장지대에서 그 드라마의 최종 막이 내릴 때까지 포로수용소에 남아 있었다.

그 군무원 부서 군목들에게는 철조망 뒤에 있는 그들의 교구민들(parishioners)과 함께 집중적인 기독교 교육과 설교와 개인사역을 할 수 있는 자유가 주어져 있었다. 어느 포로도 어떠한 종교적 의식에 참석하도록 강요당하지 않았고, 참석하는 자들이 아무런 우대도 받지 않았음은 물론이다. 커밍 박사는 그 사역이 어떻게 조직되었는지를 묘사한다.

---

20 Department of the Army Civilian.

147,000명의 한국인 포로들 가운데 적은 수인 약 3,000명이 개신교도였는
데, 그들 가운데 고향 교회에서 평신도 전도사, 장로 또는 집사였던 사람
들이 있었다. 철조망이 쳐진 각 수용소 안에서 이 작은 핵심 그룹(cadre)을
중심으로 "교회"가 세워졌다. 공식적인 조직은 없었지만, 사실상 이들이
한국 기독교 전통의 매우 중요한 한 부분인 새벽기도회를 열고, 성경반과
강좌를 관리하는 일에 조력자들이 되었다. 그들 가운데 다수가 개인전도
에 매우 성공적으로 종사하였다.[21]

처음에는 대부분의 포로들이 거제도에 수용되었지만, 미군 장성
의 납치에까지 이른 수용소 폭동들이 있은 후에는 포로들이 선별(選
別)되었다. 본국 송환을 거부한 포로들은 육지로 옮겨 다섯 캠프에
분산 수용되었다. 커밍 박사는 이들 중에 광주와 논산(論山)에 위치
한 두 수용소에 있는 21,000명과 사역하도록 배치되었다. 그의 두
수용소에는 신앙을 고백하는 3,300명의 기독교인들이 있게 되었다.
이들 가운데 900명은 포로가 되기 전에 믿었던 사람들이었다. 나머
지 2,400명은 "15개월이나 그 이상의 기간에 걸친 개인사역, 설교,
그리고 교육의 열매들이었다."[22] 1952년 10월의 단 두 주일에 197명
이 세례를 받고 기독교인이 되었다!

1953년 6월 19일 아침에 커밍 박사는 차를 타고 광주 포로수용소
에 갔는데, 밤새 그의 교구민 대부분이 자유를 위하여 탈출하였음을
알게 되었을 뿐이었다. 이승만의 명령에, 그리고 경비병들의 묵인하
에 그 밤에 전국의 수용소들에서 25,000명의 북한군 포로들이 철조

---

21 B. A. Cumming(김아열), "The P.O.W. Story," *Presbyterian Survey*, September,
    1953, p.31.
22 Cumming, "The P.O.W. Story," p.31.

포로수용소에서 탈출을 개시한 반공포로들(1953.6.18.)

망을 넘어가서 그들을 재빨리 받아들인 친구들의 집으로 사라져버렸
다.[23] 이 일로 인해서 양편으로부터 "사보타주"(sabotage, 방해행위)라
고 하는 고뇌에 찬 고함소리가 났다. 유엔군은 휴전회담이 위태로운
지경에 빠지지 않을까 두려워하였지만, 실상 공산주의자들은 안도
하였다. 그것은 포로들에 대한 실제의 심문이 있을 때에 본국에 돌
아가는 자들의 전반적 비율이 크게 늘려질 것을 의미하였고, 6월 18
일 야밤 속으로 도주한 자들은 이승만이 유괴한 것이라고 그들이
주장할 것이기 때문이었다.

철조망 뒤에 남아있던 22,000명의 포로들은 최종 심사(final
screening)를 받기 위하여 북으로 이송되었다.

---

23 반공포로 석방: 포로송환에 관하여 유엔군 측의 '자발적 송환' 주장과 공산군 측의
'강제적 송환' 주장이 상충하여 휴전 협상이 장기 교착상태에 빠졌다. 그러던 중에
이승만 대통령이 1953년 6월 18일 0시를 기하여 독자적 명령으로 유엔군 관리
하의 전국 8곳의 포로수용소에서 반공포로들을 전격 석방하였고, 3만 5천여 반공
포로들 가운데 약 2만 7천 명이 며칠 사이에 탈출하였다. 이에 미국은 한국의
동의 없이는 휴전협정을 성립시킬 수 없음을 알고 '한미상호방위조약'의 체결,
경제원조, 한국군의 전력 강화 등을 조건으로 하여 이승만 대통령의 휴전 동의를
얻어내었고, 회담은 계속되어 그 해 7월 27일에 휴전협정이 체결되었다. (역자)

이 사람들이 어떻게 유엔군과 공산군 사이의 비무장 지대로 데려와져서 약 5,000명 되는 인도군(印度軍)[24]의 돌봄과 보호 아래 놓이게 되었는가, 본국으로 돌아가도록 이 사람들을 속이거나, 매수(買受)하거나, 협박하거나, 그 밖의 방법으로 권유한 공산군의 어색한 노력, 포로들의 결연한 태도와 용기, 일이 공정하게 처리되도록 신경 쓰는 유엔의 흔히 좌절된 노력, 거의 모든 포로들이 자신들이 반공주의자임을 증명하였을 때에 인도군이 보인 경악과 환멸, 환성을 지르고 깃발을 흔드는 21,805명의 인간들의 석방과 더불어 찾아온 그 모든 일의 종결에 관한 이야기 - 이 모든 것이 앞으로 여러 해 동안 자유인들을 전율하게 할 한 편의 서사시(敍事詩)를 구성한다. 여기에 공산주의에 대한 놀라운 거부가 있었다. 북한군의 절반 이상이, 그리고 중공군의 사분의 삼이 자기들의 가정과 사랑하는 사람들에게 돌아가는 것보다 자유세계의 *어느 곳에서*든 보장되지 않고 불확실한 미래를 살기로 선택했기 때문이다.[25]

대가 계산
Counting the cost

휴전협정의 서명과 더불어 불안한 평화가 남한 국민에게 찾아왔다. 그러나 3년간의 전쟁은 국가와 교회의 성격에 지울 수 없는 흔적을 남겼다. 그 큰 전란(戰亂)이 한국의 기독교인들에게 남긴 결과는 무엇이었는가?

---

24 당시 반공포로들은 중립국송환위원회 소속이었던 인도군을 친공(親共), 친소(親蘇)적으로 여겨 이들과 대립하였다.

25 Cumming(김아열), "The P.O.W. Story," p.8.

1. **지도층의 엄청난 상실**(*Appalling loss of leadership*). 도대체 얼마나 많은 기독교 지도자들이 목숨을 잃었는지 아무도 알 수 없을 것이다. 현대 한국교회사가 한 사람은 모든 교파들의 모든 목사들의 *절반이* 상실되었다고 썼다.[26] 이것은 믿을 수 없는 숫자로 보이지만, 우리는 북한에서의 상실도 기억하지 않으면 안 된다. **한경직**(韓景職) 박사는 1950년 여름 동안에 공산주의자들에 의하여 체포되어 지상에서 사라진 서울의 500인 기독교 지도자들에 관해서 이야기한 적이 있다.[27]

2. **교회 재산의 광범한 손실**(*Widespread loss of church property*). 헤아릴 수 없이 많은 교회 건물들이 파괴되었다. 전투의 과정 중에 전선(戰線)이 움직이고 세 번이나 그 나라의 전체에 걸쳐 요동침에 따라 많은 교회당들이 부수어졌다. 서울은 네 번 주인이 바뀌었고, 그 많은 "해방" 덕분에 그 도시의 대부분의 교회들이 폐허가 되었다. 많은 시골 교회들이 교회를 골라내어 파괴하는 데 잔인한 기쁨을 느낀 게릴라들에 의하여 소실되었다.

3. **자급 능력의 약화**(*Weakening of self-support*). 한국 교인들은 외국의 보조금(foreign subsidy) 없이 자신들의 교회를 지탱해 나가는 그들의 능력으로 인하여 세계적으로 유명했었다. 그러나 이 시기 동안에 하나의 미묘한 변화가 일어났는데, 그 이유는 3~5년 동안 전 국민이 의연품(the dole)으로 살았었기 때문이다. 어떤 곳으로부터든지 도움을 받지 않고 이 수년 동안에 살아남은 사람은 거의 없었

---

26 김양선, 『한국기독교 해방10년사』, p.78.
27 "The Communist Terror: Plight of the Korean Christians," *Christianity Today*, September 25, 1961, p.35.

을 것이다. 한국은, 심장마비 환자처럼, 많은 양의 자극제의 투여로
소생하였다. 그러나 그 자극제가 습관성임이 들어났다. 이 전후(戰
後) 수년간의 심각한 문제들 가운데 하나는 어떻게 하면 교회를 선교
달러(missionary dollar)에 대한 의존에서 벗어나게 할 수 있을까 하는
것이었다.

  4. 도덕적 수준의 하락(*Lowering of ethical standards*). 전쟁 기
간에는 도덕적 수준의 전반적 이완이 발생하는 것도 어쩌면 불가피
한 일이었을 지도 모른다. 많은 경우에 미국 군인들이 도덕적인 면
에서 결코 모범적이지 않은 본을 보였고, 한국인들이 자기네 전우들
을 신속히 따라갔다. 전쟁 기간에 군수품 "후무리기"[28](scrounging
of supplies)는 일반적으로 생존에 필요한 것으로 용납되었다. 평화
시에도 이 풍조는 계속되어서 그 결과 "슬쩍슬쩍" 운영(slicky-slicky
operation)과 물품이나 돈을 의도된 바와는 다른 목적으로 쓰는 일이
생겼다. 급등하는 물가상승은 어떤 고용인이든 몇 개월 전에는 충분
하였을 근소한 봉급으로 살아가는 것이 흔히 인간적으로 불가능하였
음을 의미하였다. 벌이하는 사람은 생계를 꾸려나갈 다른 덜 명예로
운 방법들을 쓰지 않을 수 없었고, *사바사바*[29](수뢰)가 국민적 오락(a
national pastime)이 되었다. 교회조차도 이러한 모든 영향으로부터
자유롭지 못했고, 고위직에서조차 부패가 만연한 것은 전쟁의 가장
비극적인 결과들 가운데 하나였다.

---

28 후무리기: 남의 물건을 슬그머니 훔쳐 가지기, 몰래 빼돌리기. (역자)
29 사바사바: [일본어] 뒷거래를 통하여 떳떳하지 못하게 은밀히 일을 조작하는 짓을
    속되게 이르는 말. (역자)

5. 이북 기독교인들의 영향력 증대(*Rise in the influence of northern Christians*). 전쟁의 결과들이 다 나쁜 것은 아니었다. 100,000명이나 되는 이북 기독교인들이 공산주의자들의 박해를 받는 기간에 남쪽으로 피난해 왔다. 그 중 다수가 목사들과 장로들이 었는데, 그것은 해방 전에는 교회의 중심지가 북쪽에 있었기 때문이었다. 교파를 통틀어 가장 큰 교회인 **영락**(永樂)장로교회가 이런 시기에 서울에 있는 이북 피난민들에 의하여 세워졌다.

6. 영웅적 행위(*Heroism*). 그러나 아마도 가장 분명하게 눈에 띄는 것은 그들의 믿음이 공산주의자들의 잔인한 권력에 의하여 도전받았을 때에 그 믿음을 감히 온전히 나타낸 수많은 기독교인들의 왕성한 용기이다. 필자에게 개인적으로 알려진 세 사건이 마음에 떠오른다.

순천의 **라덕환**(羅德煥) 목사는 후에 한국 장로교회의 총회장(1961~62)을 지낸 분인데, 여수에서 공산주의자들의 반란이 일어났을 때에 붙잡혀서 다른 혐의자들의 무리와 함께 한 건물에 갇혔었다. 무기를 빼어든 채 취조관들이 다가와서 각자에게 단 한 가지 질문을 하였다. "너는 기독교인이냐?" "아니요"라고 하는 한 마디 대답이 그들을 만족시키는 것으로 보였다. 그들이 가까이 오자 나 목사는 무슨 대답을 할지 고민스러웠다. 그때에 주님의 말씀이 문득 떠올랐다. "누구든지 사람들 앞에서 나를 부인하면, 나도 역시 그를 내 아버지 앞에서 부인하리라." 나 목사가 질문을 받았을 때에 그는 "예, 나는 기독교인입니다"라고 대답하여 모든 사람들을 놀라게 하였다. 그는 총살을 당하도록 끌려나갔지만 그의 처형이 지연되었고, 그러는 동안에 정부군이 시내에 들어왔다.

광주의 선재련 목사는 1960~61
년에 전남노회장을 지낸 분인데,
그의 몸에 "주 예수의 흔적"을 지니
고 있다. 그가 자기는 기독교 목사
라고 시인하였을 때에 그의 몸은 총
검으로 네 번 찔렸고 죽은 줄로 알
고 내버려졌다.

좌) 라덕환 목사[1904~1971]
우) 선재련 목사[1898~1985]

역시 떠오르는 것은 근처 시골 교회의 집사인데, 그는 사형집행인
의 도끼 앞에 무릎을 꿇었다. 그런데 그 도끼가 너무 둔해서 일을
제대로 하지 못하였다. 그 집사는 밤사이에 의식을 회복하여 몇 날
동안 논에서 숨어 있다가 마침내 기독교인 의사에게 갔는데, 그가
그의 상처를 꿰매어 주었다. 그는 오늘까지도 목 뒤에 5cm 깊이의
흉터를 지니고 있다.

이런 이야기들은 예외적인 것이 아니다. 한국에 있는 선교사는
누구나 더 많은 이야기를 들어왔다. 어떤 교회의 최근 역사에서도
이처럼 큰 규모의 영웅적 행위를 발견하기는 어려울 것이다.

제10장

새로운 변경邊境들
New Frontiers

1954~1962

요컨대, 연례의 봄 모임에서 윤곽이 그려지는 선교회의 정책은 팽창(expansion)과 강화 (consolidation)라고 하는 두 단어로 요약될 수 있을 것이다. 복음전파의 분야에서는 복음이 우리의 확장되어가는 사업현장 전체에 미치도록 '팽창,' 기관들의 문제에 있어서는 단지 가장 높은 질의 교육과 의술만이 그리스도의 이름에 합당하다는 신념으로 '강화.' 그리하여 우리는 선교사업의 "줄을 길게" 하고 "말뚝을 강화"하는 두 가지를 다 한다.

– The Annual Report for the Mission for 1954, p.110.

현 세계가 혁명을 겪고 있다는 사실은 일반적으로 인정되어 있다. 우리는 교회가 그 안에서 사명을 수행하지 않으면 안 되는 음울한 세계 상황(the somber world context)을 불안하게 의식하고 있다. 제2차 세계대전이라는 거대한 투쟁이 끝난 지 십이 년! 그러나 삶의 큰 솥은 아직도 거품을 내면서 지글지글 끓고 있다. … 우리는 나날의 과업을 매우 일상적인 방법으로, 그러나 세상살이의 방식은 위험한 재료로 꾸며져 있어서 갑자기 우리의 면전에서 급변할지도 모른다고 하는 불안한 느낌으로, 열심히 한다.

– The Annual Report of the Board for 1956, p.5.

1954년은 한국 선교가 전쟁으로 인하여 그 안에 갇혀 있던 "경계선"을 탈출하여 성장과 발전의 새로운 국면으로 들어간 해라고 불려도 좋을 것이다. 1월에 네 거점들에 24명의 최소한도 병력(a skeleton force)이 배치되어 20년 전에는 그 수의 세 배가 되는 인원이 수행하였던 업무를 감당하려고 노력하였다. (그러나) 그 해 말의 연례 보고서는 뚜렷한 대조를 보여준다.

> … 그 해는 선교인원이 배 이상 증가하고 끝난다. 새로운 도(道)에서 복음
> 전파를 할 책임이 수락되었다. 새로운 선교거점을 개설하기 위하여 한 선
> 교사 커플이 파송되었다. 하나의 문리과대학(文理科大學)이 시작되었다.
> 선교회 프로그램의 모든 국면에 영향을 줄 하나의 재건 프로그램이 진행
> 중이다. 실로 1954년은 "획기적 약진"(breakthrough)의 해였다.[1]

모국 교회의 '발전 프로그램'(Program of Progress) 덕택에 각 선교거점과 기관마다 시급히 필요한 재건을 위한 얼마간의 자금을 받았다. 병원들은 시설을 크게 확장하고 개선하였다. 선교회는 국민의 수용적 태도를 아직 시간이 있는 동안에 완전히 이용하기 위하여 모든 노력을 다함에 따라 점증하는 수의 신규 계획사업들에 착수하였다. 라디오 방송사역, 대학, 간호학교, 새로운 성경학원, 선교사 자녀를 위한 학교, 시청각 설비, 성경 클럽, 학생 사역, 선교회 출판부 - 이 모든 것들이 선교회 프로그램에 추가되었다. 다시금 선교회 총무 사무실이 개설되었고, 그때로부터 **페트리 미첼**(H. Petrie Mitchell, 미철) 씨와 **미리암 던슨 양**(Miss Miriam Dunson, 선미령)이 선교회 사무를 원활

---

1   *Annual Report of the Mission for the Year 1954*, p.108.

하게 운영하는데 기여하였다.

선교사들의 복지에 가장 크게 기여한 한 가지 일은 1954년 초에 아내들과 자녀들이 (선교지에) 돌아온 것이었다. 일곱 가구가 오랫동안 일본에서 기다리고 있었다. 3월에 그들의 귀환에 대한 금지령이 극적으로 갑자기 풀렸고 불과 몇 주일 안에 도쿄로부터 한국으로의 집단 이동이 완료되었다.

이 확장과 함께 우리는 자체의 정책들과 원리들을 재평가하려는 선교회 측의 전반적인 욕구에 주목한다. 그렇게도 많은 "조사"(survey) 위원회와 "정책"(policy) 위원회가 임명된 적이 없었다. 많은 선례 (precedents)가 여러 차례의 철수와 전쟁의 결과로 잊어지거나 폐기되었었다. 1930년대 이후 처음으로 선교회는 변화하는 세계 상황에 비추어 자체의 프로그램을 재고(再考)할 기회를 가졌다. 새로운 항로의 지도가 만들어지지 않으면 안 되었다.

40년간 '네비우스 플랜'은 그 아래서 장로교의 전진이 이루어졌던 깃발이었었다. 그러나 선교회들의 새로운 날에, 네비우스 원리들은 오래되어서 유용성을 잃었는가, 그리고 만약 그렇다면 무엇이 그것들을 대신해야 하는가?

민족주의의 고조(高潮), 학생 소요, 그리고 국가의 정치 생활 속에서 일어나는 폭력적 격변 속에서 선교회와 한국교회의 관계는 어떻게 바뀌는 것이 바람직하였는가?

총회의 비참한 분열이 8년 안에 두 번이나 일어났다. 한국 기독교가 깨어지고 분열하는 경향을 뒤집기 위하여 어떤 일을 할 수 있을까?

이 시기 동안의 폭풍우의 대부분은 세계교회주의 운동과 관련해서 사납게 몰아쳤다. 한국교회와 보편적 교회의 관계는 바로 어떠해야 할까?

이상이 이 기간에 선교회가 맞붙어 싸우고 그에 관해서 기도한 까다롭고 좌절감을 낳게 하는 문제들의 일부였다.

복음전파에 열린 문들
Open doors in evangelism

선교회는 뭔가 묻고 싶어 하는 분위기에 있었지만, 그들이 가진 의문들은 그들이 전한 복음의 내용에 관련된 것은 아니었다. 복음은 여전히 "구원을 얻게 하는 하나님의 능력"이었다. 이 점에 관해서는 의심이 있을 수 없었으니, 교회가 계속하여 급속하게 성장하였기 때문이다. 1957년까지에는 호남지방[2]의 열 노회들 안에 있는 장로교회의 세례교인 수가 39,000명으로 증가하였었다. 교회는 공산주의자와의 전쟁이 시작된 이래로 그 수가 두 배로 늘었다.[3]

이 증가수의 일부는 선교회의 복음전도 사역이 확장되어 충남(忠南)이라는 새로운 도를 포함하였었기 때문이었다. 우리는 또한 인구 폭발이 있었음도 기억하지 않으면 안 된다. 1894년에 레널즈, 테이트, 그리고 전킨이 전라도를 처음 탐험하였을 때에 인구는 1,500,000명을 넘지 못했다. 1960년의 인구 조사는 당시 우리 선교회가 사역하던 도들의 인구가 8,755,864명(!)이었음을 보여준다. 달리 말하자면, 50년간 열심히 사역한 뒤에도 아직도 그 사역이 시작된 때의 다섯 배(!) 이상의 비기독교인들이 여전히 있었다.

---

2 '호남(湖南)'이라는 용어는 남장로교 선교사들이 사역하고 있는 지역을 가리킨다.
3 교회 내의 전쟁 후 통계는 기록의 결핍과 일어난 여러 분열들로 인해서 평가하기가 매우 어렵다. 기독교서회가 발간한 1962년 기도 달력(Prayer Calendar)에서 취한 다음 통계가 대체로 정확하다.

이 인구 증가에 뒤떨어지지 않도록 무엇인가를 할 필요를 인정하여 선교회는 대규모 전도 기술들(mass evangelistic techniques)을 활용하여 몇 가지 새로운 사업으로 가지를 뻗어나갔다.

1. 대중 전도 집회(*Mass evangelistic services*). 1957년에 남장로교 타이완 선교회(Taiwan Mission)의 **해밀턴 목사**(Rev. E. H. Hamilton)를 한국에 초청하여 호남지방의 대도시들에서 일련의 천막집회들을 인도하게 하였다. 그 집회는 네 도시에서 각각 한 주일씩 열렸는데, 아침과 저녁에 천막들이 꽉 찼다.

2. 방송 전도(*Radio evangelism*). 1950년에 공산군이 공격해 왔을 때에 '한국기독교교회협의회'(Korean National Christian Council, KNCC)의 후원으로 개설될 새 방송국에서 쓰일 방송 장비가 해상에서 수송 중이었다. 하나님의 섭리로 그 화물은 일본에서 하역되었고, 그래서 파괴되지 않았다. HLKY 방송국[4]은 마침내 1954년 12월에

	교회 수	교인 수
장로교(예장); 북장로교, 남장로교, 호주장로교의 지지를 받는	1,936	374,256
장로교(기장); 캐나다 연합교회의 지지를 받는	663	114,475
장로교(고신); 정통장로교회와 세계장로교회의 지지를 받는	1,590	236,524
감리교	1,137	235,908
성결교	474	96,405
제7일 안식일 재림파	602	63,785
구세군	143	25,180
침례교	195	11,230
기타 교파들	245	25,394
개신교 교파들의 총계	6,985	1,233,157
가톨릭 교회		451,808

방송을 시작하여, 복음의 메시지를 수도권의 가정들과 그 넘어 멀리 북한에도 송출하였다. 연합장로교 선교회[5]의 **오토 디캠프** 목사(Rev. Otto DeCamp, 감의도)는 이 방송국의 국장이 되었다.[6] 1961년에 중계 방송국 두 곳이 호남 지역에 설립되었다. HLCL 방송국이 8월에 광주에 개설되었고, HLCM 방송국이 몇 개월 후에 이리(裡里)에서 방송을 시작하였다. 광주방송국은 남장로교 세계 선교부의 후원금으로, 그리고 이리방송국은 캐나다 연합교회의 유사한 후원금으로 가능하게 되었다. 프로그램들은 서울에 있는 주 방송국 HLKY에서 테이프에 녹음되어 전국에 있는 네 개의 중계방송국으로 발송된다. 방송국들은 범교파 지방위원회들에 의하여 운영되고, 운영비는 각 지역의 교회와 교인들의 기부금으로 충당된다. 선교회는 **파크스** 목사(Rev. David L. Parks, 박대의)를 통해서도 기여해 왔는데, 그는 라디오 엔지니어로서 전반적 계획 수립을 자문함으로써 도와 왔다.

3. 시청각 팀(*Audio-visual team*). 1961년 봄에 '2인조 시청각 부대'가 지방 순회공연에 나섰다. 지프차 안에 휴대용 발전기와 음향·영상 영사기를 싣고, 그 팀은 전라도와 제주도의 작은 농촌 교회들과 마을들을 방문한다. 지방 학교 운동장에서 하는 구경거리에 600이나 1,000명의 군중을 모으기는 결코 어렵지 않다. 그리스도의 생애에 관한 영화들이 보통 상영되고, 그 팀의 책임자인 전도사가 막간에 말씀을 전한다.

---

4 현 CBS의 모체. (역자)

5 the United Presbyterian Mission. '연합장로교'는 1958~1983에 사용된 북장로교의 새 명칭임. (역자)

6 Allen D. Clark(곽안전), *History of the Korean Church*, p.231.

여러 차례 군중은 매우 감동하여 부활 장면이 나오는 동안 '그리스도는 죽음을 이기신 분'이라는 진리를 정말로 깨달은 것처럼 환호하고 박수를 친다.[7]

그 팀은 페티스 목사(Rev. E. W. Pettis, 배지수)의 책임 하에 순천에 센터를 두고 있다.

4. 선교회 출판부(Mission Press). 기록된 말의 힘이 충분히 활용되어야 한다는 것을 느끼고 선교회는 1953년에 전주에 작은 인쇄소(print shop) 하나를 설립할 것을 허가하였다. 조우 하퍼 목사가 그 사업의 시작을 지도하였다. 그때로부터 그 사업은 발전하고 번영하였다. 전쟁이 끝난 후에 미군으로부터 얼마의 잉여 인쇄 장비를 받은 것이 그 사업에 큰 후원이

조우 하퍼
(조요섭)
[재임 1947~1986]

되었다. 전주 인쇄소에서 소책자, 교리문답 책, 그리고 작은 팸플릿이 인쇄되고 격월간 성경잡지[8]가 호남지방의 1,000 교회에 우송되었다. 전쟁 후에 선교회는 J. C. 크레인(구례인) 박사가 쓴 두 권의 조직신학 교과서와 조셉 하퍼(조하파) 박사의 이사야서 주석을 간행하였다. 이 두 권의 책은 교회에서 널리 사용되고 재판(再版)이 요구되었다. 『포스터의 성경 이야기』(Foster's Bible Story) 책의 아름다운 삽화가 그려진 한국어판도 역시 출간되었다. 선교회는 초교파적인 기독교서회를 후원해 왔고, 키스 크림 박사(Dr. Keith Crim, 김기수)가 그 서회의 편집

---

7   John M. McBryde(마요한), *Annual Report of the Mission for the Year 1961*, p.7.
8   잡지명은 『복된 말씀』. (역자)

위원으로 수고해 왔다.

5. 학생 사역(*Student work*). 아마도 복음전
도에서 가장 방치된 분야 가운데 하나는 대도시들
에 있는 많은 학생 인구였을 것이다. 학생들의 대
부분이 지역 교회들의 사역에 의하여 영향을 받지
않고 지내왔기 때문에 대학 캠퍼스들에는 일종의
영적 공백(a spiritual vacuum)이 있다.

사라 배리(배사라)
[재임 1955~1977]

선교사들이 몇 년 동안 이 학교들에서 영어성경반을 가르치긴 하
였지만, 1961년까지는 학생 사역의 분야에 큰 노력을 기울이지 않았
었다. 그 해에 광주 선교거점은 당구장과 다방으로 설계되었던 한
이층 건물 안에 시내 학생센터(a downtown student center)를 열었다.
사라 배리 선교사(Miss Sara Barry, 배사라)가 선교사 구내에서 그 센터
의 이층에 있는 아파트로 이사 와서 그 센터에서 새로운 교회를 조직
한 제일장로교회의 당회와 협력하여 그곳에서 사역을 진행하였다.
이 사역은 처음 기대 이상으로 성공적이었다. 배리 선교사는 다음
과 같이 썼다.

(1961년) 9월 이후 지금까지 모든 학급에 총 114명의 대학생들이 등록하였
다. … 이들은 전남대학교의 여섯 대학 모두에서 온 학생들이고, 조선대학교
의 법대와 약대 그리고 사범학교의 학생들도 참석한다. 출석하는 학생들은
주로 영어를 배우기 원해서 오고, 그들의 일부는 우리 도시의 대학교들과
대학들에서 가장 우수한 학생들이다. 그러나 우리는 출석하는 이들의 대
부분이 성경을 배우는 것에 진정한 관심을 갖고 있는 것을 발견하였다.
… 네 명의 학생들이 주님을 영접하기로 명확한 결심을 하였고, 주님께서

그 외의 열둘이나 열다섯 명의 마음에서 역사하고 계시는 증거가 있다.
우리는 학생 개개인과 상담하고 이야기할 수많은 기회들을 갖고, 넷 내지
여덟 대학생들의 한 그룹이 매일 새벽 5:30에 규칙적으로 와서 기도하고
성경을 한국어로 공부하고 있다.[9]

그 시기의 아쉬웠던 점들 가운데 하나는 열려있는 문을 이용하기
에 충분한 수의 전도 선교사들이 현지에 있지 않았다는 것이다. 의
료나 교육 기관들은 여러 명의 교체나 증강 인원을 받아 온 반면에,
어떠한 이유로든 현지에 오는 전도 선교사의 수는 현저히 감소해
왔다. 안수받은 선교사들의 일부가 부득이 교육사역에 전용되기도
하였다. 드와이트 린턴 목사(Rev. T. Dwight Linton, 인도아)[10]와 같은
그 밖의 목사들은 많은 시간을 행정에 써야만 했다. 린턴 씨는 탤미
지 박사의 은퇴 후에 선교회 법인의 이사장이 되었다.

안수받은 전도 사역자들의 이 만성적인 부족은 모든 선교거점들을
열어두는 것을 흔히 어렵게 하였다. 중대한 공석들을 채우기 위해서
인원이 빈번히 이리저리 이동시켜졌다. 1960년에 스미스 목사(Rev.
R. L. Smith, 심득인)와 보이어 목사(Rev. K. E. Boyer, 보계선)는 목포로
보내졌고, 1961년에 폴터 목사(Rev. J. W. Folta, 보요한)와 호프만 목사
(Rev. R. E. Hoffman, 함부만)는 전주로 전보되었다.

그러나 전도의 문은 우리 선교회의 사역을 위해서만 아니라 다른

---

9   *Annual Report of the Mission for the Year 1961*, p.2./ 배사라 선교사는 자신이
    발굴한 한국인 지도자 이사무엘(본명 이창우)과 함께 1961년에 개혁주의 신앙과
    네비우스 원리에 입각한 대학생 선교 단체 UBF(University Bible Fellowship, '대
    학생 성경읽기 선교회')를 창설하였다. (역자)
10 인도아: 인돈(印敦) 목사의 넷째 아들. (역자)

여러 집단들에게도 활짝 열려 있어왔다. 제2차 세계대전 이전에는 예양(comity)이 규칙이었고, 각각의 교단이 그 자체의 구역에서 사역을 하였다. 그러나 전쟁 이후로는 - 좋든 싫든 간에 - 더 이상 이렇게 되지 않았다. 캐나다 연합교회, 독립 하나님의 성회, 그리고 남침례교가 호남지방에서 사역하도록 선교사들을 배치해 두고 있다. 월드비전, 기독교 아동기금, 에버렛 스완슨(Everett Swanson) 전도협회, 그리고 대학생선교회(Campus Crusade for Christ, C.C.C.) 등이 모두 다 고아원들과 다른 전도 기관들을 크게 보조하고 있다. 로마 가톨릭 교도들은 남한을 얻으려고 큰 노력을 하고 있다. 그들은 외국 자금으로 위압적인 성당들을 변변찮은 장로교회들과 나란히 지었다. 여호와의 증인, 바하이교(Bahaism), 그리고 스베덴보리(Swedenborg)의 '새 예루살렘 교회'도 역시 활동해서 추종자들을 끌어들였다.

어떤 경우에는 그 지역에서 사역하고 있는 새 개신교 교회들과의 협력이 이루어져 왔다. 그러나 생소한 교리를 가진 매우 많은 그룹들의 등장은 혼란과 분열을 가져왔다. 특히 불행했던 것은 박태선(朴泰善)이라고 하는 전 장로교 장로의 지도하에 '감람나무교회'라고 불린 한국의 치유종파(healing sect)가 발생한 것이었다. 대규모 치유집회가 모든 대도시에서 거행되었고 그 운동은 굉장히 많은 추종자들을 끌어들였다. 나중에 그 지도자의 지나친 행위들(excesses)[11]과 초자연적 권능을 갖고 있다고 하는 그의 주장들이 그의 추종자들의 다수를 멀어지게 해서 그들이 원래의 교파로 돌아왔다. 1957년에 그 운동의 지도자가 사기 혐의로 수개월 투옥되기도 하였다. 그러나 현재까지 그 운동은 아직도 크고 열광적인 지지 세력을 갖고 있다.

---

11 자신이 '천부'(天父)라고 선언하고, 신도들에게 이혼과 별거를 명령한 것 등. (역자)

대전大田 선교거점과 대학
Taejon station and the college

여러 해 동안 선교회는 호남지방의 노회들로부터 이 지역의 기독교인 학생들을 위하여 문리과대학(liberal arts college) 하나를 세워서 고등교육의 분야에 진출해 달라는 요청을 받아왔었다. 이러한 대학을 위한 제안 서류가 1950년 철수 시에 선교회에 접수되어 있었다. 선교회의 1954년 회의에서 이러한 대학을 세우기로 결정이 내려졌고, 많은 논의 끝에 대전을 그 대학의 위치로 할 것이 투표로 결정되었다. 린턴(인돈) 박사가 그 기관을 이끌도록 선정되었다.

'발전 프로그램' 덕분에 건축 사업이 시작되었다. 건축기사요 앨라배마주 버밍햄 소재 사우스 하일랜드 장로교회의 장로인 찰스 데이비스(Charles C. Davis) 씨가 현장에 와서 대학 캠퍼스의 설계도를 작성하였다. 데이비스 씨는 한국에서 한 달간 머물면서 자신의 시간과 수고를 기증하였다.

그 대학은 1956년 4월 10일에 82명의 학생으로 개교하였다. 그 대학은 정부로부터 하나의 "학관"(institute)으로 운영하도록 임시 허가를 받았었다. 마침내 대학 인가를 1959년 2월에 받았다.[12] 그러나 그 인가는 그 "학관"에서 공부하였던 3개 학년의 학생들은 포함하지 않았고, 그래서 그 대학은 어떤 의미에서 다시금 시작할 수 밖에 없었다.

그 대학의 큰 손실은 초대 학장 린턴 박사가 1960년 8월 13일에 테네시주 녹스빌에서 사망한 것이었다. 린턴 박사는 남장로교 선교

---

12 1956년에 '대전기독학관'으로 설립된 이 대학은 1959년에 정규대학 인가를 받아 '대전대학'(大田大學)이 되었고, 1970년에는 서울 소재 숭실대학과 통합하여 '숭전대학'(崇田大學)으로 개칭되었다가, 1982년에 도로 분리되어 지금의 '한남대학교'(韓南大學校)로 교명이 바뀌었다. (역자)

사로 최장 48년간 근무하였다. 그는 유능한 교육자, 현명한 외교가, 열렬한 전도자, 그리고 능숙한 언어학자로 기억된다.[13]

1960년에 **존 탤미지**(타요한) 목사가 학장으로 선임되었다. 대학 교수진에는 다음 선교사들이 포함되었다. **크림** 박사(Dr. Keith R. Crim, 김기수)가 철학과 영어를, **무어** 목사(Rev. John V. Moore, 모요한)가 성경을, **프린스** 씨(Mr. Clarence E. Prince, 박인성)가 물리학을, **카메론** 씨(Mr. Joseph P. Cameron, 강요섭)가 수학을, 그리고 **괴테** 박사(Dr. Robert L. Goette)가 화학을 담당하였다. 이 학교는 자연 과학의 공부를 강조해 왔는데, 그것이 한국의 고등교육에서 가장 필요한 것들 중의 하나이기 때문이다.

그 대학은 제한된 예산과 모두가 세례받은 기독교인이어야 하는 학생의 등록금으로 정부의 교육적 필요조건에 따르고 자체의 증가하는 수요를 충족시키느라 힘든 노력을 해 왔다. 1961년에 대학의 시설에는 '**린턴 홀**'(Linton Hall)이라고 명명된 본관 교실 건물, 행정 및 도서관 건물, 그리고 학생 활동 건물의 일층이 포함되어 있었다. 개교한 지 처음 3년에 총 학생 수는 140명에 달했다.

최초로 대전에 주재(駐在)한 남장로교 선교사들은 1954년에 그곳으로 이사 온 **휴 린턴**(Hugh M. Linton, 인휴) 목사 부부였다.[14] **윌리엄 린턴** 박사에게 대학을 설립하는 임무가 부여되었을 때에 휴 린턴 부부는 다른 곳으로 전임되었는데, 그것은 아버지와 아들을 동일한 거점에 결코 임명하지 않는 선교회의 예로부터의 관례에 따른 것이었

좌) 한남대학교 설립자 윌리엄 린턴과 그의 부인 샬럿(유진 벨 목사의 딸)
우) 윌리엄 린턴의 셋째 아들 휴 린턴[재임 1952~1984]과 그의 부인 로이스(인애자)

다. 대전이 공식적으로 선교거점이 된 것은 1956년 1월이었다. 1959
년에 선교사 자녀들을 위한 초교파 학교인 '한국 외국인학교'(Korea
Christian Academy, KCA)가 대학에 인접한 토지에 세워졌다. 프랭크
그로셸(Frank J. Groschelle, 고세열) 부부와 제임즈 커크패트릭 부인(Mrs.
James F. Kirkpatrick)이 이 학교 최초의 교사로 근무하였다.[15] 대전
선교거점은 충청남도의 전도 사역도 맡고 있는데, 이 도는 선교회가
이 지역 두 노회의 요청으로 최근에 사역하기 시작한 광대한 새로운
지역이다.

대전에는 선교회가 협력하고 있는 '기독교연합봉사회'도 있다. 이
기관은 초교파 농장 겸 농촌 훈련 센터이다. 이곳에서 교회와 지역
사회 지도자의 훈련을 위한 학원이 매년 운영되고, 하나의 확장 부서
가 지역 수준에 맞는 프로그램의 개발을 속행한다. 그 센터는 또한
기독교 농촌잡지[16]를 간행하기도 한다.

---

15 크리스 매티슨 부인(Mrs. Chris Matheson)도 선교사 자녀들의 교사로 순천에서
근무하고 있다.
16 월간지 『농민생활』. (역자)

중등 교육
Secondary education

1954년의 연례 선교회 회의에서 중등학교 사역을 덜 중요시 하기로 가결되는데, 그 이유는 선교회 자원을 대학 설립에 집중하기 위하여 중등교육은 점차로 각 노회들에 양도할 것이기 때문이었다. 따라서 군산과 광주의 남학교들과 남녀공학인 순천의 매산학교는 받는 보조금이 점차 줄어들게 되었고, 이 학교들의 운영은 노회의 관리 이사회[17]에 위임되었다. 이 중에 두 학교에서는 그 계획이 제대로 이행되지 못하였는데, 그것은 곧 군산과 광주의 학교들에 분란이 생겼기 때문이었다. 1960년의 교회 분열로 그 학교들이 속한 노회들이 나뉘었을 때에 두 학교 다 많은 다툼의 중심이 되었다. 그러나 순천의 김형모(金炯模) 박사의 유능한 지도로 매산학교는 번영하여 그 학교의 강한 기독교적 증거와 학문적 수준을 유지하였다.

선교회는 목포의 정명여학교, 광주의 수피아여학교, 전주의 신흥학교와 기전여학교를 계속하여 운영하였다. 근년에는 한국인이 이 학교들의 교장이 되고, 학교들이 선교사-한국인의 합동 관리 이사회[18] 아래 놓여 왔다. 멜리슨트 허니컷 양(Miss Melicent Huneycutt)은 아직

멜리슨트 허니컷(한미성)
[재임 1955~1964]

도 중등교육 사역에 자기 시간의 대부분을 쓰고 있는 유일한 선교사이다. 기전(紀全)의 동사교장(co-principal)으로 매우 긴밀하게 사역하면서 그녀는 그 학교를 개인화 교습이 이루어지는 소규모 학급[19]을

---

17 presbytery boards of control.

18 joint missionary-Korean boards of control.

19 small classes with personalized instruction.

강조하는 하나의 시범 사업(a pilot project)으로 만드는 데 성공해 왔다. 1956년에 기전학교 새 건물이 세워졌다.

교회 지도자 양성
Church leadership training

한국 장로교회의 4분의 3에서 안수받은 지도자들이 아니라 평신도 지도자들이 사역하고 있다. 이렇게 된 한 가지 이유는 안수받은 지도자들이 양성되기보다 더 빨리 교회가 성장해왔다는 것이다. 또 한 가지 이유는 경제적 요인이다. 많은 교회들이 안수받은 목사를 청빙할 여유는 없었지만, 상당히 적은 비용으로 성경학교 졸업생을 청빙할 수 있었다. 그래서 근년의 한 가지 문제는 이 안수받지 않은 교회 사역자들을 훈련하는 일이었다.

1954년에 선교회는 선교회의 성경학교 프로그램을 통합하여 평신도 설교자들(lay preachers)을 훈련하는 하나의 중심적 학교를 세울 계획을 채택하였다. 지역 성경학교의 일부는 폐쇄될 것이었고, 다른 일부는 그 운영이 각각의 노회에 위임될 것이었다. 이 계획은 광주에 '호남성경학원'(Ho Nam Bible Institute)을 설립한 일로 그 다음 해에 실행되었다. 브루스 커밍 박사(Dr. Bruce A. Cumming, 김아열)가 서울에 있는 총회신학교의 청빙을 수락할 때까지 이 학교의 교장으로 근무하였다. 브라운 목사(Rev. G. T. Brown, 부명광)가 그 뒤를 이었다.

선교회가 채택하였던 계획은 처음부터 어려움에 부닥쳤다. 그 새 학교는 불행하게도 개별 노회가 후원하던 "야간 신학교들"과의 경쟁에 뛰어드는 불운을 지니고 있었는데, 그 야간 신학교들은 총회의 인가를 이미 얻어서 목사 안수를 받는 속성과를 두고 있었다. 동시에 선교거점들 측에서는 지역 성경학교들을 통해서 각 거점이 하고 있던 좋은 사역을 포기할 마음이 내키지 않았다.

1961년에 선교회는 '호남협의위원회'[20]와 협력하여 호남성경학원과 두 노회 "신학교들"을 합병하는 데 성공하였다. 이렇게 해서 광주에 있는 새로운 '**호남신학원**'(Ho Nam Theological Institute)[21]이 생겼다. 그 신학원은 10개 노회와 5개 선교거점들에서 파송하는 대표자들로 구성된 합동 이사회(a joint board)의 관리 아래 놓였고, 1961년 가을에 총회의 인준을 받았다. 졸업생들은 시골 교회의 평신도 전도사가 되거나 특별과정을 밟기 위하여 총회신학교 최종 학년에 진학할 수 있다. 그 학교 이사회의 최초 회의에서 브라운 목사가 교장으로 선임되었다. 첫 학기에 70명의 학생들이 등록하였고, 1961년 12월에 처음 학년 가운데서 10명의 학생이 졸업하였다.

클라크 성경학교(한예정 성경학교)와 **닐 성경학교**(이일 성경학교)의 결합으로 또 하나의 합병이 1961년에 이루어졌다. 여러 해 동안 전도 부인들을 양성해 왔던 이 두 학교들은 '**한일여자신학원**'[22]이라는 이름으로 전주에서 합병되었다. 합병으로 인하여 교수진이 합해지고 더 적절한 예산이 세워짐으로써 이 새 학교가 여성 교회 사역자들을 양성

코라 웨일런드
(고인애)
[재임 1954~1980]

하는 기능을 더 잘 수행할 것이 예상된다. **코라 웨일런드** 선교사(Miss

---

20 '호남협의위원회'(Ho Nam Consultative Committee)는 선교사의 활동과 개별 노회들의 활동의 조정(coordination)을 위한 교회-선교회 공동 회의체(a joint church-mission body)이다. 제10장의 '교회와 선교회의 관계' 란을 참고할 것.
21 현 '호남신학대학교'(湖南神學大學校)의 전신. (역자)
22 Han Il Woman's Bible Institute. 현 한일장신대학교(韓一長神大學校)의 전신. (역자)

Cora Wayland)가 그 학교의 교장이다.

의료기관들
The medical institutions

전주에서 1954년에 새로운 4층 건물이 완공되어 의료 센터(즉, 전주예수병원)의 사역이 크게 확장되었다. 이 일로 인하여 병원의 수용능력이 약 150병상으로 커졌다. 그 병원은 의과대학을 졸업하였지만 환자를 돌보는 실제 경험이 별로 없거나 전혀 없는 한국인 인턴들의 훈련을 그 특성으로 삼아왔다. 16명의 이러한 의사들이 1961년 동안에 훈련을 받고 있었다. 그 병원은 1961년에 준비된 다음 보고서를 보면 알 수 있듯이 복음전파의 중요성을 항상 강조해왔다.

> 지난 열두 달 동안에 그 병원에 입원한 3,062명의 환자들 가운데 538명이 그리스도를 영접하는 결심을 하였다고 우리의 전도사들이 보고한다. 우리의 전도 아웃리치도 27개의 다른 위치들에서 '의료-전도 현지 여행'[23]이라는 방법으로 병원 직원들에 의하여 꾸준히 진행되어 왔다. 이 프로그램을 통하여 1,546명의 환자들이 마을 진료소에서 치료를 받았고, 뒤이은 전도 예배 동안에 225명이 그리스도를 영접하였다.[24]

전주예수병원은 외과 의사들의 기술로 인해서 거듭거듭 국가의 표창을 받아왔다. 그 병원은 종양 클리닉(a tumor clinic)을 개설하는

---

23 medico-evangelistic field trips.
24 David J. Seel(설대위), "Report of the Presbyterian Medical Center, 1961."

일과 새로운 치료 방법으로 '방사성
동위원소 코발트-60'을 사용하는 일
을 선도(先導)해 왔다. 1961년에 선교
사 직원으로 **폴 크레인** 의사(Dr. Paul
Crane, 구바울), **데이빗 실** 의사(Dr.
David J. Seel), **프랭크 켈러** 의사(Dr.
Frank G. Keller, 계일락), 간호사 **엘리**

좌) 데이빗 실(설대위)[재임 1952~1990]
우) 마가렛 프리차드(변마지)[재임 1929~
1970]

자벳 보이어 양(Miss Elizabeth Boyer, R.N., 보배희), 그리고 검사실 실장
인 **오씨 레스페스** 선교사(Miss Ocie Respess, 오시혜)가 있었다. **임경열**
의사는 안과와 이비인후과 과장이었다.

　예수병원 간호학교는 6·25 전쟁 발발 직전에 **마가렛 프리차드** 선교
사의 지도하에 시작되었다. 1954년에 그 학교는 국가 표창을 받았다.
다른 열일곱 학교들과 경쟁해서 그 학교가 유엔민간원조단(UNCAC)에
의하여 "한국에서 가장 좋은 간호학교"로 선정되었다. 1960년까지
그 학교가 116명의 간호사를 배출하여 그들이 전국의 병원에서 근무하
고 있다.

　이 기간 동안에 광주의 '제중병원 결핵요양소'는 병상 수를 75개에
서 약 200개로 늘렸다. 이 일은 미군이 지원한 물자와 '유엔 한국구
호기구'(UNKRA)가 기부한 자금으로 세워진 80병상의 요양병동이 건
설됨으로써 가능하게 된 것이다. 1957년의 '창립기념일 헌금'[25]을
수령한 것이 이곳에서의 사역에 큰 복이 되었다. 미국에 있는 남장
로교 여성도들의 이 엄청난 기부금으로 인하여 간호사들의 새 기숙
사와 거대한 엑스레이 설비 한 세트를 마련하고 그 밖의 물리적 시설

25　미국 남장로교 여전도회의 'Birthday Offering.' (역자)

을 개선할 수 있었다. 그뿐 아니라 구제 환자들(relief patients)의 지속적인 지원을 위한 기금도 마련되었다.

여기에서 역점을 둔 것은 자선 사역(charity work)이었다. 1961년에 병원이 환자를 돌본 연 일수 62,071일 가운데 28,000일은 완전 무료였고, 30,000일은 부분 무료였다. 제중병원은 입원환자 부서와 가정방문 봉사를 통하여 한국의 어느 다른 사립병원보다 더 많은 결핵 환자들을 치료한다. 코딩턴(고허번) 의사와 로날드 디트릭 의사(Dr. Ronald B. Dietrick, 이철원)와 병원 행정 책임자 존 먹브라이드 씨(Mr. John M. McBryde, 마요한)가 그 병원의 현재 선교사 직원들이다.

1960년에 스탠리 토플 의사(Dr. Stanley C. Topple, 도성래)의 도착으로 윌슨 나환자촌은 마침내 그 의료사업을 이끌 선교사를 맞이하였다. 현재 그 환자촌이 당면하고 있는 제일의 문제는 병의 진전이 억제된 환자들을 그들을 피하고 쫓아내는 사회로 돌려보내는 것이다. 이 문제를 해결하고자 1962년에 그 프로젝트로 보내져야 할 환자 150명의 사회복귀를 위하여 약 36만평의 야산이 구입되었다. 800명의 교인이 있는 환자촌 교회는 활발한 목회를 수행하고 있다. 1961년까지 그 교회는 여덟 명의 농촌 목사들을 지원하였고, 그전 5년 동안에 13개 농촌 교회들을 짓는 데 도왔다. 환자촌 성경학교가 시작되어, 1961년에는 전국의 작은 지역사회 나환자들에 의하여 조직된 작은 교회들에서 일할 지도자로 세우기 위하여 30명을 훈련하고 있었다.[26]

---

26 *Annual Report of the Mission for the Year 1961.* 선교회는 계속하여 세브란스 연합의과대학(Severance Union Medical College)을 지원해 왔다. 이 의과대학은 (1957년에) 조선기독교대학(연희전문학교)과 합병하여 연세대학교가 되었다.

"분열로 조각조각 찢겨"
By schisms rent asunder

1952년의 분열(The division of 1952). 이 수년 간의 가장 비극적인 사건들은 장로교회 내에서 일어난 두 번의 비참한 분열이었다. 1950년에 총회 모임이 분쟁으로 해산하였음을 독자는 기억할 것이다. 다음 해에 총회는 조선신학교와 장로회신학교 둘 다 문을 닫도록 명하였는데, 그것은 이 두 파벌

아치 캠벌(감부열)
[재임 1916~1959]

들 간의 세력다툼을 끝내기 위함이었다. 총회 직영의 새로운 신학교 (總會神學校)[27]를 세우기로 결정되었다. 전쟁으로 인하여 그 신학교 의 위치는 임시로 대구(大邱)로 하고 북장로교 선교회의 아치 캠벌 박사(Dr. Arch Campbell)에게 이 학교의 학장이 되도록 요청하였는데, 그렇게 한 이유는 그 직책에 뽑히는 어떤 한국인이든 두 그룹 중의 어느 한 편에 치우친다는 비난을 받을 것이기 때문이었다.

새 신학교는 1951년 가을에 개교하였다. 건물도, 도서관도, 좌석도 없었다. 그러나 519명의 등록자 수는 모든 예상을 초과하는 것이었다. 선교사의 주택 한 채가 사무실과 기숙사로 쓰였다. 대규모 학급들이 춥고 난방도 되지 않은 근처 교회들에서 모였고, 학생들이 지하실에서 취침하였다. 조셉 하퍼 박사(Dr. Joseph Hopper, 조하파)가 교수가 되도록 신학교 이사회의 요청을 받았다. 이처럼 믿기지 않을 만큼 어려운 상황 속에서, 그리고 전쟁이 여전히 맹렬하게 계속되고 있는 가운데 그 신학교는 시작되었다.

그러나 조선신학교는 총회가 명한 대로 문을 닫기를 거부하고 오

---

27 the General Assembly's Theological Seminary.

히려 부산(釜山)으로 옮아가서 '한국신학교'(韓國神學校)라는 이름으로 재조직되었다. 이 파벌은 총회의 조치가 불법이었었고, 대구의 신학교가 완전히 이전 장로회신학교 사람들에 의하여 좌우되었다고 주장하였다.

그 문제는 총회의 1952년 모임에서 막바지에 이르렀다. 총회는 두 가지 통렬한 논쟁거리가 된 조치들을 가결하였다. 첫째는, 북한에서 피난 온 노회의 총대들에게 의석을 허락하여 친 총회신학교 다수파를 증가시켰다. 둘째로, 한국신학교 졸업생들은 목사안수를 받기 전에 총회신학교를 1년간 다녀야 한다고 결정하였다.

총회 후에 노회들이 분열하기 시작하였다. 도처에서 한국신학교 파는 총회 조처의 합법성에 이의를 제기하였다. 전라남북도에서는 한신 그룹이 상당한 세력을 갖고 있었던 전주와 목포에서 분열이 특히 심했다. 선교회는 고통스러운 상황에 처하였는데, 그 분열이 지역 수준에서는 총회 분열과는 별로 관계가 없거나 아무 관계가 없는 다른 문제들로 인하여 복잡하게 되었기 때문이었다. 그러나 선교회는 무엇을 할 수 있었겠는가? 지혜롭게든 어리석게든 총회는 행동을 취했었다. 따라서 선교회는 교회 최고 치리회의 권위를 인정하고 총회에 충성하는 교회들과 노회들을 전심(專心)으로 지원할 수밖에 없었다. 이 분열의 시기에 교회의 약 사분의 일이 탈퇴하여 새로운 총회를 조직하였는데, 이 총회는 캐나다 연합교회(the United Church of Canada)의 지지를 받았다.[28]

---

28 위 정보의 대부분은 하퍼 목사(조요섭)가 준비한 논문에서 얻은 것이다. 1954년에 조직된 새 총회의 영어 이름은 "The Presbyterian Church in the Republic of Korea"이다. 한국어로 그 이름은 기존 교회와 매우 유사하여 그것을 그것이 갈라져 나간 교회의 칭호인 장로교 "예장"과 구별하기 위해서 그것은 때때로 장로교 "기장"

1960년의 분열(The division of 1960). 겨우 8년 뒤에 일어난 비극적인 두 번째 분열도 역시 신학교를 둘러싸고 일어났다. 전쟁 후에 **총회신학교**는 서울로 옮겨왔고 **박형룡**(朴亨龍) 박사가 학장으로 선출되었다. 그 신학교는 서울의 중심에 있는 남산 위 이전에 일본 신사가 있던 터에 자리를 잡았지만, 그 땅에 대한 법적 권리는 획득하지 못해서 그것의 소유권에 관해서 정부와의 분규가 곧 일어났다.

1958년에 린턴 박사(Dr. W. A. Linton, 인돈)가 회장이었던 신학교 이사회는 그 신학교의 학장이 분규 중의 토지에 대한 권리를 획득하기 위하여 신학교 기금 가운데 $20,000 이상을 오용(誤用)하였다고 하는 증거를 접수하였다. 신학교 이사회의 조사 때문에 그 해의 총회는 학장의 사임을 요구하였다.

박 박사는 이리하여 그 신학교를 떠나지 않을 수 없게 되었지만, 교계에서 많은 추종자들이 계속하여 그를 정통신학의 투사(the champion of orthodoxy)로 여겼다. 그의 지지자들은 그가 내쫓긴 것은 어떤 재정적 비행(非行) 때문도 아니고 교계의 자유주의적이고 세계교회주의적인 분자들이 그를 축출하고자 했기 때문이라고 주장하였다. 그 해에 긴장의 수위는 계속 높아갔다. 세계교회협의회(W.C.C.) 탈퇴 여부에 관하여 격론이 벌어졌다.[29] 이 무렵에 중공(中共)의 승인을

총회라고 알려진다. 최근의 통계를 위해서는 제10장의 각주 3을 볼 것. 목포에서는 노회 분열시에 우세한 한국 그룹의 손 안에 있었던 선교회 학교 재산의 문제로 인하여 분열의 문제가 크게 복잡해졌다. 여학교 재산은 법원에 의하여 해결되어 장로교 선교회에 주어졌다. 남학교 재산에 대한 결정은 1961년에 캐나다와 남장로교 선교회의 합동위원회(a joint committee)에 의하여 내려졌다. 캐나다 이사회가 그 재산을 구입하기로 동의하였고, 그 판매의 매상금은 여자고등학교 건물을 짓는 데 사용하기로 하였다.
29 한국의 장로교회는 1948년에 W.C.C.에 가입하였지만, 1958년 이전에는 그것이 분열적 이슈가 아니었다.

옹호하는 미국교회협의회 '클리블랜드 연구협의회'의 결론이 공표된 것은 지극히 불행한 일이었다. 이것이 불에 기름을 더 부어서 어떤 사람들이 에큐메니컬 운동은 친공산주의적(pro-communist)이라고 비난하게 만들었다.

1959년 9월에 대전에서 총회가 모였을 때에 감정이 비등점에까지 이르렀다. 크고 영향력이 있는 경기노회의 양 진영에서 각각 온 총대들의 인정 여부를 두고 즉시 교착상태가 발생하였다. 온종일 토론한 끝에 에큐메니컬 찬성파가 간발의 표차로 이겼는데, 아마도 선교사들의 표 때문이었는지도 모른다. 소수파 그룹은 이 결정을 받아들이지 않고 의사방해 작전을 계속해서 그 총회는 결국 중단되었다. 다음 수개월 동안에 양 파는 따로따로 총회를 열었지만, 어느 쪽이든 과반수의 총대를 모았는지는 의심스럽다. 이 기간 동안에 남장로교 선교회는 이들 양 진영 사이에서 중립을 지키려고 필사적으로 노력하였다.

만약 총회를 지지하던 세 선교회가 모두 단합할 수 있으면, 아직도 분열을 막을 수 있을지도 모른다는 느낌이 들었다. 그래서 "세 선교회 화해안"을 통하여 조정을 하려고 최선의 시도를 하였다. 각각 세 선교사들(연합장로교 1인, 남장로교 1인, 호주 1인)로 이루어진 팀들이 총회 안에 있는 모든 노회를 방문하여 화해를 권하고 타협안을 제안하였다. 그 타협안은 교회 내의 평화와 조화를 위하여 세계교회협의회(W.C.C.)와의 모든 관계를 3년간 정지함을 의미하였을 것이다.

그 안은 거의 성공하였다. 그러나 '국제 기독교 교회 협의회'(International Council of Christian Churches, I.C.C.C.)의 칼 매킨타이어 박사(Dr. Carl McIntyre)도 이때에 한국을 여행하면서 불화의 씨를 뿌렸다. 그

칼 매킨타이어 박사
[1906~2002]

결과 이 타협안이 반에큐메니컬파의 극단주의자들에 의하여 거부되었다.

미국 남장로교 해외선교부의 **휴 브래들리** 박사(Dr. S. Hugh Bradley)와 **넬슨 벨** 박사(Dr. L. Nelson Bell)가 한국에 왔을 때에 화해를 위한 또 한 번의 시도가 남장로교 선교회에 의하여 시작되었다. 양편의 대표들 사이의 합동 회의가 주선되었다. 그의 공정성으로 인하여 양편에서 존경받던 **린턴** 박사가 이 회합들의 의장직을 맡았다. 그러나 마침내 이러한 시도도 다시금 반에큐메니컬 그룹 안의 극단주의자들의 저지로 실패하였다.

마지막의 필사적 시도로 남장로교 '화해위원회'(reconciliation committee)가 위원장 **존 탤미지**(타요한) 목사의 지도 아래 그 자체의 타협안을 제출하였다. 이 안은 1922년에 옛 평양신학교 교수단이 작성하였던 보수적 신앙 고백의 재확인, 새로운 총회의 소집, 신학교의 재조직, 그리고 W.C.C. 탈퇴를 요구하였다. 반에큐메니컬파의 지지를 얻기 위하여 가능한 모든 양보가 제안되었다. 이 안은 에큐메니컬 그룹, 모든 중도파, 세 선교회, 그리고 점증하는 수의 반에큐메니컬파의 지지를 받았다.

1960년 2월에 남장로교 타협안에 입각한 새로운 "재통합 총회"(Reunited Assembly)를 위한 소집이 (총 34명 중의) 27명 노회장들의 이름으로 이루어졌다. **벨** 박사(Dr. Bell)가 총회의 회의 시작 전 하루 동안의 기도와 성경공부를 인도하도록 초청되었다. 총대의 3분의 2가 출석하였다. 이것이 교회의 대다수가 실로 함께 돌아왔음을 표시하는 것이었다.

그러나 큰 수의 호전적이고 잘 조직된 소수파는 합류하지 않았다. **매킨타이어** 박사로부터 얻어진 자금을 충분히 공급받은 이 그룹은 교회를 소란 속에 있게 하는 데 성공하였다. 호남지방에 있던 열 노회 가운데 아홉이 분열하였다. 각 지역에서는 그 상황이 흔히 전국적인 수준에서 교회를 분열시켰던 이슈들을 무색하게 하는 지역적 요인들로 인하여 어지러워졌다. 이것은 전도 선교사들에게 하나의 가슴 터질 듯한 경험이었다.

쓰라림과 혼돈과 싸움의 이 시기는 1960년 6월 선교회의 연례회의에서 절정에 이르렀다. 의견을 달리하는 그룹(the dissident group)과 연합된 60~70명의 각종 성경학교 학생들이 선교회가 재통합 총회를 지지하지 말 것을 요구하는 시위를 시작하였다. 학생들이 강압적으로 선교사 저택 구내로 들어와서 밤낮으로 수일간 선교회의 업무 회의들을 어지럽게 하려고 할 수 있는 모든 것을 다 하였다. 한 번은 학생들이 회의에 참석하고 있던 브래들리 박사를 공격할 지도 모른다는 염려가 있어서 앞문 앞에 모여 있던 시위자들을 피하기 위하여 그가 비밀리에 뒷문을 통하여, 그리고 철조망 울타리를 넘어서 건물 밖으로 호송되는 일이 있었다. 나중에 학생들이 마가렛 프리차드 양의 저택을 습격하여 그들의 침입을 방지하려고 앞문 밖에 서있던 선교사들을 곤봉과 벽돌로 공격하였다. "프리차드 현관의 전투"(Battle of Pritchard's Porch)라고 선교사들 사이에 알려져 온 이 싸움은 경찰이 개입하여 주동자 몇 사람을 체포하면서 끝났다.[30]

아마도 쓰라림과 싸움의 이 시기는 지나간 것 같다. 1961년이라는 해는 최악의 사태는 지나갔고 교회가 본래의 임무로 돌아가고 있다

---

30 1961년에 반에큐메니컬 파는 1949년에 탈퇴하였던 고려신학교 그룹과 연합하였다. 그들의 현재의 통계는 제10장의 각주 3을 볼 것. 이 그룹은 지금 "고신"(高神)총회라고 알려져 있다. 최근의 소식에 의하면 이 그룹 안에 더 이상의 분쟁이 있다고 한다.

고 하는 얼마쯤의 유망한 징후들을 보여주었다. 서울에 있는 총회의 신학교[31]가 도시에서 몇 킬로미터 떨어진 널찍한 캠퍼스에서 새롭게 시작하였다. 버지니아주 리치몬드에 있는 유니온 신학교에서 박사학위를 받은 계일승 박사가 학장으로 취임했다. 아름다운 행정 및 교실 건물이 연합장로교인들

존 서머빌과 그의 부인 버지니아 서머빌(서진주)[재임 1953~1994]

의 자금으로 세워졌다.[32] 남장로교인들은 현대식 4층 기숙사를 지었다. 존 서머빌 목사(Rev. John Somerville, 서의필)[33]가 남장로교 선교회 파송 신학교 교수가 되었다. 기독교 윤리학 교수로서 그는 도전적 기회를 갖게 되었다.

교회와 선교회의 관계
Church-mission relations

선교회의 시간과 생각의 많은 부분을 차지해온 또 하나의 어려운 문제는 교회와 선교회의 관계였다. 민족주의가 고조되던 시기에 이 관계의 끊임없는 재평가와 조정이 필요하게 될 것은 불가피한 일이었다.

---

31 예장(통합)의 장로회신학대학을 의미함. (역자)

32 1960년에 총회의 분열과 함께 신학교가 분열하였을 때에 계일승 교수는 '장로회신학교'(통합측)의 교장에 추대되었다. 그는 광나루에 부지를 구입하여, 미국 연합장로교의 후원을 받아 교사를 신축하고, 4년제 대학 인가를 받았다. (역자)

33 서머빌 선교사 부부는 남장로회의 한국 선교 사료를 힘써 수집하고 정리하여 한국 교계에 제공하였다. (역자)

1956년에 북장로교 선교부의 대표자들이 선교회의 해체와 그것의 한국교회로의 완전한 통합을 기대하면서 한국의 장로교회와 협상을 시작하였다. 이것은 동일한 교단과 사역하고 있던 다른 두 선교회 (남장로교와 호주장로교)에는 즉시 심각한 문제들을 불러일으켰다. 더 가까운 협력 관계가 수립될 필요가 있음을 인정하긴 하지만 다른 선교회들의 어느 편도 그때에 그들의 현지 조직들을 해체하는 것이 현명하다고 생각하지는 않았다. 북장로교 선교회 내의 많은 사람도 그들의 염려를 함께 하였다.

다른 두 선교본부들이 대표자들을 현지에 보내어 선교회들 사이를 이간시킬 우려가 있고 선교사와 한국교회 지도자들 사이에 이미 많은 오해를 일으켰었던 이 문제에 대한 해결책을 찾게 하였다. 남장로교 선교본부의 윌리엄 엘리엇(William M. Elliott) 박사, **휴 브래들리 박사**, 그리고 D. J. 커밍(D. J. Cumming, 김아각) 박사가 1957년 5월에 서울에 도착하여 선교회, 한국교회의 지도자들, 그리고 다른 선교 단체들의 선교부 대표자들과 일련의 협의를 시작하였다. 심신을 지치게 하는 일련의 회합들 끝에 한 타협안이 마침내 마련되고, 후에 세 선교회와, 선교본부들(boards), 그리고 한국교회의 총회에 의하여 채택되었다. 그러나 그것은 희생이 큰 협의였다. 선교본부의 극동 담당 총무였던 브래들리 박사가 해결책을 도출해 내려는 노력에 자신을 아낌없이 바친 끝에 심장마비로 쓰러졌고, 수개월 동안 일을 할 수 없게 되었다.

채택된 안은 '우산 정책'(an umbrella policy)이라고 불려도 좋을 것 이다. 그것은 세 선교회들의 사역 영역에서 그들의 정책들 가운데 있었던 이견들을 다루기에 충분히 포괄적이었다. 그러면서도 그것 은 총회 산하의 '협동사업부'(a department of cooperative work)를 통 하여 세 선교회들의 사역을 조정하고 재검토할 것이었다. 이 협동사업부의 기능은 다음과 같다.

> … 선교회들과 선교사들의 모든 사역에 관하여 협의하고, 총회나 관련 선
> 교 단체가 위임한 일에 관하여 권한을 갖는다.[34]

협동사업부는 동수의 선교사 대표들과 한국인 대표들로 구성한
다. 선교회들이 사역하고 있던 세 지리적 지역들에서 권한의 정도는
각기 달라도 유사한 협의위원회들이 조직되었다. 그리하여, 지역적
수준에서의 명백한 정책 차이는 인정된 반면, 세 선교 단체들이 총회
에 대하여 동일한 관계를 유지하였다.[35]

호남 지역에서는 남장로교 선교회와 한국교회가 다음과 같이 합의
하였다.

한국의 장로교회와 '한국 선교회'를 통하여 활동하고 있는 미국의
남장로교회는 구원받지 못한 사람들에게 복음을 전하라고 하신 그리

---

34 한국에서 열린 한국의 장로교회 대표들과 장로교 선교본부 및 선교회의 대표자들
사이의 회담에서 채택된 성명임.

35 연합장로교의 지역에서는 교회−선교회의 관계가 선교회, '에큐메니컬 선교 및 관계
위원회'(선교본부) 그리고 한국인의 총회 사이의 상호협약에 의하여 결정된다. 이
안은 선교회의 해체와 선교회 사업에 대한 최종 권한을 갖게 될 '협동사업부'의
창설을 요구하였다. 그 협동사업부는 동수의 한국인 대표와 선교사 대표로 구성되
는 합동기구이다. 그 상호협약은 자금의 분배와 선교 인원의 임명에 관한 몇 가지
안전장치를 포함하고 있다. 그것은 또한 "선교사 조합"(Missionary Fellowship)을
창설하였는데, 그것은 언어 공부, 선교사 저택의 수리, 선교용 차량 등과 같은
선교사의 생계에 관련된 문제들의 관리권을 보유한다. 그래서 사실상 선교회와
교회의 완전한 통합은 이루어지지 않았다. 또한 선교회의 해체는 아직 공식적으로
성취되지 않았다. 그 일은 총회의 1959년 모임에서 되도록 의도되었고, 그 협약을
성취하도록 에큐메니컬 선교위원회로부터 대표자들이 출석하여 있었다. 그러나
그해 총회에서의 소란으로 인해서 통합 업무는 무기 연기되었다.

368 미국 남장로회의 한국 선교 역사

스도의 명령에 순종하는 일에 협력하고 있는 두 개의 별개 자치 단체
들(two distinct autonomous organizations)이다. 따라서 그 선교회의
정책들은 한국 장로교회의 자치권을 위태롭게 해서는 안 된다.[36] 이
기본적 원리를 선언한 다음 그 협약은 선교회가 종사할 수 있는 세
가지 사업 영역을 규정하였다.

(1) 첫째로, 선교회의 프로그램이 "교회의 교회적 기능들을 포함할
때에는 이러한 기능들은 언제든지 교회의 지도와 통제 아래 있어야
한다"는 데에 의견이 일치하였다. 이것은 선교회나 선교사들이 개척
전도(pioneer evangelism), 신학교 교육, 성례와 징계의 집행을 할 때
에는 언제나 이러한 기능들이 전적으로 교회 치리회들의 관할 아래
있을 것을 의미하였다.

(2) 둘째로, "특히 교회적인 기능도 아니고 한국교회의 주권을 침
해하지 않으면서도 그리스도께 사람들을 인도하는 우리의 공동 목표
에 실제로 기여하는 다른 활동들"이 있음이 인정되었다.[37] 선교회는
사역의 이 영역에서 교회가 그것을 위하여 완전한 책임을 떠맡을
준비가 될 때까지 계속 일할 희망을 표현하였다. 이 두 번째 범주의
하나의 예가 선교회가 병원들을 직접 운영하고 있는 의료사역이다.

(3) "특수한 프로그램을 위하여 설립된 공동기관들에서 교회와 선
교회 양측이 인력과 재정의 면에서 협동하여 공동노력을 해야 하는"
사역의 다른 영역들이 있음이 인정되었다. 예를 들면, 중고등학교의
경영을 위해서 선교회가 합동 학교이사회들(joint school boards)을 조

---

36 Therefore, the policies of the mission must not jeopardize the autonomy of
   the Presbyterian Church of Korea.
37 *Minutes of the 1959 Annual Meeting of the Mission*, "Church-Mission
   Relations Report."

직해 온 중등교육이 이 범주에 포함될 것이다.

위에 약술한 원리들을 실행하기 위하여 다섯 선교거점들의 각각에서 두 회원씩 그리고 열 노회들의 각각에서 두 회원씩, 즉 열 선교사들과 스무 한국인들로 구성된 하나의 '협의위원회'가 조직되었다. 선교회는 개척전도 예산, 어떤 성경학교 보조금, 그리고 회의들을 위한 각종 자금의 분배를 이 단체에 위임하였다. 점차로 더욱 더 많은 정책 결정들이 이 단체에 위탁되어 왔다.

이 안(plan)이 어떻게 되어갈 지를 말하는 것은 어쩌면 너무 이르다. '호남협의위원회'는 1960년 동안의 교회분열로 야기된 문제들을 다루는 데 있어서 틀림없이 큰 도움이 되었다. 아마도 그 이상의 조정과 변화가 아직도 이루어질 필요가 있을 것이다.

정치적 격변
Political upheaval

1960년에는 교회 내에 소동과 분열이 있었을 뿐 아니라 한국 정부 내에도 격변이 있었다. 이승만 대통령은 네 번째 임기를 위해서 자유당 후보로 출마하여 3월 15일의 선거에서 쉽게 승리하였다. 그러나 매우 많은 명백한 부정과 경찰의 협박이 있어서 온 나라가 의분(義憤)으로 들끓었다. 학생 시위가 마산에서 시작하여 나라의 다른 부분으로 퍼졌다. 4월 19일에 서울, 부산, 대구 그리고 광주에서 학생들의 큰 군중에 경찰이 발포하여 많은 사람이 죽거나 다쳤다. 이 일은 더 많은 반대를 일으켰을 뿐이었다. 대학교수들의 지지를 받는 시위는 계속되었다. 이 대중적 운동에 대하여 대통령이 강경한 태도를 취하는 것을 군대가 지지하려 하지 않자 이(李) 대통령은 사임하고 망명하였다.

임시정부 하에서 계엄령에 의하여 질서가 회복되었다. 내각책임제로 헌법이 개정되었고, 자유로운 선거가 실시되었다. 새 입법기관은 로마 가톨릭 신자 **장면**(張勉)을 국무총리로 선출하여 새 정부를 이끌게 하였다. 그러나 국무총리가 속한 민주당이 두 조각 났다. 이승만 정권을 쓰러뜨렸던 학생 시위들은 경찰관들을 매우 겁먹게 해서 그 결과 불법과 혼란이 증가하였다. 실제적 또는 상상적 불만이 있는 모든 집단이 시위를 벌였다. 실업이 늘고 물가가 소용돌이치며 상승하자 나라의 경제생활은 부분적으로 마비되었다. 민주주의적 서방이나 공산주의적 동방 어느 쪽에도 속하기를 원하지 않는 중립주의가 고개를 들었다.

그때 1961년 5월 16일에 불가피한 것이 일어났다. **박정희**(朴正熙) 장군을 수반으로 하는 군사정권이 거의 무혈 쿠데타로 정부를 접수하였다. 1960년이 학생들의 해였던 것처럼, 1961년은 군대의 해였다. 정부는 완전히 돌아섰다. 이전 두 정부의 붕괴를 야기하였던 수뢰와 부패를 나라에서 없애기 위한 강력한 의지를 갖고, 군 장군들이 사소한 위법행위에도 엄벌을 과했다. 명령과 지령들이 '최고회의'로부터 끊임없이 내려와서 국가적 및 개인적 생활의 모든 영역에 영향을 끼쳤다.

앞길
The road ahead

이상이 현시점까지 한국에서 전개된 선교의 역사이다. 선교회는 70년간 사역해 왔다. 우리는 과거에 대한 감사의 기도를 드리면서 미래를 바라본다. 어떠한 길이 우리 앞에 놓여 있는가?

1961년에 군대가 집권함과 더불어 우리는 거의 확실히 선교의 새로운 시대에 들어섰다. 원자력 시대에 이르는 모든 길들처럼 이 길은 안개와 어둠에 싸여 있다. 그럼에도 불구하고 아마도 몇 마디 논평은 해 볼 수 있을 것이다.

그것은 아직도 **열려있는 길**(an open road)이다. 한국에서 복음은 여전히 어디서나 잘 받아들이는 청중들(receptive audiences)에게 전해질 수 있다. 우리가 선택하는 어떤 마을에서든지 여전히 새 교회가 시작될 수 있다. 학생들은 여전히 누군가가 성경을 가르쳐주기를 극성스럽게 요구한다. 개신교 군목들이 대한민국 육·해·공군 안에서 그들의 사역을 계속하고 있다. 이 나라의 교회는 인구의 7% 미만이 기독교인이기 때문에 더 많은 선교사를 보내달라고, 그리고 새로운 선교거점들을 열어달라고 간청한다. 복음전도에는 인원과 재정과 우리 자신의 인간적 부족의 한계 말고는 한계가 없다. 그 길이 얼마나 오래 열려있을 것인가? 누가 알 수 있겠는가? 그러나 *지금* 그것이 열려있음을 아는 것으로 족하다.

그것은 **걷기에 험한 길**(a rough road to travel)이 될 것이다. 최근 수개월 동안에 그 길이 더 험해지고 있는 것으로 보인다. 교회가 지난 두 해 동안에 어느 정도 후퇴하였음은 확실하다. 최근의 분열들로 선교회와 교회의 영적 활력이 약화되었다. 필시 입교(入敎, church admittance) 시험을 치르는 사람들의 수가 줄었을 것이다. 사립학교에 관한 정부의 규정들이 다소의 불안을 일으켜왔고, 선교회의 교육 프로그램은 대폭 변경되지 않으면 안 될는지도 모른다. 선교회 달러의 구매력 약화로 인한 재정적 제한은 예산보다 더 빨리 팽창해온 사역 프로그램의 재검토를 강요할지도 모른다. 어쩌면 선교회가 지급능력 이상의 채무를 졌기 때문에, 사역의 일부 영역에서

긴축(緊縮)이 필요하게 될는지도 모른다.

그러나 그것은 돌아설 수 없는 **일방통행로**(a one-way road)이다. 지난날의 "좋았던 옛날"(good old days)로 돌아가기를 갈망할 수도 없다. 현상(現狀)을 지킬 수도 없고, 과거의 부흥에서 위안을 찾을 수도 없고, 지나간 세대의 영웅적 행위를 피난처로 삼을 수도 없다.

그것은 **오르막길**(an uphill road)임에 틀림없다. 선교에의 부르심은 여전히 더 높은 성별(聖別)로의 위로 향한 부르심(an upward call to higher consecration)이다. 교회와 선교회가 "순종의 동반자들"로서 더 높은 수준의 헌신과 희생으로 올라가라는 명령에 응하지 않으면 전진이 없을 것이다. 선교 현장에서는 어떠한 싼거리(bargains)도 없었는데, 오늘날도 예외가 아니다.

우리는 시작한 때와 같이 끝난다. 앞길은, 그것이 1892년에 그랬던 것처럼, 불가능하다. 우리의 성공을 보장할 수 있는 아무런 인간적 지혜나 힘도 없다. 찬송가 작가가 쓴 바와 같이, "내 힘만 의지할 때는, 패할 수밖에 없도다."[38] 우리는 교회가 가장 약할 때에 내적 힘(inner strength)을 받아서 승리하고도 남게 되는 것을 이 역사의 과정에서 보아왔다. 오늘날도 그렇게 되기를 빈다.(Let it be so today.) 그것은 다음과 같이 쓰여 있기 때문이다. -

"힘으로도 되지 않고, 능력으로도 되지 않고, 나의 영으로 될 것이다"라고 만군의 여호와께서 말씀하신다.

(스가랴 4:6)

---

38 Did we in our own strength confide, our striving would be losing. 찬송가 '내 주는 강한 성이요'의 2절 첫머리. (역자)

부록

참고문헌
남장로교 파송 내한 선교사 명부

참고문헌
Selected Bibliography

• **한국의 역사와 문화(Korean History and Culture)**

Borton, Hugh, *Japan's Modern Century* (New York: The Ronald Press Company, 1955).

Chung, Kyung Cho(정경조), *Korea Tomorrow* (New York: The Macmillan Company, 1956).

Clark, Charles Allen(곽안련), *Religions of Korea* (Seoul, Korea: The Christian Literature Society, reprinted 1961).

Grajdanzev, Andrew J., *Modern Korea* (New York: John Day Company, 1944).

Lee, Jai Hyon(이재현), *A Handbook of Korea* (Seoul, Korea: Office of Public Information, 1955).

McCune, George M., *Korea Today* (Cambridge: Harvard University Press, 1950).

McKenzie, F. A., *Korea's Fight for Freedom* (New York: Fleming H. Revell Company, 1920).

Osgood, Cornelius, *The Koreans and their Culture* (New York: The Ronald Press Company, 1951).

Poats, Rutherford M., *Decision in Korea* (New York: The McBride Company, 1954).

White, William L., *The Captives of Korea* (New York: Charles Scribner's Sons, 1957).

• **기독교 한국 선교회들(Christian Missions in Korea)**

Blair, William Newton(방위량), *Gold in Korea* (New York: Presbyterian Church in the United States of America, 1957).

Brunner, Edmund De Schweinitz, "Rural Korea," *The World Mission of Christianity*. Vol. VI. (London: The International Missionary Council, 1928).

Campbell, Arch(감부열), *The Christ of the Korean Heart* (Columbus, Ohio: Falcon Publishers, 1954).

Clark, Allen D.(곽안전), *History of the Korean Church* (Seoul, Korea: The Christian Literature Society, 1960).

Clark, Charles Allen(곽안련), *Digest of the Presbyterian Church of Korea* (Seoul,

Korea: Korean Religious Book and Tract Society, 1918).

_____. *The Nevius Plan for Mission Work, Illustrated in Korea* (Seoul, Korea: Christian Literature Society, 1937).

Fey, Harold E., "Korea Must Live." A reprint which originally appeared in *The Christian Century* (January, 1952).

Council of Presbyterian Missions in Korea, *Minutes* (회의록), 1903-1936.

Paik, L. George(백낙준), *The History of Protestant Missions in Korea, 1832-1910* (Pyengyang, Korea: Union Christian College Press, 1929).

Rhodes, Harry A.(노해리), *History of the Korean Mission, Presbyterian Church, U.S.A., 1884-1934,* (Seoul, Chosen: Chosen Mission Presbyterian Church, U.S.A., 1934).

Speer, R. E., *Report of Deputation of the Presbyterian Board of Foreign Missions to Siam, the Philippines, Chosen, and China, April-November, 1915* (New York: Presbyterian Board of Foreign Missions, 1915).

Underwood, H. G.(원두우), *The Call of Korea* (New York: Revell, 1908).

Voelkel, Harold(옥호열), *A Revival Among Missionaries in Korea,* Pamphlet published by the author in Berkeley, California, no date.

Wasson, Alfred W., *Church Growth in Korea* (New York: International Missionary Council, 1934).

김양선, 『한국기독교 해방10년사』 (서울: 기독교서회, 1961).

• **남장로교 한국 선교회(Korea Mission of the Presbyterian Church, U.S.)**

Board of World Missions, *Annual Reports*(연례보고서) (Nashville, Tennessee: Board of World Missions, Presbyterian Church, U.S., 1892-1960).

Dodson, Mary L.(도마리아), *Half a Lifetime in Korea* (San Antonio, Texas: The Naylor Company, 1952).

Fulton, C. Darby(풀턴), *Now is the Time* (Richmond, Virginia: John Knox Press, 1946).

_____, *Star in the East* (Richmond, Virginia: Presbyterian Committee of Publication, 1938).

I have fought a good fight, Vols. I-V (Nashville, Tennessee: Board of World Missions, Presbyterian Church, U.S., 1950-1959).

Korea Mission, Presbyterian Church, U.S. *Minutes of the Annual Meetings*(남장로교 한국선교회 연례회의록), 1897-1961.

Korea Mission, Presbyterian Church, U.S. *Station Reports*(남장로교 한국선교회 거점 보고서), 1903-1910.

Nisbet, Anabel Major(유애나), *Day in and Day out in Korea* (Richmond, Virginia:

Presbyterian Committee of Publication, 1919).

Swinehart, Mrs. Lois Hawks(스와인하트 부인), "Elisabeth Johanna Shepping,"
    Glorious Living (Atlanta, Georgia: Committee on Women's Work, 1937).

Wilson R. M.(우일선), "Fifteen Years in a Miracle Plant." Pamphlet published in
    Nashville, Tennessee by the Executive Committee of Foreign Missions,
    Presbyterian Church, U.S., no date.

• 정기 간행물(Periodicals)

Korea Topics in Brief. A printed news letter issued monthly by M. L. Swinehart
    (서로득), Kwangju, Korea, 1921-1925.

Sunday School Times.

"The Communist Terror: Plight of the Korean Christians," *Christianity Today*,
    September 25, 1961, pp.34-36.

The Korea Mission Field. Published by the Federal Council of Evangelical Missions,
    Seoul, Korea. Vols. I-XXXIV.

The Missionary. Vols. XXV-XLIV. (1891-1911).

The Missionary Survey. Vols. I-XIV. (1911-1924).

Presbyterian Survey. Vols. XIV-L. (1924-1960).

• 미출간 자료(Unpublished Materials)

Anonymous(익명), "Glimpse of the Woman Evangelistic Worker in Chunju."

_____, "Sketches of Korean Christians." A paper prepared for the twenty-fifth
    anniversary of the mission's founding(선교회 설립 25주년 기념 문서) (The
    Preston Papers '프레스턴 문서,' The Historical Foundation of the Presbyterian
    and Reformed Churches, Montreat, North Carolina).

Bull, William F.(부위렴), "Some Incidents in the Independence Movement in Korea."
    Circa 1920. (The Preston Papers).

_____, "The Rev. W. M. Junkin," A memorial prepared for the twenty-fifth
    anniversary of the mission's founding(선교회 설립 25주년 기념 추념문). (The
    Preston Papers).

Clark, Charles Allen(곽안련), "The Organization and Development of the
    Presbyterian Church of Korea." Circa 1930. (The Preston Papers).

Coit, R. T.(고라복), "History of how the Gospel Entered Soonchun Territory and
    its Spread up to 1917." (The Preston Papers).

Harrison, William Butler(하위렴), "Journal," A hand-written diary dated from
    November 24, 1895 to December 30, 1897. (Miss Margaret Selina Harrison,

the author's daughter).

_____, "The Opening of Kunsan Station." 선교회 설립 25주년 기념 문서. (The Preston Papers).

Hopper, Joe B.(조요섭), "The Theological Environment of the Presbyterian Church in Korea." Circa 1956. (The author).

Kay, Il Sung(계일승), "Christianity in Korea." Unpublished Ph.D. dissertation (미출 간 박사학위 논문), Union Theological Seminary, Richmond, Virginia, 1950.

Knox, Mrs. Maie Borden(낙스 부인), "The Organization of the Woman's Auxiliary in the Korean Church." Paper prepared for the Board of Women's Work of the Presbyterian Church, U.S. (The Preston Papers).

Nisbet, Anabel Major(유애나), "History of School Work in Korea." 선교회 설립 25주 년 기념 문서. (The Preston Papers).

Owen, Mrs. Georgiana W.(오웬 부인), "The opening of Kwangju Station." 선교회 설립 25주년 기념 문서. (The Preston Papers).

Preston, J. F.(변요한), "Historical Sketch of the Evangelistic Work of the Southern Presbyterian Mission." 선교회 설립 25주년 기념 문서. (The Preston Papers).

_____, "Statement of the Present Situation in Korea." A statement regarding the Shrine issue prepared for the Executive Committee of Foreign Missions, July, 1938. (The Preston Papers).

Reynolds, W. D.(이눌서), "How the Mission was Begun." 선교회 설립 25주년 기념 문서. (The Preston Papers).

_____, "Reminiscences of Pioneer Days." 선교회 설립 25주년 기념 문서. (The Preston Papers).

_____, "Diary." A hand-written account of the first extensive exploration of the Chulla provinces, dated from March 27, 1894, to May 12, 1894. (The Historical Foundation).

_____, "Fifty Years of Bible Translation and Revision." Paper prepared for the Golden jubilee of the Korea Mission of the Presbyterian Church in the U.S.A. Seoul, Korea(북장로교 한국선교회 50주년 기념 문서), 1934. (The Preston Papers).

Rogers, J. M.(노재세), "Alexander Hospital." 1932. (The Preston Papers).

Seel, David J.(설대위), "Report of the Presbyterian Medical Center, 1961."

Talmage, J. V. N.(타마자), "*Autobiography.*" (The Historical Foundation).

_____, "Report to the Executive Committee on Treatment by Japanese while in Korea." 1942. (The Historical Foundation).

Wilson, R. M.(우일선), "Need for a Tuberculosis Hospital in our Section." Circa 1922. (The Historical Foundation).

• 근간 자료(역자 추가)

김수진, 『호남선교 100년과 그 사역자들』(고려글방, 1992).

주명준, 『전북의 기독교 전래』(전주대학교 출판부, 1998).

이덕주, 『전주 비빔밥과 성자 이야기』(진흥, 2007).

애너벨 메이저 니스벳 저, 한인수 역, 『미국남장로교 선교회의 호남 선교 초기 역사』
    재판 (경건, 2011).

한남대학교 교목실, 『미국 남장로교 선교사 열전』(동연, 2016).

송현강, 『미국남장로교의 한국 선교』(한국기독교역사연구소, 2018).

윤은수, 『선교사 열전』(한들, 2020).

미국장로교 한국선교회, 『미국장로교 내한 선교사 총람』(2020).

내한선교사사전편찬위원회, 『내한선교사사전』(한국기독교역사연구소, 2022).

한인수, 『주(駐)호남 미국남장로교 선교사들의 생애와 활동』(경건, 2023).

남장로교 파송 내한 선교사 명부
Presbyterian U.S. Korea Missionaries

다음 자료는 미국 남장로교가 한국 선교를 개시한 1892년으로부터 본서가 저술된 1961년
에 이르기까지 약 70년간 그 교단이 한국에 파송한 선교사들의 명부이다. 무려 270명의
선교사들의 이름, 가족관계, 선교사 임명과 그 직위 종결의 연도, 직종, 근무지, 생몰(生
歿)연대 등의 인적 정보가 담겨 있는 소중한 기본자료이다. 본서 원전의 부록에는 선교사
들의 이름이 그들이 한국에 파송된 연도순으로 배열되어 있어서 개별 선교사들의 이름을
찾기가 다소 어려웠다. 그래서 역자는 선교사들의 이름을 성(姓, family name)의 알파벳
순으로 재배열하여 독자가 원하는 선교사의 이름을 쉽게 찾을 수 있게 하였다. 이 명부에
공란으로 남아있던 선교사들의 1961년 이후의 동정에 관한 정보와 선교사의 한국명과 생
몰연대는 『미국장로교 내한 선교사 총람』(2020)과 그 밖의 자료를 참고하여 가능한 한
역자가 보충한 것이다. (역자)

[일러두기]

[~] : 선교사직 임명과 종결의 해   (~) : 생몰 연대

m. : 결혼   nee : 결혼전의 성명   ♣ : 한국에서 사망

Rev. : 목사   M.D. : 의사   D.D.S. : 치과의사   R.N. : 간호사

도시명은 활동지역

※ 표는 한국전쟁 기간 중 1953년 또는 1954년까지 처음에는 일본 도쿄로 임명되었음을 의미함.

Alexander, A. J. A., M.D., 안력산(安力山) [1902~1903] 군산/순천. 군산진료소, 순천
　　알렉산더(안력산) 병원 (1875~1929).

Austin, Miss Christian Lillian, 오서돈(吳瑞敦) [1911~1939] 전주. 전도 및 중앙교회
　　사역 (1887~1968).

Bain, Miss Mary Rachel, R.N., 배마리아 [1921~1927] 목포 (1886~1975).

Barry, Miss Sara, 배사라 [1955~1977] 광주. UBF 창설(1961) (1930~).

Bedinger, Miss Anna Moore, 안부인 [1910~1916] 군산 (1872~1916).

Bell, Rev. Eugene, 배유지(裵裕址) [1893~1925♣] 서울/목포/광주 (1868~1925).

Bell, Mrs. Eugene (nee Charlotte 또는 Lottie Witherspoon) [1893~1901♣] 서울/목포 (1867~1901).

Bell, Mrs. Eugene, 배주량 (nee Margaret Whitaker Bull) [1904~1919♣] 광주 (1873~1919).

Bell, Mrs. Eugene, 배주리아(裵主里亞) (nee Julia Dysart) (m. Rev. Eugene Bell, 1921) [1907~1941] 군산/광주 (1872~1952).

Bell, Miss Margaret Kent [1926~1927] 순천. 부사역자(associate worker) (1902~미상).

Biggar, Miss Meta Louise, 백미다(白美多) [1910~1952], 광주/순천 (1882~1959).

Bird, Miss Imogen (m. Dr. John F. Preston, Jr., 1939), [1938~1947] 전주/광주 (1915~2006).

Birdman, Ferdinand Henry, M.D. [1907~1909] 목포/전주 (1872~미상).

Boggs, Lloyd Kennedy, M.D., 박수로(朴壽老) [1924~1949] 전주 (1897~1953).

Boggs, Mrs. L. K. (nee Margaret B. Patterson) [1924~1949] 전주 (1900~1971).

Boyce, Miss Flora McNeill, 포보라 [1931~1940] 광주. 선교사자녀교육 (1874~1952).

Boyer, Rev. Elmer Timothy, 보이열(保移悅) [1920~1965] 전주/순천 (1893~1976).

Boyer, Mrs. E. T. (nee Sarah Gladys Perkins) [1927~1965] 전주/순천 (1894~1968).

Boyer, Miss Elizabeth Ann, R.N., 보배희 [1955~1995] 광주/전주 (1931~).

Boyer, Rev. Kenneth Elmer, 보계선 (보이열의 아들) (m. Miss Sylvia Haley in Korea in 1961) [1956~1979] 대전/목포 (1930~).

Boyer, Mrs. Sylvia E. Haley, R.N., 현은희 [1959~1979] 서울/광주/목포 (1933~).

Brand, Louis Christian, M.D., 부란도(富蘭道) [1924~1938♣] 군산/광주 (1896~1938).

Brand, Mrs. L. C. (nee Mary Alberta Dudley) [1924~1938] 군산/광주 (1894~1973).

Brown, Rev. George Thompson, 부명광(夫明光) [1949※~1973] 광주 (1921~2014).

Brown, Mrs. G. T. (nee Mardia Hopper) [1949※~1973] 광주 (1922~2018).

Buckland, Miss Sadie Mepham, 박세리 [1907~1936] 군산/전주 (1865~1936).

Bull, Rev. William Ford, 부위렴(夫緯廉) [1899~1941] 군산 (1876~1941).

Bull, Mrs. W. F. (nee Elizabeth A. Alby) [1899~1941] 군산. 멜볼딘여학교 교장 (1869~1957).

Bush, Ovid Bern, Jr., M.D. [1949~1953] 전주. 일본 선교회로 전속됨 (1920~1969).

Bush, Mrs. O. B. (nee Florence Callahan) [1949~1953] 전주/일본 선교회로 전속됨 (1920~).

Butt, Miss Emily [1930~1931] 광주 [short term] (?~1942).

Cameron, Mr. Joseph Price, 강요섭 [1959~1963] 서울/대전. 한남대(수학) (1922~2013).

Cameron, Mrs. J.P. (nee Helen Clark O'Brien) [1959~1963] 서울/대전 (1925~).

Caslick, Miss Eleanor Lier, R.N., 계월미 (m. Rev. Jack B. Scott in 1954),

[1953~1958] 광주/순천 (1928~).

Clark, Rev. William Monroe, 강운림(康雲林) [1907~1940] 전주/서울 (1881~1965).

Clark, Mrs. W. M. (nee Ada C. Hamilton), 한예정(韓禮貞) [1907~1922] 전주 (1879~1922).

Clark, Mrs. W. M. (nee Mary Lyon Lowrie) [1928~1941] 서울 (1888~1973).

Clark, Miss Bessie [1925~1930] 광주. 부사역자, 선교사자녀교육 (미상).

Codington, Herbert Augustus, Jr., M.D., 고허번 [1947~1974] 목포/광주 (1920~2003).

Codington, Mrs. H. A., R.N., 고베지 (nee Mary Littlepage Lancaster) [1947~1974] 목포/광주 (1922~2003).

Coit, Rev. Robert Thornwell, 고라복(高羅福) [1907~1932] 광주/순천. 매산 교장 (1878~1932).

Coit, Mrs. R. T. (nee Cecile McCraw Woods) [1908~1932] 광주/순천 (1881~1986).

Colton, Miss Susanne Avery, 공정순(孔貞純) [1911~1943] 전주. 기전 교장 (1878~1972).

Coyer, Miss Juanita Nan, R.N., 고영화 [1961~1970] 서울/광주. 기독병원 (1929~).

Crane, Rev. Paul Sackett [1912~1919♣] 목포. 전도사역 (1889~1919).

Crane, Mrs. P. S. (nee Katherine W. Rowland) [1916~1919] 목포 (1896~1997).

Crane, Rev. John Curtis, 구례인(具禮仁) [1913~1956] 순천/평양/서울 (1950년 은퇴, 1954년 재임명) (1888~1964).

Crane, Mrs. J. C. (nee Florence Hedleston) [1913~1956] 순천/평양/서울 (1950년 은퇴, 1954년 재임명) (1887~1973).

Crane, Miss Janet, 구자례(具慈禮) [1919~1954] 전주/순천. 기전여학교 교장, 매산여학교 교장 (1885~1979).

Crane, Paul Shields, M.D., 구바울 [1947~1969] 순천/전주. 애양원, 예수병원 (1919~2005).

Crane, Mrs. P. S. (nee Sophie E. Montgomery) [1947~1969] 순천/전주 (1918~2013).

Crim, Rev. Keith R. 김기수 [1952※~1966] 순천/대전/서울. 한남대, 장신대 (1924~2000).

Crim, Mrs. K. R. 김애리 (nee Evelyn A. Ritchie) [1952※~1966] 순천/대전 (1927~).

Cumming, Rev. Bruce A., 김아열 [1925~1958] 목포/광주/서울 (사임 1938, 재임명 1949). 한국전쟁 중 군목, 영흥 교장, 광주성경학교, 장신대 (1899~1988).

Cumming, Mrs. B. A., R.N. (nee Laura Virginia Kerr) [1927~1958] 목포/광주/서울 (사임 1938, 재임명 1949) (1899~1994).

Cumming, Rev. Daniel James, 김아각/김야곱 [1918~1966] 목포/광주 (해외선교부 교육 부서 총무(Educational Secretary for the Board 1949~1962) (1892~1971).

Cumming, Mrs. D. J. (nee Annie Shannon Preston) [1934~1966] 목포 (1907~2003).

Daniel, Thomas Henry, M.D., 단의사/단의열 [1904~1917] 군산/전주/서울. 구암예수
병원, 전주예수병원, 세브란스 병원 (1879~1964).

Daniel, Mrs. T. H. (nee Sarah B. Dunnington) [1904~1917] 군산/전주/서울
(1879~1969).

Daniel, Rev. Eugene Lewis, 단이열 [1946~1951] 순천 (elected Candidate Secretary
for the Board in 1952) (1910~1995).

Daniel, Mrs. E. L. (nee Nancy W. Hayter) [1946~1951] 순천 (1922~1988).

Davis, Miss Martha V. [1918~1926] 순천. 선교사 자녀교육 (1879~1985).

DeHaas, Miss Miriam Milliken, 하미리암 [1921~1925] 광주. 행정 (1900~미상).

Dietrick, Ronald Burton, M.D. 이철원 [1958~1985] 전주/광주 (1927~2015).

Dietrick, Mrs. R. B. (nee Bessie Valeria Brothers) [1958~1987] 전주/광주 (1927~).

Dodson, Rev. Samuel Kendrick, 도대선 [1911~1928] 광주. 전도사역 (1884~1977).

Dodson, Mrs. S. K. (nee Hattie O. Knox) [1921~1924✝] 순천/광주. 여성사역, 전도
(1886~1924).

Dodson, Mrs. S. K. (nee Violet Knox), (현지에 가기 전에 사임) [1927~1928]
(1886~1950).

Dodson, Miss Mary Lucy, 도마리아 [1911~1951] 광주. 전도사역, 숭일고 (1881~1973).

Drew, A. Damer, M.D., 유대모(柳大模) [1893~1904] 서울/군산. 구암예수병원
(1859~1926).

Drew, Mrs. A. D. (nee Lucy E. Laws) [1893~1904] 서울/군산. 지역전도 (1866~1932).

Dunson, Miss Sarah Miriam, 선미령 [1955~1973] 서울/대전/순천. 숭실대, 한남대
(1931~).

Dupuy, Miss Lavalette, 두애란(杜愛蘭) [1911~1948] 순천/군산. 순천 여학교 설립,
군산 멜볼딘여학교 초대교장, 복음전도 (1883~1964).

Durham, Rev. Clarence Gunn, 노우암 [1960~1985] 서울/광주/순천. 복음/행정
(1932~).

Durham, Mrs. C. G. (nee Helen Ruth Keeble), 노혜련 [1960~1985] 서울/광주/순천
(1935~).

Earle, Rev. Alexander Miller, 어아력(魚亞力) [1904~1912] 군산 (1873~1941).

Earle, Mrs. A. M. (nee Eunice V. Fisher) [1908~1912] 군산 (1874~1942).

Eversole, Rev. Finley Monwell, 여부솔/여부수 [1912~1930] 전주. 신흥 교장
(1879~1967).

Eversole, Mrs. F. M. (nee Edna Earle Pratt) [1912~1930] 전주 (1876~1955).

Faucette, Miss Ann, 박애인 (m. Mr. Tom Niblock in 1955) [1954~1956] 전주 (1927~).

Fitch, Miss Harriet Dillaway (m. Mr. W.P. Parker, 1914) [1911~1937] 광주/목포/평
양. 교육/복음 (1887~1969).

Folta, Rev. John Wesley, 보요한 [1955~1991] 광주/전주/제주 (1929~2016).

Folta, Mrs. J. W., R.N., 보유덕 (nee Ruth Clause Humes) [1955~1991] 광주/전주 (1929~).

Fontaine, Miss Lena, 반이라(班理羅) [1921~1958] 전주/군산. 멜볼딘여학교 (1888~1981).

Forsythe, Wiley H., M.D., 보의사/보위렴(保衛廉) [1904~1912] 전주/목포. 전주예수 병원(내과), 목포진료소 (1873~1918).

Forsythe, Miss Jean Miller [1910~1913] 목포. 지역전도 (1878~미상).

Gilmer, William Painter, M.D., 길마 [1922~1927] 목포. 프렌치병원 (1890~1978).

Gilmer, Mrs. William P. (nee Kate Newman) [1923~1926♣] 목포 (1897~1926).

Goette, Robert Louis, 계의돈 [1960~1987] 서울/대전. 숭전대 교수(화학) (1929~).

Goette, Mrs. R. L. (nee Emily T. Smith) [1960~1987] 서울/대전 (1930~).

Gould, Mr. Robert Simpson, 구로법 [1956~1959] 대전. 한남대 (1934~).

Graham, Miss Ellen Ibernia, 엄언라 [1907~1930♣] 광주. 수피아, 이일성경학교 (1869~1930).

Greene, Miss Willie Burnice, 구리인 [1919~1960] 군산/전주/목포. 교육활동 (1888~1986).

Greer, Miss Anna Lou, R.N., 기안라(奇安羅) (m. Mr. George W. Walker, 1932) [1912~1935] 광주/순천/군산. 광주기독병원 (1883~1973).

Grey, Miss Annie Isabell, R.N., 엄엘라 (m. Robert L. Crook, 1927) [1921~1926] 군산. 구암예수병원 (1894~미상).

Groschelle, Mr. Frank Joseph, III, 고세열 [1959~1962] 대전. 외국인학교 (1932~).

Groschelle, Mrs. F. J. (nee Charlotte Ann Craig) [1959~1962] 대전. 외국인학교 (1933~).

Grubbs, Mr. Merrill H., 권익수 [1961~1992] 서울/전주. 예수병원, 한일여자신학교 (1927~1999).

Grubbs, Mrs. M. H., 권애순 (nee Alma Lancaster) [1961~1992] 서울/전주 (1926~2015).

Hall, Mrs. Bess McCalla (m. Mr. R. B. Harrison in 1924) [1923~1924] (1894~미상).

Harding, Maynard C., M.D., 하진 [1911~1913] 목포. 프렌치병원 (1878~미상).

Harding, Mrs. M. C., R.N. (nee Gertrude Fisher) [1911~1913] 목포. 프렌치병원 (미상).

Harrison, Rev. William Butler, 하위렴(河緯廉) [1894~1928] 서울/전주/군산/목포. 복음/교육 (1866~1928).

Harrison, Mrs. W. B., 하부인 (nee Linnie Fulkerson Davis) [1892~1903♣] 서울/군산/ 전주. 지역전도 (1862~1903).

Harrison, Mrs. W. B., R.N. (nee Margaret Jane Edmunds) [1908~1930] 군산/목포. 프렌치병원, 구암예수병원 (1871~1945).

Harrison, Miss Margaret Selina [1927~1928] 광주. 선교사자녀교육 (1909~1991).

Heilig, Miss Patricia Mae, R.N. [1957~1960] 전주. 예수병원 (1932~).

Hewson, Miss Georgiana Florine, R.N. 허우선 [1917~1946] 광주/목포/순천 (1894~1946).

Hill, Rev. Pierre Bernard, 길변하 [1912~1918] 목포/광주. 지역전도 (1877~1958).

Hill, Mrs. P. B. (nee Ella Lee Thraves) [1912~1918] 목포/광주. 지역전도 (1875~1958).

Hoffman, Rev. Robert Edwin, 함부만 [1955~1976] 목포/전주. 지역전도 (1929~).

Hoffman, Mrs. R. E., R.N. (nee Marilyn Veith) [1955~1976] 목포/전주. 지역전도 (1927~).

Hollister, William, M.D., 하리시 [1927~1936] 목포/군산. 목포진료소, 구암예수병원 (1893~1977).

Hollister, Mrs. William (nee Myrtle Morris) [1927~1936] 목포/군산. 멜볼딘여학교 (1901~1946).

Hopper, Rev. Joseph, 조하파(趙夏播) [1919~1957] 목포/대구. 지역전도 (1892~1971).

Hopper, Mrs. Joseph (nee Annis Barron) [1919~1957] 목포/대구. 지역전도 (1893~1979).

Hopper, Miss Margaret, 조(趙)마구례(조하파 목사의 누나) [1922~1957] 목포. 복음/교육, 정명여학교 교장 (1886~1976).

Hopper, Rev. Joe Barron, 조요섭(조하파 목사의 아들) [1947~1986] 전주/김제 (1921~1992).

Hopper, Mrs. J. B. (nee Dorothy Anne Longenecker), 조달영 [1948~1986] 전주. 한일여자신학원(영어) (1920~2015).

Hughes, Miss Florence Pauline (Mrs. Gebhart) [1921~1927] 목포/순천. 복음 (1892~미상).

Huneycutt, Miss Melicent, 한미성 [1955~1964] 전주/대전. 기전여중고 교장, 한남대 (영문학) (1926~2020).

Junkin, Rev. William McCleery, 전위렴(全緯廉) [1892~1908♣] 서울/군산/전주 (1865~1908).

Junkin, Mrs. W. M. (nee Mary Leyburn) 전마리아 [1892~1908] 서울/군산/전주 (1866~1952).

Keller, Frank Goulding, M.D., 계일락 (m. Miss Janet Talmage in 1956) [1955~1967] 전주. 예수병원 (1912~1967).

Kestler, Miss Ethel Esther, R.N., 계슬라(桂瑟羅) [1905~1946] 군산/전주. 구암예수병

원. 전주예수병원 (1877~1953).

Kirkpatrick, Mrs. James F. (nee Ruth Kehrer) [1958~1966] 대전. 한남대학교, 외국인 학교 (1901~미상).

Knox, Rev. Robert, 노라복 [1906~1952] 목포/광주. 복음/교육, 숭일학교 교장 (1880~1959).

Knox, Mrs. Robert (nee Maie P. Borden), 노메의 [1907~1952] 목포/광주 (1885~1967).

Kraakenes, Miss Astrid, R.N., 고락주, 현지에서 부사역자(associate worker)로 임명 됨 [1952~1960] 전주/광주. 전주예수병원, 광주기독병원 (1908~).

Lathrop, Miss Lillie Ora, R.N., 라두리 [1911~1931] 목포/군산. 목포진료소, 군산예수 병원 (1879~1963).

Leadingham, Roy Samuel, M.D., 한삼열(韓三悅) [1912~1923] 목포/서울 (1879~1963).

Leadingham, Mrs. R. S. (nee Harriett I. Pearce) [1912~1923] 목포/서울 (1883~미상).

Levie, James Kellum, D.D.S., 여계남 [1922~1959] 군산/광주/순천 (사임 1949, 재임명 1956). 광주기독병원 (1890~1977).

Levie, Mrs. J. K. (nee Jessie Smith) [1922~1931✝] 군산/광주. 의료행정 (1896~1931).

Levie, Mrs. J. K., 엄너룻 (nee Ruth Miller) [1924~1959] 광주/순천 (사임 1949, 재임명 1956). 이일성경학교, 광주기독병원 (1893~1976).

Lindler, Miss Gene Nisbet [1949~1954] 전주. 예수병원, 의료 (1920~1989).

Linton, Rev. William Alderman, 인돈(印敦) [1912~1960] 군산/전주/대전. 남장로교 선교부 사무총장보(Assistant to the Board's Executive Secretary)로 1941~1946년 까지 근무 (1891~1960).

Linton, Mrs. W. A. (nee Chartlotte Bell) 인사례(유진 벨 목사의 딸) [1922~1964] 군산/전주/대전/목포 (1899~1874).

Linton, Rev. Hugh MacIntyre, 인휴(印休) (인돈의 셋째 아들) [1952※~1984✝] 대전/순 천. 순천결핵원, 여수애양원 (1926~1984).

Linton, Mrs. H. M. (nee Lois Elizabeth Flowers), 인애자 [1952※~1992] 대전/순천 (1927~).

Linton, Rev. T. Dwight, 인도아(印道亞) (인돈의 넷째 아들) [1953~1978] 광주. 광주기 독병원 원목, 호남신학대학 학장, 남장로교 유지재단 (1927~2010).

Linton, Mrs. T. D. (nee Marjory Ann Potter), 인마서 [1953~1978] 광주 (1925~2014).

Martin, Miss Julia A., 마율니아 [1908~1940] 목포. 정명학교 (1869~1944).

Martin, Miss Margaret Glasgow, 마정원 [1921~1927] 광주. 수피아교 (1892~미상).

Matheson, Mrs. Chris (nee Sarah Hamilton) [1960~1962] 순천 (1901~1996).

Matthews, Miss Esther Boswell, R.N., 마에스더 [1915~1930] 광주/목포/전주 (1881~1960).

McBryde, Mr. John Malcolm, Jr., 마요한 [1959~1969] 광주/서울, 행정 (1925~1996).

McBryde, Mrs. J. M. (nee Sally J. Wilhoit) [1959~1969] 광주. 기독병원 (1927~).

McCallie, Rev. H. Douglas, 맹현리(孟顯理) [1907~1930] 목포 (1881~1946).

McCallie, Mrs. H. D., R.N. (nee Emily Cordell) [1907~1930] 전주/목포 (1873~1931).

McCutchen, Rev. Luther Oliver, 마로덕(馬路德) [1901~1946] 목포/전주 (1875~1960).

McCutchen, Mrs. L. O. (nee Josephine Hounshell) [1908~1946] 전주 (1876~1967).

McEachern, Rev. John, 매요한/매약한(梅約翰) [1911~1929] 군산 (1884~1957).

McEachern, Mrs. John (nee Netta Shaw Cooper) [1921~1929] 군산 (1890~1973).

McMurphy, Miss Ada Marietta, 명애다 [1912~1958] 목포. 정명 교장 (1883~1970).

McNeill, Miss Elizabeth G. [1949~1951] 순천. 일본 선교회로 전속됨 (1908~1995).

McQueen, Miss Mary Anna, 구애라 [1909~1951] 광주. 수피아, 이일 (1883~1964).

Miller, Miss Louise Blanche, 민유수 [1920~1959] 순천. 고등성경학교 (1888~1983).

Miller, Rev. Maynard Millard, 민명화 [1948~1951] 광주 (1922~).

Miller, Mrs. M. M. (nee Virginia A. Collins) [1948~1951] 광주 (1921~).

Mitchell, Mr. Herbert Petrie, 미철 [1949~1985] 광주/서울/대전/순천. 행정 (1923~2013).

Mitchell, Mrs. H. P. (nee Mary Belle Maddin) [1949~1985] 광주/서울/대전/순천 (1926~2014).

Moles, Miss Claribel Marie, 모은수 (m. Lt. Samuel Crawford in 1957) [1954~1957] 순천 (1929~).

Moore, Rev. John Venable, 모요한 [1955~1991] 전주/대전. 한남대 (1926~2013).

Moore, Mrs. J. V. (nee Katherine Boyer), 모가연 [1955~1991] 전주/대전 (1928~2014).

Murphy, Rev. Thomas Davidson, 민도마 [1921~1927] 목포 (1884~1970).

Murphy, Mrs. T. D. (nee Christine Murphy), 명애다 [1921~1927] 목포. (1890~미상).

Newland, Rev. LeRoy Tate, 남대리(南大理) [1910~1942] 광주/목포 (1885~1969).

Newland, Mrs. L. T. (nee Sarah Louise Andrews) [1910~1942] 광주/목포 (1891~1981).

Nieusma, Dick H., Jr., D.D.S.(치과의사), 유수만 [1961~1986] 서울/광주 (1930~2018).

Nieusma, Mrs. Dick H., Jr., 유애진 (nee Ruth Slotsma) [1961~1986] 서울/광주 (1930~2016).

Nisbet, Rev. John Samuel, 유서백(柳瑞伯) [1906~1939] 전주/목포 (1869~1949).

Nisbet, Mrs. John S., 유애나 (nee Annabel Lee Major) [1906~1920*] 전주/목포 (1869~1920).

Nolan, Joseph Wynne, M.D., 놀란 [1904~1908] 목포/광주 (1850~).

Owen, Rev. Clement Carrington, M.D., 오원(吳元) 또는 오기원(吳基元) [1897~1909♣] 목포/광주 (1867~1909).

Owen, Mrs. C. C., M.D. (nee Georgiana Whiting) (북장로교 선교회 소속이었으나, 1900년에 오원 목사와 결혼) [1900~1923] 목포/광주 (1869~1952).

Paisley, Rev. James Ira, 이아각 [1921~1950] 광주/군산. 지역전도 (1884~1952).

Paisley, Mrs. J. I. (nee Florence I. Jarbeau) [1921~1959] 광주/군산 (은퇴 1950, 재임명 1954) (1892~1973).

Parker, Mr. William Peticolas, 박원림 [1911~1937] 광주/평양. 숭실대 (1888~1958).

Parker, Rev. Joseph Kenton [1912~1914] 군산. 지역전도 (1883~1960).

Parker, Mrs. J. K. (nee Lydia Sparrow) [1912~1914] 군산. 지역전도 (1883~미상).

Parks, Rev. David Lewis, 박대의 [1956~1967] 전주. 지역전도 (1926~2019).

Parks, Mrs. D. L. (nee Anna Rue Asteen) [1956~1967] 전주. 지역전도 (1933~).

Patterson, Jacob Bruce, M.D., 손배순 [1909~1926] 군산예수병원 (1876~1933).

Patterson, Mrs. J. B. (nee Rosetta P. Crabbe) [1911~1926] 전주/군산 (1875~미상).

Pettis, Rev. Ernest Wardlaw, Jr., 배지수 [1952※~1967] 전주/순천 (1921~1997).

Pettis, Mrs. E. W., Jr. (nee Dollie Elizabeth Walker) [1952※~1967] 전주/순천 (1925~).

Phillips, Robert Derrick, M.D., 백빌익 [1956~1960] 전주. 예수병원 (1925~).

Phillips, Mrs. R. D. (nee Frances Dana Fulcher) [1957~1960] 전주 (1929~).

Pitts, Miss Laura May, R.N. [1910~1911♣] 전주. 예수병원 (1879~1911).

Pope, Miss Mary Nettie [1921~1924] 광주. 부사역자, 선교사자녀교육 (1897~미상).

Pratt, Rev. Charles Henry, 안채륜(安彩倫) [1911~1918] 순천 (1881~1950).

Pratt, Mrs. C. H. (nee Pattie F. Ward) [1911~1918] 순천 (1884~1978).

Preston, Rev. John Fairman, Sr., 변요한(邊要翰) [1902~1946] 목포/광주/순천 (1875~1975).

Preston, Mrs. J. F. (nee Annie Shannon Wiley) [1903~1946] 목포/광주/순천 (1879~1983).

Preston, Miss Miriam Wiley (Mrs. Kenneth St. Clair) [1927~1930] 순천. 부사역자 (associate worker). 선교사자녀교육 (1905~2005).

Preston, Miss Florence Stuphen (Mrs. Roland W. Bockhorst) [1934~1935] 순천 (미상).

Preston, John Fairman, Jr., M.D., 프레스턴 [1938~1947] 순천. 안력산병원 레지던트, 광주제중병원장(변요한 목사의 아들) (1909~).

Prince, Mr. Clarence Elmer, Jr., 박인성 [1957~1984] 순천/대전 (1928~2018).

Prince, Mrs. C. E., Jr. (nee Moneta May Speaker) [1957~1984] 순천/대전 (1936~).

Pritchard, Miss Margaret Frances, R.N., 변마지 [1929~1970] 광주/전주 (1900~1988).

Rankin, Miss Cornelia Beckwith, 나은희 [1907~1911♠] 전주. 기전교장 (1879~1911).
Respess, Miss Ocie, 오시혜 [1954~1964] 전주. 예수병원, 의료 (1910~2001).
Reynolds, Rev. William Davis, 이눌서(李訥瑞) [1892~1937] 서울/전주/목포/평양 (1867~1951).
Reynolds, Mrs. W. D. (nee Patsy Bolling) [1892~1937] 서울/전주/목포/평양 (1868~1962).
Reynolds, Mr. John Bolling, 이보린(이눌서 목사의 아들) (Teacher in mission schools 1915~1920) [1920~1930] 순천/광주/전주 (1894~1970).
Reynolds, Mrs. J. B. (nee Constance M. Couper) [1921~1930] 순천/광주/전주 (1897~미상).
Reynolds, Miss Ella T. (Mrs. J. W. Groves) [1925~1926] 순천 (1902~미상).
Rickabaugh, Rev. Homer Tyndale, 이거보 [1957~1980] 서울 (1932~2012).
Robertson, Moorman Owen, M.D., 라배손(羅培孫) [1915~1922] 전주. 예수병원 (1919 사임, 1920 재임명) (1886~1952).
Robertson, Mrs. M. O. (nee L'Mee Lehmann) [1915~1922] 전주 (1919 사임, 1920 재임명) (1887~미상).
Robinson, Rev. Robert Kitchen, Jr., 라빈선 [1948~1981] 목포/대전 (1919~1988).
Robinson, Mrs. R. K. (nee Elizabeth Ruhmann) [1948~1981] 목포/대전 (1917~).
Rogers, James McLean, M.D., 노재세(魯宰世/노제세(魯"濟世") [1917~1947] 순천 (1892~1967).
Rogers, Mrs. J. M. (nee Mary Dunn Ross) [1917~1947] 순천 (1894~1960).
Root, Miss Florence Elizabeth, 유화례(柳花禮) [1926~1964] 광주/목포 (1893~1995).
Ross, Rev. David E., 오대원 [1961~1980] 서울. 한국예수전도단 설립 (1935~).
Ross, Mrs. D. E., 오성혜 (nee Ellen Fraser) [1961~1980] 서울 (1936~).

Scott, Rev. Jack Brown, 서고덕 [1952~1958] 순천. 애양원 원목 (1928~2011).
Seel, David John, M.D., 설대위 [1952※~1990] 전주. 예수병원 (1925~2004).
Seel, Mrs. D. J., 설매리 (nee Mary L. Batchelor) [1952※~1990] 전주 (1925~2009).
Shepping, Miss Elisabeth Johanna, R.N., 서서평(徐舒平) [1912~1934♠] 군산/ 서울/ 광주. 이일성경학교 설립 (1880~1934).
Simpson, Dr. Wilfred Laurence, 심부선 [1958~1960] 광주기독병원, 기독교세계봉사회(Church World Service)로부터 임차한 부사역자 (1932~2019).
Simpson, Mrs. Laurence [1958~1960] 광주. 기독교세계봉사회로부터 임차한 부사역자 (1934~).
Smith, Mr. Howard B., Jr. [1949~1954]. 전주. 예수병원, 행정 (1925~).
Smith, Mrs. Howard B. (nee Agnes A. Hibbs) [1949~1954] 전주. 예수병원, 행정 (1925~).
Smith, Rev. Robert Lee, 심득인 [1954~1971] 전주/목포. 예수병원원목, 목포성서신학

원 (1924~1996).

Somerville, Rev. John Nottingham, 서의필 [1953~1994] 목포/서울/대전 (1926~ 2023).

Somerville, Mrs. J. N., R.N. (nee Virginia Bell), 서진주 [1953~1994] 목포/서울/대전 (1927~2006).

Southall, Rev. Thompson Brown, Jr., 서도열 [1938~1941] 순천 (1905~1993).

Southall, Mrs. T. B., Jr. (nee Lillian H. Crane) [1938~1941] 순천 (1915~2000).

Straeffer, Miss Fredrica Elizabeth, 서부인 [1899~1908] 목포. 정명여학교설립 (1868~1939).

Swicord, Rev. Donald Augustus, 서국태(徐國泰) [1921~1949] 전주 (1894~1969).

Swicord, Mrs. Donald A. (nee Virginia Mays) [1929~1949] 전주 (1902~미상).

Swinehart, Mr. Martin Luther, 서로득(徐路得) [1911~1937] 광주. 행정 (1874~1957).

Swinehart, Mrs. M. L. (nee Lois Hawks) [1911~1937] 광주 (1869~1971).

Talmage, Rev. John Van Neste, 타마자(打馬子) [1910~1957] 광주 (1884~1964).

Talmage, Mrs. J. V. N. (nee Eliza D. Emerson) [1910~1957] 광주 (1886~1962).

Talmage, Rev. John Edward, 타요한 [1936~1977] 군산/목포/대전/전주/서울 (1912~1978).

Talmage, Mrs. J. E. (nee Roslin Thorne Arnold) [1937~1977] 군산/목포/대전 (1912~1979).

Talmage, Miss Marietta, R.N., 타마리아 (m. Rev. Raymond Provost, 1952). 북장로교 한국선교회로 전속되다 [1947~1952] 전주. 예수병원 (1923~2014).

Talmage, Miss Janet Crane, R.N., 타자애 (m. Dr. Frank G. Keller, 1956) [1947~1976] 목포/전주. 전주예수병원 간호사, 전주간호대학 교수 (1917~).

Tate, Rev. Lewis Boyd, 최의덕(崔義德) [1892~1925] 서울/전주 (1862~1929).

Tate, Mrs. Mattie Barbara Ingold, 최부인 [1895~1928] 전주. 예수병원설립 (1867~1962).

Tate, Miss Mattie/Martha Samuel, 최마티/최구덕 (최의덕의 누이) [1892~1938] 서울/ 전주. 기전여학교 설립 (1864~1940).

Taylor, Mr. Thomas Wayne, 태도마 [1953~1960] 전주. 예수병원, 행정 (1926~2016).

Taylor, Mrs. T. W. (nee June Ruth Michaelson), 태윤 [1954~1960] 전주 (1932~2016).

Thumm, Miss Thelma Barbara, R.N. [1929~1931♠] 순천. 나병원 (1902~1931).

Timmons, Henry Loyola, M.D., 김로라 [1912~1926] 순천/전주 (1919년 사임, 1922년 재임명). 순천진료소, 전주예수병원 (1878~1975).

Timmons, Mrs. H. L. (nee Laura Louise McKnight) [1912~1926] 순천/전주 (1919년 사임, 1922년 재임명). 지역전도 (1883~1975).

Topple, Stanley Craig, M.D., 도성래 [1959~1981] 순천. 애양원 (1932~).

Unger, Rev. James Kelly, 원가리(元佳理) [1921~1952] 순천. 애양원 (1893~1986).

Unger, Mrs. J. K. (nee Ealine Ritchie Smith) [1920~1952] 순천 (1897~1982).

Vail, Rev. John Benjamin, 배요한 [1929~1938] 군산. 영명학교 (1901~1973).

Vail, Mrs. J. B. (nee Ebba Dell Parker) [1929~1938] 군산 (1899~1959).

Venable, Mr. William Anderson, 위위렴 [1908~1917] 목포/군산. 영명학교 (1886~1947).

Venable, Mrs. W. A. (nee Virginia F. Jones) [1908~1917] 목포/군산 (1884~1970).

Walker, Miss Elizabeth Rachel (m. Rev. J. S. Nisbet, 1921) [1919~1939] 광주/목포 (1869~1958).

Walker, Miss Sarah Nannette [1929~1932] 순천. 부사역자, 매산여학교 (1901~미상).

Wayland, Miss Cora Antrim, 고인애 [1954~1980] 목포/전주. 한일여자신학교 (1920~2007).

Wilkins, Miss Aurine, 위길순 (m. Rev. Wm. A. McIlwaine, 1939) [1929~1939] 순천. 일본 선교회로 전속 (1904~1982).

Wilson, Robert Manton, M.D., 우일선(禹一善)/우월손(禹越遜) [1905~1948] 광주/순천. 광주기독병원, 애양원 (1880~1963).

Wilson, Mrs. R. M. (nee Bessie L. Knox) [1907~1948] 광주/순천 (1881~1962).

Wilson, James Stevenson, M.D. [1939~1945] 군산예수병원 (1911~미상).

Wilson, Mrs. J. S. (nee Edna Mae Newton) [1939~1945] 군산예수병원 (1912~미상).

Wilson, Rev. Thomas Edwin [1914~1917] 군산. 구암예수병원 (1886~1917).

Wilson, Mrs. T. E. (nee Georgia Crane), married on field in 1917 [1917~1917] (미상).

Winn, Rev. Samuel Dwight, 위인사 [1911~1951] 전주. 신흥학교, 성경학교 (1881~1954).

Winn, Miss Emily Anderson, 위애미(위인사의 누이) [1911~1954] 전주 (1884~1977).

Woods, Miss Elizabeth Brown, R.N.(임혜인) (m. Rev. Otto DeCamp, 1940) [1937~1976] 군산/청주/서울. 군산예수병원, 북장로교 한국선교회로 전속되다. (1908~미상).

저자 소개

저자 조지 톰슨 브라운(1921~2014, 애칭 "타미 브라운," 한국명 부명광) 선교사에게 한국은 "고향"이었다. 미국 남장로교 선교사들의 아들로 중국 지린(吉林)에서 태어난 그는 평양 외국인학교에서 중등 교육을 받았다. 그 후 그는 미국에 건너가서 데이빗슨 대학(Davidson College)에서 학사학위를 받았고, 프린스턴 신학교에서 신학대학원 과정을 마쳤다. 그는 2년간 미국에서 목회한 다음, 남장로교 선교사로 임명받아 1952년에 한국을 향하여 다시금 항해하였다.

브라운 선교사는 농어촌 교회 지도자 양성에 특별한 관심을 갖고 현 호남신학대학교의 전신인 '호남성경학원'과 '호남신학원'의 원장으로, 그리고 후에는 호남신학대학의 재단 이사장으로 봉직하면서 이 대학의 육성과 발전에 크게 기여하였다. 그는 또한 광주 지역 교회들의 선교 컨설턴트(missionary consultant) 역할을 하였고, 한국을 널리 여행하였다.

브라운 선교사는 1963년에 버지니아의 유니온 신학교에서 신학박사 학위를 받은 다음, 서울에 있는 장로회신학대학에서 신약학을 가르쳤다. 그는 1967년부터 1973년까지 남장로교 해외선교부의 동아시아 담당 총무직을 수행하기도 하였다. 그는 1973년에 남장로교의 해외선교부 총무로 선임되어 귀국하였고, 1981년부터는 콜럼비아 신학교에서 선교학 교수로 재임하다가 은퇴하였다.

　『한국 선교 역사』(본서, 1962)는 한국의 역사와 한국의 신속히 성장
하는 개신교 교회에 대한 저자의 깊은 관심에서 자라났다. 그는 5년
여의 면밀한 연구 끝에 남장로교의 한국 선교 역사에 관한 박사학위
논문을 리치몬드의 유니온 신학교에 제출하였고, 그 논문을 일반 독
자들을 위하여 개작하여 펴낸 것이 이 책이다. 그는 이 외에도 중국
과 한국에 관한 넓은 지식과 선교 경험을 토대로『중화인민공화국
내의 기독교』(1983), 『세계선교 안의 장로교인들』(1995), 『한국인들
이 어떻게 서양을 재개종시키고 있는가』(2009) 등의 저서를 남겼다.

역자 후기

한 권의 책으로 네 권의 책을 읽을 수 있다면 참으로 좋은 일일 것이다. 그런데 바로 이 책이 우리로 하여금 그렇게 할 수 있게 해준다. 이 책은 첫째로 선교의 역사, 즉 미국 남장로교 한국선교회가 19세기 말에서 20세기 중반에 이르기까지 70년 동안 한국에서 전개한 선교의 역사를 서술하고 있다. 둘째로 그 선교의 역사가 벌어진 현지(field)인 한국의 역사, 특히 한국의 근현대사(近現代史)를 그 선교역사의 배경으로 각 장의 서두에 약술하고 있다. 셋째로 그 선교의 결과로 탄생하고 자라난 한국교회의 역사를 그 성장의 주요 단계에 따라 간명하게 소개하고 있다. 넷째로 눈에 보이지는 않지만 그 선교 사역의 뒤에 계셨고 그것을 통하여 역사하신 하나님의 은혜의 손길을 행간(行間)을 통하여 느끼고 읽게 해준다. 그 손길은 선교사들의 마음과 행적을 통하여, 그리고 피선교자들이었던 우리 조상들의 반응을 통하여 나타난다. 우리는 복음이 무엇인지, 사랑이 무엇인지, 희생이 무엇인지, 그리스도를 본받음이 무엇인지, 섬김이 무엇인지를 그분께서 보내주신 이 책의 주인공들의 삶을 통하여 생생하게 보아 알게 된다. 이러한 의미에서 이 책은 진정 '사도행전의 속편(續篇)'이라고 불려도 되지 않을까?

그뿐 아니라 이 책은 두 번의 뜨거운 눈물이 없이는 우리가 읽을 수 없는, 그래서 어쩌면 두렵기도 한, 그러한 책이다. 첫째는 흑암에서 헤어나지 못하고 고난의 길을 헤매고 있었던 '은자 나라'의 우리 조상들을 긍휼히 여기셔서 "큰 빛"(마 4:16)을 비춰주신 하나님의 놀라운 사랑에 감사하는 눈물이고, 둘째로는 그 사랑과 은혜를 그대로 받아 누리지 못하고, '토착교회'가 하나이기를 그처럼 원하신 하나님의 뜻을 저버리고 거듭거듭 분열의 길을 걸어서 선교의 주관자이신 성령님의 마음을 아프시게 해 온 한국 장로교회의 부끄러운 모습에 대한 회오(悔悟)의 눈물이다.

역자는 1990년대 중엽에 『전주서문교회 100년사』를 편찬하는 일에 참여하면서 이 책을 당시에 은퇴와 귀국을 앞둔 한남대학교 존 서머빌(John Somerville) 교수로부터 기증받아 아주 귀하게 참고하였다. 매우 좋은 책인 것은 알고 있으면서도 이 책을 번역할 엄두는 내지 못한 채 기나긴 세월이 지난 근년에, 전주서문교회 성도들이 읽을 수 있도록 이 책을 교회의 역사관에서 번역할 필요가 있다고 하는 데에 의견이 모아져서 부족한 본인이 감히 이를 옮겨 2022년에 서문교회 교우들께 선보였다. 그리고 그 잠정 역본에 대한 교회 내외의 호평에 힘입어 그것의 일부 내용을 수정하고 보완하여 이번에 전국 교계와 일반독자들 앞에 내놓게 되었다.

아무쪼록 이 책이 저자가 의도한 대로, 이 땅에 복음의 씨앗이 뿌려지고 교회가 자라난 지난날을 되돌아봄으로써 "앞날을 위한 우리의 책무(責務)를 더 분명히 보기" 원하는 교회 지도자들에게는 성찰과 반성의 거울이 되고, '그리스도를 본받는 자'가 되어(고전 11:1) '그분의 증인'(행 1:8)으로 살기 원하는 분들에게는 그 길과 모범을 보여주며, 선교의 원리와 방법을 역사에서 배우기 원하는 선교사들과 선교 지망생들에게는 좋은 참고서와 반려가 되기를 기원한다.

끝으로 남장로교 호남선교의 큰 수혜 기관인 전주서문교회가 본서를 번역하는 일에 쓰임 받게 해 주신 하나님께 큰 감사와 영광을 올려 드린다. 본서의 번역 과정에서 원서와 번역문을 거듭거듭·대조

검토하며 역자에게 큰 도움이 되어준 사학자 김중기(金重起) 박사의
노고에 깊은 감사의 뜻을 표하며, 본서를 아름답게 출간해 주신 보고
사 김홍국 대표와 편집부 여러분께도 큰 감사를 드린다.

"아름답도다, 좋은 소식을 전하는 자들의 발이여 …" (롬 10:15)
"주의 손이 그들과 함께 하시매, 수많은 사람들이 믿고 주께 돌아오더라."
(행 11:21)

역자 조신광
2024년 8월

색인

저자

조지 톰슨 브라운(1921~2014)

미국 남장로교 선교사들의 아들로 중국 지린(吉林)에서 태어나 평양 외국인학교에서 중등 교육을 받았다. 그 후 그는 미국에 건너가서 프린스턴 신학교에서 신학대학원 과정을 마치고 남장로교 선교사로 임명받아 1952년에 한국으로 왔으며, 농어촌 교회 지도자 양성에 특별한 관심을 갖고 현 호남신학대학교의 육성과 발전에 크게 기여하였다.

그는 1963년에 버지니아의 유니온 신학교에서 신학 박사학위를 받은 후 서울의 장로교신학교와 미국 콜럼비아 신학대학원에서 교수로 재임하였고, 남장로교 해외선교부의 총무를 맡아 교단의 선교사업을 총괄하기도 하였다.

그는 한국의 역사와 한국의 신속히 성장하는 개신교 교회에 대해 깊은 관심을 가져 『한국 선교 역사』(1962)를 집필하였고, 이 외에도 중국과 한국에 관한 넓은 지식과 선교 경험을 토대로 『중화인민공화국 내의 기독교』(1983), 『세계선교 안의 장로교인들』(1995), 『한국인들이 어떻게 서양을 재개종시키고 있는가』(2009) 등의 저서를 남겼다.

역자

조신광(趙新光)

서울대학교에서 사학을, 캘리포니아 대학교(UCLA)에서 고전학을 전공하였다. 전북대학교 인문대 교수와 동교의 명예교수를 역임하였고, 전주서문교회의 교인으로서 대학부와 영어성경반의 교사 및 역사관의 연구위원으로 쓰임 받았다. 저술로는 『고대 이스라엘』(역서), 『샤를마뉴의 생애』(역서), 『개요 서양고대사』, 『영어성경교재 마태복음』 등이 있다.

미국 남장로회의 한국 선교 역사
1892~1962

2025년 1월 10일 초판 1쇄 펴냄

지은이 조지 톰슨 브라운
옮긴이 조신광
펴낸이 김흥국
펴낸곳 보고사

책임편집 이경민
표지디자인 김규범

등록 1990년 12월 13일 제6-0429호
주소 경기도 파주시 회동길 337-15 보고사
전화 031-955-9797
팩스 02-922-6990
메일 bogosabooks@naver.com
http://www.bogosabooks.co.kr

ISBN 979-11-6587-763-7 03230
ⓒ 김중기, 2025